武术表演

理论与实践

WUSHU BIAOYAN LILUN YU SHIJIAN

赵发田 编著

山东师范大学规划教材资助出版

厦门大学出版社 XIAMEN UNIVERSITY PRESS
国家一级出版社
全国百佳图书出版单位

图书在版编目（CIP）数据

武术表演理论与实践 / 赵发田编著 . —厦门 : 厦门大学出版社 , 2022.9

ISBN 978-7-5615-8717-1

Ⅰ. ①武… Ⅱ. ①赵… Ⅲ. ①武术—体育表演—介绍 Ⅳ. ① G85

中国版本图书馆 CIP 数据核字（2022）第 158784 号

出 版 人 郑文礼

责任编辑 林 鸣

出版发行 厦门大学出版社

社 址 厦门市软件园二期望海路 39 号

邮政编码 361008

总 机 0592-2181111 0592-2181406（传真）

营销中心 0592-2184458 0592-2181365

网 址 http://www.xmupress.com

邮 箱 xmup@xmupress.com

印 刷 湖南省众鑫印务有限公司

开本 710 mm × 1 000 mm 1/16

印张 25.75

字数 400 千字

版次 2022 年 9 月第 1 版

印次 2022 年 9 月第 1 次印刷

定价 88.00 元

厦门大学出版社
微信二维码

厦门大学出版社
微博二维码

导言

一谈到表演，人们就会联想到戏曲演员和影视演员。演员能在“假装”的状态下，把一个人物角色展示得淋漓尽致，让观众相信“他就是那个人”。有时候大家在聊天时，偶尔会忽然说“哎呀，这个人好像在演戏”，于是表演就成了虚假的代名词，因为我们认为表演就是在“装”，所以我们评价一个人在生活当中爱演戏，往往都不是好话。人们还会想当然地以为学习表演就只是学习如何扮演角色，把表演训练等同于角色扮演的训练，甚至认为学了表演之后在任何时候都有扮演角色的嫌疑。

那么什么是表演？其实“生活就是在表演”，“人生大舞台”上的每一个人每天都在扮演着不同的角色，孩子要扮演孩子，父母要扮演父母，学生要扮演学生，教师要扮演教师，领导要扮演领导，员工要扮演员工等，你要看看你是否扮演好了每一个角色。那么我们真实的人、真实的角色，为什么不能通过表演训练把自己的人物角色扮演得更好呢？其实表演训练在国外早就普及于各行各业的职业教育与训练中了。

表演是一门综合性极强的交叉学科，它分析所有的人类表演，涉及人类学、社会学、心理学、文学、史学、传播学、经济学、政治学、管理学等学科，成为一个新的跨学科的研究领域，是社会人文类学科的专业基础课程。在进行表演基础元素——观察力、注意力、想象力、感受力、适应力、判断力、理解力、表现力以及真实感、信念感、形象感、节奏感等的训练时，我们大量地采用了心理学、社会行为学、语言学等学科的训练方法。这些训练的目的就是让学员找到真实的自我。很简单的道理，一个连自己是谁都不甚清楚的人，如何去扮演别人呢？所以学习表演其实是一个漫长的训练过程，角色扮演是这个过程的终点，它的起点是寻找自我。这个寻找自我的过程对于各行各业都是极其需要的，需要面对大众表现自己能力的律师、政治人物等，都可以进行或多或少的表演基础训练。

开设武术表演课程，乍一听，让人觉得不可思议，因为武术专业和表演专业有着本质的差异。武术专业培养的是武术人才，其最基本的要求就是会练武术；而表演专业培养出来的是文艺工作者，其最终目的是培养学员塑造人物的能力。一个是寻找“自己”，一个是饰演“他人”。企图通过表演课来培训武术人，岂不是南辕北辙、适得其反？其实不然，表演课的基础课程就是要解放天性，寻找真实的自我，而这恰恰和武术专业的学习要求完全符合：找寻自我！

武术需要表演课做什么？我们现有的进行武术教学的教师都是教学训练出身，对武术教学训练的方式方法烂熟于心，训练起来也得心应手。但是恰恰由于有武术专业学习的背景，教师在教学训练中追寻武术本质的意识根深蒂固，这是武术专业学习表演所忌讳的，因此让教师转变意识也就成了当务之急。教授武术专业表演课程的教师必须对武术专业课程设置很清楚，而且要懂得表演理论，这样才有可能知道武术专业的学生需要在表演课上得到什么。要建立基础学科的服务意识，明确表演专业的哪些内容可以用来为武术专业服务，要弄明白这一点，我们就必须搞清楚武术专业的培养目标是什么。武术专业的培养目标是培养综合性人才，而不是培养只能练、不能用的武者。

当我们明确了武术专业整体的教学目的之后，在武术专业的表演课上该做什么就很清楚了。要做的事情有三个部分：一是培养学生观察生活的习惯与能力，让他们能在生活中汲取养分，丰富自己。这是表演基础课中观察生活练习所擅长的。二是提高学生的观察力、感受力、表现力、想象力、真实感、形象感、节奏感等武术专业所要求的基本能力。这恰恰是表演的基本元素“七力四感”的基本内容。三是让学生了解角色塑造的基本路径，懂得一些基本的方法，以适应武术综合人才的需要。

著者

2022 年 1 月

目录

第一篇 武术表演基础理论

第二篇 武术表演的实践

第三篇 武术表演的舞台艺术设计

第四篇 武术表演的开发与运作

第一篇
武术表演基础理论

第一章 表演与武术表演

第一节 认识表演

一、表演与表演艺术

（一）表演

什么是表演?《现代汉语词典》（2016年第7版）对“表演”一词的解释是：戏剧、舞蹈、杂技等演出，亦指把情节或技艺表现出来；指做示范性的动作；比喻故意装出某种样子。[①]表演，断其字义而言：表，即表象、表现；演，即不断变化、演变。把表、演放在一起，就成了一个专用名词。人们通常对表演还有以下解释：表演，指通过演奏乐曲、上演剧本、朗诵诗词等直接或者借助技术设备以声音、表情、动作公开再现作品；表演主要指表演者利用技艺或专长来传达具体的事件或非具体的意象，以达到艺术或娱乐的目的，这里所指的技艺或专长包含肢体动作、声音等，由于强调传达的动作，因此不局限于任何特定的媒介或形式；表演特指戏剧活动的一个部门或戏剧演出的表演动作，演出的人员称为演员，在现代，此部门不单出现在剧场中，也出现在电视、电影、广播中的戏剧活动中，在这里主要针对狭义的剧场表演；表演指用来表现人的主观意识的一种艺术形式，举凡舞蹈、歌唱、演奏等，都属于表演的范畴，这种艺术形式不限制发生的地点，但强调表演者与视听者之间的直接接触或互动，因此经过媒介连接表演者与视听者的形式通常不被直接称作表演，而常在“表演”一词之前冠以媒介的名称，如电视表演。有学者认为：“表演是一种通过演

---

① 中国社会科学院语言研究所词典编辑室．现代汉语词典[M]．第7版．北京：商务印书馆，2016：87.

员的演出完成的艺术（话剧、舞剧、戏曲、故事影片及电视剧等均为此类）。它是演出艺术表现形式的主体。演员是演出艺术中形象的直接体现者。”①综上所述，笔者认为，表演是演员面对观众时扮演角色，并通过舞台行动来创造人物形象的过程，也是一种通过演员的演出来完成的艺术。

（二）表演艺术

表演艺术是通过人的演唱、演奏或人体动作、表情来塑造形象、传递情绪和情感从而表现生活的艺术。表演艺术通常包括舞蹈、音乐、话剧、曲艺、杂技、魔术等。其代表性的门类通常是音乐和舞蹈，有时也将杂技、相声、魔术等划入表演艺术领域。

在艺术领域中，表演是有创造性的职业。表演艺术区别于其他艺术门类，它不像雕塑家用他们的手和工具在相应的材料上雕塑出艺术作品，不像作家运用文字在稿纸上进行创作，不像演奏家通过乐器演奏出艺术作品，也不像画家把艺术品完成在画纸或画布上。表演是演员以自身扮演角色，用自己的身心创造出形色各异的人物形象；演员本身既是创造者，又是创造材料和工具，他们所表演的角色就是艺术品本身。这就是我们常常说的“三位一体”，它是表演艺术与其他艺术门类之间的重要区别。表演也形成了演员与角色间永远的矛盾，演员扮演好角色就必须不断地解决这个矛盾，这就是演员职业的复杂性之所在。但表演带来的奥妙，也使得表演艺术显得越发诱人和富有魅力。

表演艺术是创造的艺术。表演艺术指演员在剧作家所创造的文学形象的基础上，再创造出鲜活的舞台人物、影视人物的艺术形象。而舞台人物、影视人物的艺术形象，是由演员在扮演角色时，通过创造角色的行动来完成的。表演艺术以演员自身作为创作工具，演员既作为人物形象存在，又作为创作者存在，创作者、创作工具、创作的成果都集于演员一身。在表演艺术中，演员不但要解决好自身与剧中人物之间的关系，还要不断提高、完善自我修养。②演员要随时注意收集艺术理论发展的新信息，这些信息会使其变得聪明果断，目光锐利。掌握了一定的理论就等同于拥有了一把艺术钥匙，能开启智慧之门。

---

① 林洪桐. 表演学习手册：九重城与三字经[M]. 北京：中国电影出版社，2006：9.

② 张华，杨瑞江. 影视表演艺术[M]. 杭州：浙江大学出版社，2007：3.

舞台人物、影视人物的艺术形象创造是否能够被称为艺术，这不仅取决于演员所创造的人物形象是否鲜活生动，更重要的是取决于演员所创造的人物形象是否具有审美价值。因为演员创造舞台人物形象不是为创造而创造，而是要通过创造出来的舞台人物形象来反映生活、评价生活；"动之以情，晓之以理"，揭示人生的意义和生活的哲理，使观众从中领会生活的真谛，让观众从演员所创造出来的舞台人物形象中获得对于人生有益的启示，在艺术修养上有所提高，最终获得审美上的满足。

演员扮演角色，是以舞台动作和影视非连续性表演来塑造人物形象的艺术创造活动。这一表演的创造过程一般是从对角色的思想感情、行为方式和性格特征的分析入手，找出角色的规定情境和人物关系，确定人物的行为逻辑、贯穿动作和最高任务，构思并创造角色的外部造型、精神风貌及行为方式，进而在给观众趣味的同时使他们在思想上获得启迪，在艺术修养和审美情趣上获得提高。观众在欣赏演员的表演时，所要求的往往不只是耳目的愉悦，还希望在这种愉悦之中能对生活有新的认识；在情感上受到震撼的同时，在思想上也能够受到"撞击"，得到一种新的启示；在艺术上感觉到一种享受，使自己在艺术品位上得以提高。因此，表演艺术应该使观众从演员所创造的人物形象中既能获得审美享受，也能获得审美心理的满足、审美品位的提高。

二、表演艺术的实质

表演艺术的实质就是要解决演员与角色矛盾的统一问题。舞台行为的独特性和表演艺术最困难的一面就表现在演员创作意识存在双重性。由于这种双重性，演员一方面作为形象而存在，另一方面又作为这一形象的主人而存在。

没有演员与角色的统一就没有表演艺术。演员创造的角色中有本人，演员的表演中有角色，即从自我出发去创造角色。矛盾解决得不好，表演就不会生动。模仿的表演倾向（表演中无矛盾）、自然主义的倾向（把自己端上去展览自我）都未能解决两者矛盾的统一问题。

演员本身，既是创作者又是工具。在演员的艺术中，创造的主体、材料、工具和艺术成品全都融合在一个人（演员）身上，不能将它们分开。

形象是从演员身上诞生的。表演艺术除了要求演员掌握外部表现手法、形体和语言技巧外，还要求演员必须掌握一整套心理技巧。“像在生活中一样地生活在舞台上”，这是一种极复杂的艺术，只有经过自身多年的苦练才能获得。掌握自己的心理、形体比掌握任何乐器都难。

似乎人演人很容易，谁都能上台演，但其实真正的表演艺术家要塑造鲜活的人物形象是很难的。“表演艺术（似乎）是最容易的，（其实）也是最难的。”演员不仅要用形体、语言等各种技巧去进行创造，而且必须用整个心灵投入创作。

“角色中有自我，自我中有角色”，演员在舞台上（镜头前）生活，一面在哭和笑，一面在观察着自己的眼泪和笑容。这种双重的生活，与表演之间的平衡构成了艺术。表演艺术按其天性来说就是矛盾的，因而演员的艺术行为也是矛盾的（创作中的双重生活和两个自我），其中一个过着形象生活（第二自我），另外一个则来掌握和监督他（第一自我）。表演艺术的特点就是这两者矛盾的统一，这是客观存在的规律，不可能也不应该完全是角色，如果完全是自己，那就没有艺术了，因此矛盾必须得到统一，否则谈不上艺术。统一程度之不同，正说明了艺术成就的高低。高度统一就说明有很高的艺术成就，统一的程度与艺术成就的高低呈正相关。同时，还包括真实性与艺术性的统一。如果不真实就谈不上统一，只是真实缺乏艺术性，没有丰富的艺术形式来充分体现其内容也不能称为高度统一。虽然自然主义的东西有真实性，但艺术性并不高，没有很好的艺术概括，所以谈不上统一。

第二节　武术表演概述

自古以来，武术的娱乐观赏功能在武术的发展、演变过程中发挥着重要的作用。武术表演是武术娱乐活动的主体，其贯穿于武术的历史发展轨迹中。武术表演就是演员以武术动作内容为主，经过一定的创意构思，使表演能够反映某一主题思想，表现某些情节，进而展现民族传统文化。它以传承传统文化和民族精神为宗旨，以竞技、健身、娱乐为目的，允许演员根据不同的需求、表演主题和场景自行创新，变换动作、服装、道具和表演队形，使武术表演更能吸引观众，更有移情作用。武术表演通过与现代艺术、美学相结合，综合运用音乐、灯光、背景、效果，调集一切艺术手段，给予观众多元化的感官刺激与享受，使观众融入表演者创造的意境中体会攻防格斗艺术。武术表演融传统民族体育与艺术于一体，它不仅具有传播民族文化、审美教育和体育美的价值，而且有利于开展爱国主义教育，促进和谐社会的建设，培养坚韧不拔的性格以及养成健康心理和良好心态等德育价值。因此，随着社会经济的发展、人们生活水平的提高、全民健身计划纲要的实施、传统文化市场的繁荣以及人们对娱乐文化生活的不断追求，武术表演逐步形成一种面向群众、面向社会的艺术性表现形式。现代社会，人们从武打片、各类大型晚会、开幕式、节庆活动以及其他各种形式的表演中欣赏越来越多的武术表演，例如：多年来经久不衰的武打片吸引了不同年龄阶段的观众，创下了一个又一个票房新高；连年登上春节联欢晚会舞台的武术表演节目中演员精湛的武术表演常常赢得观众的满堂喝彩。总体来看，在现代社会，武术表演的艺术性和娱乐观赏性将会通过各种形式表现出来，武术表演不但广泛地出现于影视、国内外各种大型庆典、运动会开幕式等场合中，而且也越来越多地在国内外的文化交流中得到推广，以传播民族传统文化，彰显民族精神，提升民族文化软实力，增强文化自信。

一、武术与武术表演

概念是人们对客观对象本质的认知，武术的概念是人们认识武术的一个重要逻辑起点。也就是说，只有理解、把握了武术的概念，我们才能对它的相关实践与理论进行认识和研究。但是，研究武术的概念是复杂的问题，这是因为源远流长、博大精深的武术是我国民族传统体育活动内容之一，它从历史深处走来，不仅摄养生之精髓，集技击之大成，形成了众多门派和较为系统的技术体系，而且根植于中国传统文化，蕴含着中国传统哲理，由此形成了内涵很广、层次纷杂的庞大理论体系。如今，它又在以西方体育为主的现代竞技体育大观园里，形成了一道具有中国传统文化特色的亮丽风景，使中国的传统体育与现代体育之间形成了一种文化对接。中国武术所负载的文化信息，既体现了中华先民对技击之道的认识，观照着广大习武者对它的多种价值追求，还可以从中体会我们民族的心路历程。在浩瀚的历史长河中，形成了以中国文化的基本精神作为核心的内容文化精神。正是这种文化精神，浸润、熏陶和支撑了一代代习武者，支持和推动着中国武术的发展。在漫长的历史进程中，不同的时期对武术概念的表述不尽相同，它的内涵和外延是随着社会历史的发展而发展的。“武术”作为一个名词，最早见于南朝刘宋颜延之的《皇太子释奠会作诗》，其曰“偃闭武术，阐扬文令”，但这里的“武术”指军事。作为一个属于体育文化范畴并包含多种价值功能的技艺名称，“武术”一词目前所见始于晚清。1908年7月《东方杂志》第6期上引载了同年7月12日《神州日报》的一篇文章，其名曰《论今日国民宜崇旧有之武术》。在相当长的历史时期内，被后人称为“武术”的人体活动方式，在史料中或被记作“技击”，或被通称“武艺”，有时又被写成“技勇”等。民国时期普遍使用“国术”和“武术”两名，到了新中国成立以后，“武术”才被作为稳定的专用名词使用。仅从1932年到现在，对武术概念的表述就有10余种之多。2009年，国家体育总局将武术的定义表述为以中华文化为理论基础，以具有技击内涵的动作为基本内容，以套路、格斗、功法为主要表现形式的传统体育。

以前的研究者并没有对武术表演的概念进行明确的界定和解释，但我们可以借鉴断其字义而言的表演概念，将武术表演的概念界定为武术表演者展现武术技艺的过程。我们认为这是一个狭义的武术表演概念，它指的仅仅是武术表演者的表演。武术表演者以肢体动作为主要表现形式，通过手法、眼神、身法、步法的配合，呈现出风格迥异的动作，来表达不同时期人们内心的感情世界。武术表演也可以用来单指诸多拳种中的任何一种，或某一种套路，某一种技法的表演，这些情况都是其概念的内涵在外延中的个别化应用而已，也是武术表演艺术中众多元素中的一个。在现代的武术表演中更多是融入舞蹈、音乐、戏曲、杂技等元素，加入故事背景和故事情节的表演。①因此，武术表演所包含的内容应该广泛得多，它包括各种武术技术对表演中动作的展现和形象的塑造。但需要说明的是，这里所谈到的武术技术，既是科学技术在武术表演中的运用，如数字技术等；也是武术表演者运用武术创作元素、塑造形象的技术，如武术动作、光色、音效、蒙太奇技巧等。如果我们把武术表演以表演者为中心扩大到武术技术塑造形象的方方面面，就是广义的武术表演概念。也就是说，广义

① 吴静. 武术舞台表演创编研究[D]. 郑州：河南大学，2010：9.

的武术表演是武术表演者利用武术技艺和文化内涵来传达民族文化精神、具体的事件或非具体的意象，以达到娱乐或教育的目的的过程。同时还包括武术表演者的表演、数字技术的表演、音乐音响元素的表演等。总之，武术表演包括一切参与到武术表演作品故事情节之中传达信息、表达意义的视听艺术元素。在后面的章节中，我们将对这些武术表演元素进行具体分析。

武术表演中，虽然参与武术表演的元素有很多，但是最能动、最复杂、最难琢磨、最能够体现武术表演深层内涵、最受观众关注的表演元素依然是武术动作表演。在武术表演中，人的动作、人的故事、人的情感、人的经历与人的理想，无疑是舞台上所要表现的主题。这也就是尽管现代科技在不断发展、武术表演的范围在不断扩大，但是人们在研究武术表演时，仍然会以武术表演者的武术动作表演作为研究的主体对象，在谈到武术表演时，也依然主要探讨狭义武术表演的原因。

二、武术表演的内涵

武术是人体动作的艺术。它通过有节奏、有组织和经过美化的流动性动作来表达情意。武术表情、武术动作、武术构图是武术艺术的三要素。武术表情运用武术动作手段表达出人的各种情感，既是构成武术形象的重要因素，也是观众进行欣赏、获得共鸣的途径。它不仅指武术表演者的面部表情，还包括由人体各部分的协调一致、有节奏的动作、姿态和造型所传达的情感。武术动作是武术艺术最基本的表现手段，是经过艺术提炼、组织和美化，富于鲜明节奏感和韵律感的人体动作，它来源于对人的各种生活、情感动作或军事格斗动作以及大自然各种运动形态的模拟，但又是对现实生活动作及大自然运动形态的提炼、凝聚与升华。在长期运用中，武术表演动作逐渐脱离了与军事、生活的联系而具有独立的形式美价值。程式化和虚拟化是武术表演动作的基本规定。程式化是武术表演发展到较为成熟阶段的产物，是遵循形式美法则而在实践中完成的，如八卦掌中的“鹞子反身”、长拳中的“腾空动作”和各种步型动作，均有严格的规范与程式。程式化提高了武术动作的表现力，使武术动作规范整齐、活泼自然，并较为稳定地传达一定的情感，也有助于武术拳种风格的形成与稳定。虚拟化是以艺术的假定为前提的，它使武术动作失去了再现性的成分而成为表现性动作，如电影《卧虎藏龙》中竹林打斗的动作，《英雄》中胡杨林大战的动作，都是按虚拟原则设计的。武术构图是武术表演在一定的空间与时间内，对色、形、线等各方面的合理布局，包括武术队形的变化形成的图案和静态造型形成的画面。构图是形式美法则的运用，对表现主题、创造意境、渲染气氛和形象塑造均具有重要意义。上述三要素不是孤立的，而是以人物内在情绪和心灵贯穿起来的，它们构成了有机的艺术整体，从而达到了“武以宣情”的目的。

武术表演是以高度虚拟化和程式化的动作来表达情感的，但武术情感不是直接表露的、写实性的，而是含蓄的、写意性的，具有某种朦胧、宽泛的色彩，使武术的艺术境界具有某种空灵感与不确定性，有利于人们在观赏武术表演时拓展想象的空间，获得审美愉悦。

武术表演伴随武术发展经历了风风雨雨，每前进一步都是建立在历史和民族文化的精华之上的，饱含了文化艺术精华，任何一个社会形态的变革都没有能够阻止其发展，相反却赋予了武术表演新旧文化的契合，最终使武术表演得到进一步丰富和完善，具有深厚的文化底蕴。武术表演的文化内涵在于典型的民族性与时代性。这种民族性与时代性使武术表演从滋生在特定的文化氛围中，不知不觉地接受现存传统文化的许多观念，成为特定的传统文化的一部分，到主动地扬弃传统文化的良莠，汲取外国文化、本国社会文化与民族文化的营养。

我国丰富多彩的民族文化赋予了武术表演独有的韵味和表演魅力。武术表演起源于我国这样一个民族大国的环境中，从远古到现代，吸纳了不同民族的文化精髓，展示了不同民族的精神面貌，犹如一座架设于各民族间的桥梁，具有沟通所有民族成员心灵的特性。与此同时，作为社会、时代发展的产物，武术表演带有一定的政治色彩，见证了历史社会的发展，犹如一个小小的窗口，我们观看武术表演往往可以窥见当时的政治时局、方针政策、人民的精神面貌以及表演地区的经济、艺术水平等。从这一角度出发，武术表演是与时俱进的。

武术表演的表演人数少则几人，多则成千上万人，以此配合千变万化的动作和队形，形成磅礴的气势，取得一般艺术活动难以企及的效果，尽显武术与艺术两种活动的风貌。这既是武术表演艺术的显著特点，也是其表演性及艺术魅力的独特性所在。究其根源，其与武术和艺术长期、细致的打磨密切相关。

三、武术表演的特征

（一）武术表演形象的直观动态性

武术表演是以人体的动作、姿态和造型的组合、发展、变化所形成的武术语言，塑造出生动、鲜明、具体的武术形象来反映生活，表达人物的情感和思想，表现传统文化精神的。从武术艺术的物质外化形态来看，武术最重要的艺术特性就是武术形象是一种直观的、动态性的形象。它本身又集中体现和包含了以下一些艺术特性。

1. 直觉性

武术表演形象是一种直观的艺术形象，它主要是通过我们的眼睛来进行审美感知的。虽然武术音乐对创造武术形象和加强武术形象的艺术感染力是不可或缺的，但它也只是起到一种辅助的作用。

2. 动作性

动作性是武术表演艺术最主要的特征。武术表演艺术是人体武术动作的艺术，其要表现的内容非常丰富，表现的形式也多种多样。它作为一种直观的艺术形式，以动作性的人的肢体语言来表现人物的思想感情、性格特征、情节与事件的发展、情调和气氛的渲染以及意境、精神的形成等，即使是相对静止的武术造型，也富有动感和音乐的旋律性，并且与整个武术的动律、节奏和谐统一，成为武术动作的重要组成部分。武术表演艺术的动作分为表现性动作、说明性动作和装饰性动作三大类。

表现性动作是指具有表现人的格斗、人的情感、人的思想、人的性格、传统文化精神的功能的武术动作。这类动作具有一定类型性和概括性。表现性动作大多会用一些急速的旋转和大幅度的跳跃动作来表现激动人心的场面和情绪，也会用一些舒缓、细腻的动作来抒发人们的思想和情怀。

说明性动作是指展示人物行动的目的和具体内容的动作。这类动作具有虚拟性和再现性的特点。

装饰性动作是在武术动作之间连接和作为衬景的武术造型动作，通常不具备明显的含义，在武术表演中主要起装饰和衬托的作用，在现代武术表演中表现为弧形步、错步、滑步、布雷步等。有时也用它作为表现性动作和说明性动作相互转换和连接的过渡动作，或作为对表现性动作和说明性动作的修饰。

3. 节奏性

节奏是武术表演的重要元素之一，任何武术动作都是有节奏的，没有节奏便没有武术套路。

人类在劳动中创造了节奏。生活的节奏是产生武术动律的基础，但生活的节奏是呈自然状态和不规律的。人的身体动作是武术表演艺术的主要表现手段，但生活中人的自然形态动作并非都是武术，只有那些具有一定动律和节奏的、能够集中而鲜明地表现格斗场面、生活内容和思想感情的动作，才能成为武术表演艺术的动作。

武术表演中的节奏通常表现为武术动作力度的强弱、速度的快慢和力量的大小。相同的动作，由于节奏的发展变化，即在力度上的增强或减弱，在速度上的加快或减慢，在幅度和能量上的增大或减小，都可以表现出不同的情绪和情感，体现不同的内容。例如，快速的旋转可以表现出人物的激动情感（如狂喜、盛怒、悲痛）；随着速度的减慢，情绪也渐渐趋于平静；速度减至最慢，激动的情绪便会消失。又如，沉重的顿足跳跃，可以表现人的气愤情绪或暴躁性格；轻巧的顿足跳跃则可以表现人的喜悦情绪或温顺性格。另外，许多武术动作若是将其放大、扩展，可以表现人物开朗、粗犷的性格；缩小则可以表现人物拘束、谨慎的性格或压抑的情绪。

4. 造型性

造型性是指武术动作在连续流动的过程中给人以明晰的美的感受，并且在片刻的停顿和静止时呈现武术内在的含义和韵味。造型性的特点就是动中有静、静中有动、动静有序，更好地表现它的内在节奏和韵律，增强武术动作的美感。武术造型能充分展现人体线条和动作的美，展示不同武术拳种的特点，并深刻反映人物内在情感的发展变化。

（二）武术表演艺术的内在情感性

武术表演艺术的抒情性是武术表演艺术的重要艺术特征之一，也是武术表演艺术的本质属性。

武术表演是人的情感的产物，是内心情绪的“外化”，这决定了抒情性是武术表演艺术内在的本质属性。著名舞蹈家吴晓邦说过，在我们日常生活习惯中，当我们用语言和文字难以表达或不能透彻表现某一个人物的思想和感情时，我们往往用人体的动作和姿态反而可以简单明了地表达出来。

武术表演既能表现人们的情感，表现人们的思想，也能表现文化精神。其实，人的情感、人的思想和文化精神是很难分开的。一般来讲，人的情感要受人的思想的直接制约，而人的情感又对思想的形成和发展产生直接的影响。因此，武术表演中的情感是体现一定思想内涵的情感，其所蕴含的思想是充满了情感的思想。只有通过人的形体和情感的微妙结合，实现情和形的统一，才能充分发挥武术表演艺术的功能。

（三）武术表演艺术的综合性

武术表演起源于劳动，与文学、军事、舞蹈、音乐相伴而生，同时又与文学、舞蹈、戏剧、军事格斗、音乐和美术等艺术融为一体，是一种综合性的表演艺术。

武术表演与音乐的关系非常密切。音乐可以不依附武术表演而单独存在，但武术表演却一定要有音乐才完美。武术表演音乐是影响武术表演艺术感染力和表现力的重要因素。另外，舞台美术也是武术表演艺术中非常重要的表现手段，它对于体现武术表演人物的身份和性格、人物所处的时代和环境，渲染人物的思想感情以及推动武术表演情节的发展都起着特殊的作用。武术表演的本体构成与音乐（节奏）、美术（造型）和诗（情思）有着非常紧密的关系，武术表演是一种实践性、空间性的综合性艺术。因此，武术表演艺术具有很强的综合性，而综合性是武术表演艺术的重要艺术特征之一。

第三节　武术表演的起源与发展

从古代武术娱乐观赏活动中可见武术表演的端倪。它初具雏形于近代，发展于现代，而且不同时期的武术表演也有不同的内容、形式和特点。随着人民生活水平的不断提高以及武术运动的蓬勃发展，武术表演作为一项群众喜爱的表演节目，在大力弘扬中华优秀传统文化的背景下，不仅能够展现武术的文化娱乐价值，促进武术表演产业的发展，也能更好地展示传统文化的精神价值。

武术表演在武王伐纣时“舞宿夜”巴人的舞中已有体现，后来又有“傩舞”等表演形式，这都可以看作武术表演的端倪，但由于当时武术套路并没有形成自己独立的存在体系，所以并不是严格意义上的武术表演。明清时期是中国武术发展的成熟期，此时的武术与军事脱离，形成了自己的思想体系和组织形式，其表演逐渐流行于社会。时至今日，武术套路表演已经形成为跨文艺和体育等行业的商业性演出，并随着中国与世界各国的文化体育的交流走向了世界。①

一、武术表演的起源与历史

原始社会在丰收、祭祀、狩猎和战斗胜利之后的活动中，人们会模仿各种动物的形态，踏着节奏，手舞足蹈地来表达他们的心情，或者表达对自然的崇拜和对祖先的敬仰，这是舞蹈或文体形式的最初构成。其既没有足够数量的表演人数，也没有队形图案的变化，不具有表演的特征，但已有一定的节奏和简单的动作语汇。这种舞蹈的动作来源于生产、生活中的实践，在古汉语中舞与武相通，原始人类就是通过武舞来自娱自乐，使情感得到宣泄（图 1-3-1）。

图 1-3-1　原始崖画上的武舞

资料来源：远近．起底中国古代武舞[EB/OL].（2021-04-05）[2021-10-15]. https://www.sohu.com/a/460885671_120059809.

① 刘占鲁，苏长来，张志武．武术套路表演商业价值开发模式的研究[J]．广州体育学院学报，2006（5）：106-108.

武术表演最早可以追溯到我国上古舜帝时的武舞。据古籍记载，舜帝时期，三苗族反叛，舜帝三次打败他们但仍未降服，于是舜帝带领军队表演手持巨斧与盾牌的“持干戚舞”给三苗看，这个武舞所表现出来的威武雄壮的气魄与高超的武艺，使三苗族人既害怕又感动，最终被降服。

殷商有“羽舞”之仪，周朝制礼作乐，“六代舞”中有文、武二舞，文舞执籥（乐器）翟（鸟羽），武舞执干（盾牌）戚（斧钺），统称“干羽舞”。《周礼·地官》载：“舞师掌教兵舞，帅而舞山川之祭祀；教帗舞，帅而舞社稷之祭祀；教羽舞，帅而舞四方之祭祀；教皇舞，帅而舞旱叹之事。”这里，“舞师”官职的出现，表明至周代已经出现了专司舞蹈的官员和一批舞蹈专家。周代著名的“大武舞”表现了武王克商的过程与功绩。据《史记·乐书》载，大武舞是舞者手执武器，编为队列，或进或退，十分整齐雄壮，是战争训练用的舞蹈，也是一种力量外露型的武舞。

武舞又称象舞，因为舞者头戴的野兽面具（象）象征狩猎或战斗。《山海经·海外西经》载，“大乐之野，夏后启于此舞九伐”。“一击一刺为一伐。”“伐”本义为以戈砍人头，即“杀人以祭”，引申为“征伐”。由“征伐”之义再度引申，便演变为表现“征伐”动作的武舞之名，武舞有可能脱胎于商朝战斗队列的变化。由此可知，商朝在军队出征之前或祭祀时，很可能会举行如上一种或数种武舞表演。这种表演无疑表现了商朝人的尚武精神。

《诗经·简兮》云：“简兮简兮，方将万舞。日之方中，在前上处。硕人俣俣，公庭万舞。有力如虎，执辔如组。左手执籥，右手秉翟。赫如渥赭，公言锡爵。山有榛，隰有苓。云谁之思？西方美人。彼美人兮，西方之人兮！”全诗共四章，其中第一章写卫国宫廷举行大型舞蹈表演，交代了舞名、时间、地点和领舞者的位置；第二章写舞师武舞时的雄壮勇猛，突出他高大魁梧的身躯和威武健美的舞姿；第三章写舞师文舞时的雍容优雅、风度翩翩，使得这位女子对其赞美有加并心生爱慕；第四章是这位女性情感发展的高潮，倾诉了她对舞师的深切慕悦和刻骨相思。

国家级的宗庙祭典，君主是最重要的“参与人”，在祭祀中，肃肃雍雍，贵为领袖，必须担负带头娱神的责任，亲身跳舞祭祖，如《礼记·祭统》载：“及入舞，君执干戚就舞位，君为东上，冕而揔干，率其群臣，以乐皇尸。”《周礼·大司乐》载："乃奏无射，歌夹钟，舞大武，以享先祖。"

这时期的武舞表演完全是战争搏杀的真实再现，其实用性极强而娱乐性较少。春秋战国及秦汉时期的武术表演也基本上属于此种性质。秦代前后，在各种文化的合力作用下，武术已不仅仅局限于军事活动，如原属于讲武内容的角力明显具有强烈的娱乐观赏成分，被称为"戏乐"。《列子集释·黄帝篇》中记载："子华使其侠客以智鄙相攻，强弱相凌。虽伤破于前，不用介意，终日夜以此为戏乐。"这说明当时武术的娱乐观赏功能已经被人们认识，并已成为主要的娱乐活动。

秦汉以来，盛行角力、击剑，形成了"宴乐兴舞"的习俗，即在乐饮酒酣时，手执器械舞练，这时的武术具有比较鲜明的表演特征，图 1-3-2 为凤凰山秦朝墓葬出土的角抵图漆绘木篦，展示了武士角抵的场景。秦末汉初，手持兵器的舞蹈有了新的发展，成为军队中的一种娱乐活动。公元前 208 年，项羽的谋士范增为了除掉与项羽争天下的刘邦，在项羽招待刘邦的酒宴上，示意手下的战将项庄在席间刺杀刘邦。于是，项庄就以舞剑助兴为名，准备在舞剑中找机会行刺。这时，同情刘邦的楚军将领项伯见势不妙，借口一个人独舞不如双人对舞好看，也急忙拔出剑，跳入场中与项庄对舞起来，暗中用身体保护刘邦。这就是历史上有名的故事"鸿门宴"。"项庄舞剑，意在沛公"就作为成语流传下来。这说明在秦朝末年已经有了用兵器舞练的一些套路动作，这种套路不仅可以单人演练，也可以双人表演。

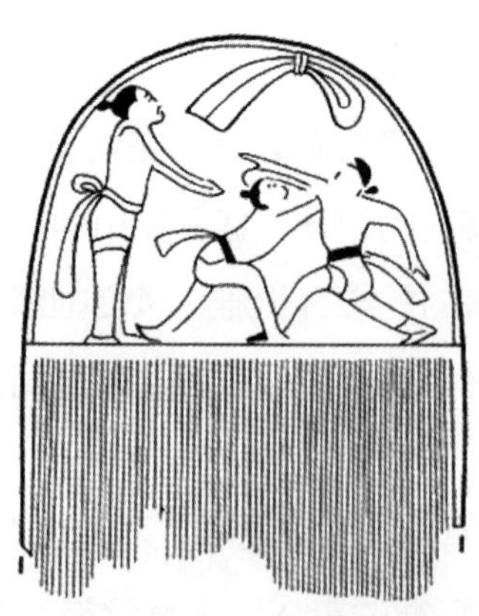

图 1-3-2　角抵图漆绘木篦

资料来源：邱丕相. 中国武术史[M]. 北京：高等教育出版社，2008：38.

刘邦夺取天下建立汉代王朝后，将“巴渝舞”带入宫廷。这种舞是集体持兵器操演的武舞，武风雄健，志在不忘创业危艰；同时，武术为满足娱乐表演需要而把攻防技术反复加工提炼形成了套路技术，并形成了既有单练，又有对练；既有短兵相接，又有长短相对的体系雏形。可以说，武术娱乐功能是武术套路产生的主要源泉。

两晋南北朝至隋唐时期，武术的娱乐观赏活动无论是在宫廷贵族还是在平民百姓之中都开展得比较普遍，因而被正式列为宫廷娱乐表演项目。这一时期有一种叫“拍张”的徒手单人武术表演，“抚髀拍张，甚为儇捷”描述了其表演形态是奋臂跳跃、十分敏捷的，这极可能是近乎拳术套路的表演。经过魏晋南北朝这一段中国历史上剧烈的动荡时期以后，武舞也开始被分化，它逐渐向武术和舞蹈分化，开始向以娱乐活动为主演变。魏晋南北朝时期，“舞”的形式出现了套路表演，如当时盛行的“宣武舞”“矛舞”“剑舞”等。这一时期武舞的艺术因素更为浓厚。先秦流传下来的宫廷武舞在魏晋时期得到继承和发展，如先秦时期表现武王决心伐纣的武舞在汉代称“巴渝舞”，在晋代改称“宣武舞”。武士执剑而舞，晋代文学家傅玄在《短兵篇》中对此舞有形象的描绘：“剑为短兵，其势险危。疾逾飞电，回旋应规。武节齐声，或合或离。电发星骛，若景若差。兵法攸众，军众是仪。”它描写了剑舞的动作迅速，如电光火石一般，而且其中有规定程式，这表明武舞开始套路化。

隋唐时期是我国封建社会的鼎盛时期。特别是唐代，以武力开天下，非常重视军事武艺，加上“丝绸之路”的开通，促进了各民族文化之间的交流。西部少数民族歌舞传入中原，对中原的原有歌舞有了很大的促进和发展。唐代的各种史书典籍常提到的武舞有剑器舞、剑舞、矛舞、破阵乐舞、大面舞、狮舞等多种形式（图 1-3-3）。

图 1-3-3 《信西古乐图》中的唐代狮子舞

资料来源：邱丕相. 中国武术史[M]. 北京：高等教育出版社，2008：80.

剑器舞在《乐府杂录》中被归于健舞一类。杜甫的诗作《观公孙大娘弟子舞剑器行》，对这种具有表演性质的武术进行了精彩的描述。剑器舞又分舞剑和舞流星，有时甚至又以手执物品进行分类。剑舞在唐代段成式写的《酉阳杂俎》中有记载，有兰陵老人善舞剑，曾为人表演。唐代画家吴道子，由于奉命在天宫寺作画时精神萎靡不振，便请"废画日久"、号称剑术一绝的裴旻舞剑"作气以助挥毫"。李白年轻时也曾精通剑术，在他的《上安州裴长史书》中就有"仗剑去国，辞亲远游"，在《忆襄阳旧游赠马少府巨》中有"高冠佩雄剑"，在《冬夜醉宿龙门觉起言志》中有"醉来脱宝剑"。由此可见当时剑舞的兴盛。

唐代的民间武术在套路化、娱乐化的方向上又朝前迈进了一大步，这突出表现在剑术方面。唐代以前已经有了娱乐化的种种表现，如在战国时有位叫兰子的宋国人可以同时玩弄七支剑，其间总有五支在空中飞舞，就像是今天的杂技表演。这种表演到东汉达到了很高的水平。张衡的《西京赋》里有对边走绳索边做这种抛剑表演的生动描写。在唐代持剑舞蹈成为一种社会风气，友人宴饮时以舞剑助兴，如大诗人李白每至酒酣耳热之际，便边拔剑起舞边作诗，"三杯拂剑舞秋月，忽然高咏涕泗涟"，"万里横戈探虎穴，三杯拔剑舞龙泉"，"高歌取醉欲自慰，起舞落日争光辉"。

矛舞在这一时期也非常兴盛。唐代陆龟蒙的《吴俞儿舞歌》中记载："手盘风，头背分。电光战扇，欲刺敲心留半线。缠肩绕脰，滥合眩旋。卓植赴列，夺避中节。前冲函礼穴，上指孛彗灭，与君一用来有截。"这篇文章惟妙惟肖地表现了矛舞的风采。

破阵乐舞是唐代著名的武舞，如著名的《秦王破阵乐舞》。《杜阳杂编》中记载唐敬宗李湛“上降日，大张音乐，集天下百戏于殿前。时有伎女石火胡，本幽州人也。挈养女五人，才八九岁。于百尺竿上张弓弦五条，令五女各居一条之上，衣五色衣，执戟持戈，舞《破阵乐》曲”。多么盛大的破阵乐舞，几乎融武术、舞蹈、杂技于一体，唐朝武舞的繁荣昌盛由此可见一斑。唐代是中国封建社会最强盛的一个时期，也是武术快速发展的重要时期，当时器械套路技艺的提高，以及像《秦王破阵乐》等武舞艺术的出现，对后来团体武术表演的发展有一定的影响。

宋朝时期武舞开始流行于民间，且在民间较为兴盛。由于武术套路的形成，武术与舞蹈的分化基本完成，大量的武舞动作保留于舞蹈中，成为一种表演助兴节目。此时的武舞主要集中于军事活动和民间娱乐之中。北宋时期，皇室于京师集合了大量精兵，组成了数量庞大的禁军队伍。据明代唐顺之所撰《武编》记载，宋太宗“选诸军勇士数百人，教以舞剑，皆能掷剑空中，跃其身左右承之，妙绝无比。会北戎遗使修贡，赐宴便殿，因出剑士示之，袒裼鼓澡，挥刃而入，跳掷承接，霜锋雪刃，飞舞满空”。该剑舞无疑是对唐代剑舞的继承，且令“契丹使者不敢正视”。这些高超绝技，对后来剑术套路及表演技艺的发展影响很大，至今在演练的武术套路中亦多有所见。

在宋代，随着经济的发展，城市里出现了“瓦舍”这样的游艺场所。这为大批专门从事武舞表演的艺人提供了固定的表演场所，使武舞得以延续发展。在这个时期，由于城市经济的发展、市井文化的繁荣，在城市中出现了许多靠献技、卖艺为生的艺人，他们中间有专门表演角抵、使拳、使棒、打套子等武术项目的艺人，通过武术活动来创造经济价值。当时的武术表演娱乐性渐强，且兼有了商业价值。应该说，这些就是武术表演的雏形。宋元时期市民文化和商业经济活跃，以民间结社的武艺组织为主体的民间练武活动蓬勃发展，武术开始在民间广泛传播。宋代时期出现了“英略社”“弓箭社”等民间习舞组织，以及“路歧人”，他们浪迹江湖，以习武卖艺为生，此时的武术表演，开始了其创造商业价值的初步探索。①

元代在朝廷民间禁武的情况下，武术与戏曲结合大量出现在元杂剧中，武术表演的娱乐性和商业性进一步加强。②元代虽然禁武，但文禁却是比较宽松的。元杂剧中有不少武戏，如《单刀会》《单鞭夺槊》《李逵负荆》《敬德不服老》《三战吕布》等，根据剧情需要，融入了许多武术的内容。武术的兵器在这样武禁森严的环境之下找到了一片“世外桃源”，刀、斧、鞭、剑、戟、枪、棍等各色各样的器械保存了下来。武术的单练、对练、团体等技术在不同的剧目中得到表现和发展。宋代武舞中保留的武术基本动作，在元杂剧中进一步程式化。

明清时期是武术发展的集大成时期，因武术流派的形成、十八般武艺的具体化、武术套路的成熟而被认为是武术体系的形成时期。这一时期不同风格的拳种、器械套路及对练都得到了空前的发展，武术套路已走向成熟和完善。明代武术家程冲斗将刀术整理成了套路，他认为：“苟不以成路刀势，习演精熟，则持刀运用，进退跳跃，环转之法不尽，虽云着着实用，犹恐临敌掣肘，故总列成刀法一图。”戚继光创编了拳术套路，他认为：“故择其拳之善者三十二势，势势相承，遇敌制胜，变化无穷，微妙莫测，窈焉冥焉，人不得而窥者谓之神。”无论是程冲斗创编的刀术、棍术套路，还是戚继光创编的拳术套路，均是有明确记载、有图谱的最早的武术套路。武术拳械套路的发展与完善标志着武术进一步走向成熟，如《峨嵋道人拳歌》云，“忽然竖发一顿足，崖石迸裂惊砂走。去来星女掷灵梭，夭矫天魔飞翠袖……番身直指日车停，缩首斜钻针眼透。百折连腰尽无骨，一撒通身皆是手……余奇未竟已收场，鼻息无声神气守。道人变化固不测，跳上蒲团如木耦”。峨嵋道人所练无疑是拳术套路，该诗记述的便是从起式到收式的全部过程，并从劲力、身法、击法、节奏、呼吸、神韵等各方面做了生动描述。可见，明清武术套路的表演艺术水平已达到古代历史发展的顶峰。武术的表演观赏价值受到了人们的高度重视。由此可见，这

① 刘占鲁，苏长来，张志武. 武术套路表演商业价值开发模式的研究[M]. 广州体育学院学报，2006(5)：106-108.

② 王三，汝安. 我国武术创意表演产业发展之研究：武术创意表演产业界定、产业特征及发展前景展望[J]. 南京体育学院学报(社会科学版)，2010(3)：55-57.

种技击性较强、攻防实用价值较大的套路常常用于表演观赏、娱乐以及显示功夫的深浅。明清时期的武术套路化表明武术在这一时期有了一个质的飞跃。可以说，武术套路的表演观赏价值始终贯穿在它的整个发展历程中。传统的思维方式与文化特性逐渐弱化了武术的竞争性，最终使传统武术走向竞艺、观赏表演。

民国时期武术发展的重要特色，是古老的中国武术被纳入现代教育的范畴，促使武术从价值观到运动锻炼思想，从教习到表演和竞赛方式，都向着科学化与规范化的方向演进，使传统武术开始了适应现代社会的变化过程。①武术在各级学校中的演练和在社会上的表演、传授成了当时振奋国人心志的一剂良方。北京、天津、上海、南京等大城市的一些学校相继在体育课中增添武术课，或开展课外武术活动，在学校运动会上增列武术表演和比赛（图 1-3-4）。

图 1-3-4 1916 年江苏省立第四中学秋季运动会拳术表演

资料来源：邱丕相. 中国武术史[M]. 北京：高等教育出版社，2008：148.

1923 年 4 月，上海举办了中华全国武术运动大会，这是中国体育史和武术史上的第一次武术单项运动会。来自上海、北京、天津、江苏和山东的 20 多个武术社团的选手进行了传统拳术器械的单练和对练表演，上海地区的 10 多所学校的学生进行了团体武术表演。1924 年举行的民国第三届全运会，首次将武术套路列入表演赛项目。在 1934 年举行的第十八届华北运动会上，武术表演赛制改进为单练拳术、对练拳术、单练器械、对练器械四项，并进行分项比赛评奖，较之前不分项而赛的做法前进了一步。1935 年举行的民国第

① 国家体委武术研究院. 中国武术史[M]，北京：人民体育出版社，1997：327.

六届全运会武术表演赛，将评分标准修订为按姿势、动作、运劲三项进行评分。在第五届全运会上，41 所小学的 2000 余人在散点队形和统一口令指挥下，表演了太极拳，这是新中国成立前首次在全运会上进行规模较大、民族色彩较浓的武术团体操表演。1935 年 10 月 10 日至 24 日，在上海体育场举行的第六届全运会开幕式上，上海市组织 36 所学校的小学生共 3000 人表演了太极拳。在大会期间还穿插了童子军检阅与表演、工人团体操表演、武术比赛和器械操表演等。1948 年 5 月，在上海江湾体育馆举行的第七届全运会上，3000 名小学生表演了团体武术太极操。①

从这些运动会的发展趋势来看，武术表演的内容、规模、形式等都发生了变化，内容由简单的套路演练发展到太极操表演。从规模上讲，武术表演的参与人数也越来越多，规模越来越大，越来越向大型武术表演的方向发展。这也为新中国成立后武术表演的发展奠定了坚实的基础。

二、新中国成立后武术表演的发展

新中国成立后，武术套路的表演被更加明确地赋予了体育的属性，在新中国成立最初的 30 年中，结合武术套路进行的创编表演竞赛甚至就是武术比赛的代名词和全部内容，直到现在武术套路演练竞赛仍是武术项目的主体形式。在竞赛的同时，各种传统的和新编的武术套路也在全国甚至在全世界范围内进行表演。

1960 年，周恩来总理率中国政府代表团访问缅甸，中国武术队随代表团前往表演，其中集体剑术表演颇受欢迎和好评。1974 年 6 月，中国武术代表团应邀出访美国获得成功，7 月美国总统尼克松在白宫会见了代表团全体成员，并观看了个人和团体（集体）武术表演，在国际上产生了强烈的反响。1975 年，中华人民共和国第三届运动会在北京举行，武术套路除个人项目外，集体项目表演也被正式列入比赛项目。1988 年，全国武术锦标赛在竞赛规程中明确规定每个男、女队都必须参加除六项全能以外的集体项目比赛。这一时期的武术表演虽然具有较强的观赏性，但它只是武术套路比赛的一种附属产品，且由于

① 倪旭芬. 团体操创编理论与技术[M]. 北京：中国社会出版社. 2007：6.

当时社会经济环境的限制，武术表演并没有多少商业价值。

随着20世纪后期中国改革开放的逐步深入，中国的经济体制由计划经济体制逐渐转型为市场经济体制，文化艺术产品越来越多地进入市场经济领域，其市场商业价值也表现得越来越明显。武术表演由于一直是武术套路训练竞赛的附属产品，因此在较长时间里并没有积极主动地进入市场，其商业价值自然也就无法显现出来。1978年，邓小平为日本友人题写了“太极拳好”，高度评价了太极拳在中国的发展和作用；在纪念邓小平题词20周年和庆祝中国武术协会成立40周年之际，北京天安门广场组织了万人团体武术太极拳表演及大型武术文艺晚会“武颂“，其规模之宏大、动作之齐整、场面之壮观震惊世人（图1-3-5）；2001年12月，香港举办了团体武术太极大会演。从1990年北京亚运会起，各种各样的国际、全国、省市体育比赛（包括武术单项比赛）的开、闭幕式，以及各种商业演出、综艺活动、庆典活动等都离不开团体武术表演，如各类电视综艺节目团体武术表演、大型武术舞台剧团体武术表演、大型实景团体武术表演、春节文艺晚会团体武术表演等。2008年8月是中国武术大发展的标志性的历史时刻，团体武术表演作为一项表演节目被列入北京奥运会开幕式，引起了世界各国的广泛关注和好评（图1-3-6）。从1984年首届央视春晚上的武术表演到2020年央视春晚上的武术表演的演变，阐释了舞台武术表演的发展历程。

图1-3-5　天安门广场万人太极拳表演

资料来源：秋高气爽 惠风和畅 天安门广场万人表演太极拳[EB/OL].（1998-10-15）[2021-10-15]. http://www.people.com.cn/english/9810/16/target/newfiles/H106.html.

图 1-3-6　北京奥运会开幕式武术表演

资料来源：演员在奥运会开幕式表演武术[EB/OL].(2008-08-09)[2021-10-15]. https://news.sina.com.cn/sjlmay/468/2008/0809/2690.shtml.

在国家大力发展体育产业化的进程中，作为武术产业的主要内容之一的武术表演产业，不仅丰富了人民群众的文化生活，还对加快地方经济发展、保护民族传统文化等方面起到积极的作用。例如，群众性的武术活动在城乡各地广泛开展，数以千万计的工人、农民等，都可以利用早晚和闲暇时间练习各种各样的武术项目，在健身的同时也达到了娱乐休闲的目的。随着科技的进步，武术影视、书刊、报纸、网络以及其他影像资料为人们的武术娱乐活动方式提供了更多选择。成龙、李连杰等武打巨星为人们奉献了精彩的武术对抗场面，把武术艺术化地展现给观众，同时也潜移默化地传播着中国传统武术的侠义精神。武术表演作为一种武术与艺术的高度结合，作为展示中华民族精神风貌、弘扬传统文化精粹的重要手段，正日益广泛地出现在各类喜庆活动中，同时起到扬国威、振民心、显武魂、悦心目之效用，越来越受到世人的欢迎和喜爱。武术产业作为体育产业的重要组成部分，正随着中国体育产业的整体步伐跃步前进，越来越多的人将体育当作休闲娱乐的手段。武术的娱乐观赏功能，将成为武术产业化发展的重要影响因素。

自 21 世纪初文化创意产业大潮涌入中国之后，武术表演在新形势下结合全新的创意也焕发出了巨大的活力，以少林武术文化为主题的大型武术创意表演，近几年在全国乃至世界范围内备受欢迎。其中，包括现代武术创意表演舞台剧《寺院内外》《风中少林》《快乐少林》，还有少林寺现代大型武术创意实景演出《禅宗少林·音乐大典》，以及少林寺武僧代表团少林真功夫的全球巡演等，这些武术创意表演已经创造了数亿元的直接经济收益，在短短几年的时间里迅速形成一个效益可观的武术创意表演产业，并有力地带动了相关产业（如少林寺武术文化旅游产业）的加速发展，成为当今武术创意产业的主要组成部分。

第四节　武术表演的价值

武术表演是将武术自身含有的能激起观赏美感的审美因素加以总结，把灯光、音乐、舞蹈、体育、服饰等现代舞台表演的元素结合起来的一种力与美的表现形式。它最显著的特点是文化性、表演性和艺术性，具有健心娱乐的价值以及供观众观赏的价值；除此之外，武术表演还具有宣传教育性，能够起到很好的德育作用。因此，武术表演不仅有利于个人身心的健康发展，还有利于宣传爱国主义教育，建设和谐社会和发展社会经济。

一、武术表演的艺术价值

（一）武术本身具有可欣赏的艺术价值

1. 内容丰富多彩

现代武术的表现形式更加多样化，在传统武术的基础上有了一些新的发展，形成了现代社会的传统武术、竞技武术，使武术体系变得更加复杂，内容和形式更加多样。武术是以中华文化为理论基础，以具有技击内涵的动作为基本内容，以套路、格斗、功法为主要运动形式的传统体育。它是我国民族传统体育项目中内容最为丰富的一项，从其定义中就可以看出它有三大项内容：套路、格斗、功法。套路运动是我们在各种表演场合中看到最多的，套路表演形式包括赤手空拳的拳术套路、五花八门的器械舞动、集体的套路表演和个人的才艺表现。套路表演的内容多样，不同拳术流派的拳种有太极拳、八卦掌、长拳、通臂拳、南拳、形意拳等，器械套路有刀、枪、剑、棍等常见器械，还有九节鞭、双截棍等器械的套路演练，这都为武术的舞台表演内容大大添色。套路中的对练也可作为表演的一个看点，有徒手对器械、徒手对徒手的双人或多人对打，还有器械对器械的演练。在格斗运动中，现代散打和推手也时时被人们关注，这种有明确规则的较技运动，使双方都使出了各种应敌技巧，比赛和表演也就多了几分可看性，尚未普遍开展的短兵与长兵也是如此。另外，为套路运动和格斗运动服务的功法运动的内容也丰富多彩，传统的功法运动按其形式与功力可分为内壮功、外壮功、轻功、柔功等。武术内容的多样性，使得武术表演能给人们带去更多的惊喜，百变的花样使人们目不暇接。

2. 武术动作本身的艺术美

每一种套路内容都有与其相对应的风格展现，不同的风格演示不同内容的美。对长拳动作的要求有一个非常形象的说法：动如涛，静如岳，起如猿，落如鹊，立如鸡，站如松，转如轮，折如弓，轻如叶，重如铁，缓如鹰，快如风。这十二形的生动描述既是对习练者的要求，也能给观众一种更具体更形象的艺术享受。器械练习中也有对各自套路的动作要求，如枪扎一线、棍扫一片、刀如猛虎、剑似游龙等。各种器械有其相应的风格，而每种风格也使得其在舞台上的艺术表现更加吸引人。

现代竞技武术在“高、难、新、美”四字方针的指导下，能做出更多花样动作，表现和突出人的身体和技巧美的动作也在增多。单看“美”的要求，就可以了解人们在艺术表现上对武术的要求提高了。其动作相比之下更加舒展大方，动静有致，更能吸引观众的眼球。但不论是传统拳种还是竞技套路，每一个拳种的动作都有其突出的特点，都有一种不同的艺术表现，在舞台表演中注重的是表演的效果和艺术表现力，如长拳舒展大方、轻快潇洒，南拳深厚沉稳、刚劲有力，太极拳轻灵圆活、刚柔相济。

技击格斗中表现出的技巧的使用，也是一种艺术美的体现。尤其是散打运动，在一些表演中，人们把散打的内容搬上了舞台，虽然不是真正的拳脚往来，但是通过几对人运用手靶的对踢对打，使人们看得心潮起伏。虽然单个动作的技法难度不大，但就是那精练的动作，透出了武术动作中力量与技巧结合的劲力阳刚之美。选手的每一击都让观众的心随之一跳，这一击是否有效，或者是对方根据自己的判断如何避过这一击等，观众的眼球随着台上人的动作而转动。

3. 武术动作的组成结构美

一般套路的表演都是一段完整的组合，有开始和结束或者上场和退场时间的变化。运动节奏的处理是套路表演和比赛中相当重要的一个环节。武术套路的节奏总是要求快慢相间，缓急相连，慢而不断，快而不乱，有如狂风暴雨，又如长江大河，于无声处听惊雷。似乐曲般的高低轻重、长短疾缓与抑扬顿挫的节奏组合，体现出整段动作的和谐流畅。在运动中，首先以静来衬托动，以慢来衬托快，使动、静、快、慢、刚、柔等结合表现得淋漓尽致，中间又有一些跳跃腾空的动作和低姿态的步型，整套动作给人的感觉是有起有落，这也是套路表演的一种艺术体现。其次是整套动作的方向变化，即使是一个人在表演，步型和身形的变化使运动的方向和位置不断发生改变，偌大的表演台也不会显得空荡荡。再次，如果多人练习时，在套路动作的演练过程中会有不断的队形变化，更为观众的视觉效果增添不少动感色彩。最后，在结束动作退场的时候，表演者一般都会运用各种武术动作以及队形的变化摆出一个漂亮的武术造型，使整个表演过程在结束的时候再次达到高潮，给人们留下深刻的印象。

（二）武术表演服装、器械增加其艺术观赏性

1. 武术表演服装美

武术表演中表演者独具特色的服装总能给人留下深刻的印象，不管是何种形式的表演，表演者都有相应的服装上的要求，不同的拳术或器械的表演都会有不同的服装选择，因此，武术套路表演者要根据不同的项目穿不同的服装。例如，练习轻柔、灵巧的太极拳，表演者会选择穿着薄、软且宽松（没有束腰带）的冷色调的长衣长裤，表现出轻柔、缓慢的特性；练习刚劲有力、步法稳固的南拳，表演者会选择穿着黑色无袖（多为坎肩）、束腰的服装，以突出其迅猛矫健和沉稳；练习勇猛快速、气势剽悍的刀术，表演者会青睐暖色调的无袖或者长袖的束腰并加腰带的服装，如火红色让人感到热情奔放，富于激情；剑术表演者多穿浅色服装，如白色长衫束腰并加腰带就显得潇洒飘逸，干净利落。但不论什么样式的衣服，布料都要求有一定光泽的丝绸等材料制成，色泽相对而言比较鲜亮，尤其是在舞台的灯光效果下会更加突出。服装的颜色有红、白、黄、黑、青等，一般都是比较突出的颜色。这些衣服的色彩、样式使表演者的动作会显得更加突出和飘逸。因此，恰当的服装会使武术表演的艺术性大大提高。

2. 武术器械表演的艺术性

在表演或比赛中，各种兵器的熟练使用也会使观众赞不绝口。另外，随着武术表演不断发展，器械本身也被不断美化，以增加器械表演的可观赏性。拿剑来说，剑穗的样式和颜色也变得越来越多，越来越美观，其中剑穗的长度不一样，套路的风格也会不一样。在刀术的练习中，刀会加上刀彩，“刀彩”顾名思义，色彩是比较鲜亮的，随着刀的运动而飘舞，使动作看起来更加有气势。九节鞭的表演，一般是在鞭体上加几个小小的四角形装饰，使鞭子快速舞起来的时候观众可以清楚地看到其运动，并在快速的运动中发出响声，也增加了动作的表现效果。棍术要求棍要有规定的长度，有齐眉棍，或稍高过自己的头顶的棍，但一般认为较好的棍的材料是白蜡，白蜡杆的韧性比较好，表演者不但用起来比较顺手，而且抡起来弧线也比较漂亮，打出的声音也较好听。这些对器械的要求一方面可以使表演者用起来舒服，另一方面可以使武术表演的艺术观赏性增强。

（三）音乐增添武术表演的艺术性

现代武术表演都配有适当的音乐，表演者把武术动作的节奏和音乐的节奏进行适当的融合，不仅展现了武术动作的形神之美，也阐释了音乐的内涵和韵律之美。武术和其他体育项目一样，有着它特有的节奏和韵律，但武术的节奏更胜于其他体育项目，因为它有内在的东西，其节奏的变化是任何一项运动都无法比拟的。动作之间更多注重的是连贯性，要求“手、眼、身、步”相互配合，把动作融入音乐中，通过音乐的音韵来捕捉武术动作的神韵。把一段节奏欢快的音乐与一组节奏稍快、起伏明显的动作结合会使观众心潮澎湃。一般武术套路所选用的是节奏比较激昂的音乐，能够增加动作的气势，使人一听到音乐就开始兴奋，再加上套路表演给人带来的视觉上的效果，使得武术的表演更有吸引力。太极拳或器械的表演，所选择的音乐虽然相对比较轻缓，但也一样振奋人心，如一泓清泉注入心灵，潺潺小溪，绵绵不断，使人的心灵得到净化，让人暂时忘却繁华。所以，音乐的加配，从欣赏者的角度来看，使武术表演的艺术性又大大提升了。

武术运动中的舞台表演艺术特征不胜枚举，而它的艺术魅力不仅仅只有这些。武术表演之所以能够受到人们的欢迎，就是因为它不但能从视觉、听觉上让人感受到它的艺术性，而且使人从心灵和精神上获得愉悦。这里所提到的只是现代社会一般的武术表演中被大家看到的艺术价值。也正是因为武术自身具有这些艺术功效和价值，才会使它能够在众多表演节目中占有一席之地。现代社会人们工作压力大，工作之余的闲暇时间相对增加，武术在人们的日常生活中更多被看重的是它的修身养性、休闲娱乐功能，表演是一种休闲娱乐方式，我们应该更多地关注它的艺术性，并能够更好地完善和发挥它的艺术性，从而使武术表演的艺术审美更上一层，更好地服务于人民的文化事业。

二、武术表演的审美价值

武术表演是一件文化珍品，为人类的文明注入了进步的力量，它的特殊价值在于由展示民族文化而生的表演性、观赏性以及特殊的教育性。观看一场武术表演如同品一杯醇浓而酷烈的美酒，可以感受到悠远而淳厚的历史文化，从中获得的不仅是感官上的享受，更是心灵和情感上的陶醉和升华。这种感受随着武术表演水平的提高而强烈，成为人们精神生活中一种永恒的价值体验。此外，多种形式、丰富巧妙的"人体美、运动美、精神美"以及"艺术美"的启示和教育，大大提高了人们的审美能力和艺术品位，改造了人们的审美观，为人们的审美理想和生活理想服务，增强了人们对生活的热情，挖掘了人类丰富的情感内涵。

（一）审美教育的价值

审美教育的目的就是促进社会成员在智力、政治、道德和体格上的全面发展，使人们能分辨美与丑、善与恶、真与假、强与弱等。武术表演在这一方面具有较强的功能，因为人们可通过亲身感受武术表演富有鲜明生动形象的艺术欣赏，自然地在愉悦中接受审美教育。

另外，武术表演的审美教育价值赋予了武术表演培养和提高人们的审美能力的价值。审美能力是人发现、感受、评价和欣赏美的能力。大型武术表演的审美对象、审美主体和欣赏者是成千上万的观众，而每个人的审美意识、审美经验、审美修养、审美感官和心理生理结构以及思维和想象能力都不尽相同。武术表演活动为提高人们的审美能力创造了许多有利的条件和机会，它提供了人们审美活动的具体内容，把人们的审美理想和生活理想结合起来，形成艺术的具体表演内容。

（二）体育美的价值

体育美的本质是体育运动中呈现出来的美的内部联系。体育运动是以人为主体的运动，是人类所特有的运动，它反映了客观存在的各种运动形式的综合。当体育美表现为自然本质时，从认识过程来说，它是以人自身以及身体素质、动作技术、造型、阵式等物化为手段，通过人的第一信号系统（包括感觉、知觉、表象等）的作用，唤起人们对体育运动的美感。当体育美表现为社会本质时，它是以体育运动和从事各项具体运动的集体和个人的仪表、行为、作风、精神风貌等为手段，通过人的第一和第二信号系统的作用，唤起人们对体育运动的美感。

武术表演是以塑造人体美、运动美、精神美为主要内容的，它具有体育美的功能，把人的内在美与外在美和谐统一地表现出来，从而给人们留下了深刻的美的印象，引起了人们对体育锻炼积极的审美情趣，出现了一种合乎目的性及美的规律性的审美体验愿望。许多参加武术表演训练的表演者，对健康的追求有了明显的目的和正确的方法，真正体验到了生活美的具体内容和含义，从中陶冶了情操，激励了人们敢于“自我表现”的勇气，对生活充满信心，对未来充满希望，积极向上，身心健康。武术表演中的意境美韵、和谐美韵，说明在武术表演活动中能体现出体育美的价值作用。

1. 武术表演意境美韵

自然界变化的规律和动物生存的本能是表现技击规律和意境的源泉，如动作的形态气势就应像江河湖海的波涛一样，时而澎湃激荡一往无前，时而微波荡漾稳定明朗；动之像撒手逃脱的兔子一样快捷，静之像岿然不动的山岳。武术家将这些自然景象融进自己的感情和技击意识，将其转化成心灵的感应，动有韵、静有势，一气呵成的气势使人感到神形兼备、韵味无穷又悠远的意境，从而体现武术表演的意境美。眼是心灵的窗户，表演者要恰到好处地把眼神和手法、步法、身法以及头部角度变化等动作巧妙地结合，在左顾右盼、定势注目之中显出旺盛的斗志和逼人的威势，传神的眼法与动作“势”的融合，加深了“静中有动，动中有静”的意境。例如，长拳中的技击法要求神随意转、眼随手动，就是指的这一点。在武术的对练中，几个表演者总是时而“噼噼啪啪”一阵急风暴雨般地对打惊心动魄，扣人心弦，险象丛生；时而又悄无声息地原地成定势站立，怒目而视，在静中寻求反击的机会，让人们的心情随着表演者的心情走，使人们有一种身临其境的感觉。

2. 武术表演和谐美韵

当我们看到一套好的拳术、器械演练，一场精彩的技术格斗时，我们的头脑立即就会通过表演者的“动作语汇”，触及形形色色的画面，吸引我们不断地去注视那一招一式、一顾一盼所表现的深刻的内涵、所塑造的形象，为那特殊的气氛、浓烈的色彩、高雅的意境所激动、所倾心。巧妙对称的格局，富于阳刚和阴柔变幻的动作，熟练、优美、准确的表现技击的方法等，在各个方位上进退、变化，挺拔的青松独立，浑厚如山岳的桩步，飘逸潇洒的步态……在短暂的时间中，小小的场地上构成流动的画、立体的诗，展现出形式上的对称、协调、虚实、合适的比例，在整体上给人以和谐的美感。协调是武术美的突出表现，是指手、眼、身、法、步、精、神、气、力、功的一致性。在武术的表演中，一个美的动作是由手、眼、身、法、步的协调一致而构成的，只要其中一项稍慢或稍快，都会使动作失去协调性，给人以别扭的感觉。例如收剑这一动作，就要求在人体上体转身的同时仰头、运剑，同时以最短的时间将剑收回腰间，左手上举，剑指上指，头向右转，头随剑的转动而转动。上刺剑时，头向左猛转，盯住左前方，要求几处的动作同时完成、到位，达到充分的协调一致。若头转动稍慢，或手、脚任何一处的动作稍慢或稍快，则此动作必然会失去协调性，给人以一种别扭、勉强的感觉，降低了套路的优美性。而协调的动作则使人感到动作灵活、潇洒、自如、敏捷而且变化莫测，给人以轻松自如的感觉，从而体会出一种气势，一种和谐的美。①

三、武术表演的德育价值

武术表演是武术与多种艺术的高度融合，是通过编导独具匠心的执导，将

① 王山林，刘红伟. 武术与审美[J]. 美与时代（下半月），2002（2）：86-87.

武术、音乐、舞蹈、美术、服饰等融为一体，由一人或几人，乃至成百上千人在舞台上、在大型体育场上或在镜头前表演的艺术形式，具有舞台的、大场面的特点，反映了一定的主题思想。武术表演小到一人或几人的表演，大到在各种体育盛会舞台上的万人开幕式表演，参演者多为青年人，覆盖面广，影响力大，形式灵活多样，其折射出的德育功效及魅力也是显而易见的。

（一）开展爱国主义教育

武术表演气势恢宏的壮观场面、极具时代感和民族特色的表演主题能生动地展示祖国物质文明和精神文明建设风貌，震撼人心。在国际体育盛会的开幕式上更能凸显国力，弘扬民族文化和精神，讴歌主旋律。在 2008 年北京奥运会开幕式上，表演者借用武术表演向世界展示了华夏几千年的悠久历史和灿烂文明，通过武术表演这一独特的体育艺术形式，让世界了解了中国，让中国走向了世界，激发了参演者的民族自豪感和爱国热情，使他们树立了为祖国贡献力量、为国增光的崇高理想。

（二）体现集体主义精神

要使武术表演特别是大型的武术表演成功地演练好，各级各部门的领导、编导、教练员，以及所有参演人员都必须对完成目标、崇尚荣誉达成共识，所有成员要体现出主人翁意识，并且有强烈的维护集体荣誉和集体形象的风范和作为。

另外，大型武术表演，节奏明朗，衔接紧凑，要求表演者按音乐的节拍完成每一个动作、造型和队形图案的变化，不能有超前和落后的举动。无论谁迟到、早退、缺席都会影响训练，准点出勤是对每个参与人员最起码的要求。在合练中若不能准时到场将会影响整个合练计划的完成，这就要求每一个人都必须有高度的组织纪律性。要达到这一点，必须在训练中严格考勤制度，狠抓准点出勤这个环节，强化队员的时间观念和整体观念，提高队员的组织纪律性和高度自觉性。

（三）促进和谐社会的建设

大型武术表演参演人员多，组织训练、队伍调动难度大，所有参演人员必须严格遵守纪律，听从指挥，步调一致，才能取得好的训练效果，完成训练任务，这对提高参演人员的自我约束力，使他们自觉遵守纪律起到重要作用。在排练过程中表演者会遇到很多问题，如在练习中表演者之间存在的矛盾冲突，器械、道具的使用、保管与维修，场地的整理，各种器材的布置与收缴等。解决这些问题的同时就是在培养表演者团结互助、宽以待人、文明礼貌、热爱劳动、爱护公物的文明行为习惯。

追求美是时代赋予教育的内容，是人们的心理需求。武术表演集精神美、形体美、动作美、造型美、音乐美、队形图案美、服饰道具美、灯光效果美于一体，使参演人员在运动的同时能产生出各种心理效应，从而得到精神的净化、情操的陶冶、心灵的愉悦和情感的升华，达到审美能力的提高。而审美能力的提高又会促进参演人员对审美理想的追求，激励他们在欣赏美、感受美的同时勇于创造美，不断为实现美的生活而奋斗，从而为构建和谐社会做贡献。

（四）培养坚忍不拔的品格

在武术表演训练中，表演者首先要磨炼的就是不怕苦、不怕累、不怕困难的意志品质，这是由武术表演自身的特点决定的。组织大型武术表演训练，就像组织一场立体战争，必须环环相扣，周密配合。做好每一个动作，练好每一个套路，走完每一个图形，需要花费大量精力，身体容易产生疲劳感，甚至疼痛和酸胀，更何况要出精品还需要经过反复修改，这就培养了参演者艰苦奋斗、勇于拼搏、坚忍不拔的品格。

武术表演训练要从基本功入手，按照总体设计构思，在力量、柔韧性、协调性、音乐节奏感等诸方面进行训练。表演者的原有基础各不相同，为了达到深化训练和表演的要求，在单一、艰难的基本功训练阶段必须加大强度，从难、从严要求，才能使整体水平得到提高。每一次高踢腿，每一次腾空，每一次翻滚，不仅是对表演者身体素质方面的训练，也是对表演者意志作风的培养和磨炼。

武术表演训练对培养表演者不怕失败和挫折的良好心态起着很重要的作用。不怕失败和挫折是坚强意志品质的重要方面，它贯穿于武术表演训练的始终，寓于训练的千锤百炼之中，体现在微小动作的极致过程中。每个动作、每个队形的完成，都会经历由不会到会、由会到好、由粗枝大叶到尽善尽美的过程。严格地讲，在达到完善动作之前的动作，都是有缺陷的动作，甚至是失败的动作。因此，在武术表演中，每个动作的成功，每个队形的完美变化，都凝结着表演者的艰苦努力和汗水以及遭受无数次失败和挫折的情绪体验，表演者会从失败到成功、再失败到最后获得胜利的奋斗过程中，感到无比快乐与自豪。经历过成功的武术表演，表演者能深深地体会到，胜利与失败是联系在一起的，成功与挫折是一对孪生兄弟。失败与挫折并不可怕，关键是对待失败和挫折的态度，可以说，只有那些不畏困难、不怕失败、勇于进取的人，才能到达成功的彼岸。

四、文化传播价值

武术表演的文化传播价值符合武术所展示的内涵。武术在几千年的华夏文明土壤里成长，深深地熏染了中国传统文化和哲学思想，如天人合一观、太极哲理、道观、气观，并以此作为主干和方向来构筑自己庞大的科学体系。无论是拳理拳法还是具体动作，甚至名称，都能使人强烈地感受到中国传统文化的气息。因此，武术充分凝聚了中国传统文化的内涵，并体现了中国传统文化的特征。

人们观赏武术表演，从武术套路中可以感受到"道法自然"和"天人合一"塑造的动作阴阳生机；从其拳理中可以体会到太极、八卦、五行生克等理论；从其演练中可以看到对天道规律的主动相合；从其技术方法中可以看到其追求的是一种对攻防格斗美的体验和对攻防的超越；从套路演练的武术行为规范上体会出"中正安舒""不偏不倚"的中庸理念。文化性是武术的灵魂，人们观赏武术表演，认识到的不仅是武术精湛多彩的技艺，更多的是武术深邃的文化内涵。体育展示不仅是一种外在的形体的展示，更是一种通过形体展示表现文化的展示，武术表演作为一种现代的艺术形式，具有文化传播的功能，虽然它不能代表整个武术文化，但能够向世人传播武术文化的外在表现，通过形式传播达到内在领悟，展现了武术的那种与天与人与社会宽容和合的品格。①

---

① 李江霞，贾鹏．武术表演走进体育展示之研究［J］．贵州工业大学学报（社会科学版），2008，10（5）：178-180.

随着我国政治经济体制改革和对外开放的深入，我国与其他国家的文化交流也日趋频繁、广泛和深入。其中，武术运动在国际交流中有着特殊的文化交流功能。1960 年，中国青年武术代表队赴捷克斯洛伐克、缅甸等国表演；1974 年，中国武术代表团出访了美国、日本；1984 年，在武汉举行了国际太极拳邀请赛；1985 年，在西安举行首届国际武术邀请赛；1990 年，正式成为亚运会比赛项目；1991 年，正式进入世界竞技体育行列；1999 年，国际奥委会第 109 次会议上通过决议承认国际武术联合会。作为我国古代文化重要组成部分的武术，已成为国际交流与世界人民友谊的桥梁和纽带，成为世界其他国家和民族了解中国的一个窗口，从而在外交上发挥着重要作用。①例如，20 世纪 80 年代的影片《少林寺》，以精湛的武术技艺和高超的艺术表现力轰动了世界，也正是因为这部影片体现了武术的真功实力，才获得了艺术和经济的双赢，影片的极大成功带来了中国乃至世界的“武术热”。又如，20 世纪 80 年代少林寺成立了少林功夫表演团，在世界各地巡回表演，大力宣传少林文化，在获得可观的经济回报的同时，也受到世界的赞誉。表演团在国外演出获得成功的原因主要有两个：一是精心策划，表演具有主题思想，如《禅宗少林》是以出家人的生死观为背景而设计的禅、武结合的“厮杀”场面，同时借助情节、灯光、音响、场景、服装、道具等产生了一种影视般的效果，感染力极强；二是全面展示了少林七十二绝技，如擒拿、格斗、卸骨、点穴、气功、铁布衫、童子功、梅花桩、头开钢板、五枪刺身等，表演技惊四座，“中国功夫”“少林武术”的呼声震耳欲聋。

五、武术表演的经济价值

从体育经济学的角度来看，武术是最早与经济建立联系的。早在春秋战国时期，由于社会动荡，成员结构日趋复杂，形成了不同的阶层，其中就有以武术为营生的阶层。他们依靠自己的武术技能糊口于四方，民间的武术技能通过他们的吸收与批判也得到一定程度的传播。这些人大致可以分为两类：一类是以收徒或受聘于军之教者，另一类是依靠武术来依附于豪门的人。这两类人通

① 蔡金明，许双陆．现代武术运动的社会价值探析[J]．台州学院学报，2006(6)：87-89.

过使用自己精湛的武艺获得经济利益。[①]

武术表演的经济价值符合武术展示的发展趋势。当今武术表演作为武术和文化的双层角色也被打上了经济的烙印。目前武术表演的经济价值日渐体现。武术套路表演已经成为跨文艺和武术等行业的商业性演出并随着中国与世界各国的文化体育交流走向了世界，围绕武术表演的商业价值也随之得到开发，如具体的门票收入、服装、武术器械的销售、弘扬中国传统文化、促进国际交流合作等多种价值得到了开发。武术表演作为现代大型体育赛事的产物，必然要与经济挂钩，许多武术表演已经成为日渐成熟的体育产业，具有很高的经济价值。武术表演日渐凸显的经济价值与武术产业的发展趋势相吻合，是武术表演产业化的前提。

第五节　武术表演的分类与表演形式

一、按形式类型划分

（一）竞技武术表演

竞技武术表演是运动员或表演者以竞技武术动作为内容，依照竞赛规则、赛事要求，或结合现代艺术元素进行的武术技艺竞赛或展示。竞技武术表演包括现在开展的所有竞技武术竞赛和展示。竞技武术表演又分为竞技武术套路、散打竞赛表演。无论是套路表演还是散打竞赛，历来都为人们喜闻乐见。现代竞技武术表演已不是纯竞技武术动作的演练，而是融入了现代表演艺术元素，在继承和弘扬东方传统文化、注重内在精神的文化特点的基础上展现武术的竞技性，还凸显了竞技武术独特的表演艺术性和审美功能的文化形态，具有很高的观赏价值，给人以启迪教育和乐趣。

（二）舞台武术表演

舞台武术表演是表演者以武术内容为表演素材，集各种艺术表现形式于一体，在某一特定的场域内进行的有情节和无情节的武艺展示。舞台武术表演主要分为具有故事情节展示的舞台“功夫剧”和以展示武术技术为重要表演形式

---

① 张学臣．谈武术表演的观赏价值与经济价值[J]．辽宁体育科技，2008，30(3)：13-25.

的演出两种。舞台武术表演是武术娱乐功能的表现形式之一，具有故事情节展示的舞台“功夫剧”顾名思义就是贯穿故事情节的舞台表演。这样的表演一般需要较长时间，以《功夫传奇》为例，它在一个多小时的时间内，通过故事叙事展示中华功夫的超强技能，这种舞台表演形式受到了人们的一致好评。展示武术技能的舞台表演，是表演者展示一套武术技能或者分散地展示各种拳脚功夫或器械在短时间内形成视觉冲击力的表演。

（三）影视武打表演

影视武打表演是演员以武术的技击动作为原型，将各种武术动作通过艺术手段进行加工、夸张和升华，演变成一种更具有表演和观赏价值的武术之舞，以电影和电视剧的形式在受众面前呈现武术的技艺。影视武打表演是武术与影视的结合，伴随影视的发展而发展。在不同的历史时期，影视武打表演的形式也有所区别，根据武打影视的主要类型可以将影视武打表演分为神怪传奇、人物传记、古装刀剑、功夫技击、谐趣喜剧、魔幻神话等类型。武打动作场面的设计与处理，历来是武打影视的“中心环节”，也是武打影视观众始终青睐的“重头戏”。武打影视的经典化、个性化的武打动作场景有盘肠大战、竹林大战、飞檐走壁、凌波微步、剑光斗法、客栈大战、舞狮大战、擂台比武、英雄取义、双雄对决等经典场景。

二、按人数多少划分

（一）单人表演

单人表演是指一个人单独进行武术的演练，单人表演既可以展示武术套路动作的技术风格特点或某一功法，也可以刻画人物、抒发情感，是展示武术表演编导和表演者高超艺术水平的一种重要形式。

另外，在武打影视剧、舞台剧、集体表演中，为展示主题、表现内容、烘托情绪、推动高潮而设置的主要人物或主演的片段，往往也采用单练的表现形式。

（二）双人表演

双人表演是指两个人对练或合作表演，以相互攻防、协调和对比性较强的动作、姿态造型来共同表达一个主题的武术表演。双人表演有两种类别：一类是具有独立的主题、内容、情景和意境的结构完整的作品，此类作品偏重于情节，突出人物个性；另一类双人表演则为武打影视、大型舞台剧和中小型武术表演的重要组成部分，是塑造主要人物、展示其内心世界、推动剧情发展的重要手段。

（三）三人表演

三人表演是指由三位表演者共同完成的武术表演。三人表演大部分是三人对练、具有情节性的小型武术表演或武打影视中的经典场景，是能够突出攻防格斗特点和人物性格的最小武术表演形式。三人表演的运动方式是非对称的、矛盾的，主要通过两人与一人、三人独立、三人一致的动作表现来塑造。

（四）集体表演

集体表演是指由四人以上完成的武术表演，多为表现某种概括的情绪或塑造群体的形象。集体表演一般包括两种：一种是在武术表演过程中的群体表演，这种集体表演善于表现统一的思想感情，构成多种多样的武术队形和武术动作场面，以便突出表现武术表演形象，烘托舞台气氛；另一种集体表演是表现比较自由、动作比较简单的群众性武术表演，这种表演一般是群众用来自娱和进行社会交往的一种普及性的武术表演。

集体表演通过武术表演队形、画面的变化以及武术动作、姿态、造型的发展，创造出深远的集体表演意境，具有强大的艺术感染力。

三、按体裁类型划分

（一）抒情性武术表演

抒情性武术表演的主要艺术特征是直接表现和抒发表演者的思想感情。抒情性武术表演的手段往往有托物寄情、借景抒情、抽象表情等。托物寄情是通过对自然景物的模拟，以拟人化的武术形象来表现和抒发表演者的情怀，如《少林寺》。借景抒情是借对景物的描绘，表现此景此情，创造情景交融的意境。抽象表情的武术表演是对人的喜、怒、哀、乐、忧、恨等感情泛化抽象之后，无情节的直接呈现和表达。

（二）叙事性武术表演

叙事性武术表演，是通过武术表演中不同人物的行动所构成的情节事件，来塑造人物、揭示性格的冲突和发展，从而表现某种主题的武术表演。与抒情性武术表演相比，叙事性武术表演更偏重于写实，由于其内涵比抒情性武术表演丰富、具体，所以它往往能在观众中产生强烈反响。

（三）戏剧性武术表演

戏剧性武术表演，是以武术动作为主要手段来表现戏剧冲突、塑造人物形象，并通过完整的戏剧结构表达武术表演的深刻主题和思想内容，综合音乐、美术、灯光、文学、戏剧等艺术形式来反映生活、表现人生的舞台表演艺术。戏剧性武术表演从表演形式上根据剧幕的多少可分为独幕舞剧和多幕舞剧；从内容和长度上划分，可以分为小型、中型、大型武术表演；从武打影视作品的戏剧冲突上可分为打斗人物、打斗环境、武术格斗、动作招式的表演。

四、按功能类型划分

（一）艺术性武术表演

艺术性武术表演，是指由专业或业余表演者通过对社会的观察、体验，集中、概括地进行艺术创造，主题思想鲜明，艺术形式完整，具有典型的艺术形象，在影视、舞台或特定的场地上为广大群众表演的形式。很多武打影视作品、春晚上的武术表演、大型开幕式的武术表演都是艺术性武术表演。

（二）自娱性武术表演

自娱性武术表演不受任何艺术创作原则的限制，是以自我娱乐为宗旨的武术表演。这种武术表演多具有动作简单、普及较好的武术套路动作，往返循环、变换队形、组成图案，有利于促进人们的情感交流，增进友谊，加强团结，如各民族传统节日中的风俗性武术表演、广场武术表演、集体武术表演等。

（三）宗教性武术表演

宗教性武术表演是宣传宗教思想、与宗教活动密切相关的武术表演。宗教武术表演在不同民族、不同地域和历史时期都有不同的表现形式，是宗教祭仪的组成部分，为宣传宗教的教义服务，带有一定的迷信色彩，是神灵的一种形象化的再现，使无形之神成为可以被感知的有形之身，是神秘力量的人格化。宗教性武术表演主要用以祈求神灵庇佑、除灾祛病、逢凶化吉、人畜兴旺、五谷丰登或答谢神灵的恩赐。我国少数民族的武术表演，以及各寺庙中的武术表演，均属宗教性武术表演。

五、按结构划分

（一）单场次武术表演

单场次武术表演是一场完成全部表演内容的武术表演，因而一般时间都较短。

（二）多场次武术表演

多场次武术表演是由多个单场次武术表演组合而成的，它可以是由一个主题贯穿连接多场次的表演整体，也可以是无内在联系的多场次表演荟萃。

（三）行进式武术表演

行进式武术表演是在巡游活动进程中循环重复进行武术演练的一种武术表演形式。

六、按规模划分

（一）特大型武术表演

特大型武术表演一般由几千人甚至上万人参与，可以是单场次或多场次，表演总时间可长可短，在特殊的地理环境区域内、体育场上或广场上进行表演。

（二）大型武术表演

大型武术表演一般由100~600人参与，可以是单场次或多场次，表演总时间可长可短，在大型舞台上、室内体育馆、体育场上或广场上进行表演。

（三）中型武术表演

中型武术表演一般由30~60人参与，可以是单场次或多场次，表演总时间可长可短，在中型舞台上、正规武术比赛场上、室内体育馆进行表演。

（四）小型武术表演

小型武术表演一般由6~10人参与，可以是单场次或多场次，表演总时间可长可短，在中小型舞台上、正规武术比赛场上进行表演。

七、按内容划分

（一）纯武术表演

纯武术表演指在整个表演内容中只有武术的内容。

（二）混合武术表演

混合武术表演指在整个表演内容中除武术外，还有舞蹈、舞龙舞狮等其他项目内容。

以上类型的归纳划分，意在便于武术表演的组织、编导、训练，便于研究人员更系统、全面、清晰地从不同角度与侧面去认识武术表演，从各自的需要出发，选择不同类型的武术表演开展活动。

第二章　武术表演者的表演

随着社会经济文化的发展和科技的进步，武术表演逐渐向多元融合方向发展，已经融竞技、舞台、影视、小品、戏剧、舞蹈等于一体。因此，要想把武术表演创作好、表演好同样受诸多因素影响，其中，最主要的因素仍然是表演者，因为人的表演是能动的，也是富有创造性的。武术表演除了需要表演者有一定的武术基础外，还需要表演者拥有其他的特质。所以，武术表演者的表演状态也同样有几种类型，表演者的工作有什么特点，表演者应该具备怎样的素质，都是摆在武术表演研究者面前的问题。

第一节　武术表演者的状态分类

在武术表演创作中，导演或编导对表演者的表演所做的决定，如决定运用什么样的表演风格、选择什么样的表演方式、表现什么样的表演情绪以及什么样的表演节奏等，都将构成武术表演形象的最终价值。因此，研究表演者的创作与导演的关系是非常有必要的。按照表演者塑造人物形象与导演的关系由被动到主动来划分，可以把武术表演者的表演分为四种状态：完全被动的表演状态、本色表现的表演状态、理解体现的表演状态和创造互动的表演状态。

一、完全被动的表演状态

完全被动的表演状态是指表演者在表演时，完全依赖导演或编导的帮助，被动地完成导演或编导给予的表演任务。他们不能自觉地控制自己的情绪、动作，甚至不能正常地与人们交流，因此不可能自觉地进行人物形象塑造或动作技艺的展现。导演或编导必须根据这种表演者的具体情况来设计表演内容，并且引导他们在舞台上或在镜头前进行表演。在武打影视作品中，有许多真刀真枪的武打场面，表演者不能像个人独自演练一样自由展示自己的套路动作，更不能自由地发挥。对每一场戏，导演都要精心地设计角色的武术动作和行为方式，而这些武术动作和行为方式必须符合表演者的生活习惯或掌握的武术动作特点。由于表演者生活在镜头前，而不是在镜头前有意识地创造人物形象，所以，导演在充分了解角色的同时，还必须充分地了解表演者，采用各种方法引导表演者表演，这种类型的表演者完全是在被动的状态下进行表演的。处于完全被动表演状态的表演者不会主动地进行包括武术动作在内的任何创作，他们的表演是导演手把手教出来的，否则表演者有可能根本无法配合导演的工作。

在武术表演中为什么还需要这些表演者呢？一方面是因为人物形象的特殊性，一些武术的高难动作只有他们来完成，才能塑造舞台或影视人物形象；另一方面，对于完全被动型的表演者，如果导演使用得当，能够把角色与表演者的动作或故事情节完美地结合起来，那么他们的表演会比职业表演者的表演更加生动，因为只有他们才能展现武术的真正魅力。

二、本色表现的表演状态

本色表现的表演状态，是指表演者在表演时能够正常地表达自己，但必须依赖导演的帮助，才能表现人物丰富的内心体验和武术技艺能力水平。虽然这种表演状态也依赖导演，但是他们不像完全依赖型的表演者那样，每个具体动作都要通过导演的引导和刺激。

本色表演者在导演的启发下，能借用自己的情感，通过武术技术动作表现角色的内心感受。每个影视导演都有和处于本色表现状态的表演者合作的经历。他们之所以选用这样的表演者，是因为他们与角色有着极其相似的生活环境或他们的武术技术能体现角色的个性特征，从而有利于营造舞台或影视场面的真实感。

从这些非职业表演者的表演中我们可以看到，即使是一些受过很好训练、有着很强的观察能力和模仿力的表演者，如果不在当地生活很长一段时间，也很难达到那种生活化的真实效果。导演在拍摄这些表演者时，主要是用中、全景镜头来展示表演者在熟悉环境中的自然生活或格斗状态，基本不用特写去展示他们的内心世界或场面。这种本色表现型的表演者完全可以用一种真实自然的状态在舞台上或在影片中展现他们自己的生活或格斗，因为摄影机镜头就放在熟悉的生活环境中，他们只需要用熟悉的日常生活语言和动作方式来表现人物的某种状态，这种创作方式他们很快就能够适应。然而，如果让他们塑造一个复杂的人物形象，他们肯定会无所适从。所以，导演在创作时不能增加这些表演者在表演创作上的难度，而重点是要突出他们与扮演的角色之间的那种极其相似的生活状态与个人特征，帮助他们找到与角色相似的情感与态度来创造栩栩如生的银幕人物形象。

2017 年春节联欢晚会云集了 80 位荣获世锦赛、亚锦赛和全运会冠军的国家武术队队员，他们以真刀真枪、整齐划一的硬功夫，配合炫酷的舞台视觉效果，成功地展示了《中国骄傲》。最精彩的压轴节目，是双人对打“空手进枪”，由来自宁夏的吴晓龙、史龙龙“双龙组合”表演。枪被称为“百兵之王”，是中国最传统的武术器械，“枪似游龙”描述的就是枪手高深莫测、出神入化的境界。空手夺枪是吴晓龙持枪，枪枪都要刺中史龙龙要害，而史龙龙是空手，每一次来袭都要精准躲闪。只见吴晓龙手持长枪，快速扎向对方的头部、胸前等要害部位，史龙龙则赤手空拳，在闪转腾挪中避开来势凌厉的枪头。整个表演可谓扣人心弦、惊心动魄。他们平均每秒扎三个回合，每 30 秒就能扎 100 多枪。表演的成功源于两人每天都进行八九个小时的训练，14 年的朝夕相处，日复一日的陪伴、训练，才造就了两人绝佳的默契。表演者非常熟悉节目里所展示的套路，因此，在教练和导演的指导下，能非常出色地完成春晚舞台上巧妙绝伦的空手夺枪表演。

电影《少林寺》中表演者的表演基本上也是处于一种本色的表演状态。影片中的许多表演者都是武术冠军，为了使这些没有任何表演经验的表演者能够生动地表现角色的内心世界，导演把电影中的环境与表演者生活的现实环境完全重叠起来。影片中四季练武的场景就是表演者平时刻苦训练的生活场景，而且人物的身份和关系与表演者的身份、表演者之间的关系是一样的。每一场戏，导演只讲一个大概的情节内容，人物的动作和语言完全是由表演者按照他们的生活习惯去做、去说。这样，表演者往往感觉不到是在拍戏还是在生活。因此，他们的表演自然、松弛并且十分动人。从影片最终的效果来看，导演所用的这种以贴近现实的创作来引导处于本色表现状态的表演者的表演的方法是非常成功的。

三、理解体现的表演状态

理解体现的表演状态是指表演者在表演创作的过程中，能够理解剧本内涵、理解人物性格，并能够把导演对角色的诠释在镜头前有效地表现出来的一种表演创作状态。一般情况下，处于这种表演状态的表演者都是经过了正规的训练或者有较丰富的表演实践经验，掌握了一套塑造人物形象的基本方式。大部分专业表演者的表演就处于这种表演状态，其具备较强的体验和体现角色的能力，能够把导演对人物的理解和想象变成形象生动的舞台、银幕形象。对导演来说，这样的表演者是一个好的人物形象的体现者。他们拥有体现人物的技巧和体验人物的敏感性，有能力塑造生动、复杂的银幕形象。但是，他们成功与否的关键在于导演对人物内心的挖掘程度，以及导演对人物武术动作设计的独特性。我们时常碰到这样的现象：某个表演者在有些导演手中表演相当精彩，可是在另外一些导演手中却表现平平。例如，影视演员李连杰在张鑫炎导演的电影《少林寺》中，把导演对人物的诠释非常成功地展示在我们面前，我们看到了一个活泼单纯、爱恨交加、敢作敢为又有点神经兮兮的小虎子觉远。可以说，有了张鑫炎导演对人物深入的挖掘，才有了李连杰的传神塑造。

一个处于理解体现状态的表演者往往能与导演站在同一高度，以导演的创作要求作为自己表演创作的准则，能够深入地理解和充分地诠释导演的创作意图。

因此，绝大多数导演愿意与这种专业的、处于理解体现表演状态的表演者一起合作进行创作。然而，由于导演过于信任这些表演者对人物形象的塑造能力，而表演者又往往在创作人物形象的深度上过分地依赖导演对生活的认识和对角色的分析与把握，因而某些表演者一旦碰上平庸的导演，他们的表演创作也就变得平庸。

四、创造互动的表演状态

创造互动的表演状态是指表演者在舞台、银幕形象的塑造过程中，主动地爆发出巨大的创作能量的表演状态。这些表演者能够伸缩自如地演练自己的动作，把握人物的性格特征，充分展现武术的内涵魅力，生动地创造出感人的银幕形象。这些表演者不仅能够把导演心目中的人物形象准确无误地表现出来，而且能够运用自己的人生感悟帮助导演挖掘和丰富人物的内心世界，设计出独特的人物动作和行为方式。从表演创作的角度来说，创造互动型的表演者常常比导演对某个人物的思考与分析还要深入和细腻，对人物性格的设计更加具体和独特。他们不是导演手中的兵，而是导演创作的得力助手。

创造互动型的表演者不仅有精湛的武术技艺，对生活的感悟相当深入，还要有丰富的舞台或影视表演经验，能够站在舞台、影片全局的高度来理解未来舞台、影片的样式和导演的整体构思。创造互动型的表演者不是一个被动的表演者，他们把表演者依附导演的被动表演状态变为与导演互动创作的主动表演状态。2017 年春节联欢晚会上《中国骄傲》的表演者，不仅有精湛的武术技艺，还有多年的竞赛表演经验，所以他们才能在为期 23 天的紧张排练后完整地把武术激情和魅力表现出来。成龙的表演就处于这种创造互动的表演状态。在他早年参加拍摄的喜剧功夫片，到后来的时尚动作片，再到好莱坞动作片中，他都有非常精彩的表演。处于创造互动表演状态的表演者，一方面要依据导演对人物形象的解释，创造性地对人物形象进行分析与发掘；另一方面，要对作品创作的其他部分进行深入的研究。舞台、影视表演是表演者和其他创作部门共同参与的一种综合艺术形式，因此，必须考虑其他表演因素给表演者表演带来的制约，以及导演对作品的整体构想。

综上所述，武术表演的四种表演状态不仅是表演者与导演、编导合作展现武术魅力、塑造人物形象时表演者表演创作的四个不同层次，也是表演者展示武术动作、塑造人物由被动到主动的不同创作状态。由被动到主动的人物形象的塑造过程，是表演者由一个活动道具变为一个优秀表演者的过程。表演者要实现这个过程的转变，必须经过刻苦的学习和实践，不断提高自己的素质；同时，要不断地思考和总结，以达到创造互动的表演状态。

第二节　武术表演者的总体素质

表演艺术的创作任务要求表演者创造出来的动作、人物形象具有审美的价值，达到真、善、美的和谐统一，这是一个对创作者和观赏者都有要求的标准。要达到这样一个标准，离不开剧作者所创作的作品提供的基础，因为表演者是在作品的基础上进行二度创作的；同时，由于武术表演艺术，特别是武术影视表演艺术是一种综合性的艺术，表演者的创作离不开导演对剧本的解释和构思，以及舞美设计、灯光、服装、化妆、道具、音响等各个艺术部门的合作。但是，动作、人物形象的塑造毕竟还是以表演者为主，因此就不能不对人物形象的塑造者——表演者提出严格的要求，但首先是要对创作者的素质有严格的要求。

与从事任何一种艺术创作一样，从事武术表演艺术的表演者本人素质的高低往往决定着武术表演的优劣。我们一方面可以看到有些表演者在舞台上充满了魅力，让观众想看他（她）的演出，爱看他（她）的演出；而另一方面，我们也可以看到确实有不少表演者在舞台上总好像缺少点什么，很难有吸引观众的能力。虽然这其中有诸多原因，但其都与表演者的素质有着密切的关系。

那么，一个优秀的武术表演者应该具备什么样的素质呢？

一个表演者的总体素质内容是广泛的，它既包括表演者先天的形体与声音条件、长期的生活经历所形成的风度和气质，还包括表演者本人的生活素养、思想水平、文化艺术修养、专业技巧以及职业道德水准等诸多方面。一个表演者是否具有魅力，往往与这个表演者在这些方面的优劣有着密切的关系。

在这诸多方面中，先天的条件是无法改变的，而且这些条件和表演者的风度、气质结合在一起，往往既是形成一个表演者创作个性和创作路子的重要因素，又是使表演者有着某方面的局限性的重要因素，它是表演者总体素质中的重要部分。但是，决定一个表演者是否优秀，是否具有魅力，绝不仅仅在于此。表演者的魅力，实质上是由上述诸多方面的综合表现所决定的。一个天生丽质的女表演者或一个相貌英俊的男表演者自然会比相貌丑陋者具有一定的优势。但是，这种优势不是绝对的，只有当它和上面所说的各个方面结合在一起时，才可能成为真正的优势，从而具有真正的魅力，否则，无论表演者长得多么漂亮、英俊，都不能把她或他称为一个优秀的表演者。

事实上，在表演者的总体素质中真正起着决定作用的是表演者本人的生活素养、思想水平、文化艺术修养和专业技巧，以及敬业精神与职业道德水准。一个表演者只有在这些方面努力提高自己，才有可能使自己的总体素质得到全面的发展。

一、生活积累

一个表演者首先应该具有深厚的生活素养。生活是艺术创作的源泉，古往今来，无数伟大的艺术家的成功，都是由于他们的创作来自生活，是生活给他们的艺术作品以真正的生命。现在，有的人把强调深入地观察、体验、分析、研究生活当成老生常谈，不予以重视，甚至认为没有生活照样可以进行创作。因此，出现一些缺乏生活根据胡编乱造的剧本和经不起生活检验的“人物”也就不足为奇了。观众对于这样的剧本和“人物”，既不会相信也不会买账。这样的剧作者和表演者也因此受到观众的无视，同时，由于与艺术创作源于生活的道理背道而驰，也会受到应有的惩罚。正面的经验和反面的教训告诉我们，一个演员、一个表演艺术家，应该自觉地认识到创作一定要扎根在生活之中。这就要求演员首先必须热爱生活，随时随地留心地去观察生活，向生活学习，向社会学习。真正认识到丰富多彩的现实生活是包括演员在内的艺术家取之不尽、用之不竭的创作源泉，只有来源于生活才能使艺术之树长青。①

当我们谈到表演者的生活素养时，表演者自己的人生经历就是一个十分重要的方面。这种人生的经历往往会自觉或不自觉地在表演者身上打上烙印，使表演者具有某种特有的气质。例如，李小龙在多部电影中的武打动作非常真实，是一个非常鲜明、生动、受观众一致肯定的武术格斗人物形象，这与他长期在现实生活中和不同格斗高手的实战经验有着密切的关系，他所创造的人物形象，似乎不是表演出来的人物，而仿佛是从他自己身上生发出来的人物。这是因为他本身具有较高的武术功底，并且具有较多的实战经验和格斗生活的阅历。在创作时这些生活经验可以招之即来，挥之即去，成为他创作的素材。同时，表

① 梁伯龙，李月．戏剧表演基础[M]．北京：中国戏剧出版社，2009：16.

演者自己的人生经历也塑造出了自己特有的气质，为他们的创作提供了重要的条件。

更深一层地去看，人生的经历中包含着表演者自己亲身经历过的生活体验。这对于表演者的创作尤为重要，它是表演者宝贵的财富，因为这种经历有时可能会直接成为创造某个人物的素材。有许多武术表演者在香港、澳门等地经过多年的打拼和磨炼，当他们在反映江湖、街头、黑帮等作品中扮演类似的角色时，那些曾经有过的生活体验，就为其所扮演的人物提供了宝贵的养料。例如，成龙、洪金宝、元彪、元奎、元武、元德、元华等在其演出的作品中所扮演的人物，是那样真实、生动、深刻，这和他们在接触生活世界时有着类似的经历是分不开的。

此外，这种表演者亲身经历过的生活体验还有助于表演者去理解、感受一些不同人物的相似情感。例如，如果一个表演者自己经历过失去亲人的痛苦，那么他就会比较容易理解，并且可以比较具体地感受剧中人物在失去亲人时的心情。因此，对于一个有着丰富的人生经历、体味过生活的酸甜苦辣的表演者来说，他的这些经历与体验对于他塑造剧中人物而言，无疑是一种宝贵的财富。

但是，无论一个表演者的经历多么丰富，他也不可能穷尽体验人生百态，在艺术创作中往往有着表演者从来未曾经历与体验过的生活。因此，尽管表演者有着丰富的生活经历，但也要不断地向生活学习。

这种学习对于武术表演者来说主要是去研究社会、研究人、研究武术、研究中国传统文化。社会的纷繁变化，人的千姿百态，武术的丰富多彩，传统文化的博大精深，都应该是表演者观察、了解、分析、研究的对象。这种在观察、了解、分析、研究后所积累下来的经验，都将成为表演者的生活素养主要的部分。一个对社会生活、武术文化知识、中国传统文化毫无了解的表演者，就像一个身无分文的穷汉，在进行创作时是掏不出自己的积蓄来丰富自己所要塑造的人物的。

由于武术表演者总是要去塑造各种各样的人物，演练各种武术动作，难免会遇到不熟悉的生活和武术技术，因此，除了平时应该有丰富的积累之外，在进行创作时，还应该深入生活，拜访民间武术人士，学习掌握更多的武术知识和技能，为自己的创作进行必要的储备。例如，国家一级演员、武术家、编剧、武术指导于承惠，从武术冠军到机械厂工人、到武馆教练，再到武打明星、剑术大师，一生波折。他是杰出的武术家，以剑术为最精，是以“武魂”为宗旨的德高望重的武学长者，他能在影视中全方位地展现武学精髓及哲学思想。著名戏剧与电影演员李仁堂在谈到自己的创作经验时说：“演员创作形象的营养储备必须从生活中汲取，否则，必然导致创作上的枯竭。这就是我多年必循的一条道路，也可以说它是经验、捷径和诀窍。”“因此我在创作角色之前，总是先到生活中去感受一段时间，不管我对所扮演的角色的生活熟与不熟，都感到非常必要，有时起到了决定性的作用。”这些著名演员的体会与创作经验，都说明了生活对于创作是何等重要。因此，表演者必须真正地热爱生活，并随时随地为自己的创作积累生活知识，提高自己的生活素养。

表演者的生活知识和生活素养中有相当大的一部分来自直接的生活体验，但仅有直接的生活还是不够的。因为，表演者的创作所涉及的面是十分广泛的，古今中外的人物，甚至神灵鬼怪等，表演者都可能要去塑造。那么，如果要演历史上的人物、外国人，或神仙、妖魔，是否也需要生活呢？答案是同样需要。可是，表演者又应该从哪里去观察、了解呢？一方面，自然还是离不开直接的生活体验，但与此同时，还应该间接从生活中了解。也就是说，表演者不仅要从自己直接的生活体验中去找到与古人相似的，从中国人身上找到与外国人相通的，以人类的情感赋予剧本中的动物甚至鬼怪以相似的思想和情感，还应该利用间接的历史生活来帮助自己进行创作。这种间接历史生活的资料从某种意义上讲，是对前人或对某种生活十分熟悉了解的人的生活的直接记录，或者是他们根据自己熟悉的生活所创作出来的艺术作品等，如历史资料、人物传记、民俗风情介绍，以及那些真实地反映某种特定生活的小说、诗歌、绘画、摄影、音乐、戏剧、电影、电视等文学艺术作品。“生活”这个词，对于表演者来说不仅是指可以接触到的直接生活，还包括听来的、读到的间接生活。鲁迅先生说过这样一段话：“作者写出创作来，对于其中的事情，虽然不必亲历过，最好是经历过。诘难者问：那么，写杀人最好是自己杀过人，写妓女还得去卖淫么？答曰：不然。我所谓经历，是所遇，所见，所闻，并不一定是所作，但所作自然也可以包含在里面。”[①] 如果所做、所遇、所见是表演者直接接触到的，那么所闻则是间接的、第二手的。这种生活素材虽然不如第一手的素材那样直接和易于感知，但是它的重要性却是绝对不可忽视的。

许多表演者都谈到了这种“间接”生活对于自己创作所起的重要作用。六小龄童饰演的孙悟空惟妙惟肖，给观众留下了深刻的印象。六小龄童说：“吴承恩用了一生时间写孙悟空，而我用了 17 年来演孙悟空，那是我一生中最重要的青春年华。而我接下来的人生，也准备献给《西游记》。我几乎将一生都给了美猴王。”“吴承恩与猴为友，在它们身上得到启发，才能写出这样的作品；我演了一辈子猴王，也和猴子交了一辈子的朋友。在江苏淮安的吴承恩故居有一处院子，我把收集到的孙悟空雕像、邮票以及不同时代猴王用过的金箍棒都放在了那里。我现在家里养的猴子都比家里养的小孩多。我不收徒弟，并不是因为我高傲。想要演好孙悟空，最好的办法，就是和猴成为朋友，每天观察它们。”从这一点中也可以看出间接生活在表演者创作中的重要作用。当然，这种从间接生活中得来的素材可能不如从直接生活中得来的素材那样生动、形象、具体，还需要表演者运用自己的想象进行加工，尽管如此，从间接生活中得来的素材同样是表演者创作中不可忽视的重要源泉。

生活，无论是直接的还是间接的，都是表演者创作的基础，是表演者创作艺术结晶的土壤。离开了生活，表演者的创作就像是一座没有打好地基的房子，一定会塌掉；也会像离开了土壤的花朵，必然要枯萎。

二、思想修养与精神境界

表演者要积累丰富的生活知识与提高自身的生活素养，就必须随时随地去观察与体验生活。但是，这种观察与体验绝不是浮光掠影地搜集一些生活的表象与图景就可以了。优秀的表演者还应该对所观察与体验的生活有自己的真知灼见与真情实感，这就不可避免地涉及一个表演者的思想修养与精神境界的问题。因为演员通过对生活的观察与体验积累素材，目的是用来创造出具有审美价值的人物形象。一个缺乏思想修养的演员是不可能对所要反映的生活有自己

① 鲁迅全集：第六卷[M]. 北京：人民文学出版社，1958：175.

的真知灼见的。因而他在创作中也就不可能发前人之未发，从认识上为观众打开一个崭新的领域；一个在生活中缺乏鲜明的爱憎的演员，反映在他的形象塑造中也就很难有“跳动着的脉搏、思想和热情”。所以，思想修养与精神境界的问题也就不可避免地成为演员的总体素质中的一个重要部分。

思想修养与精神境界的问题，同样存在于武术表演这样一种综合艺术中，表演者在创作中的主体意识能否得到充分发挥与表演者的思想修养与精神境界密切相关。表演者能否真正成为自己所创造的人物形象的作者，那就要看表演者自己的生活素养能否给自己所创造的人物以坚实的依据，特别是在思想上能否对人物有自己独特的解释及构思。表演者在剧本与导演构思的制约下，不应该成为剧作者的传声筒和导演的傀儡，而应该是集体创作中的一个参与者。生活素养和思想修养较高的表演者对剧本与人物的解释和构思，往往可以丰富与充实剧本的创作和导演的构思，并且透过其所创造出来的人物展现出表演者自身的思想品格。通常在影视剧中，往往会有两个表演者同时扮演一个角色，或者一个角色先后被许多个表演者扮演的情况。例如，两个表演者同时扮演霍元甲，或者在不同的影片中由不同的表演者来扮演霍元甲，这往往可以比出表演者水平的高低。在这个水平高低的比较中，表演者对生活和人物的认识、理解、评价的正确与否与深刻程度，构思的独特、新颖与精巧程度，往往就能反映出一个表演者的生活素养与思想修养的高低。

表演者的思想修养首先表现在一个表演者是否具有正确的世界观。世界观正确与否，常常会导致对于生活现象和艺术形象的解释与评价的正确与否。对真与假、善与恶、美与丑的分辨，起着指导作用的正是表演者的世界观。因此，表演者都应该学习哲学，特别是应该认认真真地学习辩证唯物主义和历史唯物主义，从而树立起正确的世界观。现在，有人认为这也是老生常谈，他们认为辩证唯物主义、历史唯物主义都已经过时了，想用什么存在主义、实用主义或者弗洛伊德的观点作为自己观察、认识世界的指导思想。这种看法出现在开放的形势下，在一个多元化的世界上并不奇怪。对于一个表演者来说，学习与了解存在主义、实用主义和弗洛伊德理论都不是坏事，甚至还应该学习康德、叔本华、尼采和孔子、老子、庄子、韩非子等人的哲学思想。因为这些哲学思想都是人类的文化财富，都会在某种意义上对表演者的创作有所帮助。但是，作为表演者自己应该在学习这些哲学思想的同时，鉴别究竟应该以什么思想作为自己认识世界的指导思想。著名表演艺术家于是之说："我现在不知道还有什么学说比马克思主义更科学。"他在去欧洲前说过"听到他们在二次大战以后存在主义开头的一些思想，一作比较，那马克思主义、毛泽东思想无论如何是我们认识生活（就从业务这个角度）最科学的思想武器"。这是于是之在实践中通过鉴别得出的结论，也是一位有着丰富的创作经验的老演员的肺腑之言。许多著名的表演艺术家在回顾自己的创作生涯时都有与于是之相同的感受，这都是他们自己在长期的艺术实践中的感受，最终形成了他们自己的选择。[①]也就是说，任何一个表演者的创作都必然会受到其所形成的世界观的影响。如果世界观不正确，他就不可能正确地认识生活、分析生活、评价生活，同时也不可能正确地理解和分析自己所要创造的艺术形象。因此，对于一个表演者来说，树立正确的世界观不是可有可无的事，而是至关重要的事。

表演者的思想修养和精神境界的问题不仅表现在思想认识上，同时也反映在情感上。著名导演陈颙在评论演员时说过这样一句话："我们导演在排演中常常为一个问题所苦恼。一些条件很好的演员，无论形象、声音、气质等各方面条件都很好，但是排起戏来，时常遇到很大的障碍，用我们经常说的话是：这些演员怎么这么冷啊，他们怎么不动心啊！最后我仔细观察一下，发现凡是这样的演员都有一个特点：他们在生活中也很冷漠，他们对待生活，对待国家，对待我们的事业，对待周围的人和事情，缺少一种敏感，缺少一股火热的激情。所以，我自己认定一条，要想让一个演员在舞台上创造出一个火热的艺术形象来感染观众的话，必须是在生活当中有火热激情的人，不能是冷漠的人。"因此她认为："我们社会主义舞台需要的是热爱祖国、热爱生活、热爱人民的表演艺术家。"这种热情实际上是和演员的思想修养与精神境界分不开的，它会自觉或不自觉地影响着演员的创作。于是之也谈到了这一点，他说："热爱生活，爱憎分明这一条很重要……演员必须是——至少是一个好人，忠诚老实，敢爱敢恨……我是说他的心是透明的，他的感情是可以点火就着的——指正确的感

① 梁伯龙，李月．戏剧表演基础[M]．北京：中国戏剧出版社，2009：23.

情，不是那邪火。凡是对生活玩世不恭、漠不关心，就不大可能演好戏。”[①]这些说明了一个演员必须具有正确的思想观点和情感。如果丰富的生活能够给予表演者所创作的人物以血肉之躯，那么正确的思想和情感则将给予人物以心灵。因此，我们常常把生活称为创作的基础，把思想视为创作的灵魂。

思想修养与精神境界作为武术表演者的总体素质中的一个重要组成部分，绝不是多余的要求。在艺术创作实践中，它往往是和表演者的人物创作成败密切地联系在一起的。因为归根结底演员的思想与情感决定着自己所创造的人物的思想与情感。以深刻的认识与火样的激情创造出来的人物，必然会给观众以震撼与感动；以肤浅的认识和冷漠的情感所创造出来的形象，除了使观众失望之外，同时也必然会暴露出演员本身的肤浅与冷漠。

三、文化艺术修养与专业技巧

表演者的文化艺术修养与专业技巧是表演者的总体素质中另一个重要的方面。表演者所塑造的人物形象应该是具有审美价值的人物形象，应该能够给观众以美的享受，这就要求表演者具有对美的鉴赏能力和创造出美的专业技巧。文化艺术修养的高低往往决定一个表演者审美情趣的高低。在艺术创作中从来都有雅俗之分、文野之别。一个艺术作品是雅是俗，属文属野，往往就取决于创作者本人的文化艺术修养的高低。

武术表演作为一门综合性的艺术，可以说是融武术、文学、绘画、雕塑、音乐、舞蹈、戏剧等各种艺术形式于一体的。一方面，表演者的文化艺术修养会使表演者具有深刻、敏锐的总体艺术感觉；另一方面，在人物形象的创造中，往往也会需要这些方面的修为。这就要求表演者对武术表演所包括的各个领域都应该有一定的修养。周恩来生前曾经希望表演者提高文化艺术修养，琴、棋、书、画都应该懂一点。例如，著名的武术表演艺术家于承惠的书法也有一定的风格，著名的武打巨星成龙在音乐方面也有一定造诣等。他们都可以说是多才多艺，在文化艺术修养上都很有功底，这使他们的创作给人以一种脱俗之感。在他们创作的背后，我们可以感受到创作者不是匠人，而是艺术家。从这些实

---

① 梁伯龙，李月．戏剧表演基础[M]．北京：中国戏剧出版社，2009：24.

例中不难看出文化艺术修养在表演者创作中的重要性。近年来经常有人议论说有的表演者的“眼睛里好像没有墨水”，这就是说表演者的文化艺术修养之低已经影响到他的创作了。例如，有的表演者在扮演古代文人墨客吟诵古诗词时，分不清句读，念不出韵律；有的表演者自己完全不通音律，甚至连简谱都不识，却在扮演音乐家；有的表演者则更是由于文化艺术修养的贫乏、艺术趣味的低下，所创造的人物俗不可耐，令人不忍目睹。因此，表演者应该自觉地提高自己的文化艺术修养，从而提高自己的审美情趣及艺术感觉，这与表演者的创作有着密切的联系、绝不可以忽视的十分重要的事情。

文化艺术修养的提高，是要靠表演者长期刻苦的学习才能够获得的，同时它也将潜移默化地影响表演者的创作，特别是在培养表演者的审美情趣上起着十分重要的作用。有的表演者平时不用功，只靠“临阵磨枪”，需要什么再学什么。当然，有许多东西是可以现学现用的，因为表演者不可能在文化、艺术的各个领域内都有广泛的知识与很深的修养，现学现用也是提高自己的修养的一种不可忽视的途径，但是，最基本的文化艺术修养的积累则应该是表演者日常的、不可间断的学习内容。完全依靠“急就章”而出现的“不快也光”，最终是欺骗不了观众的，也不可能使自己创造出来的人物形象具有审美的价值。所以，文化艺术修养应该说是表演者的总体素质中一个重要组成部分。

此外，表演者还必须重视自己在专业技巧上的锻炼，因为它是表演者用来反映生活和揭示思想的手段。不管表演者对于剧本所描写的生活及所要扮演的人物多么熟悉，认识得多么深刻，也不管他对于剧本与人物的思想内涵有着多么深刻、精辟的哲理思索，他都必须通过自己所创造的人物形象展现出来。舞台人物形象的创造，离不开表演者的专业技巧。例如，李连杰如果不是从小练习武术、具有较高的武术技艺和传统文化修养，只靠“临阵磨枪”，是不会演出美妙而惊险的动作和武打场面的，更不可能创造出那样典雅、充满正义的小和尚的形象。要想真正创造出一个真实、生动、鲜明、准确、深刻的人物形象，就必须具备从事表演艺术所应有的而且应该是十分精湛的专业技巧，否则，所塑造的人物形象往往可能似是而非或者毫无审美价值可言。

一个表演者应该具备的技巧，就是要能够化身为角色，因为表演艺术从根本上就是表演者化身为另一个人——角色的艺术。要想达到“化身”，表演者就必须具备从内部体验角色心理生活的技巧和从外部再体现角色性格特征的技巧，以及掌握创造一个完整的人物形象的方法和技法。只有掌握了这些技巧与方法，表演者才有可能在舞台上获得创作的权利，他的心才有可能去感受与角色相类似的情感，才有可能在假定的情境中激动起来，最终引发出各种各样、丰富多彩的情绪体验；他的身体和声音才有可能充分地、鲜明地、准确地再现人物隐秘的内心活动，并以具有感染力的、能够使人获得美的享受的外部形式再体现出来。表演者所掌握的正确的创作方法和多种多样的技法，使他有可能沿着正确的道路去塑造出一个真实可信又具有鲜明的性格特征的人物，并且能够很好地把握住剧本的风格、体裁、人物发展的层次、行动的速度与节奏等。

表演者对创作技巧的掌握与熟练，是表演者的总体素质中一个绝对不能忽视的部分。当前，有些人认为武术表演似乎没有什么技巧可言，或者认为根本不需要什么技巧。有人甚至认为只要会练武术、会说话的人就能进行武术表演。这种看法是完全错误的。武术表演不仅要体现中国传统文化和民族精神，而且要非常接近生活的本来形态，这就往往会使人产生这样的误解，一些对于武术表演并不十分了解的人，以为这种自然的、非常接近生活的本来形态的表演只是武术技能的展示，似乎不需要什么技巧就可以做到；同时也使一些人以为没有真正练习过武术、没有表演技巧的人通过替身和科技手段一样能把武术表演好，而不用去追求以高深、精湛的武术表演技巧使其表演不露任何痕迹，既能使表演达到自然、接近生活的本来形态，又能创造出具有生动、鲜明的性格特征的人物形象。如果一定要说有一种“没有表演的表演”的话，那么它应该是一种具有更高层次的表演技巧的表演，是不露出表演技巧痕迹的表演，就像一个优秀的武术运动员的表演一样，他让你感受到的是美、是放松，有时甚至会使你觉得你自己似乎也能像他一样在规定的场地上旋转、跳跃，但是稍一冷静，你就会感觉到那不过是他们的娴熟的技巧给你带来的一种幻觉。优秀的表演者的表演也应该给人这样一种感受。这种所谓的“没有表演的表演”是掌握了表演技巧的真谛后出现的返璞归真，绝不是对于表演技巧的排斥。

作为表演者总体素质中的一个组成部分的创作技巧的掌握，是需要表演者以毕生的精力，以心血和汗水去换取的。这需要表演者像雕塑家捶制用以雕塑的泥土一样去捶制自己的身心，像优秀的武术运动员那样去摔打扑跌，才能适应各种比赛中的蹿蹦跳跃、闪展腾挪、刀光剑影、上下翻飞，使自己在创作中得心应手。表演者的专业技巧是练出来的，是在坚持锻炼中发展起来的。天才、机遇可能会使一个表演者一夜之间成为明星，但是如果没有刻苦的技巧的磨炼，一辈子也不可能成为一个优秀的武者或真正的表演艺术家。

四、敬业精神与职业道德

在表演者的总体素质中，还有一个十分重要的方面，那就是表演者的敬业精神与职业道德。敬业精神可以说是一个表演者在事业上能够获得成功的保证，因为它来自表演者对自己所从事的事业的执着的热爱。例如，著名的戏曲表演艺术家盖叫天先生的敬业精神就十分令人钦佩。他扮演的武松出神入化，所以他被人们称为“活武松”。在一次演出中，他从三张桌子上翻下来时小腿骨折，为了不损害他所扮演的武松这一英雄人物的形象，他硬是忍着疼痛站在那里，直到大幕落了下来，才跌倒在地上。在治疗的过程中，当他知道腿骨没有接对，会导致其以后不能再继续表演时，他毫不犹豫地忍痛把已经接上的腿骨拉开，要求医生重新给他接上。著名的武打影视演员成龙在拍摄中就曾多次受伤。2005 年，李连杰在拍摄《霍元甲》时与泰国拳王森莱比武，由于两人太过投入而没有留神，李连杰的心口曾两度被击中。即便如此，经过短暂的休息和简单处理后李连杰还是站在了摄影机前。盖叫天、成龙、李连杰等在艺术上能够取得辉煌的成就，和他们的敬业精神有着十分密切的关系。因为他们热爱自己的事业，所以在任何情况下都愿意为表演艺术而献身。

此外，职业道德对于一个表演者来说同样也是十分重要的。演出是一种集体的创作，一个具有职业道德的表演者应该自觉地遵守创作集体所规定的纪律，在创作中能够尊重别人，相互帮助，相互学习，不沽名钓誉。要培养自己作为表演者所应具备的职业道德，关键是要像斯坦尼斯拉夫斯基所说的那样，要“爱自己心中的艺术，而不要爱艺术中的自己”。他还告诫我们：肮脏的脚不应该走进剧场。所以，如果一个只爱艺术中的自己的演员，拖着一双十分“肮脏的脚”走进一个艺术表演创作集体，为的只是金钱，争的只是自己的名誉和地位，根本不懂得尊重艺术、尊重别人，那他也同样不会受到别人的尊重。

目前，由于商品经济大潮的冲击，有的演员被冲昏了头脑，忘记了应该保持敬业精神与职业道德，只是去追名逐利，或者是在艺术创作中采取非常不严肃、不认真的态度，结果只会受到观众的唾弃，最终是自己毁了自己。

表演者要想成为真正的表演艺术家，而不只是闪烁一时的明星，或者仅仅是一闪即逝的流星，就应该不断地提高自己的总体素质，勤奋学习，刻苦锻炼，提高自己的文化素养，提高自己的思想修养与精神境界，增强自身的艺术修养，不断地磨炼自己的专业技巧。只有这样才有可能创造出真正的真、善、美和谐统一的具有审美价值的舞台人物形象，才有可能真正征服观众，使观众获得艺术上美的享受，这样的表演者也将会在不断的磨炼中成长为真正的表演艺术家。

第三章　武术表演教学

武术表演教学是实践性、操作性极强的艺术，也是一门需要实用性理论指导的学科，因为表演是实践的艺术。学生主要是通过表演教学的实践来逐步掌握表演的。在表演的行当里流行这么一句话："真正懂得就意味着做到。"在武术界里也有一句话："光说不练嘴把戏。"斯坦尼斯拉夫斯基曾经对他的一个学生说："体系不应当存在于您的头脑里，而是应当存在于您的肌肉记忆里。"通过一系列表演基础练习做到"从有意识地掌握演员的技术达到下意识地运用演员的技术"。即掌握表演的有机第二天性。这是很困难的，而表演的一系列基础教学练习就是要教会学生"……把困难的变成习惯的，把习惯的变成容易的，把容易的变成优美的了"。斯坦尼斯拉夫斯基接着指出："'习惯的第二天性'这句话，再没有比在我们这门事业中更加适用的了。"因此，他号召学生应不间断地、有系统地训练、钻研，必须有耐性和信心。他认为如果一个自觉、认真、有才能的学生，日复一日地工作（教学实践）了一整年，正确的内部舞台自我感觉对于他就成为第二天性！①

第一节　武术表演教学的现状及发展

随着我国经济社会文化的发展和观众在精神层面需求的不断增多，人们的欣赏水平大大提高，鉴赏标准也走向多元，科技的进步、科学研究水平的提高以及诸多新思维和新理念的融入，自然会给武术表演教学带来机遇并注入新的手段和活力。现代及未来的武术表演教学不仅要培养高水平的武术技术人才，而且也要输送能够实践运用的综合性人才，于是将训练与实践更紧密地相融成

① 林洪桐. 表演艺术教程：演员学习手册[M]. 北京：北京广播学院出版社，2000：399.

为必然，这就为以往的武术教学理念、内容和方法提供了可调的空间。面对现代的学生、现代的艺术、现代的教育，结合社会发展需求，我们必须对武术自身的教学手段、教学观念、教学素质、教学内容、教学理念等提出发展的、先进的、科学的标准。

一、对武术表演教学的反思

武术表演教学是一个新而不新的话题，因为武术表演专业的设置是近几年才开始的，但是在一些影视、戏剧院校里都有武术基本动作内容课程或戏剧武功内容课程，而当前在体育院校的武术专业教学中，基本都是按照自己的专业特点进行教学训练，几乎没有表演类的课程。随着武术表演专业的出现，武术表演的教学也逐渐真正被关注。

首先，表演学是人学，武术表演训练是一种艺术感觉的培养，也必然是以人为本、使创作主体始终保持活力的。未来的武术表演实践将以实现统一的角色动作、感觉为创作目标，那么在训练的初期强化武术动作的训练和艺术感觉的培养是重要的。武术表演教学的重点是提高学生组织行动的能力水平，在这个过程中，更要重视学生自身素质的解放与开拓，以及准确的艺术感觉的建立。

其次，在教学的实践过程中，我们要逐渐意识到兴趣在武术表演创作中也具有非常重要的作用，提倡在创作中注重引导、培养兴趣。兴趣是由衷的，武术表演训练不应是枯燥的武术技巧动作训练，而应是和人的内在感觉相联系的。武术表演训练中的训练者和被训练者都要陶醉在艺术的冲动中，都要有一种极强的兴趣和热情，如果只凭二者的“毅力”是不可能拥有持久的表演创作热情的。在武术表演的创作中，学生或运动员主体必须要觉得“好玩”“有趣”，只有这样他们才会有进行艺术创作的兴趣，在创作过程中才会有由衷的体验，其创作成果才会有闪光点，才能创作出个性鲜明的武术艺术作品。

在表演教学中常常出现这样的现象：某个表演素质较好的学生在学习过程中怀疑自己甚至想改专业方向，某个一般的学生却在求学过程中兴趣十足、百折不挠，某个被认为“不可教也”的学生步入社会却频出成绩……负责任地思考一下，这仅仅是学生的不稳定、年轻躁动、好高骛远，仅仅是学习表演的毅力问题吗？[①]同样在武术表演的教学中也有这样的现象出现。学生是鲜活的主体，他们和常人一样，面对教学的内容、手段同样有自己的判断、思考、适应和习惯。在教学过程中，他们所感受到的有趣、无趣、失落和彷徨等会直接影响其创作意向。有些学生还不明白武术表演教学的目的和意义，总认为表演与自己的专业没有关系、学不学没什么意义。因此，武术表演的教师要加强表演教学知识的学习，努力地使自身具备表演的职业道德、专业知识、教学经验等基础素质，更要使自己具备较高的表演教学修养、教学兴趣和创作素质，用创造性的训练方法、理念及科学的教学手段，引导、开掘学生学习、创作的兴趣。

二、对武术表演教学的梳理

武术表演教学在武术表演专业设立和武术表演课程开设之前，就已在戏剧表演、影视表演和武术的竞赛训练中有所体现。武术表演专业设立和武术表演课程开设之后，在武术表演教学中，教师要经常思考如何把武术教学训练转化为武术表演教学，如何运用科学的教学内容、方法和手段，如何在训练阶段、难易程度、训练内容和题材的变化等方面提供更大的空间。从某种意义上说，武术表演教学的训练原则已经由以训练者的主观意图为主导，过渡到了以被训练者的兴趣选择为主导。其中，重要的一点就是简化“规则”，传统的由简到繁的训练顺序会发生变化，例如，单独的武术动作演练逐渐转变为加音乐的武术动作的艺术展现，又添加语言的表达，甚至故事情节的变化。个人的当众孤独会使学生更紧张，不容易组织行动，但是长期进行多人训练，借助“群胆”，学生反而会松弛一些。选择不同的手段以适应不同的学生，以一个适合的手段作为突破点进行训练，这样就会出现有的学生更适合激情的训练、有的学生对音乐进入得更快、有的学生更适合从形体入手等。因此，在训练的难易程度及具体手段上出现了多元化的选择。

在艺术创作不可缺少的诸多素质当中，心理素质是关系学生成长和发展的最重要的一种素质。武术的教学训练转变到武术表演的教学重要的一个方面在于培育学生的创造心理。“斯氏”表演体系的基础是遵循人类行为的特点、逻

① 张宏，滴妮．影视表演艺术：创作理论与实用教程[M]．北京：中国传媒大学出版社，2015：65.

辑和顺序，其贡献之一是帮助表演艺术的创作者寻找并总结出人的一般行为规律，其行为基础离不开对心理的依赖。人的任何一种行为都是其自身心理反应的外化，而行为的差异具体表现在心理素质的不同。武术表演艺术既是动作的艺术，也是感觉的艺术；既是动作的创造，又是心灵的创造，是心理技巧的范畴。因此，在武术表演教学中要找到符合创作心理的教学方法：培养学生一种从无到有的创作心理。

其一，表演艺术训练的内容、阶段、过程等是从无到有、从简单到复杂的，那么学生的创作心理也需要一种从无到有的培养过程。在教学中教师要技巧性地淡化学生对舞台或镜头的陌生感、对"当众孤独"的恐惧感，强调对表演的亲近感、游戏感、熟悉感等良好的创作感觉。

其二，教师要利用成功教学法树立学生的信念，给学生营造一个"得意忘形"轻松的创作氛围，让学生相信自己原本就是天才，利用"误会"产生的联觉心理使其树立自信。发现并肯定学生的某些特点和优势，使他获取成功感，并不断令他自觉地发现新的成功点以树立自身信念。

三、对武术表演教学方法的思考

近年来，随着武术表演专业的增设和武术表演课程的开展，武术表演教学在继承传统的基础上也取得了一定的进步发展，在训练阶段出现了很多新的形式和训练手段，对于传统武术套路或表演作品的创编既有继承又有创新，对训练的角度、范围、目的、成果等诸多方面进行了拓展，创造性的教学理念使得创作主体（学生）对创作产生了浓厚的兴趣，他们努力挖掘角色的欲望，实现了个性化的创造。

从教学过程以及最终成果来看，创造性突出体现在：更强调学生的艺术想象力，更尊重学生的创作兴趣逻辑，作品成果独特创新、内容丰富、形式多样、具有深意；更强调学生自身经验的个性化选择、情感的个性化表达，在角色的生活中实现自我的真实个性。在教学中营造的轻松、亲近、快乐的创作氛围，滋养了学生良好的准确的自我创作感觉，体现了"寓教于乐"的艺术本性。诸多新的内容和形式得以实现，大家都形成一个共识，就是要使表演教学更具有科学性、方法性、实效性和先进性。

第一，建立武术现代表演艺术的先进观念。武术表演教学的根本任务是进一步深入解放和拓展学生的自身素质，其核心是树立学生的信念，在教学过程中强调“快乐模式”，为学生建立成功点。

第二，教学训练应从引导学生的兴趣入手。兴趣也是一种激情，局部的兴趣点可以使学生的创作激情得到全方位的延伸，由此增加创作中的主动性。

第三，在学生创作时，教师承担着导演的职责和功能。教师要清楚导演的职责：排练的组织者、演员的镜子、剧本的解释者。学生最终要作为演员独立创作，建立属于自己的一面镜子，实现对表演艺术创作规律的自知和自制。因此，教师要给学生充分的独立思考、独立创作的时间和空间，切勿充当“保姆”，导致教与学的“温室效应”。

第四，教师要坚持从学生的自身出发，由艺术的想象力起步，不强调既定的模式，不是对生活的简单模拟，而是营造独特的、个性的、艺术化的想象空间，并加以艺术的渲染。

第五，强调对生活的艺术再发现，对原始发现的再发现，不是简单的重复模仿，是艺术化的再创造。教师要求学生从现实生活中引发自己的思考和创作，对生活进行艺术化的体现。模仿和匠艺是创作初期的必经之路，融入个性也就形成了独创。

第六，在学生创作的同时，教师要“设身处地、将心比心”，主动模拟学生的自我心像，模拟角色心像，对学生的创作进行及时的修正，实现和学生同步的再体验、再发现、再想象。教师切勿照搬经验、照搬模式，就如新鲜的蛋糕永远是现做的一样，师生在排练现场一起体验的创作才是最真实、鲜活的。

第七，在训练中，教师调动学生组织出准确的心理行动后，要自然而然地流露出形体行动和语言行动，引导学生进入创作的自制状态，使他们找到真正的“自我的行动”，让他们自行进入角色的“轨迹”。

第八，在排练中，教师不要轻易做示范，也不要急躁，要耐心帮学生剖析角色，引导、启发学生的创造性，在他们进入角色轨迹后，行动的手段自然会源源不断地涌出。

第九，在排练时教师要帮助学生寻求方法而不是就结果说结果；要寻求角度、出发点，根本问题是强调真实的体验；要寻求规律，摒弃一味地追求结果；纠正错误要寻求错误的源头，而不是在错误的结果上去寻求正确的结果。

第二节　武术表演教学原则

教学原则是有效进行教学必须遵守的基本要求和原理，既指导教师的教，也指导学生的学，应贯彻于教学过程的各个方面和始终。教学原则是从教学实践中总结出来的，随着教学实践的发展，人们对教学规律和教学原则及其关系的研究也进一步深入、发展。不同的学科有不同的教学目的与任务、不同的教学内容，也应该有相适应的教学原则。

武术表演教学既是表演艺术的教学，也是武术的教学，但又不同于武术的教学，武术表演教学往往更灵活多样、丰富多彩，可是其依然要融合表演艺术和武术教学的基本原则。

一、实践第一原则

实践性原则是指人们在进行创造性思维的过程中，必须参与实践，在实践中促进思维能力的进一步发展，在实践中检验思维成果的正确性。没有实践，思维的发展就失去了动力，就不会有创造性的思维。没有实践，创造性思维的其他原则就会变形或被误用，如独立性原则，就会变成“孤僻性”原则，求异性就会变成主观中的多样性，跳跃性就会变成臆想中的胡乱联系。所以，实践性原则是创造性思维的根本原则、第一原则，它的贯彻、实行与否，直接关系其他原则的贯彻与否，它统摄着其他原则。

表演不是一门纯理论，而是创作艺术的实践，这就意味着能做出来且具备魅力。武术也不是纯理论阐述，重要的是技术的展现，需要做出高质量动作来呈现它的劲力、精神和美感，因此武术表演教学主要通过场地以及舞台的创作练习、排练来实现，教师主要通过剖析学生的动作、作业练习，排演学生的作业剧目，传授表演的原则与创作方法，培养学生的创作能力和表演能力。在训练武术动作的教学基础上，要遵循斯坦尼斯拉夫斯基表演教学体系中的一整套循序渐进、科学的实践表演的教学程序：表演基础与武术基础动作教学训练，基础表演训练和武术拳械套路技能以及舞台打斗技巧训练，武术表演创编和小品教学训练，舞台人物形象的塑造，小说、剧作片段—独幕戏—大戏。学生是通过一系列成品习作来掌握表演方法、逐步成长的。武术表演教学双方都应十分重视学生作业的质与量，都应将舞台的排练与演出当作教学的主要手段并将其置于头等地位，并通过一定量（量化教学）的作业去培养学员，以量求质。此外，还要十分强调学生的自习排练及独立思考与创作能力。要实行开门教学，让学生早见观众、多见观众。要让学生的作业及片段、独幕戏、大戏进行公开演出，让其接受观众的检验。由于影视的成本高、技术性的实践过多，因此，表演教学主要还是舞台教学，辅以电视小品的拍摄及课堂舞台录像教学，并在高年级安排学生进行影视拍摄实习。

二、循序渐进原则

循序渐进原则是指教学内容、教学方法和运动负荷等的顺序安排要由易到难，由简到繁，逐步深化提高，使学生系统地掌握基础知识、技术、技能和科学的锻炼方法。人们认识事物的规律，是一个由简到繁、由低级到高级、由直观到抽象的循“序”过程，对任何事物都不可能一步就达到对其本质的认识。动作形成的阶段性变化，既受人体生理机能的制约，又受条件反射和分析、综合的逻辑思维规律的支配。掌握动作技术，就是一个由简单到复杂的渐进过程。

任何学科的学习都要遵循循序渐进的原则，都要重视基础教学。武术表演教学也不例外，要重视武术动作、表演元素及表演小品的教学阶段。在提高武术技术水平的基础上，让学生在正确的轨道上起步，纠正不正确的表演方法，掌握正确的表演自我感觉，实现表演中的第二天性，成为鲜活的人，体现鲜活的生活。斯坦尼斯拉夫斯基强调，表演教学首先是提高演员自我修养，其次才是演员创造角色。连第一步的“我演我”都演不好，怎么谈得上以后“我演他”这样一个鲜活的性格化的人呢？武术表演教学不同于乐器、声乐教学，是一种集体教学，因此，在强调循序渐进时还应强调个性化，强调因材施教。

三、因材施教原则

因材施教原则，要求教师在教学中要从学生的实际出发，根据不同对象的具体情况，采取不同的方法，进行不同的教育，使每一个学生都能在各自原有的基础上得到充分发展。这条原则事实上是学生的个性特征和身心发展规律在教学中的反映，学生的知识水平、生活经验、兴趣爱好、个性倾向等毕竟有一定的差异，教师的“教”毕竟是为了学生的“学”，而学生的现实基础在很大程度上决定学生学的效果。孔子是最先对学生因材施教的教师，先是对学生有充分的了解，并能因材施教，让他们各尽其才，有所进步。因此，教师应积极按照这个原则，了解学生的特长，引导学生发现自己的兴趣和才能去学习，才能更有效率地得到收获、获得进步。因材施教不但是我国古代教学经验的结晶，还是现代教学必须坚持的一条重要原则，它具有非常丰富的现代价值。实行因材施教，对培养时代需要的创新型人才具有非常重要的现实意义。

在表演教学中要实施因材施教的原因在于以下两点。

第一，学生的条件不同。他（她）们的武术基础、形象条件、气质条件、声音条件、形体条件、生活经历、成长条件以及先天素质不同，理解力、想象力、感受力以及本人固有的独特魅力不同。因此教师在教学中的选材、教学重点、启发方法也就各不相同。如果用千篇一律的方法势必扼杀学员的独特个性与独特魅力。

第二，发挥学生的艺术创作个性。这是武术表演教学的核心课题。艺术不同于科技，追求的是个性与独特性，演员塑造形象追求的是独特的性格魅力。艺术的大敌是一般化、标准化。斯坦尼斯拉夫斯基曾尖锐地指出：“在我们这门事业中，最危险的就是这种一般的表演。”教师在进行正确表演方法的传授和纠正学员错误的表演方法时一定不能破坏学生的独特创作个性。在以往的武术教学中，教师往往都是统一的要求，同一个教师教的学生演练出来都是同一种技术风格。在表演基础教学中，过分强调正确的表演方法，甚至沿用科技的标准化模式，会将学生培养成同一种模式的标准化产品，失去他们固有的独特魅力。此外，以教师的个性与好恶替代学生的创作个性，这也将扼杀学员的独特魅力。

近年来，武术和武术表演教学中让不同的教师分阶段、分拳种教学，让学生接触不同个性、不同特色的教师就是为了发挥学生的个性。针对不同学生教师应采用不同的教材、不同的方法。首先教师必须了解学生，发现其创作个性与独特魅力，并能独具慧眼地采用独特的表演教材与表演方法。虽然表演采用的是集体教学，但又蕴含着个别教授的艺术。在整个教学过程中教师必须教会学生认识自我、发现自我，拥有独特的创作个性、创作优势与创作魅力。

四、艺术审美原则

艺术审美原则指在教学活动中让学生欣赏造型艺术作品和美的事物，并通过创造美的可视形象引导学生视觉的美感体验，使其得到美的享受和陶冶，情感得以抒发，从而培养学生的审美情趣，提高其审美素质，使学生从中受到美德的教育。人的审美感受是通过观看自然物、人造物或艺术品及表演技能训练所得的。对由视觉感官而获得的审美能力的培养，是艺术教学的首要任务。

艺术不同于科技，艺术的对象是具有审美的丰富性和多样性的世界，包括宏观世界及微观世界（即人及其灵魂）。科技探求的是现象的规律，从个性的分析中归纳出共性。而艺术探求的是现象审美的丰富性、现象具体可感的生动性以及独特个性。科技强调严谨的公式、标准化，艺术强调的则是丰富的艺术想象及充满主体生命的独特审美创造。因此，在艺术中“现象比规律丰富”“生活比理论丰富”“形象大于思想”。在艺术教育中亦然，也应该特别注重与追求个性的创造及魅力之追求。在武术表演教学中，往往会出现这样的现象：不少学生在入学前或者在入学考试中表现出他们独特的个性魅力，虽然他们并未经过系统的训练，更未掌握表演的理论，也许他们在表演上还存在这样和那样的弊病，但他们那极富个性特色的表演是具有审美价值的，是吸引人的。然而，入学后拘谨的、过于统一或标准化的训练，反而削弱了其独特的个性，似乎掌握了“正确”“标准”的表演方法，却失去了极富魅力的创作个性。这里绝不是说教师不要教会学生掌握正确的表演方法，而是在让他们掌握方法的同时一定要保护学生独特的创作个性与性格魅力，即不能用同一教材或标准化的方法进行教学，更应强调的是正确的表演方法，最重要的是帮助学生解放天性，发挥他们自己独特的创作魅力与创作个性。一般化、标准化的方法永远是艺术教育的敌人。特别是基础教学，在初期教学阶段，教师切忌强调标准、强调自己的爱好而抹杀了学生独特的创作魅力与创作个性。这些年来，基础教学改革中的重要内容突破单一的小品教学，增加了许多解放学生创作天性与发挥学生独特创作个性、创作魅力的练习，如观察生活练习、奇思妙想练习、性格化练习、小说小品等。在中期教学中，教师也要注意通过教材的选择、角色的分配，因材施教地发挥学生的个性魅力，拓展学生的创作魅力。在以往的教学中存在一种偏见，认为初期打基础主要是规范学生的表演方法，纠正学生的表演弊病，不应太强调创作个性，更不要过多引导学生去追求魅力。实际上，艺术教育的最主要目的是让学生发挥个性与魅力，这应该从始至终贯穿，特别在起步时就应让学生知道艺术就是发挥审美魅力去征服观众。不论是做无实物练习还是演大戏、拍影视作品，都必须讲求审美魅力。强调表演的游戏感也是为了解放天性、发挥魅力。艺术魅力具有多重含义，除性格魅力外，还有情感力量，外部形式美的力量，统一和谐及节奏的力量，思想的力量，引起思索的力量即深刻的力量，以及引起快感的幽默、喜剧及悲剧、恐怖引发的魅力，等等。总之，在武术表演教学中，不论在哪一个阶段，都必须强调追求艺术的审美魅力。为贯彻这一教学目的，要经常让学生见观众，甚至一年级基础教学的各种表演练习，也作为晚会节目对外演出，经受观众与剧场的考验，达到检验学生表演的艺术魅力之目的。①

五、德艺双馨原则

德艺双馨，是指一个文艺工作者的道德修养高尚、艺术造诣精湛。德，主要指人的思想品德，核心是要代表整个社会最为积极的价值取向，符合真善美的认知标准。艺，主要是指艺术才华，核心是艺术能力和艺术天赋，还包含艺术思想和艺术风格等。德与艺密不可分，一个成功的艺术家，德、艺二者缺一不可。道德修养对于一名艺术家而言，是与其专业水准同等重要的条件，是获得同行与观众、欣赏者认可的重要标准。② 可见，道德修养对于文艺工作者来讲尤为重要，它决定了一个人的艺术方向和艺术品位。艺是德的体现，是道德修养在艺术方面的显性展现，是用艺术服务人民群众的基础。文艺工作者只有先成为一个有德之人，才能明确自己的艺术创作方向，才能更好地贴近生活、

① 林洪桐．表演艺术教程：演员学习手册[M]．北京：北京广播学院出版社，2000：404.
② 金铁霖．金铁霖声乐教学法[M]．北京：人民音乐出版社，2013：149.

服务群众。

德艺双馨原则是在教学中既教授学生掌握技能技巧，又可以培育学生道德修养、文化修养、艺术修养，使学生在提高技能技巧的同时不断提升自身的品德修养和综合素质。在艺术教学中，重视技能的教授无可厚非，但问题在于有的教师重视技术训练，却忽视了激发学生关于艺术的个人感知、情感体验和价值追求。这种重技术、轻人文的状况必须要引起广大教师的重视，并予以改正。品德和技艺如车之两轮、机之两翼，缺一不可。艺术教师在讲授知识技能的过程中，绝不能降低对学生道德修养、文化修养、艺术修养的要求。如果我们把演员在舞台上的表演比作高楼大厦，那么演员自身各方面的品德修养就是地基。没有深厚牢固的地基，不会建立起耸立的高楼大厦。对于一个演员来说，道德修养自然会增进和丰富其对作品的理解和诠释。

抓专业的同时抓思想、抓道德、抓做人对一切职业都是重要的。抓德艺双馨对演员这一特殊职业尤为重要，不论是在他们作为学生的学习期间还是成为演员，甚至明星以后，没有道德，没有人品，没有高尚的素质，是不会成为一个好演员的。斯坦尼斯拉夫斯基十分重视专业道德的培养，他将他列为与专业并行的创作的另一个条件，甚至是前提条件，“它是由舞台上和观众厅里围绕着演员的气氛所产生的，是由演员的道德、艺术的规律和我们舞台工作中的集体感所产生的。”“演员的道德以及他所创作的状态，由于我们事业的特点，在我们事业中是十分重要和必需的。”“我们需要秩序、纪律、道德及其他等等，不仅是为了我们事业的共同制度，而主要的是为了达到我们艺术和创作的目的。”他还提出，“建立工作前状态的第一个条件，是履行这句格言：‘爱自己心中的艺术，而不是爱艺术中的自己。’因此你们首先要关怀的应该是使我们的艺术剧场成为卓越的艺术”。他进而指出：“可是剧场里有其他诱惑物，也有其他的细菌，危险的有害的、令人腐化的细菌。”①

当今，在经济大潮的种种诱惑下，一些演员也出现过为了私利，置数千观众于不顾而“罢演”的劣迹；出现过前台观众等着演出，后台还在讨价还价、数钞票的劣迹；出现过演出过半提出增加报酬，要高价，甚至不顾后果中途消

① 林洪桐．表演艺术教程：演员练习手册[M]．北京：北京广播学院出版社，2000：410.

失的劣迹。虽然这些是少数，但也应引以为戒。著名的双栖演员石挥说过："话剧界一旦有了明星制将是不幸的结果。'明星'对于演员是一个诱惑，'明星'是杀害未成熟或已成熟演员的最大利器。"因此，在武术表演教学中教师要贯彻德艺双馨、教书育人的原则。教学中的第一课就应该是：怎样做人，怎样做学生，做什么样的演员。教师要培养学生热爱专业，热爱心目中的艺术，将表演当成自己的第一生命；培养学生刻苦钻研、守纪律、守时、精益求精、集体主义等好品格，好习惯；培养学生热爱生活、热爱知识等好品质。表演艺术"三位一体"的特点，决定了演员自身就是艺术品，因此，演员的人格力量将体现在他创作的进程中及创作的结果——人物形象上。

第三节　武术表演的教学目的与任务

根据武术表演的不同形式，我们将武术表演教学归为武术竞赛表演教学和舞台影视武术表演教学，这两类表演的目的不同，其教学目的和任务也不同，武术竞赛类的表演教学要按照体育运动竞赛训练的目的与任务要求进行教学，这类表演的教学目的与任务可参照武术竞赛的教学目的与任务。本节仅对舞台影视武术表演的教学目的与任务进行讲述。根据武术表演教学的基本原则，我们将武术表演教学分为表演基础与武术基础动作教学训练；基础表演训练和武术拳械套路技能及舞台打斗技巧训练；武术表演创编和小品教学训练；舞台人物形象的塑造。

一、表演基础与武术基础动作教学训练

（一）教学目的与任务

第一，以解放观念为核心，让学生在舞台上最大限度地恢复、解放和开拓演员的有机天性；以想象力的开发为要求，培养学生的学习兴趣，全面开拓学生自身的素质，树立成功点、强化信念感，在肯定自我的基础上，开掘个人魅力；培养学生良好的人生素养和艺术修养，逐渐确立准确的自我感觉和艺术感觉。

第二，提高学生身体素质，掌握正确的武术基本动作；塑造完善的身体外部形态和气质，解决身体动作的生硬、拘谨、不协调、重心偏离等问题；逐步训练动作的稳定性，使学生具备动作的控制能力，完成和掌握准确的姿态造型；培养学生利用外在因素——音乐或节拍来完成相应的动作的能力，从而提升对节奏的领悟能力。

（二）教学内容

第一，表演的基本素质训练，包括自我解放、放松与控制训练、注意力训练、感知与想象力训练、观察与模拟训练、其他表演技能训练等。

第二，武术基本功基本动作，包括武术基本功、基本动作、动作组合、套路、武术格斗动作等。

二、基础表演训练和武术拳械套路技能以及舞台打斗技巧训练

（一）教学目的与任务

第一，保护与开掘学员的创作天性与个性魅力，并使其热爱表演事业，让表演成为他们生命与天性中的一部分，使他们自觉而热情地投入创作；培养学生艺术地观察生活，在生活中发现艺术并在艺术中发现规律的艺术直觉，建立直观创造力；让学生学会观察生活，感受人生并将生活与人生转写成为艺术，通过表演艺术去创造富于魅力的艺术境界。

第二，通过即兴表演训练使学生逐步掌握组织自我行动的技巧；继续强调对表演创作的亲近感，淡化陌生感、神秘感、演戏感。有意地树立成功点，培养信念感；建立准确的艺术感觉、鉴赏标准、独创意识、细节意识等。

第三，武术器械的训练，使学生在掌握拳术的基础上，开始尝试使用各种常用的武术器械，从而为满足各类舞台、戏剧影视作品创作的需要积累丰富的素材，同时也是再次提升身体表现力的训练。

第四，通过对传统武术和竞技武术套路的训练，教授一些手、眼、身、法、步、精神、气力功方面的武术动作内涵、动作节奏与定势技巧，使学生能够掌握运用武术动作技能创造和表现人物的舞台技巧。

第五，舞台打斗技巧训练，实质是针对武术本质展现的训练，是在武术攻防动作形态和形体上凸显武术的技击本质和武术惊险刺激的暴力美感。某些动

作技能还经常会应用到舞台、戏剧影视表演艺术的创作实践中，掌握舞台打斗技巧是武术表演的重要任务。

（二）教学内容

第一，基础表演训练，包括解放身体、观察生活练习、即兴表演训练（节奏练习、音乐练习、造型练习、表演练习）。

第二，武术拳械套路技能训练，包括传统拳术、传统器械、竞技套路拳术等。

第三，舞台打斗技巧训练，包括踢、打、摔等技巧。

三、武术表演创编和小品教学训练

（一）教学目的与任务

第一，通过武术套路、格斗动作的分解组合、对练以及集体表演的创编训练，解放学生身体天性，将形象思维、想象创作能力及武术动作语言的塑造表现能力统一。

第二，训练学生将深入的内心体验和积极的创作冲动建立起来，创造出富有创新性和表现力的武术表演小品及片段。

第三，找寻武术小品及片段创作阶段的创作规律。通过学生的想象力创作，提取生活中的经验并调动情感达到特殊表达的训练目的。

第四，建立外部形态形象感。从追求外在的形似到寻求内在的感受，培养学生细致的观察力、逼真的模仿力、丰富的形象力和武术动作的表现力等。

第五，通过小品及片段的训练，充分调动学生的艺术想象力和武术动作表现力。

（二）教学内容

第一，基础表演训练，包括舞台空间训练、综合元素训练。

第二，武术表演创编，包括根据舞台空间进行个人拳术、器械套路、对练、集体演练的创编。

第三，小品教学，包括自编小品、经典小品（晚会、文艺节目、影视片上成熟的小品）、借助作家的小说进行小品改编。

四、舞台人物形象的塑造

（一）教学目的与任务

第一，掌握、运用组织角色行动的技巧，即依据剧作提供的角色、情节、规定情境等，完成"既定角色"的定向创作；强调性格化的创造，根据"保持本能、畸变本色"的创作原理，训练学生在舞台上组织可见的角色行动；通过对剧本信息的开掘和重组，运用自我经验和想象丰富创作，强调感觉的传达，以培养学生编、导、演的综合能力。

第二，掌握由组织角色行动向组织风格化角色行动的过渡，使其在完成角色定向的同时适应不同导演及剧本的风格化处理；注重自我魅力与角色魅力的统一，培养学生独立分析、读解剧本的能力；强化运用"行动分析法"和"感觉入手"的创作方法，以及对组织角色行动技巧的全面、系统地掌握。

（二）教学内容

第一，小说、影视剧本、舞台剧片段中的局部人物的创造。

第二，独幕剧中的完整人物的创造。

第三，多幕剧中的完整人物的创造。

第四节　武术表演教学的方法

教学方法是为完成教学任务而采取的方法，它包括教师教的方法和学生学的方法，是教师引导学生掌握知识技能、获得身心发展而共同活动的方法。教学方法丰富多样、千变万化，但是万能的方法是没有的。常言道："教学有法，但无定法。"又说："运用之妙，存乎一心。"教学方法的选择和运用，既要讲科学与规范，又要重艺术与创新。因此，建立更合理、更系统的教学法体系，学习当代创新的教学方法是武术表演专业教学必须攻克的堡垒，它有待于我们去摸索、创造。其实，每个教师在教学中必然都积累了一定的经验和方法，只是缺乏交流探讨、集中总结，尚未形成一套更科学、更普遍的教学方法。另外，随着时代的发展，创新的教学法层出不穷，有待我们学习与革新。

一、专业学科的教学法

专业课上有关专业教学的教学法，就是借鉴表演专业在多年教学实践中积累的丰富的经验，采用其常用的启发诱导法、暗示法、提示法以及示范法等教学方法。实际上，教师进行示范表演也是一种形象启示，并非要求学员完全模仿。模仿也并非洪水猛兽，在一些情况下也可使用，让学生在模仿中逐步理解，有时也可能会出现意想不到的好效果。表演教师可用的教学方法多种多样、千变万化，要兼举并用，一切视实际情况而定。对症下药地选用恰当的方法，其目的就在于因材施教地解决学生的问题与困难。

二、启发式教学法

教学的关键在于如何由传统的以教师为中心的教学法转向以学生为中心的启发式教学法。让学生成为课堂学习的主体，目的是调动学生的学习积极性、主动性，最大限度地发挥学习潜力。让学生积极主动参与教学，形成教学中的师生双向互动，演员除了接受教师的教导外，还必须自己教自己，这是一种“把课堂还给学生”的教学理念，一种自由、畅流、开诚布公、无拘无束的新型教学法。学习应形成一种教师与学生的积极“互动”。在教学中，传统的教师的“教”在教学中占70%，学生的“习”仅占30%；现在应变成教师的“教”在教学中仅占30%，甚至更低，而学生的“习”应占70%以上。在教学中，学生要进行自我教育与自我完善，锻炼自我调控能力是演员必须具备的重要素质，表演创作同样对自我调控有很高要求，没有任何动力能代替自身的动力。优秀的表演教学应形成自发的、自我引导的生动活泼的学习局面。

三、探究式教学法

应将武术表演教学从“灌输式”转化为“探究式”，即“无结构的教学法”。这种方法反对那种拘泥于课本的传导式，主张教师提出一些重大的、能引起学生兴趣的问题供学生讨论。这种教学法充满着对艺术的探讨精神，鼓励学生独立地进行创造性的思考，在教学的过程中，有利于提高学生的自学能力、自立能力与自信心。于是，教学成为抒发情怀、激动人心的过程，洋溢着一种兴奋、活跃的艺术创作气氛。在武术表演的教学中，应该将接受式学习法与探究式学习法相结合，使其相辅相成。

四、情知教学法

情知教学法即调动学生的情感，包括对表演专业的热爱、激情，以“实情教学”让学员“情感投入”。在教学中，教师应关注学生的情感因素。在教学中除了“以理服人”外，还应“以情感人”“以情动人”。在武术表演教学中，热爱、兴趣远比纪律约束、口头教导有力。一旦调动起了学生学习的激情，武术表演课就成了“节日”，做练习就成了“过节”“过瘾”，这也被称为“无管理的管理教学法”，于是会出现一种自发性的激情勤奋。世间有两种类型的勤奋：一种是被动的，被人强迫，被事强迫，被情势强迫，于是人们强迫自己去用功；另一种是自发的、自觉的，是发自内心的、带来愉悦的勤奋，从“自为”状态进入一种“自在”状态。似乎创造性的勤奋劳动已经成为一种自觉的生存状态，一种自由的状态。脱离功利性，勤奋地创造已经成为生命的一种需要，甚至是第一需要。

五、开发“生命原动力”教学法

开发“生命原动力”教学法就是开掘人的本能欲望，即人的固有的能力。这是表演最核心的教学法。这种教学法与音乐教学中的“奥尔夫教学法”十分相近，强调“唤醒天生的本能”，并在教学中不断地启发和提升这种本能的表现力，而表现得好不好不是追求的最终目标。这种教学法强调艺术教育的综合性、整体感，特别是它充分体现了当今素质教育追求的是人性中自然、原本的东西。这是一种天成的、整体整合的暗示教学法，它注重人对艺术的基本感受，不是依靠复杂的理论以及先分门别类地掌握具体的知识、技巧，而是要通过参与，自发、自然地获得技巧和知识。奥尔夫教育体系中最突出也最重要的一项原则是即兴性原则。奥尔夫认为，在具体的实施过程中，这种方法具有相当的优势。传统的音乐教学法舍本求末，过度强调技巧，却忽略了音乐的生命、创造和表达。武术表演教学中是否也存在这种“舍本求末”的倾向呢？

六、成功教学法

成功教学法就是教师在教育教学的过程中，通过激发学生的成功动机，指导学生的成功行为，使学生感到成功的愉悦，进而升华成功目标，实现人人都主动争取成功，不断取得学习上的成功。成功教学法的基本理念是人人都可以成功，都可以成为成功者。成功是多方面的，不应局限于少数方面。在教学过程中，教师要把培养学生的成功心理，形成以学习内部动力机制为教育目标。成功教学法的指导思想是承认学习困难的学生同其他学生一样，具有很大的发展潜力。学习困难的学生的形成原因主要是他们在学习的过程中，由于反复失败，形成了失败者的心态。成功教学法应遵循“低起点严要求、小步子快节奏、多活动求变化、快反馈勤校正”的基本原则。成功教学法坚持对学生实施鼓励性评价，认为增强非智力因素既是提高教学效率的手段，又是人才培养的目标。成功教学法通过培养学生成为学习上的成功者，进而为其成为社会上的成功者做好基本素质的准备。

有效地树立学生的信念是教学走向成功的第一步。美国哈佛大学心理学教授罗森塔尔曾经做过一个教育效应实验：他把一群老鼠一分为二，把其中的一小群交给一个实验员说，这一群老鼠属于特别聪明的一类，让你来训练；他又把另一群老鼠交给另一个实验员，告诉他这是智力普通的一群。两个实验员分别对老鼠进行训练，一段时间以后，聪明的一群果然聪明起来。针对这个结果，罗森塔尔教授指出，他对两群老鼠的分组是随机的，根本不知道哪个老鼠聪明，只是把老鼠任意分成两群。他立刻把这个实验扩展到对人的实验上，他将花名册上的学生随机挑出一些，然后告诉教师这几个学生是聪明的，教师就对这几个学生有了印象。经过一段时间的学习、培训，罗森塔尔教授发现这些学生的学习确实比其他学生更优异，表现更好。现代教育界和心理学界对罗森塔尔效应进行了简单的总结：当你把培养的对象当作聪明的学生来对待时，你就可能用训练聪明学生的方法，设计一套教育、训练的方案，于是，你的训练对象就真的聪明起来。如果我们相信我们的学生个个都是了不起的艺术家，那么我们就会以艺术家、天才的目光来看待他们，他们也就会因我们眼里的信任而去肯定自己。可能在将来的某一天，他们真的就变成艺术家了。实际上，学生与学生之间有时只有很小的差异，但这种很小的差异，却往往造成了巨大的差异。很小的差异就是学生所具备的心态是积极的还是消极的，巨大的差异就是成功与失败。

七、潜能激励教学法

潜能激励教学法就是以启发潜能教育理念为宗旨，对学生进行学习潜能方面的激励。启发潜能教育理念，即在教学以及班级管理中都要求教师以这个理念为指导，关注每个学生的成长，让学生在学校里有被邀请来校学习的感觉，有家的感觉，从而激发学生热爱学习的内驱力。在运用此方法时，教师要借助学生与学生之间的学习合作，充分调动学生的学习积极性，激发学生的学习潜能，使学生可以在较为轻松愉悦的学习情境中学习。潜能激励教学法的本质是全面激发学生的学习动力，借助多元化的教学活动，不断刺激学生的学习情绪，使其逐渐转变为一种驱动力，让学生积极展开学习行为，进而从根本上提升课堂的教学质量，发挥出学生的内在素质，开掘出学生的巨大潜能。教师在教学过程中要调动学生的热情、激情，调动与协调他们生命的整合能力，并让他们进入创造的“高峰体验”，进入竞技的“贝克尔境界”。运动心理学将“贝克尔境界”称为“聚集”，即“兴奋优势”或“高潮期”。运动员一旦达到“贝氏境界”，可出现高度快感，动作轻松，无精神负担，有临近胜利的感受，这就是“最佳竞技状态”。打破纪录，夺取冠军，有赖于这种境界和状态。现在许多学生之所以在入学考试时表现出极好的表演状态和素质，展现了才华，重要的在于那时他（她）进入了“贝克尔境界”，而入学学习后有时往往还达不到入学考试的状态。[①] 人类潜力的另一种表现是精神潜力。这种潜力人人都有，应该从精神内部去开掘学生的潜能。潜能是一种无穷的力量，深深地被埋藏在心灵深处，若能充分发掘出来，他（她）们的表演就会有惊人的发展，不可能的事物也会逐渐变成可能。只要充分调动其内在潜能，任何人都有可能爬到自己理想的天国上去。因此，发挥学生的创作潜能，为他（她）们进入“贝克尔境界”的最佳表演状态创造平台，是每一位教师的职责。

---

① 林洪桐. 表演教学手册：稻草怎样纺成金（下）[M]. 北京：中国电影出版社，2008：1311.

八、整合能力的教学法

人是一个整体，一个多方面的内在联系着的各种能力的统一体。艺术作品必须向人这个整体说话，必须适应人这种丰富的统一体，这种单一的复杂。在教学中教师要坚持人的整体性和不可分割性。教师面对的是一个个学生的整体，包括他（她）的方方面面，如特点、气质、优势、弱势，不能孤立地对待。一个事物往往孤立讲是个弱点，但从艺术的整体看，它则可能转化为特点与优势。整合是指对人与资源的各个系统、各个要素之间（包括特点、优点、缺点等）的协调规范的运行状态，它是一种有秩序的、协调发展的状态。资源整合是企业做大做强的关键，而对人（学生）的资源的整合，也是使其成长、强大的关键。整合能力，是在人的内部进行反复整合的能力，是把他在世界上正在做的一切整合起来的能力。创造性在一定程度上依靠人的内部整合能力，使它成为建设性的、综合的、统一的、整合的。教师在教学中应重视整体的“合力”，任何孤立的、将其分解的做法都是不科学的、有害的。教师对每个学生进行总体的“整合”，就是实行“整合能力”的教学。

九、注重创意的教学法

创意是具有新颖性和创造性的思维。创意教学法是以激发、引导、培养学生的创意思维为教学目标，以培养学生的创意能力为最终目的的教学方法。创意教学法是对传统的“教、学、练”一体化的教学方法的一种延伸和革新，注重激发和培养学生的创意能力。创意教学法的根是文化，核心是创意，最终目的是培养高级创意型人才。

艺术教学不是知识的传授，也不是技巧的教授，而是一种智慧的教育、想象力的教育、创造力的教育。可教师往往仅传授知识、技巧，而忽视了创造力的培养与创意的训练。台湾艺术家赖声川明确指出：“创意是训练出来的！”曾有人如此评价印象派画家莫奈：“莫奈并没有什么了不起的，他不过是拥有了一双会发现的眼睛。可是天哪，那是一双什么样的眼睛啊?!”在教学中教师不能仅仅教技巧、教方法，还应给学生一双不一般的眼睛，不一样的头脑。教师在教学上要注重创意的训练，培养学生独创性的思维能力，使学生拥有创造性的思维头脑。灵感的来源、创作的成熟、思维的成熟包括艺术上的判断，都需要发挥创造力。余秋雨先生在评价《赖声川的创意学》时说过一句意味深长的话，值得我们警示：“人们永远都想摆脱没有创意的状态，然而遗憾的是，连摆脱的方法都毫无创意。这是人类的一大悲剧。因为生命的本质就是创造，而生命的存在却把创造吞没了。”因此，创意教学法在表演创作与表演教学中是极其重要的。

十、注重素质、人格的教学法

素质教育是当代人们关注的一个热点问题，全面推进素质教育的主要渠道应该是学校的教学工作，武术表演教学理所当然地成为其重要内容。在素质教育的实施过程中，人格教育是素质教育的重要核心，健康的人格是青少年成才的基础。所谓人格，简单地讲，就是人的性格、气质、能力等特征的总和，或者说是做人的资格或标准。

自我实现的创造性首先强调的是人格，而不是其成就，认为这些成就是人格映射出来的副现象。因而对人格来说，成就是第二位的。自我实现的创造性其次强调的是性格上的品质，如大胆、勇敢、自信、勤奋、自觉、有创造力、明晰、整合、自我认定……在这个意义上，演戏是演人格，学演戏也是学人格。这里所强调的就是素质与能力的培养和教育，既包括作为专业人的专业素质，也包括作为社会人的素质。武术表演教学的观念、原则、方法不仅是一门复杂的学问，是一个实践的课题，也是当前教学中比较薄弱的环节。

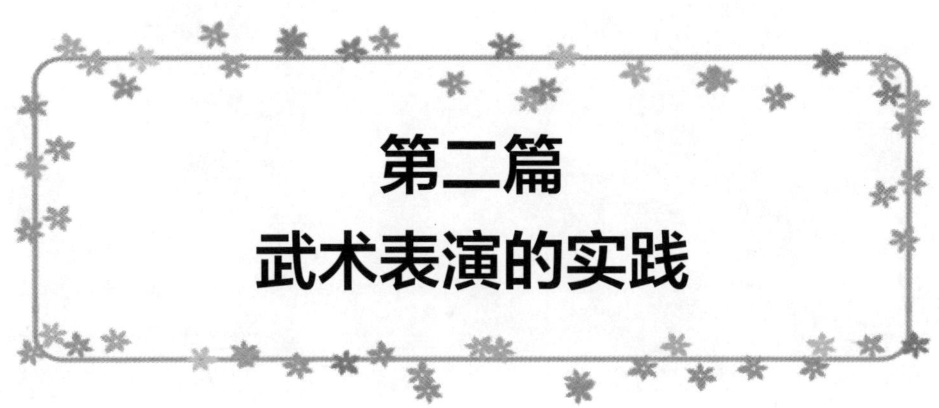

第二篇
武术表演的实践

第四章　武术表演的基础元素训练

表演是一门学科、一门艺术，既有它的艺术规律和创作方法，也有它的基本功和基础训练。表演基础训练是培养和发展表演者应具备的内部和外部创作素质，帮助表演者掌握创造人物形象的技术和方法进行训练。表演艺术是活人演活人的艺术，看似没什么技巧，也无需基本功，实则不然，从生活的真实到艺术的真实，从表演者自我转化为角色的自我，确实需要表演技巧和基本功。武术表演属于表演艺术，在现代社会，随着武术表演的快速发展，其不再是单纯的武术动作展演，已经融入了现代舞台、戏剧、影视表演艺术的部分。因此，在武术表演教学课程中表演艺术的教学应该是一个重要的内容，其中表演元素的训练也应是武术表演教学课程中的一个重要环节。表演元素的教学训练是表演者认识和掌握表演技巧的最初形式，是表演者进行自我修养的重要手段，是表演者进行角色创造的基本功，所以，它是表演者和表演教学的重要内容。表演元素教学的首要目的是克服错误的表演方法——舞台匠艺。匠艺所依靠的是程式化的、虚有其表的刻板表演法，它以人为的、做作的自我刺激替代表演者的自然体验。而一系列基础理论与基础训练可以帮助学生摆脱匠艺。表演元素教学的第二个目的即引导演员走向体验的舞台艺术。斯坦尼斯拉夫斯基认为："只有这种充满着人——演员的活生生的、有机的体验舞台艺术，才能够把角色内心生活的一切不可捉摸的细微变化和全部深度，艺术地表达出来。""只有这样的艺术才能够完全抓住观众的心，使观众不只是弄明白舞台上所发生的一切，更主要是能够真实地体验它们，这才能够丰富他们的内心经验，在他们心里留下时间无法磨灭的痕迹。"而表演的基础阶段教学就是要解决学生如何自然地激起有机天性及下意识创作，并通过意识达到下意识，通过不随意达到随意，从而一步步走向体验艺术。[1]第一步就是学习表演元素。它的主要任务是让演员认识和掌握表演元素，培养演员的创作素质，解放演员的天性，使演员理解和掌握表演内外部的基本元素，并具备真实有机的行动能力，能够自如地生活于假定、虚构之中，为创造完整的艺术形象打下坚实的基础。同时，在学习中演员要注意把各元素之间的内在有机地联系起来，把握其整体统一性，并贯彻“以动为主，动中思考”的训练原则，以避免其割裂脱节，破坏人的正常活动规律。

表演者创作的基本特点之一是，其身体既是艺术创作的材料和工具，又是创作成品的体现。由于表演者具有这一创作特点，本着“工欲善其事，必先利其器”的原则，所以我们的训练从解放创作工具入手。表演者创作的另一特点就是无论是舞台表演还是影视表演，都是在假定的、虚构的条件下进行的。这是因为剧作家笔下的人和事，是剧作家对生活进行概括、加工、提炼而成的，即使剧作家写的是真人真事，对表演者来说也是假定的。表演者的本领就在于能把假定的、虚构的生活，经过再创造变成真实的生活，并艺术地体现在舞台上、屏幕上。舞台、戏剧、影视艺术是不能离开其他艺术部门的共同创作的综合艺术，但表演者的创作仍起着关键性的作用，因为只有表演者的创作真实可信，才能使假定的、虚构的生活变得真实，所以离开表演者的创作就构不成“戏”。怎样才能使表演者把假定的、虚构的生活变得真实？这就需要学生从表演基础元素的训练开始。

表演基础元素训练的主要内容有自我解放训练、放松与控制训练、注意力训练、感知与想象力训练、观察与模拟训练、其他技能训练等。

第一节　自我解放训练

表演艺术的特点是“三位一体”，即表演者集创作者、创作素材和创作成果于一身。这说明表演者必须具备的创作素质直接依赖于表演者自身所具有的素质。表演艺术是“人演人”的艺术，教师要关注学生作为普通人所具有的素

---

① 林洪桐. 表演艺术教程：演员学习手册[M]. 北京：北京广播学院出版社，2000：20.

质和能力，才能展示的内容不单单指艺术才能，也包括生活中各个方面的才能。

学生初步接触武术表演时会遇到许多生理和心理障碍，既要接受众目睽睽的注视，放下心里多余的杂念，还要完成教师要求的各类练习内容，因此常常会导致主观、客观不一致，内部、外部不统一。由于过度紧张导致身体失控，造成声音紧、挤、颤抖，动作僵硬、失误多，表情机械、僵化等。反过来身体的紧张也会影响心理的混乱，使得学生心慌意乱、不知所措，头脑一片空白，注意力难以集中。这会严重影响学生的素质训练和表演创作的效果与进度，继而影响自身的自主表现力和可塑性。由于紧张，学生想要表现得潇洒自如，却姿态僵直，动作机械刻板；想要坚强有力，却松懈软散；想要挺拔帅气，却窝囊小气；想要柔和，却难以柔和；想要刚强，却难以刚强；想要灵活，却难以灵活；等等。这些不受控制、不听指挥的状况，是学生不具备身心的表现力和可塑性的表现，需要寻找到有效的突破口，由浅入深、由易到难，循序渐进地训练。教师要利用各种手段和方法，有针对性地、有侧重地努力使学生的天性得到一步一步地开发，培养与挖掘出学生的内在潜能，从而使其实现自我解放。

一、自我介绍

为了能有效地开发学生的天性，教师要有针对性地为学生营造轻松自在而无压力的环境氛围，引导学生一步步跨过表演的门槛，从直觉逐渐认识自我，卸掉精神负担，排除多余杂念，轻松释放心怀。教师要让学生介绍自己，把自己推介给注视自己的人。介绍者只需真实地全面审视自己，回顾、概括、整理自己的主要经历，过滤出自己成长的脉络，进而形成语言表述链条，并自觉、真切、由衷地讲就可以了。教师不必要求太苛刻，也不必操之过急，学生只要能放松心态坦然地讲就是良好的开端，就达到目的了。教师要不断地为学生解压，分散学生的紧张点，从而帮助他们把注意力集中到对自己经历的回顾当中。

自我介绍可以按以下三步逐一进行（限时 2 分钟）。

第一，学生进行分组介绍。用此方式做介绍，学生的自然程度高，不易产生紧张感，讲述者易自如地进行讲述。

第二，平行焦点注视。大家围成半弧形，介绍者居中，面对大家站立进行讲述。用此方式做介绍，双方立场平等，介绍者的心理容易放松，紧张感易消除。

第三，高台焦点注视。用此方式做介绍，介绍者站位高，受关注程度也高，容易集中焦点，但压力大，不易消除紧张感。这对于讲述者来说是个极好的挑战，勇于站上去，就是良好的开端。

学生的自我介绍要真实、自然、流畅，有个性特点，让人听得清晰，听得明白，既不需要任何外来的信息，也不需要任何外来的帮助，无须虚构，主动权掌握在自己手中。学生只要放松心态，放松紧张的身心，根据自己的成长经历、自己的理想志向、自己的喜好特点主观取舍，并按自己的表达习惯，朴素自然地进行表述即可。

二、武术演练

武术动作既是武术表演的基础，也是武术表演的重要内容。学生不可能掌握所有的武术动作和器械套路，但对一些武术动作或套路的特点和动作要点要准确地把握。在练习时，学生要演练自己熟悉的拳术套路、器械套路或格斗动作，充分发挥自己的技术特长，以提高自己的自信心。

拳术套路：学生要演练自己掌握得最好的动作或套路，包括传统武术套路和竞技武术套路。如果没有整套的动作演练，学生可以做单个武术拳术动作。

器械套路：学生要演练一套传统武术套路或竞技武术套路。如果没有整套的动作演练，学生可以做自己会做的单个武术器械动作。

格斗动作：学生要独自完成连贯的实战格斗动作或单个动作。

学生要展现掌握的武术动作和套路，体现武术动作要求和套路器械特点，显示自己的演练风格特点和武术动作美。

三、自我突破

自我突破是个体对自我意识的发展，旨在通过激发练习者自我实现的动机来实现自我行为的突破。自我实现对个体而言有积极的意义，这里所强调的自我实现，是去除唯心主义、否定人的社会性的内核、取其作为人类的一种积极向上的动机之精华，将扬弃之后的自我实现运用于表演中的表现主体。

（一）自我吹嘘

练习者向大家介绍自己，但介绍的内容并不是自己的实际情况，而是编出来的。学生要大胆夸张虚构，发挥丰富想象力，敢想敢说。既可以科学地幻想，也可以寓言童话似的表达；既可以不受时空的制约，也可以不受国度的限制；既可以海阔凭鱼跃，也可以天高任鸟飞；可以跨越年龄的界限，小到嗷嗷待哺，大到耄耋之年；可以说自己是一个大明星，在什么电影中扮演了主要角色并获得了奥斯卡金像奖；可以说自己是一个什么大将军，刚刚指挥完战争；可以说自己是世界冠军；等等。学生要大胆突破自我的束缚，展开翱翔的翅膀在想象的天空中遨游。在学生表达不畅时，教师可以提出问题引发学生的思考，可指定练习顺序，也可让学生自告奋勇。教师对学生的表现不要做过高要求，学生能大胆突破自己就可以了。其他学生作为听众可以在听他的介绍时鼓掌或者提问。自我介绍的学生应该自始至终保持自信。这个练习不仅在松弛与控制训练开始时可以做，在经过一段时间的训练后也可以再做。这样就可以检查在训练的过程中，学生处于当众孤独的情况下心理素质是否有所变化。

（二）榜样模拟

学生先站成一个圆圈，指定一人排头带领，教师发出开始口令后，随着节奏鲜明的音乐，学生按顺时针方向走，动作完全模仿带头人。音乐停止后，所有人都模仿排头人摆出一种姿势定格。教师拍手击打节奏，这时排头人迅速跑到队尾。音乐继续放，第二人接续排头带领大家再继续走。音乐停止，所有的人再定格，再摆出一种姿势。摆姿势犹如照相一般，但每个带头人的动作不要重复，变化越多样越好，既可以是天真孩童，也可以是耄耋老人；既可以体态虚弱，也可以愁容满面；既可以猴子蹦跳，也可以老虎下山……

学生做此项练习时要大胆，放下负担，思路开阔，动态生动，样态鲜明。动作要有创意，尽量不要重复，要努力突破自己内心的束缚并释放出创造的能量。

（三）追逐唱歌

学生先围成一个圆圈，教师指定一人为开始者。教师发出开始口令后，开始者一边唱歌一边随意追逐目标，其他学生要尽量回避，使自己不被追到。如果被追到，就必须马上唱着歌再去追逐新的目标，以此类推，循环进行。

这个练习还可变化为“追逐讲故事”。大家围成一个圆圈，只不过是在以上追逐的基础上、变换内容、增加难度。追逐者在追赶目标时，要一边追一边讲故事，被追上的人要接着前面的追逐者的故事继续讲下去，直到追到新目标为止，这样追逐者不断地变换，但故事却在追逐中延续。

追逐唱歌要求学生要集中精力，反应要快，追逐与被追逐之间的转换要迅速敏捷。歌声或故事要连贯，不能中断。学生如果做不到就要挨罚，当众做鬼脸或讲笑话，合格与否要让大家把关，不合格就不停地做，直到被其他学生认可才能过关。这样可避免大家有投机心理，与其不合格反复做，还不如一次到位放开做。（大家可以同唱一首歌，也可以各唱各的。）

学生也可以模仿动作，在追逐的过程中被追逐者要做不同的动作，追逐者一边追逐一边模仿被追逐者所做的各种动作，直到追逐者追上并模仿完成被追逐者所做的各种动作。

（四）T 台走秀

两人一行站成纵向队列，在强烈的音乐节奏中，教师提示服装风格的类型，如晚礼服、休闲装、职业装等。学生根据提示，调动生活中的积累，大胆去做 T 台走秀的各种姿态、动作以及调度不同服装的风格动态等。

T 台走秀要求走秀不只是动作的模仿、体态的模拟，更主要的是动作总体的感觉。教师不做过高的专业要求，学生只要大胆自如地凭着自我感觉表现即可，要自信，要优美、大方，追求静态美和动态美的和谐统一。

四、自我与合作

培养学生在自我与集体之间建立起一定的和谐合作。学生要学会合作、学会配合、学会理解、学会支持等，逐步为建立第二创作天性，为掌握自主、积极的交流能力奠定初步的基础。

合作是一种个体积极乐观的心理状态，充满快乐的情感体验。积极心理学主张心理学要以人固有的、实际的、潜在的且具有积极性的力量、美德和善端为出发点，提倡用一种积极的心态对人的许多心理现象做出新的解读，从而激发人自身内在的积极力量和优秀品质，并利用这些积极力量和优秀品质帮助普通人或具有一定天赋的人最大限度地挖掘自己的潜力。我们把这种观点运用在我们的表演训练中，以提升友好的态度，即在练习者之间增强相互理解、相互支持、相互配合的协作精神。在学生刚加入学校集体生活时，从自我出发，认同环境、认同集体、认同伙伴都是一种调节。把个体与集体根据一定的要求、一定的条件，求同存异融合于同一信念追求，从而接近同一目标指向，这样就会增加凝聚力，就会增强创造性的爆发力，就会激励创新意识的生成。①

（一）单脚跳接力

把参加的学生分为人数相等的两组站成纵队，每组再分为人数相等的两部分，间隔一定距离相对而站。教师选定开头一方，双方的领头人手里都拿着接力棒。教师发出开始口令后，双方即进入比赛状态，单脚着地跳着走，快速跳至对面队友前交接接力棒，队友接到棒马上跳向对面的下一个队友，尽快交接接力棒……就这样直至全体都跳完为止，先完成的组获胜。

单脚跳接力的要求与接力赛跑相同，只是参加的方式都是单脚跳而已。每个人都要努力表现自己的竞争力，力争上游，尽量不要让自己拖全组人的后腿。

（二）两人三足

参加的学生分成人数相等的两个组进行竞赛。在前方的另一头，放一把椅子。每组又以两人为一对，分别为甲和乙，开赛前每组成员同时把甲的左腿与乙的右腿绑到一起，两人同向面对椅子做好准备。教师发出开始口令后，两人快速向前跑，绕过对面的椅子后再跑回起点，下一对与上一对拍手后迅速向前跑，路线要求与前一对相同。就这样一对一对相接直到全组都跑完，哪组用的时间短，哪组获胜。

两人三足要求每对参赛者要把握好节奏，积极配合，步调一致才能取胜。不可过于急躁，乱了方寸，这会大大影响速度。

（三）蜈蚣走

把学生分成两组，每组成两列纵队，站于起跑线后，每组学生一个接一个地将双手搭在前者的双肩上，身体一个挨一个。教师下达开始口令后，各组排头引领本组成员快速向前方的终点前进，排尾先过线一方为胜。

① 封晓东，余力民. 表演基础[M]. 北京：中国广播影视出版社，2011：23.

注意人与人之间的距离要贴近，步幅要协调，节奏要统一，步调要一致，防止踩脚影响前进的速度。

（四）无绳拔河

把学生分成两组，列成纵队面对而站，在地上划一条分界线，教师站中间。双方排头右手心向下，握左手腕，左手心向下，握对方右手腕，四只手牢牢抓紧。其余的人双手搂住前一个人的腰，串联成一个整体。教师发出开始口令后，各组齐心协力拧成一股劲向后拉，直到将对方的第三个人拉过中间分界线为胜。

（五）双人跳绳

第一种跳绳练习是两人一对，一人拿绳跳，一人钻入跳绳者前面同时跳，只有保持节律一致、步调一致才能配合好。协作精神越强，动作越一致，跳得越多。

第二种跳绳练习是双人跳绳跑，两人一对，每人拿绳的一头，一人右手拿绳，一人左手拿绳，朝向一致、步调一致，同时摇绳同时起跑，一边跳一边跑，协作越好，动作越一致，跑得越快。两人必须一摇一跳，不能全跑，速度和动作也不能过慢。

第三种跳绳练习是三级跳绳，先找六个人，每两人一对，每对拿一条长绳，三对保持一定间隔，用同一节奏摇绳，不得随意改变摇绳速度。教师发出开始的口令后，两人一组手拉手跳过三道摇动着的长绳，顺利通过三道关的，就算过关，跳不过的替换去摇绳。

以上几种跳绳练习，主要目的是提高合作意识，学生只有互相照应，才能合作好，不能自顾自跳。

（六）推小车

甲、乙两人为一组前后站立，前者双手扶地，后者抬起前者双腿，两人配合，乙推甲，甲以手代步，交替前进，行进越快说明配合得越好。到达终点后两人交换位置，用同样的方法走回来。

此练习也可以多组进行竞争比赛，决出胜负。

（七）借力合作

第一种借力合作是集体分成两列，面对面站立，每两人一对，同时每对两人右手手心向下，抓住左手腕，左手手心向下平伸出，抓住对方右手腕，正好形成四手相接，选一人从一端面向上平躺于大家组成的手上轨道上，头顶与端头对齐，大家同心协力一起喊节奏："1、2、3——"喊"3"的同时把平躺着的人往脚的方向传，如此往复直到把人传至另一端站到地面为止。此练习要求大家一定要齐心，节奏要统一，手劲发力要一致，同时要有强烈的责任心，不能懈怠，稍有不慎上面的同学就会受伤。

第二种借力合作是大家站成一排，整齐地俯卧于地面，双手曲回放在身体两侧，选出一人仰卧于一端头上的人身上，下面的人从躺人的一端，一个一个地接着向左翻转身体变为仰卧，上面的人就会随着往一侧滚动，直到滚到另一端头为止。这个练习的主要目的是加强大家的协作，反应要敏捷，一个接一个地翻身，不间断地把人传过去。翻身的时间一定要把握好，提前或推后都不行，都会使上面的人中断滚动的动作。

总之，自我解放训练的目的就是帮助学生正确认识自我，鼓励他们大胆展现自己，"自作主张"地创造，树立"自鸣得意"的信心，同时也使教师对学生、学生与学生之间有一个更广泛的了解。

第二节　放松与控制训练

艺术的一个重要特点就是审美性，但是演员走上舞台，面对着观众席里审视着自己的千百双眼睛，或者面对着摄影机与摄像机的镜头，有时甚至连一些老演员也难免会紧张，所以对于初出茅庐的演员来说，紧张就更为常见了。这种紧张往往会使演员失去应有的控制：头脑一片空白，心脏急速地跳动，呼吸变得急促，声音变了腔调，面部出现了痉挛，有时甚至会全身战栗，忘记台词，以致表演无法进行下去。尽管这种极端紧张的状况在表演中并不多见，但演员在创作中存在不同程度的紧张，在舞台上和镜头前是随处可见的。这些都是因为他们不能很好地做到"当众的孤独"和缺乏对自身的控制能力。黑格尔曾说："能把个人的性格、思想和目的最清楚地表现出来的是动作，人的最深刻方面只有通过动作才能见诸现实。"因此，若想更好地掌握身体语言的表现性，在表演过程中注重动作的方式和分寸，对自身肢体的松弛与控制成为学生踏上职业之路的第一步，也是艺术工作者的基本素质之一，需要长时间的锻炼和巩固。

“松弛”是指演员在创作中首先要放松心理和形体，只有这样才能将身心融于创作之中。肌肉的放松是表演的前提，著名表演艺术家于是之认为：“松弛是演员的一宝，丢掉了松弛，便没了创造。”演员在表演时形体动作的多余紧张会造成形体动作僵硬、感觉失灵、反应迟钝、动作失去分寸。只有在形体放松、没有多余的肌肉紧张、身体器官完全受意志支配的情况下，演员才能用身体动作表达其心灵感受到的东西。

心理上的紧张，会导致身体上的失控。就像一个运动员在临场时因为心理紧张而往往会导致动作的变形，因而很难取得优秀的成绩，演员如果处于紧张的状态下，就必然会像斯坦尼斯拉夫斯基所说的那样：“不能不对体验及其外部体现，对演员总的自我感觉起着有害的影响。”[①] 一方面，心理紧张会导致身体失控；另一方面，身体的（包括形体上的和声音上的）紧张也会影响演员的心理，它会“麻痹我们的全部活动”，并“束缚一个人的心理生活”。此外，表演者的真实、细腻的心理体验总是通过形体动作与声音来表达的，而紧张的形体动作与声音是难以完成这一艰巨的使命的。有些表演者在形体和声音上存在着一种习惯性的紧张，如端肩、皱眉、胸腔僵硬、两臂无所适从，声音紧、窄、僵、直等，这些都会对表演者的创作带来不利的影响。

造成心理与生理上紧张的原因是多种多样的，如当众孤独所引起的畏惧，艺术虚构带来的困难，创作上缺乏自信，听到批评后无所适从而产生的困惑，因人而异而出现的种种非艺术创作需要的私心杂念，长期不正常的习惯造成的形体和声音上的紧张等。因此，要想真正排除在创作中出现的不必要的紧张，涉及许多方面，如演员思想和专业素质的锻炼与创作技能、创作方法的掌握，以及在某个具体角色的创作中遇到的问题等。但是对于一个初学者来说，进行松弛与控制训练的目的主要在于让其克服由当众孤独引起的畏惧，培养排除非艺术因素的杂念的能力，以及长期以来由不良习惯造成的形体与声音上的紧张状态，并且逐步养成坚持锻炼自己的形体与声音以适应创作需要的习惯。

但是，松弛不是松懈。松弛指的是演员创作时在当众孤独的情形下，在艺

① 梁伯龙，李月．戏剧表演基础[M]．北京：中国戏剧出版社，2009：46.

术虚构的情境中仍然能够按照规律去创作。也就是说，在这种情况下，演员的心理机制和生理机制应该处于一种在创作意志支配下能够正常地、积极地、有效地进行真实、细腻的体验与富有表现力的体现的创作状态。松懈则相反，它不能使演员处于一种正常、积极和有效的体验与体现的创作状态。虽然它与紧张表现形式不同，但同样都不是演员应有的创作状态。

要想在创作中做到真正的松弛，离不开监督与控制。监督使演员能够发现自己身上（包括心理上与生理上）出现的不必要的紧张，然后通过有意识的自我控制和调整来排除它，以达到松弛的状态。从某种意义上讲，演员在舞台上能否保持松弛的状态，是与演员能否有效地控制自己紧密地联系在一起的，是通过有意识地增强控制能力的训练才能达到的。因此，松弛的训练是和演员自我控制能力的训练紧密地联系在一起的。

创作中的松弛状态，同时也是和创作方法的掌握紧密相关的。例如，有目的的行动往往可以排除不必要的紧张；真正地相信并且深入到规定情境之中，心理上也就会自然地松弛下来；等等。因此，在基础训练阶段进行基本的创作方法训练时，教师要注意引导学生去掌握正确的创作方法。但是，演员的专业素质，仍然必须在长期的有意识的训练中培养。这种训练可以说是解放演员创作的有机天性的第一步。这也是斯坦尼斯拉夫斯基说“在谈到心理技术的时候先来谈这个问题，是比较恰当的”的原因。因此，我们不仅要把它单独列为训练项目，而且放在了专业基础训练的第一步来进行。[①]

演员的松弛状态既有心理因素，也有生理因素，因此，演员的心理机制和生理机制应该处于一种在创作意志支配下正常、积极、有效地进行真实、细腻的体验与富有表现力的创作状态。要想达到这样自如的松弛状态，演员就要把握好松弛有度的分寸感，最重要的就是在训练的过程中要有意识地加强控制力。控制力也就是我们这一章节重点训练的内容。在松弛当中控制，在控制当中松弛，演员才能逐渐做到得心应手、游刃有余地把握和调动自己的肢体语言。所以我们编排的练习就包括了培养演员在这两方面的控制能力的练习。

---

① 梁伯龙，李月. 戏剧表演基础[M]. 北京：中国戏剧出版社，2009：48.

一、肢体的开发

(一)形体训练

戏曲、现代舞和瑜伽的形体训练方法，再加上肢体语言表演训练，不仅可以培养学生的身体协调性和柔韧度，为肢体的松弛与控制打基础，还可以让学生由内而外地寻找到感受力的源泉，以求达到对自身肢体表现力更自如地开发和利用。

1. 瑜伽

瑜伽来自印度，是一项关于身体软开度、柔韧性的肢体运动。它舒缓地延伸、扭转肌肉筋骨，不仅能有效地强健并放松身心，更是一项有助于精神放松、注意力集中、利用呼吸焕发自身能量的精神运动。瑜伽的大部分动作来自对自然的观察和模仿，因此教师首先要让学生跟随自然而宁静的音乐，沉浸在大自然的怀抱中。瑜伽的动作有很多，结合教学练习的部位，学生可以选择不同的瑜伽动作进行练习，如树式、树式变形、鹤式、秃鹫式、蝴蝶式、海狗式、猫式、猫式变形、蛇式、蛇击式、鱼式、孔雀式等。

2. 戏曲：手眼身法步的练习

戏曲艺术是“写意性”和“程式化”的典型艺术形式，戏曲虚拟表演是象征性、浪漫性、夸张性及装饰性极强的写意艺术，在运用中具有疏密相间、有简有繁、表里统一、神形兼备、技法严谨的特点。它的虚拟动作还以特有的韵律美、造型美著称。例如，走一个圆场可以表现悠悠千里，迈几下方步可以表现跋山涉水，划动木桨可以表现惊涛骇浪，挥舞几下马鞭可以表现万马奔腾，从而使小小的舞台达到“海阔凭鱼跃，天高任鸟飞”的境界，这就使演员能更自由地表现生活的巨大场面。戏曲身段的虚拟，就是用这种特殊的舞台逻辑来表现包罗万象的生活逻辑，并在实际运用中形成了一套比较完整的规律。虽没有实物，却要表现出有鲜明的实物感、分量感、分寸感，如上下楼、开门关门、摘花捕蝶、穿针引线、赏鱼喂鸡等特有的韵律、节奏所规范的、具有舞蹈性的身段动作。这与表演训练中的无实物练习有异曲同工之妙。因此，借鉴戏曲表演中程式化的动作能帮助初学者积累和总结动作的结构和线路，便于日后无实物练习中联想与想象力的发挥。例如，借用花旦性格鲜明的基本程式动作，配以一定的内容组成一幅鲜明生动的生活图景：一个活泼的小姑娘出场，做一系列的整妆动作，如挽袖、理鬓、提鞋、整衣，然后打开门看天气，出门、锁门、摘花、捉蝶，遇一相公、羞涩不安……回家关门、做针线活等动作。其中，穿插上解缆绳，撑船离岸，边摇船边欣赏沿岸风光，船抵彼岸，上岸系缆，欣然而去，以及上楼、下楼，听到有人叫门匆忙下楼不慎摔倒等动作，通过具体的动作练习，加以自己的想象，让大家了解舞台上对于一切假定的虚拟。既要有信念感、真实感，又要以假代真，有分寸感、质量感，力求动作准确地表现内容，从而培养学生的想象力和形体表现力。

（1）手即手法。在京剧手法的教学中，进行双手指、云手、双盘手、摊手、双幌手、按掌、双托掌、托按掌、斜托掌、穿掌、提沉等各种手型姿态的练习。教学的重点是让学生掌握京剧手法的运势规律，以及欲放先收、欲下先上、欲起先落、欲开先合等行身必随的各种生活化的变化方法和技巧。

（2）眼即眼法。眼法的教学是结合和围绕着身段的其他技术来进行的，主要内容包括眼神集中、稳定的凝神，眼神迅速射出的放神，眼神徐徐延长的送神，眼神迅速移动的抖神，眼睑一闭一开的恍神，展眼舒眉的运神，眼随手动的传神，眼神上下虚、左右实的定神等。戏曲表演的写意与夸张都需要眼神来体现。所谓“凶眼”“醉眼”“怒眼”“呆眼”“窃眼”“媚眼”等，和一瞪、一瞅、一瞟、一眯、一眨等眼态都是人物的不同情感反映在眼睛上的神态。教学的重点是让学生掌握心有物、腹运气则眼生神，眼跟心动、神随意行的个性化变化方法和技巧。

（3）身即身法。身法训练主要进行“以腰为轴，以四肢为轮，轴转轮动”的训练，把身体划分为两轴三面：以腰为大轴、颈为小轴，头、胸、小腹为三面。在身体动势变化时，大轴运身、小轴运神（眼神），以两轴支配三面，进行云肩转腰、翻身、涮腰、风火轮、摇臂、单山膀、双山膀、顺风旗、点地翻身、串翻身、山膀按掌等的训练。身法是身段训练的重点，它融合了身段训练的各种动作和技术要求。教学的重点是让学生掌握大轴（腰）、以身带动身段和四肢的运动法则，训练学生在做各种动作时，养成动作牵一处而动全身，一动全动、脉脉相通的形体动律习惯。

（4）步即步法。教学中主要进行了慢进步、慢退步、圆场、花梆步和配合身法的各种踏步位、丁字步位、大踏步位、弓箭步位、错步、飞脚，以及各种生活化的脚的站位姿势和慢步划弧行走步伐、圆场快步跑步伐、云步碾走的步伐、转换虚实的步伐等。通过步法的教学训练，使学生掌握艺术表演中的各种脚位、步伐的位置和变化动律，改变以往表演中头重脚轻的状况。[①]

3. 现代舞综合练习

现代舞是20世纪初在西方兴起的一种与古典芭蕾相对立的舞蹈派别。其主要美学观点是反对古典芭蕾的因循守旧、脱离生活和单纯追求技巧的形式主义倾向，主张摆脱古典芭蕾过于僵化的动作程式的束缚，以合乎自然运动法则的舞蹈动作，自由地抒发人的真实情感，强调舞蹈艺术要反映现代社会生活。它最鲜明的特点是反映现代西方社会的矛盾和人们的心理特征，故称为现代舞。现代舞的不同之处在于不存在普遍的规律，每一个艺术家都在创造自己的经典。被公认为现代舞创始人的美国舞蹈家伊莎贝拉·邓肯认为，古典芭蕾的练习会造成人体的畸形发展。而她向往原始的纯朴和自然的纯真，主张"舞蹈家必须使肉体与灵魂结合，肉体动作必须发展为灵魂的自然语言"，真诚地、自然地抒发内心的情感。

现代舞是反映现代生活、无规则而崇敬自然的艺术，再加上它表现形式的多样化、表现手段的不拘一格以及表现内容的广泛，特别适合在表演元素训练中加以借鉴和训练。现代舞的练习应该说是舞蹈类型中与表演最接近的训练元素，也是武术表演教学中运用最直接的舞蹈类型，可以用以开发学生的肢体表现力和由内而外的感受力。在训练中，教师可以找一些风格类型差别较大的音乐，不必拘泥于舞蹈的身段神韵等基本功，要把重点放在学生对音乐音律的理解和把握以及能够自如地运用自己的身体表情达意上。

4. 表演肢体语言训练

四肢的表情对造型及身体表现力都有很重要的意义。四肢与个人的生活最有关系。一个人受了刺激之后产生情绪，很自然地这个情绪便形之于外，借着面部、四肢及躯干来传达反应，这一定是个统一的形象。身为演员就应该研究

① 苏静. 浅谈话剧形体课与京剧身段课的结合[J]. 齐鲁花苑，2005（1）：78-79.

个中道理，求得最正确的表达方式。

（1）肩部表情。肩本身的动作并非表达什么意义，但决定着臂和手的情感，因而也就显得重要了。人体的动作中最容易使人看得见的是臂与手的动作，而臂与手的动作都需发于肩。

两肩举起：惊羡。

两肩退后：对抗。

两肩朝前：绝望。

以肩轻触对象：亲密。

两肩磨转：急躁。

两肩微耸：怀疑、无可奈何。

一肩高、一肩低（恶意的）：暗讽。

两肩缩紧：痛苦。

两肩时高时低：欲念。

两肩朝前降垂：忍耐、颓丧。

（2）背部表情。

直背：年轻、健康、勇敢、骄傲、威严、愤怒。

驼背：衰老、病弱、悲哀。

（3）胸部表情。

挺胸：健康、勇敢、威严、年轻、愤怒、骄傲。

锁胸：鄙贱、胆怯、服从。

（4）腰部表情。

弯腰：疲倦、病弱、衰老、鞠躬、谦卑。

直腰：健康、勇敢、威严、愤怒、骄傲。

摆腰（左右摇摆）：浪漫、风流、轻狂。

（5）腹部表情。

凸腹：得意、骄傲、富贵、病态（过凸）。

凹腹：体弱、贫穷、病态。

涨缩腹部：肚痛、气愤。

（6）手部表情。

手平而手掌朝上：请求、质问、举起、支撑。

手平而手掌朝下：掩蔽、保护、赐福、应允、命令、指挥、安慰、饶恕。

手斜侧，以掌心向人：和平、接近、善意、亲密。

手竖起，手掌朝内：招致、进来、欢迎。

手竖起，手掌朝外：走开、分散、拒绝。

握拳：夺取、占据、征服。

双手摊开：承认、坦白、有所主张。

双手当胸交叉：满意、安适。

双手并靠，掌尖朝人：向人讨饶。

双手合拢，掌尖向上：对天求告。

举手近面，手掌朝内，指尖从额微动向外：行礼。

举手近面，从唇向外：接吻。

举手近面，从心胸向外：恭敬诚意。

举手近面，从外向自身：前来、靠近。

摇指、手掌朝外：不然、不是。

以食指点额，手掌仍朝内：我有主意、我想起来了。

手按额：痛苦、为难、苦思。

手按眼：羞耻、忧苦、害怕。

手按口：止人说话。

手按胸：伤心、良心的主张。

手置背后：冷淡、不愿、疑惑。

双手揉搓：打算、为难。

双手紧握：失望、痛苦。

（7）臂与肘部的表情。

提起两臂，将肘冲前：傲慢。

提起两臂，将肘横伸：自负。

提起两臂，将肘退后：对抗。

以肘轻触：亲密。

以肘指点：简单的指示。

微微转臂，以肘向对象：爱恋。

以肘推挤：斗狠。

臂与肘紧靠身旁：自己抑制。

臂与肘在自然状态下无动作：安宁。

用肘捣人：暗示。

（8）脚部表情。

全足用力：尊严、固执。

无力：软弱、胆怯。

脚端用劲：勇敢。

脚跟用劲：厌恶、畏惧。

顿足：权威、暴怒。

忽然一抬：惊讶、失措。

轻敲：不耐烦、愠怒。

搓磨：窘迫、转念。

（9）腿部表情。

第一，站立时腿的表情。

两腿平衡地站着：自然、有主张、有胆量、心里平静。

立正式：敬意、威严、勇敢。

一腿负重：常态、平静。

脚跟提起屹立：向远处眺望。

两腿颤动：胆怯、寒冷。

第二，行走时腿的表情。

正常走路：心里平静。

快步：慌张、危险、紧急、意外、快乐、健康、年轻、勇敢。

慢步：疲倦、衰老、病弱、忧愁、悲哀。

方步：虚骄、滑稽。

两腿发僵，走路摇晃：醉态、负伤。

踏地有声：粗鲁、雄壮、勇敢、慌张、愚笨。

踏地轻声：文雅、礼貌、细心、病弱、胆怯。

脚步大而有力：勇敢、坚决。

脚步小而无力：温和、文弱。

快步走：年轻、快乐、勇敢、轻狂。

慢步走：衰老、忧郁、疲倦、病弱、悲伤。

脚尖轻轻着地：秘密、偷窥。

脚跟轻轻着地：阴谋、偷窃。

第三，坐时腿的表情。

两腿并拢，直放：恭敬、规矩。

一腿叠在另一腿上：安逸。

一腿叠在另一腿上，但频频交换：不安。

两腿并立，中间有距离：端庄。

两腿并立，但两膝左右摇摆：轻狂、浪漫。

两腿并拢，左右摆动：疲倦。

两腿向前岔：无礼、骄傲。

在座位上或把一只脚放在座位上：狂野。

抱一膝：粗野、疲倦。

（10）膝部表情。

弯膝，膝盖向外：自负。

两膝左右摇动不停：好奇心。

屈两膝：崇敬。

屈一膝：温柔。

弯膝，膝盖向内相对：胆怯。

弯膝，膝盖向前：激烈。

（11）坐姿表情。

两手按腿：冷淡、蔑视。

两手按膝，身体朝前：怒意。

眼神朝下，快速地坐下：惊慌。

眼神朝下，很慢地坐下：羞惭。

身直，两膝并拢，坐在椅子前半段：恭敬。

身歪，坐得很靠后：怠惰。

坐在椅边：过分恭敬或滑稽。

身斜，两腿撑开：粗野、无礼。

演员在舞台上表演正常的坐姿应当是自然的，先将双足移后，稍微伸至椅下，将身体的重心移至此足，然后缓缓坐下（起立的动作正相反）。两足稍微分开（前后）即可，否则会显得不大雅观。

把肢体动作分解开来，为的是让学生了解最基本、最常见的肢体语言动作。在实际的练习中，任何动作都是与情景、空间分不开的。学生在实践中要因时因地因人，有针对性地灵活掌握。关于武术表演的训练也并不是要在短短的表演课上把学生变成专业的戏曲、舞蹈、武术表演演员，而是想尽可能为他们打开视野，建造一个艺术平台。众所周知，艺术都是相融相通的，在基础的专业训练阶段，让我们汲取百家之长，尽可能形象生动地为学生营造一个艺术环境，让大家都能够在武术表演课上逐步树立起艺术观念和审美情趣，能够逐步培养出对周围世界敏锐的感知力，对自身的艺术修养形成一种潜移默化、由内而外地升华和提高。

（二）走的训练

1. 模特训练

在训练走之前可以进行相应的站姿训练：收腹、挺胸、抬头、沉肩、垂肘、深呼吸，两眼平视前方，两臂自然垂在身体两侧，重心稍放在脚掌而不是脚跟上。另外，可以借鉴模特训练的五点一线法，后脑、肩、臀、小腿肚、脚跟五点呈一条直线紧靠墙面，收腹、挺胸、提臀，脚掌并拢，大腿夹紧（严格地说，必须要牢牢夹住一张纸），每天坚持半小时，一个月后你会发现，多余脂肪减少了。

走路时的步子是动态的，但是在起点时的姿势是静态的，所以其要领要从体态开始，注意让身体挺起来，有向上拉动的力量。有了向上拉动的力量，脖子直，头部正，下巴平，肩膀自然下垂，双手不显僵硬无力，上身自然放松，能避免多余的动作，防止腹部前挺和臀部后撅，走动时臀部不向一侧扭动。不论单个动作还是组合练习，都要求练习者动作协调、幅度大、节奏鲜明，要求练习者具备一定的运动技巧和人体造型能力，在规范的基础上，身体动作到位，路线正确，姿态优美动人。

2. 不同年龄段的人走路

不同年龄阶段的人走路有很大的差异，最明显的要数刚刚学步的幼童和步履蹒跚的老人了。实际上，通过控制身体的重心，人能够表现出不同风格的走姿。当然，不同性别和性格的人走路也有很大不同，注意观察你周围的人，试着发现他们走路的特点吧！

年轻人：步子快而短、间作轻跃。

老年人：步子短、摇摆不定、拖着腿、举脚离地不容易。

3. 有特别性格的人走路

神经质的人：步子短、不匀、不稳、不停，方向似乎不一定，两足靠近、颤动而无力。

脾气坏的人：步子短、慢，像是一步一步量着走，不愿意走似的。

沉着的人：步子迟钝、腿分得很开，时时立起但不起劲。

萎靡不振的人：步子随便、没精神、无生气、有时拖着腿走。

4. 不同姿势的走

外八字走、内八字走、脚尖走、脚后跟走、脚不离地地走、竞走……试试还有什么不同的姿势，体会这些不同的走姿应该通过什么样的方法来表现。

5. 不同戏剧情调的走

悲剧：步子大、重、慢、谨慎、不苟。

喜剧：步子短、轻、快、活泼、摇摆。

6. 其他形式的走

庄严稳重：步子大而慢。

地位卑下：步子短而快。

激烈感情：步子大而快。

谦逊畏惧：步子短而慢。

惊骇恐怖：三两步一停，时而冲前，时而倒退。

沉思打算：行行复立定。

狐疑不决：走来走去，方向像念头一般时时改变。

鬼头鬼脑（或不欲惊动旁人）：足尖收着，落地甚轻。

二、肢体的变形

（一）提线木偶练习

1. 单人

想象在每个人的头顶、颈椎、肩肘、手肘、手腕、五指关节、胯部、腰部、膝盖、脚趾关节处分别有一根线与之相连。教师作为提线的人，随机发出口令，例如“你的左手手腕被提起”，学生根据口令做动作，当然在这个过程中每个学生的理解力是不同的，大家不要互相交流，也不要模仿其他人，自己做自己的。最后，大家会发现同样的口令会出现可能完全不同的造型。等所有人的动作结束之后，大家可以共同讨论。

2. 双人

两人为一组，前后站着，后面的同学是前面同学的主人，前面的同学是木偶，由同学一对一地发出口令，互相配合。做完一轮后，前后同学互换位置，这样做不仅可以训练同学的身体控制和听指挥的能力，而且发出口令的同学还可以锻炼思维、语言、肢体三者同步的能力，因为很多时候你会发现口令是无法完成具体动作的，如当同学呈站立姿态时，你无法同时提起十个脚趾的线。

这个游戏练习身体的局部控制能力。练习者是木偶而不是机器人，在一些部分紧张的同时，另外一部分可能是松弛的，学生在做练习的过程中要保持安静并用心体会自己的身体在发生什么样的变化，这对心理状态有没有什么影响，如在放松颈椎的线时，木偶的头深深地低下来，有的学生可能在这个时候会觉得自己心里很愧疚、懊恼，不舒服，像是低头认罪。

（二）变形练习

1. 猜猜练习

每个人在五张纸条上分别写下大家熟知的人、电影、歌曲或成语，写好后放在舞台中央的盒子里。将学生分成人数相等的两组，分组进行比赛，每个人到台上抽取五张纸条，不能说出纸条上的字，只许告诉大家这是几个字，然后用肢体语言把它表现出来。本组其他同学猜出来即为过关，如果实在猜不出来可以再抽取纸条，直到成功完成五个题目。第一个人完成后拍第二个人的手，第二个人拍完手后才能上来抽题。两组分别进行，最快完成任务的组获胜。这个练习可以作为变形练习的前奏，在比赛竞争的过程中，解放学生的身心，激发他们的表现欲和变形能力。

2. 丑脸接力练习

每组十个人站一横排，其中一个人以最丑的样子走到另一个人的背后拍一下，被拍的人转过身来，模仿前一个人的同时还要加上新的动作、表情等，使自己更加丑化，并去寻找下一个目标。第一个人恢复正常后站到第二个人的位置，依次进行，让所有人一起展示自己刚才的丑脸，比一比谁最丑、模仿得最像而且丑得最有创意。这个练习首先是看学生敢不敢，其次是像不像，最后才是是否展开丰富想象的问题。所以教师要把表演信念不坚定的学生和那些想象力丰富、表现力较强的学生分到一组，用群体的力量带动放不开、不自信的学生，并逐步引导学生在表情、动作、姿态、声音等方面拓展想象。

3. 三十六变练习

舞台前方摆两把椅子，间距在两米左右。每组十二个人围成一个圈按顺时针方向行走，每当教师喊出题目的时候，处在两把椅子中间的人要快速地把教师的题目表现出来，其他人要快速地摆一个姿势定住不动，反应慢、姿势重复或演得不像的人被淘汰。教师给出的题目形象感要强、要有趣味，如海浪、飘落的秋叶、筷子、电风扇、杨过、圆规、女士香水、地毯、抽水马桶、婴儿、蒙娜丽莎、007、孙悟空、蜡笔小新、刚捞上岸的鱼、费翔演唱《冬天里的一把火》等。学生没有经过准备，在短时间内快速完成命题，减少了顾忌、担心、害怕的机会，因此教师的题目也要由简到繁。例如“地毯”，一开始有的学生不知怎么办，看别人趴下自己也跟着趴下；演“筷子”时看别人站得笔直，自己也快速站好，还可能和旁边的人凑成一对。这样一来二去学生就很容易放下心理包袱。

当学生放松下来有了兴趣，教师可增加难度，如：鞋——一双鞋——一双高跟鞋——一双行走的高跟鞋——一双丢了一只鞋的鞋跟的行走的高跟鞋等。

4. 字母、数字、标识练习

学生用身体表现26个英文字母的大小写、汉字中的数字、阿拉伯数字以及各种标识，如耐克、背靠背、标致汽车、奔驰汽车、奥迪汽车等。学生可以单独完成，也可以多人合作。每一个字母都会有多种表现方式，教师要不断提问，带领学生寻找更多表现方式的可能性，鼓励学生大胆想象、勇于尝试、不断创新。在这种轻松、活跃的课堂气氛中，学生很容易投入自己的热情，由衷地去想、去做、去实施。在大家集思广益的努力下，当发现一个数字有更加新奇有趣的表现方式时，学生们会由衷地感到自豪，找到成功点。

5. 之最练习

展开想象，在一段时间内利用服装和道具给自己造型，演绎命题要求中的人，如最丑的人、最性感的人、最酷的人、最苦的人、最凶狠的人等，力图通过强烈突出的外部变形来实现学生内部的观念解放。例如，在最苦的人这一组里，有的学生穿上破破烂烂的衣服，把门牙涂黑；有的全身抹上泥浆，席地而坐；还有的身上披着麻袋片，腰里系着麻绳，蓬头垢面……在外部造型的驱动下，人的行为举止也产生了相应的变化。教师可以把一块面包扔到操场上，看看学生的反应，他们有的奋力地抢面包，有的厮打在一起，有的抢到一小块就赶紧塞到嘴里，有的干脆捡地上留下的面包渣……做完练习，教师可以让每组学生谈谈自己的感受，自己的行为发生了什么样的变化，自己的心理又有哪些反应。

6. 变形金刚

这是一个与木偶相似又相异的练习，变形金刚的动画片和电影很多人都看过，那些钢铁铸就的大家伙，随着“机器人，变形”的口令，就变成了各种车型，整个变化过程潇洒流畅，受到了很多人的追捧和喜爱。这个游戏要对传统的变形金刚进行一点改变。由一个同学发出口令，口令中要加入最后想要变成的东西，这个东西可大可小，可以是飞机、大炮、坦克，也可以是手机、钟表和跳跃的机器精灵。总之，发出口令的同学要尽可能地发挥想象力（唯一的要求是符合机器的特质），其他的同学要集中注意力跟上口令，不仅要在瞬间找到与要变的东西最相近的结构，而且变的过程也很重要，就像一种街舞，对肢体细节性的拆分决定你最后能否很好地完成这个游戏。随着“机器人，变形”的口令，同学们开始游戏。

由于每个人的天生条件有很大差别，教师不能要求每个学生都变得形象而完美，但是要求所有的同学都要尽量跟上发号者的口令。评判的标准也不一定就是“逼真”，很可能有的同学虽然不像，但是很有特色，显露出另外一种智慧和想象力，那也是很好的。所以要求只有一个——跟上口令。

（三）中弹练习

中弹是在电影电视上的枪战片中常常看到的，其中的很多中弹镜头逼真而让人揪心，但是这都是演员通过自己的表演，再配合服装、道具、化妆的造型设计制造出来的假象。这种假象能充分地体现身体的松弛与紧张。中弹练习是一个身体松弛—紧张—松弛的练习。让学生想象自己中弹的情境，尝试运用自己身体的松弛与控制来表现那一瞬间的画面。

学生可以先在教师的提示下进行集体练习。例如，学生可以想象自己是一个学生或其他什么人，“中弹”前正在街头漫步、打电话或做其他事情，突然一声“枪响”，你的左腿“中弹”了！你的肚子“中弹”了！你“中弹”后身亡！等等。想象中的枪是手枪、步枪或者机关枪等。等气氛热起来再让学生分组进行训练，可以分成５人或者２人一组，人数逐渐变少，以保证同学能够丢掉“面子的负担”，全身心地投入到游戏当中，让学生真实地感受由开始的不知道（松弛）—知道（紧张）—不能自控（松弛），到从心理到形体的松弛过程。

（四）对打训练

对打是武术表演中最常见的场面，这和武术的对练套路与实战对抗有相似的地方，但也有不同的地方。把学生分成两人一组，让他们以虚拟的方式进行对打。学生要集中注意力，切实感受和体会身体击打和被击打的具体位置，以及由此产生的肢体变异造成的心理与生理的相应反应，并通过行动表现出来。

教师可以先组织学生进行集体活动，让学生知道在教师的指导下统一采取什么样的动作，击打什么样的部位。每组同学一定要注意安全，集中注意力，体会自己的身体是否感受到来自对方的影响，它发生了什么样的变化。要求学生要保持绝对安静，无须商量和交头接耳，只需用心体会击打和被击打的相应感受就可以了。

（五）慢镜头练习

我们经常在电影电视当中看到一些慢放的镜头和画面，这是为了满足节目传播的需要，或增强节目节奏上的变化，或突出强调编者重点表达的意志和思想。再配上动人的音乐，常常能够事半功倍地达到更好的传播效果。这些慢放的画面和动作，是通过一些技术手段创造出来的特效，而在这个游戏练习中，学生要运用对自身的控制力来实现“慢动作”的效果。

首先学生要进行慢动作的热身练习。开始时，学生在正常的状态下以正常的速度先走，教师击打出行走的节奏，然后放慢击打节奏，学生行走的速度放慢，但仍然保持匀速行走。注意节奏越慢越好，但是不要让自己变成机器人，像僵尸一样僵硬而卡壳，而是在动作的流畅中自由地放慢，就像播音当中“记录速度”的训练——“慢”强调的是过程，而不是结果，是字与字之间的韵腹拉伸，而不是字尾的僵硬和停顿——重要的在于动作与动作之间的衔接在放慢的节奏中被延长拉伸了。教师要注意把握学生的练习进度和时长，实际上这个练习对体能的消耗是很大的，所以要适时进行休息；也可以找出一些做得好的学生做示范，以便大家更快更好地进入状态，直到所有学生都做得比较好了，才可以进行下一阶段的训练。游戏结束时，教师应让大家共同参与讨论，思考动作的快与慢在控制技巧上有哪些区别以及哪个更难把握。

教师可以把慢动作的训练与之前“对打”的游戏结合起来，让学生进行双人甚至多人交流的慢动作练习，与“对打”的要求基本一致，在感受与适应的基础上放慢动作。

第三节　注意力训练

在生活中，人们或者只去注意身边的某一对象，或者不自觉地被某一对象吸引。实际上，人们总是非常自然地注意到自己身边的人和事，把注意力集中在该集中的地方。但是在剧场里就不是这样了，在剧场里有观众厅和舞台的黑洞，这会妨碍演员的正常生活。对付杂念的最好办法就是注意力集中，因此，我们说注意力是演员必不可少的创作素质。演员在创作中的注意力是受意识支配的、有意识的。演员在创作中要把自己的注意力积极、稳定地集中在创作上，集中在行动的对象上，并持续发展下去。注意力集中是演员在舞台上或镜头前真实、有机地行动的基础和重要环节。注意力集中的训练既包括演员创作素质的培养，也涉及了创作方法方面的问题。首先演员要能够在当众孤独的情况下和在艺术虚构的情境中具有注意力集中的能力。所以下面的练习主要还是从培养演员的创作素质方面入手，使演员首先能够养成在创作中真听、真看、真思考的能力。

演员在创作中的注意是一种意识注意。也就是说，演员在创作中必须把自己的注意力积极地、稳定地集中在他所扮演的人物和所发生的事情上，并随着行动的发展而持续不断地发展下去。演员在表演过程中由于受到观众、表演、私心杂念以及其他方面因素的影响，容易导致注意力分散，出现上场晕、散神、肌肉紧张等现象。通过“松弛”和“注意力集中”训练技术，演员可以从心理紧张和形体僵硬中解脱出来，使素质和创造力得到发展。演员可以随意限制自己的注意圈，集中注意进入这个圈内的对象，使注意力长久、稳定地集中在舞台对象上，自然而然地进入角色规定的情境之中，而对圈外的对象只保持半意识的状态。

注意力分内部与外部的集中。内外部的注意力往往是交替进行的，也是同时存在的。造成“紧张”“僵硬”的状态有两方面因素：内部的心理因素和外部的形体因素。心理因素是指演员心理所产生的紧张情绪。这种紧张情绪会通过神经系统反映到身体外部，如肌肉紧张、四肢僵硬、呼吸急促等表现，甚至会使整个身体失去控制，导致没声、没气、没形、忘词等。心里的紧张会导致想象力的停滞，会导致外部形体僵化，这必然会影响和破坏创作的有机过程。形体因素是指形体上所反映出来的种种紧张、僵硬状态，这种状态直接影响演员的身体表现力和可塑性。由于演员要塑造各种不同的人物形象，所以如果身体僵硬的问题得不到解决，就难以完成创作工作。例如，创作需要身体舒展大方，动作利落，但有些演员却由于形体紧张僵硬而表现得小里小气；需要强有力，但演员没有力度；需要风流倜傥，但演员连路都走不好；需要柔和，但柔和不起来；需要灵活，但灵活不起来；要快，但快不起来；需要慢，但慢不下来……这些身体不受控制、不听使唤的状态，自然是不具备表现力和可塑性的，消除的方法是进行放松肌肉的训练。演员只有掌握了排除紧张状态的放松技术，才有助于调整控制自己的心理，及时地进入最佳创作状态。

由此可见，“松弛”与“注意力集中”是密不可分的。肌肉紧张、形体僵硬往往都是由注意力不集中造成的。当然造成注意力不集中的原因有很多，诸如杂念的干扰，自己或对手出现临时事故，对所扮演的角色心中无数或有特殊人物（领导、亲朋好友等）到场观看，等等。各式各样的情况和原因都会引起不同程度的注意力分散，并导致心理紧张。这些情况在有经验的演员身上出现时，他会很快控制住，但对于初学者来说就困难得多。因此，演员必须通过训练排除这种障碍，要善于给自己的活动提出任务，保证自己的注意力能始终放在完成自己的任务上。如果没有具体而明确的任务，就不能产生注意力集中点，注意力集中就是无效的，或是不可能的。因此，注意力集中是有一定的方向和范畴的，凡注意力所及的事物，都与自己的行动任务有一定的或某种特殊的联系。

“注意力集中”既要做到全神贯注，又要做到内外部放松，没有这两者的有机结合，则难以实现。放松，不等于盲目或无所谓；全神贯注，不等于高度紧张。在掌握“注意力集中”时，要适当选择自己的“注意点”，即视点。失去这个点，注意力即刻便会分散，没有注意点，你是否“注意”也难以体现。

演员创作还有一个特点，即要当众表演。在这种情况下，注意力是很容易分散的，往往集中在观众一方。只有醉心于舞台上的事物，才能转移对观众的注意。另外，使注意力不能够集中的原因有很多，各种各样的干扰无时无刻都会产生。演员在创作时，要把握住自己的注意力，就得随时排除这些干扰。但是，演员只学会注意力集中是不够的，还要学会注意力分散。“分散”是为“集中”服务的，集中与分散是对立的统一，只会“集中”不会“分散”也是不行的，分散的过程也是排除干扰的过程，是排除与任务无关或影响任务实现的事物的过程。只有分散一部分注意力去排除干扰，才能真正做到注意力集中。

在生活中，人的注意力不可能始终放在一个事物或一个点上，他的注意点在不断地变化、转移或交替着，在舞台上也是如此。这些变化、转移、交替都必须服从于人物行动的逻辑顺序，否则会失去其真实性与合理性。

演员的工作创造性极强，永远是在假定与虚构中表演，永远是创造别人。要集创作材料、创作工具、创作成品于一身，这就需要演员在表演实践中自我认识、自我发现，并在此基础上能够善于自我改变，逐步建立创作意识，克服创作上的“自我”和“一般化”，使之形成习惯，为以后的创作打下良好的基础。

一、当众孤独练习

演员应该在当众孤独的情况下、在艺术虚构的情境中把注意力集中在特定的人和物体上去真听、真看、真感觉，从而自然产生一种要对此做什么的欲望，构成动作和动机的一致性。在台上做最简单的动作，例如在地上捡根针或整理自己的着装这些可做的事，被称为“注意力集中点”。在舞台上有事可做，是一种多么美妙的感觉，这也正是表演课所要寻求的东西。在训练时，练习者要做到完全把注意力集中在一个人或物体上不受外界干扰，只有当大脑完全被练习内容填满时，才不会有其他的有意识的杂念。把注意力集中在一个点上，就犹如一束能量极强的激光，能激发练习者无穷的力量，其意识、创造力、直觉都会得到完美的发挥。练习者可以依次做以下练习。

首先，台上的学生看着台下的人。练习开始之后，台下的人注意台上坐着的同学，注意发现台上的人在心理和形体上的一些变化，并可以交头接耳，对台上的人进行评论。时间过去一秒、两秒、三秒、四秒……台上的人开始不自然，心理、形体可能出现一些反常现象，这时可以增加一些简单的动作，如摸摸头、搓搓手，让台上的学生有事可做。然后下一组交换位置，重复刚才的训练内容。

其次，请台下的两位学生上场，面对面坐着，自己掌握距离，四目相对，直盯到某一方败下阵来为止。然后再换另一组学生上场，重复刚才的训练内容。

最后，当台上的每一个人都显露出各种程度的不适时，台上的人可以找事做，如“数数”“整理自己的着装”“擦擦鞋上的灰”“重新系系鞋带”“捡起地上的针，慢慢地穿针引线”等，直至不再感觉不舒服，身心松弛下来为止。然后两组交换位置，重复刚才的训练内容。

二、观察力与思考练习

充分调动注意力和观察力，捕捉人物和环境的特点，这不仅是演员应有的基本素质，对从事其他行业的人也同样具有不可忽视的作用。

学生每两人结成一对，相距 1.5 米至 2 米，面对面站立。同时限定学生在 30 秒钟之内相互认真观察，记住对方的发型、头饰、服装、鞋子、五官、神态、肤色、气质等特征。计时时间到，学生转身背靠背站立，分别说出各自观察到的对方的特征，并回答下列问题：对方身上的什么特点使你一下子记住？对方给你的最突出的印象是什么？如果你是导演的话，会选择对方扮演什么样的角色？等等。此练习适合在学生之间尚不很熟悉的情况下来做，在训练学生注意力集中的同时，使学生领悟到演员对人和事物的观察不是如同在商店里看服装模特一样见物不见人，而是要由表及里地去揣摩人，既要接受客观给予的信息与刺激，又要用心地去感受客观。

三、记忆力练习

（一）传话记忆

提前准备一些拗口难记的小段子并写在纸条上，然后把学生分成十人左右的若干队，每队按纵列站成一排。让不同组的学生选择一张纸条并交给站在队列第一的人，让其在一定的时间内记住纸条上的内容，并且马上传给下一个人。在传递的时候，其他同学可以听音乐，保持对听觉的限制。直到每组最后一个人传递完成，并向教师举手示意。教师就以先后的顺序让他们当场宣布内容，看是否相符。迅速、准确、无误的队是胜利者，失败的队则可根据胜者的要求受罚。这个游戏还可以发展成反句和倒念形式以增加游戏难度。

（二）干扰阅读

把学生分为 5~6 人一组，每组再通过“石头剪刀布”或者“手心手背”的方式选出一个“阅读者”，其余为“干扰者”。方法是从报纸或杂志中任意指定一篇文章，由选出的“阅读者”在规定时间内看完并强记。在阅读记忆的过程中，“干扰者”要想方设法对其进行各式各样的干扰，但是注意不要用手或身体遮挡“阅读者”的视线或者碰触“阅读者”的身体，只能靠吸引他的注意力来达到干扰的目的。“阅读者”可以朗读或者默念，他的任务是在阅读时间结束后，复述记忆的文字。如能基本相符就算通过，“干扰者”要接受惩罚；如果与原文相差太远，“阅读者”就要接受惩罚。

在游戏过程中，“阅读者”会发现，朗读是抗干扰的好方法。在嘈杂吵闹的环境中，“阅读者”仿佛是利用自己的声音给自己创造了一个小空间，而在这个小空间中更容易找到注意力集中的状态和自己所需要的能力，这个“小空间”实际上就是我们说的“当众的孤独”。这种“当众的孤独”适应于武术表演领域，学会掌握这个“小空间”的跳进跳出，是能够更好地进入武术表演状态的一条必经之路。

“干扰者”在游戏中会发现，一方面，干扰的方法不仅是对“阅读者”的干扰，也同样是对他们彼此之间的干扰；另一方面，干扰的压力致使他们能够彻底地释放自己的能力，这种天性的释放来源于游戏规则的竞争意识——由于怕受惩罚而努力想办法，甚至忘记了还被很多人看着的尴尬和羞涩，尤其是在时间快到的时候，有些平时很内向、害羞的同学在这个游戏中的表现会让人惊讶，这说明sm 制本身完全可以带来主动性的提升。一个优良、科学的sm 制，对于一个人、一个团体都是非常重要的。

“干扰者”在游戏的过程中有的上蹿下跳，有的手舞足蹈，有的狂喊乱叫，有的大吵大闹……这个过程也是他们对肢体语言的再度开发。

“阅读者”复述之后，教师可以让他再大声朗诵一遍，由全体同学来共同评判他是否通过。

（三）一分钟记忆

从学生中间选出一位，并让其闭上眼睛在一旁等候，然后召集其他学生从提前准备好的“货架上”选东西（货架是提前准备好的，提前让学生把自己所有的东西都拿出来放在货架上，包括书包和口袋里的）。每次游戏，其他学生选择5~8样不同的东西，统一摆在桌子上，然后把闭着眼睛等候的学生带到桌子跟前，从他睁开眼睛开始数30秒，然后要求他马上背过身去，由其他学生举手向他提出问题，如桌子上一共有多少件东西？分别是什么？几件硬的，几件软的？等等。这个游戏的目的是集中考察学生的瞬间记忆能力。在被考察的学生观察记忆和回忆答题的过程中，其他人不要对其进行干扰和提示。物件可以由少到多，游戏可以由易到难。

四、注意力练习

（一）照镜子练习

这是一组学生相互配合、注意力集中的系列练习，在训练掌握“舞台交流”时，同样适用。

第一种练习是两人一组。两位学生面对面站立，想象两人中间有一面镜子，甲为“镜中人”，乙为“照镜子的人”。同学乙做一些生活中与照镜子有关的动作，如梳头、洗脸、刮脸、化妆、打扮等；同学甲在乙做动作的同时，认真进行同步模仿。练习要求学生之间相互默契配合，特别是乙做动作之间的转换，要清晰地传达给对方。为此，有些动作要适度夸张，以使甲能够密切配合，从而达到同步的目的。当甲乙双方的动作配合默契之后，练习即可结束。甲乙互换，继续再做。

第二种练习是四人一组。基本要求与第一种练习相同。两人为“镜中人”，另外两人为“照镜子的人”，不同的是，照镜子的两位学生可以商量一下，找出一个合理的动作，如理发、打扮等。动作要符合生活逻辑，学生要真实地行动；作为“镜中人”的两位学生，分别去模仿照镜子的人。

第三种练习是集体练习。这种练习是对第一种练习的放大组合。想象舞台的中线是一面大镜子，他们被分成两大组，一组是“照镜子的人”，另一组做“镜中人”。每一个参加的学生，各自找好一个固定对象。练习开始后，每个做“照镜子的人”的学生，可以在想象的大镜子前随意走动，并做与照镜子有关的动作，也可以为练习命题，如“出嫁之前”“会面”“应聘”等。同时，作为“镜中人”的学生，必须认真去模仿自己固定对手的动作表情，直到双方的动作达到协调统一、默契同步为止。

在练习过程中，做“镜中人”的学生，思考如何使自己的动作与“照镜子的人”的动作同步，自己是否只注意到了对方的动作而忽略了对方的表情、心态，思考动作与表情、心态之间的关系。

（二）注意与行动的练习

教师可以事先准备一些物品，如一个花瓶、一本新书、一支没有墨水的钢笔、一件掉了扣子的衬衣等，然后把其中的一件交给一位学生，让他去发现这件物品上有什么可以引起自己行动欲望的地方。例如，有的学生发现花瓶上有一块污渍，就可能去找一块抹布把它擦干净；有的学生会给新书包上一个书皮；有的学生会为钢笔灌上墨水；有的学生会给衬衣缝上纽扣；等等。如果学生能够集中注意力，并且有兴趣地使自己的行动进行下去，那么教师就不必打断他，一直到他自己不知道还要干什么为止。

学生做完练习后，教师可以询问他们的感受与发现，并引导学生们了解注意和行动之间的关系，就像斯坦尼斯拉夫斯基所说的，“注意力集中在对象上，就会引起一种要对这个对象做些什么的自然要求。而动作更会把注意集中在对象上。这样，注意和动作，互相交错，就造成你和对象之间的紧密联系”。[①]

此外，教师还可以通过音响效果做这种联系，如风声、雨声、海浪声、叫卖声、婴儿的哭声等。这同样要求学生在真正地听到这些声音后能够引起自己行动的欲望，并且积极地行动起来。

在舞台上，真听、真看、真感觉、真思考是演员必须具备的素质，但是由于在表演中所听、所看、所感觉的对象往往都是虚构的，因此，在从注意力集中训练开始入手的同时，一定要不失时机地进入想象、信念和真实感的训练。在教学中，教师有时也可以把想象、信念与真实感的练习结合在一起进行。例如，学生由认真地听教室内外的声音，发展到听想象的声音；接电话时对方并没有人，而是与想象的对象说话；感觉记忆的练习；等等。

（三）注意力集中练习

美国的一位学者曾提出，演员的表演会受到两种情境的影响：一种是剧本提供的规定情境，另一种是演员所处的表演环境，即戏剧演出时的灯光、音响、布景、观众，影视拍摄中的摄影机、话筒、布景、围观的人等。演员只有把注意力集中到剧本的规定情境中，才能真实地与对手进行交流，深深地体验剧本情境，才能自如、真挚地活在角色的世界里。

---

① 张华，杨南佳．影视表演艺术［M］．杭州：浙江大学出版社，2016：101.

注意力集中是演员必须具备的一种创作能力。人的注意力是可以被意识操控的，演员要想有意识地集中和保持注意力，排除杂念，克服外界的刺激（无关的声音和光线等）以及无关的思想、情绪的干扰，就需要引发自己对当前任务的兴趣，缩小注意力圈，专注到当前任务上。这样才能去除不必要的紧张，以积极、良好的状态投入到创作中。

演员要把注意力集中在自己创造的空间里，使注意力和动机有机地结合，构成与对手相互之间的紧密联系，培养舞台的真实感和信念感，训练学生与对手进行交流。

公园里，鸟语花香，空气清新。A坐在椅子上专心看书，不远处有几个人在练太极拳。一阵悦耳的鸟叫声吸引了A的注意，他抬头循着鸟叫声望去……鸟飞走了，他又低头看书。脚边有个东西吸引了他的视线，他弯腰拾起，一看是一枚硬币，硬币上沾满了泥土，凭直觉，他感到这不是一枚普通的硬币，他伸手想掏纸巾，但口袋里和书包里都没有，他只好用自己的衣角仔细地擦着……边擦边看，越擦越高兴，越看越兴奋。他开始自言自语……练太极拳的人，开始不在意，随着A越来越大的说话声，他们开始注意到了A。有的人猜测A是不是精神不正常，有的人不信，于是他们开始慢慢地围起来议论着，然后在A身边坐下看A，问他在看啥……A不为所动，仍专注地看着这枚硬币上的纹路，这使练太极拳的人更加好奇了，他们想知道为什么他看这枚硬币看了这么长时间。A头也不抬地挥手让众人走开以免挡住光线。众人认为他一定是头脑有毛病，开始评头论足起来，“瞧瞧啊！他两眼发直。”“看，他脖子是梗的。”“他讲话没一句是连贯的，他还傻笑哪……”

A充耳不闻，仍专注地观察这枚硬币。他翻开书，准确地找到那页，把硬币放在书上比对，他欣喜地对围观的众人说：“哈哈！这是乾隆年间的铜币。你们这群外行！”

一个人专心致志地做一件事，周围的人却误以为他精神不正常，这个人为了求证一枚硬币而不为所动，认为众人是外行。众人可以制造各种干扰但不可以接触肢体，对象要具体，反应要真实。[①]

以下是一组表演和看表演的双重注意力集中的练习，两人一组进行，其余学生扮演观众。观众对整个表演过程都要仔细观察，特别是他们的动作、表情的细节。

你在花店准备选一束花送朋友，望着满屋的鲜花开始沉思，然后一朵朵地精心挑选。

服务生(过来热情地向你推荐)："这是新到的百合花，这是郁金香，啊，郁金香有很多颜色哪，还有……"

你不愿挑选时被打扰，制止了服务生的继续推荐，自己专心地挑选，沉浸在对这束花的搭配上。挑选完毕，你交给服务生包好后，在礼品卡上写了祝词，放到花束上。

两人交换角色再表演一次。因人物不同，挑选这束花的目的也各异，结尾都要在礼品卡上写祝词，放到花束上。

真实的具体视像，细致丰富的想象和感受，培养了演员的注意力和观察力、感受的能力、仔细观察生活的能力。当你注意力集中时，动作也会随之自然产生，而那第三只眼睛——观众正注视着你，你要让观众也参与到创作中。

练习做完后，表演的学生分别向大家介绍自己挑选的是什么花，为什么选它，是准备送给谁的，在礼品卡上写了什么祝词。观众可以根据自己的观察发表意见，如表演的学生在选花的过程中有哪些细节，猜想他写的祝词。

还有一种注意力集中练习是听音辨意练习。教师将学生分成五组，每组两个人。在舞台的一端摆一张桌子，中间设置一些障碍物，每组的一个学生蒙上眼睛，原地转三圈后从舞台的另一端出发，到桌子上拿一样东西，再回到起点。同组的另一个学生只能发出一个元音来提醒同伴，如第一组的学生只能发出"ɑ"音、第二组为"o"、第三组为"e"、第四组为"i"、第五组为"u"。同组的人不能商量，最快回到起点的一组获得胜利。练习要求蒙住眼睛的人必须把注意力集中到听觉上，排除其他组声音的干扰，并从一个单一的元音中辨别

① 张华，杨南佳. 影视表演艺术[M]. 杭州：浙江大学出版社，2016：114.

出同伴的意思。发声的人也要开动脑筋，思考如何通过一个音来表达不同的意思，如持续不断地大声发“a”为大步向前走、短“a”为一小步、去声的“a”为停止等。

第四节　感知与想象力训练

感知能力是指人对事物的感性知觉能力，属于人的感性部分，表演艺术如果不表现感性、唤醒感性或本身就呈现为感性，那就不能称为高妙的表演。真正的感性是新鲜的、自然的、发自内心的，是人的思想观念和情绪整体在面对一切时热情而灵敏的精神状态。演员的感知力还在于他对角色敏锐的感受，即演员对角色的感性对待，尤其是对待情感，也就是说他能迅速地对角色做出情感或情绪的反应。感受力的强大与演员灵敏而活跃的天性有关。

感觉是演员创作的起点，是认识事物的最初阶段，只有准确地感觉事物，才能产生正确的舞台态度。只有真实地感觉事物，才能产生真实的思想和情感、语言和行动。

在表演创作中，被感知的事物实际上都是虚假或假设的，要获得真实的感觉，就要锻炼演员的感觉器官，发展演员的视、听感受和观察周围事物的能力。对演员来说，重要的不仅是从各种生活现象中感知和观察生活，而且要善于把切身的感受和所做的观察储存在自己的记忆里。

想象力在美学上是指在审美、创作美的过程中通过联想、想象、幻想将各种相关形象、记忆表象加以组合以认识对象和创造新形象的能力，是人所特有的具有能动性、创造性的心理功能。

想象力分为再现与创造两种。再现性想象力是将语言、文字塑造的间接形象再造成感性的直接形象的能力；创造性想象力是将各种形象、表象、意象加以组合，创造出超现实、超时空的新形象的能力。它们都以审美经验、知识积累、文化艺术素养为基础，以形象记忆的丰富性和对众多形象信息的粘连、组合能力为直接根源，并受审美、创造美的目的性和特定情绪状态的制约。

审美想象力比科学想象力不仅具有更大的自由度、创造性、幻想性，更具形象性、情绪性和个性特征，离直接的实用功利性更远，集中体现了形象思维的特征。想象力是审美直觉迅速升华为理解，激起情绪活动、意志活动和审美意象、艺术形象创造的直接动力。

想象力是演员进行形象思维的重要前提。在整个艺术创作中，想象是引导演员的先锋。演员依据剧本提供的虚构事实和人物，用自己对生活中熟悉、理解、感受、积累的素材进入艺术构思，丰富和深化人物形象和规定情境，并在内心造成相应的情绪，激起相应的体验、欲求、意向及动作。

想象力是通向角色的主航道，是打开艺术世界的金钥匙，是艺术航船之帆。斯坦尼斯拉夫斯基指出："我们舞台上的每一个动作、每一句话，都应该是正确的想象生动的结果。""想象力是演员最重要的创作能力之一，演员在艺术工作和舞台生活中的每一瞬间都离不开丰富而特殊的艺术想象，无论是研究角色，还是再现角色。"[①]想象来源于丰富的生活，来源于演员的心理体验和情绪记忆，来源于演员大胆的幻想和联想。当然一切想象必须符合生活的真实与逻辑，符合艺术的规律。

演员必须将培养想象力当作自己重要的任务。想象贯穿创作的始末，贯穿演员的整个创作生涯。为了进入想象的艺术现实，演员必须有激发和诱发想象的刺激手法和心理手法。演员在运用想象进行艺术创作时有三戒：其一，强迫自己的想象，而不是引导；其二，既不用舵也不用帆地去幻想，任其自流，为幻想而幻想；其三，缺乏积极性和动作性的想象，消极的想象难以进入创作状态。演员的想象首先应该推动和激发内部动作，其次才能推动和激发外部动作以激发情感与激情。

如何才能把假定的、虚构的生活变得真实，这是一个比较复杂的创作问题，想入其门必得其法。演员的想象是本阶段学习的重点，因为"想象"是演员创造的基础和原动力，是一切创作的开端。演员的全部创作都源于想象，并伴随演员创作的始终。

演员是通过想象进入创作的：通过想象信以为真，"以假当真"；通过想象创造环境；通过想象创造人物；通过想象假戏真做。想象在演员的表演创作中

① 玛·阿·弗烈齐阿诺娃．斯坦尼斯拉夫斯基体系精华[M]．李珍，译．北京：中国电影出版社，1990：388-392.

起着举足轻重的作用。没有想象，就没有演员创作；没有想象，就没有表演艺术。演员的想象，是艺术的想象，是一种形象的思维能力。对思维能力的培养和训练，要注意平时对各种事物形象的积累，要善于经常保持大脑思维的活跃。沉闷、僵化、凝滞的气氛很难创造出真正的艺术想象。

演员依据自己直接或间接的生活经验进行艺术构思的形象思维能力，在演员创作中起着重要的作用。其一，演员根据剧本刻画的角色文字形象，构想出角色具体的音容笑貌、神情体态，包括外貌造型、声音造型、性格化的典型动作以及角色经历的种种生活细节等。其二，演员依靠激发想象，获得对剧本中假定情境的真实信念和情绪感受，从而产生相应的行为动作。例如，演员扮演被困在冰山上的地质队员时，就要唤起角色饥寒交迫、濒临死亡的切身体验和表情动作。其三，影视表演往往会遇到无对手交流的情况，这时演员就要凭借想象中的内心视像感受到交流对象。例如，演员在拍摄看到战友被敌人捉去用火活活烧死的镜头时，面前并没有敌人施暴的场面，这就需要演员通过想象看到敌人施暴的情境，达到表演的真实。

想象力是否丰富，是否能在适当的引导下展开，是和演员的生活素养、艺术修养有直接关系的。想象力的训练是为了正确认识想象力的特点（行动性）与表演的关系。积极活跃的想象能带来丰富生动的表演。任何想象都是在已有感知材料的基础上产生的。演员想象力的增强与丰富的阅历、开阔的视野和细致的观察积累有着直接的关联。

一、感知力的训练

良好的感知能力可以帮助演员在假定面前激发情绪记忆，真实地进行交流与行动，展开想象，从而获得角色的体验。学生要养成这样一种能力，即在表演中真实、细致、敏锐地接受对手此时、此地所给予的刺激，真挚、准确、鲜明地向对手传达自己的思想情感。这需要学生具备顺畅的感知力、敏锐的感受力、丰富的想象力、自我经验系统的参与、勇气等。进行感知与想象力训练，其目的在于调动、唤醒学生的身体。

（一）对视练习

武谚有“眼无神，拳无魂”，以及“拳似流星，眼似电”的说法，武术演练要求眼明快、锐利，以眼神表达动作的攻防意味，展示个人内在的精神气质。动作的攻防含义与对抗意识、练习者的气质禀赋正是武术拳技的内涵所在，恰如人之魂灵。在武术演练过程中眼法不是孤立的，而是与动作密不可分的。它大体可分为两种：一种是“随视”，要求“眼随手动”；另一种是“注视”，要求“目随势注”。练习者要做到运动时手法如流星般快捷和眼随手动、手到眼到，就必须有“闪电”般明快锐利的眼法变化。眼法变化不但与动作密不可分，而且与颈部的活动关系密切。随着动作的变化，眼法的左顾右盼、上瞻下视，颈部的灵活性及甩头变脸的快速应变能力尤为重要。注视则表现在动作意向上。武术的动作一般都具有较强的攻防意识，或攻或守、或进或退的意向不但表现在动作上，而且体现在眼神的变化中，即使是静止时的拳势，也都含有伺机待动的意向，给人一种虽静犹动之感，正所谓“势断劲不断，劲断意相连”。眼法是表现动作意向和传神的关键，必须做到眼随手动、目随势注、明锐似电。对视练习是武术眼法练习的一种很好的练习方法。

学生 10 人左右为一组，分成相对的两排自然站立，间距 3 米左右为宜。在练习的整个过程中，相对的两位同学眼睛不能离开对方，要时刻关注对方，四目相视；双方都要努力从对方的眼睛里、从瞬间的眼神中感觉到点什么；要用心去等待，用心去感受，用心去发现；一旦捕捉到时，要接收它并马上把自己内心真实的感觉传达给对方。眼睛是心灵的窗户，人们通过眼睛进行细微、有机地传递。当学生从心里产生欲望时他就会随之动起来，如慢慢向对方走近，不由自主地对视旋转，转身回眸离去，躲避着后退等，让学生自动地做下去。当学生感觉缺少有机、真实的交流时，双方练习就可以停下来，或被教师打断，也可重新开始。

在练习的过程中眼睛要保持松弛，不要紧张地瞪眼或挤眉弄眼地乱使眼色。教师对没有感觉的做作表演要及时指出和纠正。练习统一开始，可不必统一结束，教师根据情况来掌握。

（二）大与小的练习

大与小的练习是一个集体参加的练习，是将自己的感觉和想象联系在一起。所谓“大”是指学生通过自己的想象，感觉自己是一个巨大的物体或动物。

学生自然站立，闭目，听自己的呼吸，在教师的提示下展开想象，用自己的意念指挥肢体的变化。现在想象自己正在变小，只有 1.5 米……只有 0.5 米……只有小猫咪一样大……小老鼠……小蚂蚁……从心里开始变小，全部尽量收缩，缩成一团。请保持。现在想象自己在慢慢地长大，像猫咪……像头牛……像老虎……像大象……一棵大树……一头河马……人猿。从心里开始逐渐扩张，尽量展开。[①] 想象自己在不同的空间里，在宇宙……在太阳系……在地球……在海洋……在沙漠……在原始森林……在动物世界……在学校……在家。这种练习可以体现武术、人与自然的融合、天人合一的哲理等。

（三）行走中的感觉练习

武谚云："步不稳则拳乱，步不快则拳慢。"这既说明了步法在武术活动过程中的重要性，也说明了脚步动作和出拳动作是相互关联的。如果步不稳，上体动作没有稳固的支撑，那么动作就会发飘，发力不实，手法散乱。如果脚步移动迟缓，则会限制上肢的快速移动，使拳法动作欲速不达。在武术表演中，步法是非常重要的，但是这在武术表演中是远远不够的，还需要许多舞台步才能满足武术表演的需要。所以行走中的感觉练习在武术表演基础练习中是非常必要的，教师可带学生进行下面一系列练习。

学生围成圈，按同一方向自然行走，然后根据教师的提示，想象在不同情况下行走在不同路面上时心理和形体的内外部感觉与变化。

1. 练习一

学生想象自己走在教室的地毯上；走在被烈日晒化的沥青路面上；走在崭新的实木地板上；穿着崭新的皮鞋走在铺着大理石的华丽大厅里；走在又滑又泥泞的田间小道上，两旁都是灌满水的稻田，这时，天又下起了小雨，雨越来越大，天也越来越黑……

2. 练习二

学生想象自己最挂念的、最离不开的奶奶已经病危了，正赶去看她，"奶奶，我来了，您一定要等着我……"

行走在雪地里，一开始雪只有两寸厚的样子（在鞋帮以下），后来雪没过

① 张华，杨南佳．影视表演艺术［M］．杭州：浙江大学出版社，2016：137-138.

了脚腕，再后来雪没过了小腿肚子，没过膝盖了；真冷啊，鼻子、耳朵都要冻掉了。这时，远处火车站的小房子越来越清晰了。一个半月的外景终于拍完了，你正要赶回家过春节，手里的旅行箱越来越沉，还得快点走，千万别误了火车……

走在沙漠里，烈日炎炎，口干舌燥，汗在流淌着。突然起风了，天空一片阴暗，狂风大作，卷着沙石拍打着你，你拼命地向前一步步地迈着……

风渐渐小了，可沙丘越来越高，你艰难地上着陡坡，终于爬上了沙丘。你看见下面是一片灌木林，啊！这就是沙漠的边缘，我就要走出沙漠了！突然，你觉得两腿发软，头晕目眩，控制不住地倒下了……

你仿佛听见了鸟叫声，看见天空中一只矫健的鹰正向灌木林飞去……

你努力地爬了起来，一步一步艰难地向沙漠的边缘走去……

3. 练习三

从上场到下场，寻找行动的理由：做什么——让我们进入艺术创作，寻找推动行动的欲求；为什么做——寻找生动、具体、有个性的行动；怎么做——匆匆而行，悠闲自得，东张西望，满面春风，愁容满面。

注意表演艺术在反映现实生活时，它的主要表现手段是行动。

练习人数为 1~7 人。教师要求学生不要演戏，不要做样子给别人看，应该把注意力集中在调动、运用自己的感觉记忆上，在教师规定情境的启发和诱导下，相信假定，展开具体的想象，用整个身心去捕捉与创造细致、真实的感觉。个人怎么感觉就怎么做，教师千万不要整齐划一或给予什么规范，要按照学生自己的想法赋予行走不同的内心感受和外部节奏。在行进过程中，教师可根据情况喊“停”，学生要立即停止行动，保持当时静止的造型。教师命令“走”时，学生根据自己的想象既可以继续完成未完成的动作，也可改变行进方向和节奏。

在练习过程中，教师的提示要具体、丰富，最好能够把学生所有的感觉，如视觉、听觉、嗅觉、味觉和触觉都调动和运用起来。教师的讲述要朴实无华、生动有趣，切记不要喧宾夺主，也不要像指挥员和讲解员。教师的提示在学生展开想象、捕捉感觉的过程中起着及时添砖铺路、树立灯标的作用。教师的语速要慢些，要给学生进行动作、产生想象、体会感觉的时间和空间。

4. 练习四

无意识的习惯动作是演员表演的杀手，因此要练习彻底改变肢体习惯。各种非正常步伐练习与习惯动作不同，学生要避免形成无意识的机械动作习惯，如缓慢、迅速、跳跃、八字步、芭蕾步、老人步、醉酒步、欢快步、模特步、懒散步、愤怒、紧张等各种不同步态。学生要练习扮演各种人物的姿态，说出给你印象最深刻的、熟悉的人的走路姿态。

学生在练习时要全方位地变换方向行走，前进、后退、侧向等。学生至少要有 5 分钟时间了解自己的习惯动作，思考怎样改变习惯动作。

在练习时教师发现学生出现习惯动作时要马上提出改正。学生的注意力要高度集中。这个练习能激发观察力和整体适应力，发掘自身的各种生活记忆。

（四）呼喊练习

1. 练习一

学生分为人数相等的甲乙两队，每队 6~8 人，不宜过多。两队之间有 3 米以上的距离为最佳，乙队背向甲队站立，甲队为呼叫方，教师为裁判。

练习要在教师指挥下开始进行，由甲队的一位同学任意选择呼叫乙队的一位同学，但不能叫名字，只能叫“你——”。被叫的同学如果从感觉上判断是叫自己就可以马上举手示意。判断错误达三次的同学，在练习结束时要受罚。甲队同学每次“你——”的呼叫最多为三声，依次轮换进行下去。

甲队同学都呼叫完后，两队互换。然后，其他同学依样完成。

2. 练习二

学生 3~4 人站成一排进行呼喊练习，如“大山我在这！”“救命啊！”“你好！”“着火啦！快来人哪！”……

3. 练习三

学生 3~4 人站成一排进行呼喊练习，如被击打时痛苦的叫声、呻吟声；大声地呵斥“大胆！”“住手！”“我来也！”以及武术南拳的发声。

练习要进行得紧凑、有节律，流畅且活跃。教师注意要调动、训练学生听觉的注意力及感知能力，做到真实、自然。

（五）看球赛练习

这是1~2人进行的练习。学生要在练习前就确定观看什么球赛，然后根据球赛的种类确定视线的范围、距离等。学生要能清楚地表现出这是一场什么比赛。如果有条件，学生也可以利用比赛的实况录音做引导，由学生自己创造出“看到”的一切，如看到精彩的场面，要真实地发出欢呼声；看到可惜的场面，要真实地发出感叹声……

（六）青蛙跳池塘练习

两位学生为一组进行练习，大家假设自己是一只青蛙，一位学生向前跳了一下，另一位学生在对方双脚落地时，就好像池塘里的水被跳下来的青蛙震动了，受到这种震动的影响，自己也就会跳开一步。两位学生都可以做先跳入池塘而影响了对方的青蛙。如果两位学生同时跳起，那么当他们落地时就要同时跳开一步以避开对方。

两位学生为一组做了一段时间练习后，教师也可以让多人来做这一练习。大家都想象自己是池塘中的青蛙，只要有一个人跳动，其他人就都会受到影响而跳动起来。假如跳动后，发现别人也跳动了，那么还必须立即感受到别人的跳动对自己的影响，接着跳起来回避。

每位学生都要注意所有的人，既要主动地跳动去影响别人，也要注意由于别人的跳动及时地做出应有的反应。

（七）身体与外界环境感觉练习

学生站成一个圆圈行走，但距离要适当拉开一些，既可以按顺时针（或逆时针）方向行走，也可以按顺序从教室的一端走向另一端。在学生自然行走的过程中，教师可以给予各种提示。

1. 练习一

这个练习主要是让学生的皮肤对水温有所感觉并做出反应，如用冷水洗脸、用温水洗脸、用烫水洗脸……相信大家对“洗脸”都有直接体验，关键是让学生如何唤起自己的“感觉记忆”。教师还可以将这个练习变化成洗脚、洗澡……最好能结合气候环境来做。

这个练习学生可以一起做，也可以个别做。在开始做时，教师可以提示

“水”的温度是适宜的，洗脸时，要有所感觉，然后可以提示学生“水”很烫或者很冷，让学生应想象接触到“烫”水或“冷”水时的感觉是什么样的，并且合乎逻辑地表现出来。在做这一练习时，教师应要求学生尽可能地运用自己的感觉记忆，并在“洗脸”的过程中细致地创造出真实的感觉。

2. 练习二

学生在行走时，既可以想象自己是在某种环境下（主要考虑气候情况），如大风天、雨天、风雨交加、烈日暴晒、寒风刺骨等，也可以考虑环境变化带来的感觉，如晴天、转阴、刮风、下雨、电闪雷鸣等。

3. 练习三

两个人一组，全班同学在教室里走圈，然后互相交换，教师给出口令。例如，突然很冷，非常冷（互相交换感觉），或者笑，然后狂笑，等等。

（八）负重行走练习

1. 练习一

让学生围成一个圆圈行走，并拉开一定的距离，按顺时针（或逆时针）方向。教师给予提示，如：想象自己提着一个装满水的水桶行走，扛着一包很重的货物行走，背着沉重的行李行走，挑着两个水桶行走，推着一辆装满砖石的架子车行走，拉着一条逆流而上的船行走，等。

教师要求学生利用自己的感觉记忆，想象提着、扛着、背着、挑着、推着、接着、拉着的东西的重量，注意身体哪部分在承受物体的压力，在行走中转换动作时身体力量的变化。

2. 练习二

双人交流练习。两位同学合力拉一辆无实物的架子车，拉边的、驾辕的、后面推的均可。想象这一辆装满石头的车很重，拉着它上山然后下山，既要拉得像有一辆重车，又要有上山和下山的沉重感觉，两人配合要默契。

3. 练习三

三人交流练习。一个人驾辕，两人后面推，还是辆无实物的重车。三个人拉着重车走在不同的路面上，如柏油路面、沙滩、湿泥的小路。

学生要注意车子的重量感，三人推拉出车子的形状、脚底下路的感觉，以及因路面造成的行进困难，三人配合要默契。在做这一练习时，如果有人一时感觉不到位，教师可以利用实物让他感觉一下再做。与此相类似的练习还有练习负伤行走、痛病行走时的感觉以及如何在行走中减轻因为走动而引起的痛苦等。同时，教师还要提醒学生不要“演”给别人看，要把注意力尽可能地集中在如何能在走动中减轻痛苦上。

4. 练习四

学生用身体做一件和嘴上说的不同的事情。例如，一边打扫或者一边擦椅子，一边说今天出门前是如何收拾的，怎么选衣服，怎么洗澡等事情。

做这个练习时要注意，让身体工作的时候，头脑不会忘记自己在讲什么，最好是有很多椅子凌乱地摆放，第一位学生将它们摆回原来的位置，第二位学生把摆好的椅子又重新凌乱地摆放，以此类推。

5. 练习五

所有学生无规律地行走在教室里，用眼睛注意看，遇见同学快速说出名字，被叫到名字的同学继续快速地喊出身边同学的名字。以此类推，随着教师口令改变，学生变换不同的走路状态，如头重脚轻地走、瘸腿地走、轻飘飘地走、醉酒地走、兴高采烈地走等。之后学生再回复到叫名字的阶段。

（九）音响感受练习

教师事先准备好录有各种音响的音频，如风声、雨声、枪炮声、锣鼓声、鞭炮声、鸡叫、犬吠、鸟鸣等。在课堂上，教师可以先放录音，让学生认真地听，真正地感受这一音响在心中引起的反应和出现的联想。然后在重放一遍时，让学生根据这种音响行动起来。例如：听见婴儿的哭声，学生可以想象是孩子饿了，赶快去给他热牛奶；也可以想象是在街头发现了一个弃婴，并且发现在婴儿的襁褓中有他母亲的留言等。

教师在学生做这些练习前，要鼓励他们去捕捉音响给予的提示，并且相信自己生活在与这种音响有关的情境之中，努力通过行动赋予虚假的声音以真实的生命。学生做完某个音响练习之后，教师还可以用另一种音响来做同样的练习，也可以让不同的学生做不同的音响练习。对那些发挥了想象力，相信音响给予的提示，并能真实地行动起来的学生，教师应及时地给予肯定。如果有的学生的某些瞬间出现虚假和造作，教师应针对具体情况，帮助他们分析原因，并鼓励其再去做练习，或者用其他方法引导。

（十）音响效果感受练习

教师选用的音响效果不要太具象，而应是能够引起学生内心感觉与心理节奏变化的声音，如汽锤的击打声、蝉鸣声、蛙叫声、鸽哨声、钟摆声、布谷鸟远啼声、心脏跳动的扩大声、梆子声、雷雨声、敲钟声、击鼓声、风声、海浪声、风铃声等。

学生席地而坐，在听的过程中，可随着感受的引发与深入，依据创造性想象的产生随时行动起来，但不要去演情节、编故事，更不要表演情绪、挤感情。教师可提醒学生要选择生活中平凡而具体的事情去做，真真切切地听，实实在在地做，对效果的感觉要融贯在行为里以及微妙的心理变化中，敏锐地感受极具感染力的声音所给予的激发并展开想象，充实心理活动，调动情感，最后付诸行动。

（十一）音乐感受练习

学生集体参加。教师可选择一些乐曲的录音，让学生认真听，并要求他们真正地去感受，努力把这些感受记忆下来。例如，在听音乐时出现的内心视像、引起的对往事的回忆、情绪的变化以及乐曲中出现的一些旋律等。然后，教师要求学生想象自己是在音乐厅里听同样的乐曲，但不再放录音。尽管没有了真正的乐曲，但是学生仍然要尽可能地在心中播放乐曲的旋律，并且能够引起心中相应的真实的感觉，教师也可以让同学们选择自己喜爱的乐曲来欣赏。

（十二）声音探测练习

教师可选择环境感强的音响，增强逼真的环境氛围，训练学生对声音的适应能力。音乐对人的情感具有较强的影响力，可以训练人的乐感和节奏感。

（十三）情境变化练习

以 4~6 人练习为宜。教师担当情境变化的指挥者，不断提出一些情境，要求学生根据这些情境展开想象，并积极行动起来。例如，“一个寒冷的冬天在冰河上捕鱼……”学生可以任意选择动作组织行动。在学生真正展开想象，行动起来之后，教师可提出：“突然，传来冰河裂开的响声，响声越来越大，越来越吓人……有人掉下去了……响声停止了，赶快救人啊！大家想尽了一切办法，都无济于事……天黑了，远处传来了狼叫声……”

教师只是点到为止，尽量等待学生自己通过想象找到有特色的行动来对情境做出回答。教师如发现在练习中有个别人一时找不到行动的点也不要紧，要相信其在集体的带动下，会慢慢进入情境的。该练习的主要目的是训练学生对自然界的感受。环境的设置要从简到繁，要符合大自然的规律。

（十四）味觉与嗅觉练习

1. 练习一

让学生用回忆的感觉随意选择一种较简单的食物（糖果、水果、蔬菜等）。学生通过闻、咀嚼及辅助动作仔细地感觉它的滋味，证实它的属性。例如，细细地嚼，感觉嘴里的东西是什么质地，注意品尝它的味道，把它咽下去，继续回味它的余味，同时也要重视因触觉（手触、嘴触、舌触、牙触等）而引起的联想，以证实食物的形状、味道、质量。

2. 练习二

请学生嗅刺激性的气味，可随意选择物品进行刺激嗅觉的气味练习，如汽油、煤油、酒精、浓烟、食醋、酱油、辣椒、香水等。

学生应该注意利用由特殊气味对生理机能的刺激所产生的生理条件反射，用动作证实该气味是何种物质，要求尽力做得准确。

3. 练习三

气味练习组合“逛公园”。假设表演区就是公园，请学生通过对气味的准确感受，来证实遇到的是何种动物，同时也可以用其他辅助动作来配合这一练习，如与笼中的动物戏耍等。

4. 练习四

嗅觉、味觉综合练习“郊外美食”。假设朋友们一起去郊游，准备露营野餐，每个人都从家里带来了好吃的东西。该开饭了，大家聚在一起，铺好塑料布，每个人都拿出自己“独特”的食物，请大家共同品尝。在品尝的过程中，大家可以进行议论，可以报出食物名称，也可以向朋友们介绍所带食物的做法。学生要共同创造出一个真实、可信、气氛活跃的野餐会。

5. 练习五

“吃错了”练习。首先让学生想象自己要吃（或喝）某种食物（或饮料），但在吃（或喝）的过程中感觉自己吃（或喝）错了，例如把酒精当作白酒，把外用药水当作止咳糖浆等。学生做好这个练习的关键，不仅仅是调出自己的感觉记忆，还在于能利用想象，创造使“错误”发生得合情合理的（故事）情境，努力寻找由味觉变化引起的感觉，从而使所发生的一切都真实、可信。

6. 练习六

视觉、触觉、嗅觉综合练习“赠送鲜花”。大家围坐一圈，按顺时针方向，依次传递“鲜花”，“送花人”在将花送出去的时候，要说出花的名称，如“我送你一束黄玫瑰”，接受鲜花的人要通过视觉、触觉、嗅觉等感觉，并做出相应的表情动作，以证实这是一束黄玫瑰。要求每人送出的“花”都不相同（可以在花的颜色、支数、品种上区分）。

7. 练习七

学生在教室里自由走动，注意听教师口令。例如，教师喊地板，全体同学都要去摸地板，然后再随意走；教师喊红色衣服，所有同学都要去摸红色衣服。以此类推。

8. 练习八

寻找“什么味”练习。刚开始大家都忙着干自己的事，突然有人闻到一种怪味。例如，有人说：“这是什么味儿？……好像是谁的东西烧焦了……”其他人必须根据听到的话去感觉，并采取相应的行动，但一定要有真实的感觉和合情合理的行动。在反复做这个练习时，学生可选择生活中能闻到的各种气味，如炒辣子味、煤气味、腐臭味、酸臭味、浓酸味、焦煳味、腥膻味、血腥味等。这个练习还可以发展成“寻找什么声”，用于下面的“听觉”练习中。

（十五）“听觉”练习

1. 感觉自然界声响练习

学生们盘坐于地上，静听周围环境中的声响，然后同他们过去听过的鸟鸣、交通噪声、吱吱嘎嘎的椅子声等做比较，思考有什么新感觉。学生从杂音中分辨什么声音是从什么地方传来，要求指定准确无误。

2. 听录音分辨练习

教师准备好两盘或若干盘语言磁带，用两台录音机同时播放后，请学生在两种内容中任选一种去听，并把自己所听到的主要内容复述出来，要求准确。

教师选两段大家较熟悉的音乐磁带，同时放音，请学生在混乱的音乐声中选择一种，并准确地跟随音乐哼唱，以不跑调、串调为最佳。

以上两个练习，教师也可以采用一强一弱的放音办法，然后指定学生去听音响比较弱的那部分内容。[①]

二、想象力的训练

演员的想象力和演员的生活素养、文艺修养有着密切的联系。想象力的训练为发展演员的想象力指出一条道路，可以引导学生明确演员的想象力的特点及其与表演的关系。

（一）“环球飞行”练习

参加练习的学生仰卧在地毯上，两脚并拢，两臂伸开与肩平，闭上双目。练习开始前，教师先要求学生躺得非常舒服，并尽可能地松弛下来。然后让学生想象自己的身体在变大，胳膊和腿都变长了，自己仿佛成了一架飞机，渐渐地腾空而起，慢慢地越飞越高。这时教师可以进行如下提示：飞机在校园的上空盘旋，学生可以俯瞰校园的景色，看到了校园中的楼群、操场和花园等，然后飞机飞到了天安门的上空，看到了天安门的城楼、金水桥和广场上的人群、纪念碑、人民大会堂。飞机还可以飞越长江，到上海、东京、夏威夷、洛杉矶、纽约，然后飞越大西洋，到伦敦、巴黎、罗马、莫斯科，又转向伊斯坦布尔、新德里、香港、广州、武汉，再飞过长江，最后又回到北京，降落在教室里。

在做练习时，教师主要提示飞行的地点，让学生自己去展开想象。但是，教师有时可以适当地帮助学生迅速抓住某个地区的特征，以便使学生的想象力能够迅速地活跃起来，如当“飞机”飞到莫斯科时，教师可以用红场、列宁墓、克里姆林宫等地点来引导想象。此外，在做练习时，教师不要急于从一个城市到另一个城市，要让学生有一个展开想象的时间。

做完练习后，请学生说一说在自己的内心视觉里都看到了什么，听到了什么，什么时候清晰，什么时候模糊，什么时候头脑里出现了空白，并让学生自

① 张华，杨南佳.影视表演艺术[M].杭州：浙江大学出版社，2016：142-153.

己找出其中的原因。

（二）体内探险练习

学生闭上眼，自然地仰卧在地毯上。首先尽可能使自己处于松弛状态，然后想象自己越变越小，小得像一粒灰尘、一个微生物，并且落在了自己的嘴唇上，这样你就往上爬，突然看到有两个大洞（鼻子）在自己眼前，于是你就从一个洞口钻了进去。在洞中，你看见洞壁上满是些又黑又粗的、呼扇地活动着阻挡你前进的、毛质的像芦苇似的杂草。你想尽办法拨开这些杂草向里面走去，这时你觉得越走越黑，一不小心，你跌进一个洞里，并且向下滑去，你以为你自己可能会摔死，但是你却落在了一个非常柔软的毯子（舌头）上。这时，你高兴地在毯子上打滚、跳舞。然后，你在毯子的尽头，看到上下两排巨大的白色的岩石（牙齿）挡住你的去路，你又转回身来，走向……

教师可以用同样的方式，引导学生想象在自己的体内进行了一次探险活动，可以先进入食道、胃部、肝脏，然后进入血管、心脏等，最后可能从口腔里爬出来，或者从眼泪里流出来，恢复到原来的样子。

在做练习时，教师也可以要求学生单做某一部分的探险，如果探险活动仅限于头部，那么教师在提示时就应更加具体一些。此后再做这一练习时，学生可以用身体的不同部位来展开想象。在练习结束后，教师还可以让学生自己去把刚才的探险想象得更加细致、具体。

（三）讲故事练习

1. 练习 1

学生们围坐成一个圆圈，要求每个学生在讲故事时，只许讲一个词，如“今天”“下午”“我”“到”“北海公园”“去”“玩”等。这样一个词一个词地连接起来，最后构成一个完整的故事。

在练习时，首先要认真注意前面学生所说的词是什么，在轮到自己讲的时候，要尽可能地接上去，而不是思考半天才说，最好是当时出现了什么想象就说什么。练习做完之后，教师可以询问学生在说到每一个词的时候引发出了什么样的想象，如：“今天”，是晴天还是阴天；“下午”，天气热不热等。

2. 练习 2

学生们围坐成一个圆圈，要求第一个讲故事的学生可以完全按照自己的想象来开始这个故事，其他学生一定要非常认真地听，并尽可能地在他的讲述中展开自己的想象。当第一个学生讲到一定时间，教师拍一下掌，第一个学生就停下来，在他身边的第二个学生就接下去继续讲。第二个学生一定要在第一个学生所讲的故事的基础上去发展，不能不管原来所讲的故事。但在继续讲述的过程中，必然要按照自己的想象而有所发展，有所变化。当第二个学生又讲了一个段落时，教师可以拍掌让他停下来，再由第三个学生接着讲下去。如果大家都讲得不错，就可以这样一直讲下去，最后就可能形成一个完整的故事。假如在讲的过程中出现了这样或那样的偏差，或者有的学生讲不下去了，教师就可以让练习停下来，进行分析与引导后再接着往下讲。

在做这一练习时，教师应要求学生一定要讲得非常具体，并且尽可能使所讲述的故事具有行动性。例如，一个同学讲到一个冬天的夜晚，天上下起了雪，一个穿着旧大衣的年轻的女人，抱着一个不满周岁的孩子，在纷纷扬扬飘落着大雪的胡同里蹒跚地走着。当她走到一盏路灯下时，她停了下来，把大衣裹了裹，紧紧地包住怀中的孩子。这时，教师就可以要求同学非常具体、细致地去描绘那个寒夜是什么样子，雪花怎样在飞舞，那个女人是怎样的打扮，她走路时的精神状态是什么样子，她又是怎样抱着孩子，以及如何去裹紧自己的大衣等。总之，教师应要求学生在讲述故事的重要人物与重要环节时，一定要非常具体、细致。

（四）情境变化练习

这个练习可以集体参加，但人数不宜过多。练习前，教师先向学生说明：在做练习时教师将会不断地提出一些情境，要求学生根据教师提出的情境展开想象，并且行动起来。练习开始后，教师可以提出各种各样的情境，如：一个明媚的春天，郊外的一条小河边。这时，学生就可以根据教师提出的情境任意选择自己的行动。在同学们真正地展开想象行动起来之后，教师就可以让情境发展变化，如：突然从远方传来了飞机的声音。同学们则应该在原来的情境中行动的基础上产生出新的反应。教师这时还可以提出：飞过来的是敌人的飞机，它开始向人群扫射，并扔下了炸弹，有一个同学中了弹等。

在做这一练习时，教师只需把情境说明白即可，尽可能地等待学生自己通过想象用行动来对情境做出回答。如果个别学生一时找不到行动，教师也不必着急，尽量让学生去找到自己有特色的行动，而不要急急忙忙地去用一些一般化的行动来应付。

这一练习在信念与真实感的训练中也可以运用。

（五）神话故事游戏

这项练习可集体参加。做该练习前，教师要首先说明，这个游戏是大家一起来边讲边演的一个神话故事。故事先由一个同学开头，他讲的时候，其他同学们要注意听他讲的内容，并尽可能地把他所讲的内容演出来。例如，讲故事的同学如果说“很久很久以前，在一座蛮荒的大森林里”，这时，其他同学就可以展开想象，有的想象自己是一棵大树，有的想象自己是一块岩石，有的想象自己是森林中的野兽等，并且尽可能非常形象地表演出来。讲故事的人接着说：“有一天，一个猎人来到这个森林里。”这时，就可以有一个同学走出来扮演这个猎人，他可以扛着枪，也可以拿着刀和弓箭，在同学们扮演的林木中穿行。故事就这样延续下去，当第一个讲故事的同学讲完一个段落后，他就可以去拍另一个同学的肩膀，被拍肩膀的同学就接着第一个同学所讲的故事继续讲下去。同学们就这样一边讲故事，一边把故事演出来，直到把一个完整的故事讲完、演完，或者实在讲不下去或演不下去了为止。

做这一练习时，同学们必须要认真、严肃，不要把这种游戏当成玩笑。此外，讲故事的同学不要只顾讲故事，而不管表演的同学。他要尽可能地留出时间来让其他同学把他所讲的故事中的行动细致地表演出来。表演的同学也不要着急，不能只是一般化地去表演讲故事的同学所说的人物和行动，而应该充分地展开想象，具体、细致且有特点地把故事演出来。如果在练习中由于故事讲不下去了，或者因表演的同学们搞乱了，演不下去了，教师可以让练习先停下来，大家一起找出原因后再继续进行练习。

（六）人的一生练习

这个练习由学生单独做。教师可以事先布置，学生课后经过准备再到课堂上来做。每个学生先后上场四次，通过这四次上场时的行动，展示一个人从少年到老年的变化。第一次上场是少年，第二次上场是青年，第三次上场是中年，第四次上场是老年。在开始做这一练习时，教师可以不要求学生看出这个人的身世经历，而只看出其年龄与心理的变化即可。例如，某个学生四次上场都是梳头：第一次是一个小孩子，爬上椅子，对着梳妆台上的镜子梳好小辫子，扎上一个红蝴蝶结；第二次，她坐在梳妆台前精心地梳头，不断地改变自己的发型，最后用发胶把自己认为满意的发型固定好；第三次她站在镜子前，把头发用手随便划拉了两下后，提起挎包就跑了；第四次她坐在镜子前呆呆地望着镜中的影像，缓缓地用梳子把头梳了一下，然后从梳子上把脱落的头发揪下来，拿在手里望了一会儿，叹了口气。

当学生们基本上能够把上面的要求做到之后，教师就可以对他们提出尽可能通过四次上场，让人们看到你所表演的这个人的一些命运。例如：他是一个从小不爱学习，结果一生一世无所成就的人；或者是一个从小就有理想，但是历尽折磨，理想永不泯灭的人。总之，学生要想象他是个什么样的人，他一生中都有过些什么样的经历，最后选出四个有代表性的瞬间进行展现。

尽管这个练习是在表现人的一生，但是教师要求每个同学每次上场表演时间最长不得超过两分钟，要通过尽可能简练、准确、鲜明的行动表现出来。

（七）合理练习

教师可以先给做练习的学生三个动作，让其把这三个动作组织起来，构成一个合情合理的行动过程。例如，教师给的三个动作是坐下、向椅子底下看、翻书。学生则可以把它们合理地组织为他在火车站的候车室里等车，看见还没有通知检票进站，就找了把椅子坐了下来，并从提包中拿出一本书看，顺手把车票夹在书里。少顷，他突然听到通知检票进站的声音，就合上书放在包里要去检票。这时他忘记票夹在书里了，就在衣服口袋里找，然后他以为是掉在地上了，就向椅子底下看，发现了一张小纸片，但不是车票。他停下来仔细地想了一想，回忆起自己刚才看书的情形，就拿出书来在其中翻出了火车票，然后急忙向检票口走去。

这一练习的主要目的是训练学生通过想象，使行动的过程合理。教师提出的三个动作，可以由不同的学生一起来做。由于不同的人想象的路子不同，所以每个人做的会各有特色，这样就可能使学生认识到只要打开了想象的闸门，就能产生出许多意想不到的创意。当然，教师也可以让不同的学生以另外的三个动作来做合理练习。总之，在课堂上教师要使学生的想象活跃起来，而不要使他们觉得这是一种苦恼或负担。

（八）小剧本练习

这种练习的主要目的在于训练学生行动性想象的能力，以后在创作方法的训练中还应该重点进行训练。在这一阶段的训练中，教师可以先只进行一句话或两三句话的“小剧本”练习。

在做练习之前，教师可以风趣地说：“我读了一个剧本，但我不知道该怎么去演。我把它介绍给大家，看看谁有兴趣来演。”然后就可以把自己编好的“小剧本”说出来。例如，以下是两部小剧本。

题目：《无题》。

时间：当代。

地点：任意。

人物：甲、乙。（性别可任意确定）

（幕启：甲上。少顷，乙上。）

乙　你笑啦？

（幕落）

题目：《别》。

时间：当代。

地点：任意。

人物：甲、乙。（性别可任意确定）

（幕启：甲上。少顷，乙上。）

甲　好静啊！

乙　嗯。

甲　你明天就走？

乙　嗯。

甲　给！

乙　真美呀！

甲　别忘了给我来信。

乙　我会回来的！

（幕落）

教师可以编出一些像这样的“小剧本”，让学生们自由组合，并给每一组同学五分钟的时间准备，然后在课堂表演出来。不同组的学生可以演同一个“小剧本”，他们往往会把同一个“小剧本”演出完全不同的内容来。例如，《别》这个“小剧本”，有的学生可能演成战士之间的告别，有的可能演成下乡知识青年和老农民的告别，有的可能演成战士与自己的妻子的告别，等等。在做这一练习时，教师要结合创作方法的训练让学生明白一定要用行动来把这些“台词”有机地、合理地联系起来。

在经过一段想象力的训练之后，教师可以和学生一起总结并讨论以下一些问题：①想象对于演员创作的重要性；②演员创作想象和直接生活、间接生活的关系；③演员的想象的特点；④怎样才能锻炼出活跃、丰富的想象力。

在讨论中，教师主要是引导学生把自己的发现进行总结。对学生还不很明确的问题，则可以先让其发表意见，甚至展开讨论，最后在讨论的基础上进行总结。

第五节　观察与模拟的训练

艺术创作的源泉是生活，因此，生活的积累对于任何一个艺术家来说都是非常重要的，而生活的积累首先是从观察生活开始的。

表演艺术是表现人的艺术。因此，演员的生活积累，就需要把焦点集中在对人的观察和研究上。当然，由于人总是和他所处的时代、社会密不可分地联系在一起，所以演员不可避免地要在观察和研究人的同时去研究与分析时代和社会，特别是它们对于人的影响，进而逐步深入人的内心深处，去了解与体验不同人的思想、欲望、情感等。只有这样，演员在运用这些生活素材进行创作时，才有可能真正地创造出“人的精神生活”。但是，这并不是说演员对人物的外部特征的观察是无足轻重的。恰恰相反，由于人的内心世界是不可见的，所以对于人的内心世界的了解往往是由表及里、由外到内的。因为人们的穿着打扮、言谈举止、行为方式都是人的内心世界的反映。因此，对于人的外部特征的观察、了解，是通向人的内心世界的桥梁，同时又是演员在创作一个内外部统一的人物形象所不可缺少的组成部分。

演员在进行生活观察，特别是在观察人物时有一个显著的特点，那就是它和模仿是紧密地联系在一起的。也就是说，演员往往是通过模仿来把自己所观察的人物“速写”在自己身上，最终保留在自己的记忆中储存起来。但是，由于演员在模仿的时候，实际上不可能不加上自己的主观臆测与主观态度，所以说演员在进行模仿时就不完全是那个被模仿的对象本身了。因此，从这个意义上说，应该是一种“模拟”。① 观察与模拟是演员获取创作材料的手段。生活是艺术创作的源泉，演员不仅在舞台上，而且在生活中也应该注意，把自己全身心地投入到吸引注意力的对象上。一个真正的演员必须对周围发生的事物有着极大的热情，善于发现生活中丑和美的东西，在对比中激起自身最优美的情感。因此，演员在对生活的观察中，对人的观察尤为重要，必须细致入微地捕捉人物的外部特征，感受人物的内心世界，运用演员独特的构思、性格和细腻的情感，研究各种情境，分析不同情境中人的行为，从而得出结论，确定所观察对象的态度，体会其隐藏着的情感，并运用表演的基础元素，在创作中加以表现，经过长时间的观察和研究，演员便得到了最好的创作材料。

观察生活练习是表演专业训练学生培养观察力、捕捉力，进而培养他们的理解力、想象力和表现力的一种方法。这种训练必须来自学生对生活的直接观察和积累，教师要鼓励学生去车站、码头、机场、市场、商场、医院、学校等人较集中的地方观察、积累生活素材，然后让学生进行合理的艺术想象，经过选择与加工提炼，将生活的现实转化为艺术的现实，不求表演的完整性，但求

---

① 梁伯龙，李月．戏剧表演基础[M]．北京：中国戏剧出版社，2009：104.

独特的构思、独特的生活质感与细节。当然教师也要运用一定的表演基础元素时学生进行训练，特别要注重在规定情境中组织人物关系，展开矛盾与冲突，不要让人去做事，而要让事体现出人来。

动物模拟训练是演员进行解放天性训练的一种方法，被世界各国的戏剧学院表演教学普遍采用，主要是为了培养学生对表演的信念感与表现力。这是一种通过拟人化方法，捕捉动物的各种特征与习性，对演员进行身体和心理的想象力与表现力的训练方法。同时这种方法也有助于培养学生的观察力、模仿力与幽默感，能使象形拳的表演更加生动、逼真。

在这一阶段的训练中，教师要贯彻由简到繁、由近及远、由表及里逐渐过渡到表里统一的原则。教师刚开始要求学生认真地观察，然后从最简单的植物模仿、动物模仿开始，发展到人物模仿。学生还可以从对熟悉的生活的观察与模仿开始，发展到对扩大的生活面的观察与模仿，由对人物表象的模仿发展到对所观察人物的心理进行分析、研究后有所体验的模拟，并运用联想与想象，使之成为一种艺术创造。

在教学中，教师一定要严格要求学生真正地去观察生活和人物，要有原型，而不能凭空臆造。要注意不要以自己的逻辑去肯定或否定学生由观察得来的生活与人物，而应该启发他们去研究与分析，帮助他们由表及里地开掘出由自己观察得来的人物的自身逻辑，以培养与发展学生捕捉人物形象和内外部性格特征的能力。

一、造型模仿练习

（一）静物模仿练习

这一练习可集体进行。教师让学生站成一个圆圈，按顺序开始行走。行走时的速度与节奏由教师击掌来指挥。在行走中，教师让学生观察室内的静物，也可以联想自己见过的室内陈设品，如桌子、椅子、板凳、沙发、衣架、台灯、茶几等。然后教师让学生自己确定一件物体，当教师击掌为号，或发出“变”的口令时，每个学生立即以自己的身体造型来表现出自己确定的物体的基本特征，并静止不动。教师这时可以抽问：“你的造型是什么？”在学生回答了之后，到底表现得像不像，可以让大家来观看或评议。这一练习可以反复进行数次。

同学们可以在每次练习时选定不同的物体，并尽可能地用身体造型表现出物体的基本特征。做练习的方式可以灵活，要尽量使学生有兴趣地去模仿各种物体。

（二）静态植物模仿练习

进行方式与上述练习相同。只是学生模仿的对象改为植物，包括各种树木、花卉等。在练习之后，教师可以要求学生平时要去观察各种植物的特征，在以后上课时，可以反复做这一练习。

（三）静态动物模仿练习

进行方式与上述两个练习相同，教师最好事先告诉学生要对动物进行观察。这样在做练习时，教师就可以要求模仿某种动物的基本特征，但要保持静态的造型。

这个练习也可以反复地做。在做的过程中，学生既可以把某一种动物的基本特征表演得更为准确，也可以尝试着去捕捉不同动物的特点。与此同时，教师还可以要求学生继续观察各种不同的动物，为下一步的模仿动物练习打下基础。

二、植物生长练习

教师让学生们拉开距离，插空站立，使每个学生都能有足够的活动空间。然后教师让学生想象自己变成了种子。这时学生们可以蹲下来把身体紧缩在一起，找到自己是小粒的种子的感觉。接着教师可开始不断地提示，学生随着教师的提示去感觉，并改变自己的形体的状态以适应教师提出的要求。

教师可以这样提示："想象你是一粒果树的种子，被深深地埋在地下，感觉到土层对你的压力。这时你感觉到周围的土壤中的水分浸湿了你的机体，身体的温度在不断地增高。你开始觉得自己要生长，于是渐渐地冒出了芽，并且艰难地冲出地壳。然后你很想伸展一下自己的肢体，于是你越长越长，躯干茁壮了，枝叶也茂盛了。春天的阳光是那样和煦，你的枝条上开出了花朵，蜜蜂和蝴蝶在枝头上飞舞，传播着花粉，于是花朵渐渐地孕育出了果实。有人来了，把果实采摘了去。秋天的风霜来临了，树叶开始凋落、飘零。冬天来了，人们并没有很好地照看你，你受了冻，枯萎了，变成了残枝，又被大雪埋在了土里。"在做这一练习时，学生可以随意想象自己是一棵什么样的植物。根据教师的提示，学生一方面要去模仿生活中所见过的植物在不同的生长期和不同的季节中的状况；另一方面，还要去感觉在这一过程中的心理变化，同时要在身体的变化中体现出来。这一练习也可以重复地做，但教师的提示要有所变化，在情境的描绘上可以有新的要求，如：刮风了，狂风吹断了你的枝条；飞来了一对小鸟，它们站在你的枝头上谈情说爱等。但是，教师一定要提醒学生不要直接地去表演教师提示的结果，而应该用自己的身心去感觉和感受。

三、动物群居练习

练习开始时与前述静态动物模仿练习相同。教师先要求学生在观察动物的基础上做出所观察的动物的静态造型，然后教师提出：这些动物都活起来了，它们在一起生活。学生就要按照自己所模仿动物的活动特点与行为方式去活动起来，相互之间要按照所模仿的动物的特点在活动中即兴地交流适应。这样就可能出现老猴子给小猴子捉蚤子；两只狗为抢骨头而撕咬；一对小白兔在玩耍，突然发现来了一条蛇就吓跑了等画面。总之，教师要让学生创造出动物群居的活动画面。

在练习时，学生一定要认真、严肃地去做，不能把做这种练习当成玩笑。另外，每个学生都要自信，也许刚开始模仿得不像，或者还找不到感觉，但千万不要马上放弃，而应该在活动的过程中进行调整。教师可以根据练习中出现的问题不断地提出要求。如果学生在做练习时真正地充满自信，那么就一定会出现许多有趣的场面，这种场面又可以增加学生的信心和兴趣。对于一些一时之间无所适从的学生，教师要鼓励他们先活动起来，不要停在那里当旁观者。教师可以根据练习发展的情况，适时地让练习停下来，并引导学生谈论自己的体会。

在做这种练习之前或之后，教师要反复地要求学生尽可能地去观察动物的生活，如去动物园或多看《动物世界》或者动画片等。

四、动物练习

（一）练习一

这一练习，首先要求学生必须已经对动物进行了认真的观察。练习可以由一个人做，也可以由两三个人一起做，但人数不宜过多。在做练习时，学生要以所观察到的动物的习性和活动特征，即兴地自由活动，在即兴地活动中建立起自己的生活和相互之间的关系。如果在动物之间出现了矛盾，发生了事情，只要是在适应中的、合乎这些动物的习性和特征以及它们的生活规律，教师就可以让练习进行下去，直到适当的时候停止练习。一般来说，在做这一练习时，学生刚开始以同类的动物为宜。例如，一个小猩猩在觅食时弄伤了腿，另一个扮演老猩猩的同学就可能去抚慰他，并去寻找草药，嚼烂了之后给小猩猩敷上。但随着练习的发展，当然就可以有各种各样不同的动物在一起做。在练习中，学生一方面要注意必须抓住所模仿的动物的特点，另一方面在即兴表演时一定要注意真实性和有机性。

（二）练习二

这一练习以 2~3 人为宜。仍然要求学生必须在观察的基础上来进行这一练习。做练习时，学生们可以模拟不同的动物，但必须抓住这些动物的特征并展开想象，想象这些动物之间可能会有些什么样的关系。例如，狼和羊、猫和鼠、猴子和大象、孔雀和乌鸦、狗与兔、蛇与虎等。学生刚开始可以根据自己观察的不同动物自由组合，即兴地做练习，能够在练习中建立起可信的相互关系，并能够活动起来。如果在练习中还能够出现小小的情节变化就更好了，但也不要硬性地规定。然后在此基础上，教师要求学生简单地商量出一个小小的矛盾，设计一个小小的事件，就即兴地把所设想的表演出来。例如，两只羊机智地对付一只想欺负它们的狼，一只机敏的小老鼠戏弄一只又懒又馋的傻猫等。

五、动物小品

这种小品练习是学生在上述动物练习的基础上，经过反复观察、琢磨、模仿，发展成为带有一定情节性的、较为完整的故事。这种练习可以使学生掌握观察对象主要特征的能力，并通过想象，充实内心活动，使其建立起一种强烈的模拟动物的自信心，为过渡到对人的观察与模拟打下基础。

六、照着做

这一练习可以集体进行。练习开始前，教师可指定一个学生作为带领者，也可以由学生自愿担任。这个带领者要带领所有的同学做各种各样的动作，或者发出各种各样的声音，当他做出一个动作或者发出一种声音后，同学们就要去模仿他，模仿得越像越好。一段时间之后，可以由教师，也可以由第一个做带领者的学生出面，指定另一个学生来做带领者，这时，大家又去模仿第二个带领者。然后是第三个带领者……练习就这样接着进行下去。

在做过上述练习之后，教师可以要求学生到生活中去观察感兴趣的人，只要简单地模仿外部特征就可以了，如走路的姿态、说话的手势、说话的语调和习惯动作等，然后到下一次表演课时进行检查。当学生回课时，教师可以根据学生模仿的观察对象，组织大家评议，并且提出一些问题和学生们一起研究，如“你所观察和模仿的对象的哪些方面引起了你的兴趣？”“你认为自己观察得是否细致，模仿得是否准确？”“你琢磨过你所观察与模仿的对象的外部特征和他的职业、经历以及内部特征有什么联系吗？”等。

七、看看他（她）像谁

这一练习也是观察与模仿人物外部特征的练习。教师事先向学生布置：必须观察和模仿一个大家都认识的人，如老师、同学、教职工或者学校附近大家都认识的商店售货员等。在回课时，做练习的学生先不要讲出自己模仿的是谁。等做完之后，大家猜他模仿得像谁，然后还可以评议他哪些地方模仿得像，哪些地方还观察得不够细致，模仿得不够准确。由于模仿的对象大家都认识，所以大家还可以一起讨论怎么样才能把他模仿得更像一些。

教师还要鼓励学生在生活中养成一种有意识地模仿的习惯，以培养自己的模仿能力，但是也要提醒学生在模仿时要充分地展开想象，做到既合情合理，又具体生动。为了使学生的想象能够活跃起来，教师可以鼓励他们从一些寓言故事和动画片中找到相应的素材，但更好的是学生自己通过观察去发现。

八、看看他（她）在做什么

做这个练习除了要细致地观察、准确地模仿人的外部行动特征和行为逻辑之外，还要尽量通过观察对象的外部行动琢磨其内心活动。教师可先让一个学生即兴地完成一个简单的任务。例如，让一个学生为了参加晚会而换衣服，并要求其认真地、真实地去完成这一任务，同时要求其他学生细致地去观察其行动过程，并尽可能地揣摩他心里都想些什么。当做练习的学生做完之后，在一旁观察的学生就可以上台去，一方面应该把观察到的行动过程模仿下来，尽可能地使每个细节都比较准确；另一方面还要尽可能地按照被模仿的同学的"内心活动"进行思考。练习做完后，先由观察的学生说说被模仿者在行动的过程中是怎样想的，其内心活动及逻辑等。然后再由被模仿者来印证观察者所说的是否准确和细致。在所有的学生都做完了这一练习之后，教师可以引导学生一起来研讨如何在观察人物时通过其外部行动来捕捉内心活动的问题，并且要求学生在以后观察人物时，不仅要观察与模仿观察对象外部特征，还要通过观察对象的外部行动，逐渐琢磨和忖度其内心活动，由表及里，逐步过渡到内外部统一起来。

九、到社会生活中去观察人物

这一练习是让学生在前面所做的观察与模拟练习的基础上扩大观察的范围，到社会生活中去广泛地选择观察与模仿的对象。例如，可以是公园、饭馆、火车站、汽车站、医院、商店、各种展览会、自由市场等公共场所，也可以是自己或同学的家庭等。学生要在这些地方中找到自己感兴趣的观察对象。这样，他们必然会被一些形象鲜明、具有某种特点的人物形象所吸引，这种吸引力有的来自人物形象的外部特征，有的则可能来自人物特有的心理逻辑。学生们可以把所观察到的以模仿的方式在课堂上表现出来。刚开始，如果学生在模仿中抓住了观察对象的外部特征，教师就应该及时予以肯定。但在反复地观察与模仿中，教师要逐步地要求学生能够由表及里，把握住所观察对象的心理生活逻辑。

在做这一练习时，教师要严格要求学生按观察对象的原型进行模仿，不要随意编造形象，也不要过多地进行发挥与夸张。

十、不同人物的同一行动练习

做这一练习前，教师要求学生必须认真地进行观察，注意在生活中同样的行动但不同的人往往会以不同的方法去做。例如，在商店里买东西，不同的人就会出现完全不同的行为逻辑。这种不同的行为逻辑就反映出了人物的不同性格。因此，要在观察生活时认真、细致地观察这种不同之处，并且仔细琢磨这些不同之处和人物性格的关系。在课堂上做这一练习时，教师可要求学生在观察的基础上表现三个不同的人的同一行动。例如，三个不同的售货员在卖帽子，三个不同的人在火车站等车，三个不同的人在小酒馆里喝酒，三个不同的人在公园里拾到十块钱等。

在做这一练习时，要尽可能细致地表现出各种行为之间的不同之处，千万不要脱离了观察，从概念出发去虚构。

十一、人的一生练习

这一练习的做法与想象力训练中的人的一生练习的做法基本相同，但要求学生必须先要认真地去观察各种不同年龄层次的人的行动的特点，包括内、外部的特点，然后可以通过同一行动或不同行动表现一个人的少年、青年、中年和老年的几个瞬间。比如，少年时戴上奶奶的老花镜学奶奶缝衣服的样子，青年时给自己缝一条新裙子，中年时给孩子补撕破了的裤子，老年时又戴上老花镜给孙子缝棉袄等。做这一练习前，一定要先去观察，在观察中抓住对象的具体特点，注意其在心态上的区别，并尽可能通过对象行为方式的不同，表现出这些特点和区别。

十二、不同年龄层次人物的瞬间练习

在上一练习的基础上，教师发现有的学生对某一个年龄层次观察得比较细致，特点抓得比较准确，心态把握得比较好，教师就可以指定两个或三个学生（也可以由学生自由组合）即兴行动，让他们确定人物关系和情境，学生也可以利用一句话或者一个动作的方式即兴行动起来，但始终要保持所观察与模拟的那个年龄层次的人物特点。在做练习的过程中，如果学生能够始终保持信念，有心象，并把握住了人物特点，符合逻辑地在表演中生活了起来，教师就可以让他们继续表演下去。练习做完之后，教师可以让学生评议和讨论在做这个练习时自己有什么新的发现。

十三、观察人物的联想、想象和创造

学生进行观察与模拟练习有了一定的基础和积累之后，教师可以要求学生对所观察的最有兴趣的、观察得比较细致和深入的对象展开联想，想象他们在不同的情境中会如何行动。例如，学生开始观察的是一个大大咧咧、满不在乎的年轻人，当学生可以把握住这一人物的基本特征之后，教师就可以提出让学生假想如果他和一个心眼很细的女孩子约会时会是什么样，他遇到了一个办事认真甚至有点吹毛求疵的上级时又会是什么样。教师这时主要是提出一些情境，让学生自己去展开联想，但不要急于去评论学生在表演中的对与错，而应该引导他们，让他们的联想更加丰富，甚至可以出现几种可能性，然后去看哪种可能性更符合他所观察的这一人物的逻辑。

教师还可以让学生自己先确定一个观察的人物，在一个特定的情境中即兴表演。例如，假如学生观察的是一个斤斤计较、一分钱也要争的卖鸡蛋的中年妇女，教师可以让另一个学生扮演一个买东西总想占点便宜的中年家庭主妇或者一个税务人员；也可以让另一个学生演吵着向她要钱买东西吃的儿子等。学生们可以在简单的商量之后即兴地进行表演。

表演结束后，学生们可以评论。表演者也可以谈自己的体会，主要是检查自己在表演过程中是否把握住了所观察的人物的行为逻辑，哪些地方可以，哪些地方还需要调整等。在评议和讨论后，表演者如果联想到还有另外的可能性，教师可以让他们再去即兴地表演一次，使学生们有机会进一步探索。

观察生活与观察人物的练习在教学中可能是集中在一个阶段进行的，但是，教师对学生应该提出长期、不间断地观察生活与观察人物的要求。学生一入学就要注意对生活的观察，并持续下去，在基础训练结束之后也不应该停止或间断。

观察与模拟的训练，在教学上除了和素质训练有关外，实际上还和创作方法的训练有密切联系。在教学过程中，必须与创作方法的训练阶段相吻合。最好是在学生已经能够在自己创造的规定情境中有机地行动之后，再开始集中地进行观察与模拟的训练，并逐步发展到把观察生活与组织舞台行动的训练有机地结合起来，发展成为观察生活小品练习。[①]

第六节　武术表演其他技能训练

一、激情表演练习

激情表演分为两种，一种是演员的创作激情，指演员以怎样的心理状态与情绪状态投入创作。当然演员需要热爱自己的职业，热爱自己的创作对象——角色和剧本。只有满怀热情和激情投入创作才能激起创作意志、创作冲动及创作灵感。另一种是角色的激情。演员通过内、外部技巧创造出人物的情感与情绪的高点——激情。激情是人生情感与情绪的爆发点，往往具有强烈的艺术感染力和冲击力，是展现人物性格及其发展，展示剧情的主题的有效手段。因此，演员必须掌握表演艺术创造激情的技巧创造激情是表演艺术的重要技巧之一，激情不是靠硬挤情感或外部的强烈动作，而是必须靠对人物规定情境，特别是内部、心灵规定情境的丰富与开掘，靠对生活、对人生的情绪记忆，靠积极动作的刺激与带动，靠与对手真实的、投入的交流，靠情境、情绪、情感的逐步积累。而这一切又必须通过各种练习，特别是激情练习。

二、音乐节奏练习

节奏是一切动作课程，如舞蹈课、体操课、京剧课、舞台动作的表演课的基础。实际上节奏是整个生活的基础，因此演员要表现生活、塑造鲜活的人，不掌握节奏的技巧是不可想象的。节奏的练习是从节拍开始的，按照不同的节拍击掌、行走、活动等。

节奏是与音乐紧密相连的，因此节奏的练习离不开音乐，也就是说音乐练习、音乐小品是训练演员节奏的好方法。(可以单人、双人或多人进行)

不同情调、情绪和节奏的音乐练习要根据一首乐曲的情调(悲哀、欢乐、幽默、神秘、恐怖、紧张、狂热等)选择音乐小品。

---

① 梁伯龙，李月. 戏剧表演基础[M]. 北京：中国戏剧出版社，2009：114.

（一）外部节奏练习

在同一地点（野外、海滩、车站等）根据由低到高不同节奏四首乐曲的连放，进行改变外部节奏的练习。第一首一般选用慢节奏、抒情乐段；第二首一般选用欢乐，近乎圆舞曲乐段；第三首一般选用较快节奏的乐段，如马刀舞曲；第四首一般选用极高节奏的乐段，如霍桑舞曲。学生听过乐曲后开始构思任务、规定情境和动作，以及每段乐曲变化时发生了什么事件。如：第一首乐曲开始时缓慢地写生作画；第二首乐曲出现时发现漂亮的蝴蝶，开始捕捉，搜集标本；第三首乐曲开始时发现蛇或老虎并展开搏斗，然后点燃火把将野兽赶走；最后一首乐曲变化时发现火把将树林点着，高节奏扑火，来回奔跑用水桶到湖边提水灭火，以及想尽各种办法，如吹号、开枪等发信号让人们来扑火，终于将火扑灭，精疲力竭地躺在地上。这种由低到高的外部节奏练习实际上是综合训练元素的练习，锻炼学生想象与构思的能力，组织开掘规定情境、组织动作的能力，根据节奏的变化组织事件、改变动作节奏的能力，以及运用外部动作体现节奏激烈变化的能力等。

（二）内部节奏练习

在听音乐时教师逐步提示情景进行内部节奏的练习。教师可选择一些乐曲的录音，让学生认真听，并要求学生真正地去感受，努力把这些感受记忆下来。例如：在听音乐时出现的内心视像引起的对往事的回忆、情绪的变化以及乐曲中出现的一些旋律等等。然后，教师要求学生想象自己是在音乐厅里听同样的乐曲，但不再放录音。尽管没有了真正的乐曲，要求学生仍然要尽可能地在心中出现乐曲的旋律，并且能够引起心中相应的真实的感觉，也可以让学生选择自己喜爱的乐曲来欣赏。

也可以根据设计的规定情境（如在海边、家中或森林中等）进行内部节奏的练习。没有更多的外部动作，而是心理节奏的变化和内在激情。此练习外部动作不强烈，也无大变化、主要着重心理动作。练习时可有适当必需的实物，并注意心灵情境的营造与内心独白的组织，以及通过细节与细腻的动作揭示人物的心灵世界。仅将规定情境与人物关系加以改变重构使表演的动作、细节、情感、情绪等方面都起变化。如时间允许，可不断变化不同的规定情境与人物关系以锻炼学生。

（三）无音乐的节奏变化小品

可以依据从低到高及由慢到快的节奏构思并进行节奏小品的练习。例如，在候车室里，看表时间还早，平静地等待，逐渐睡着，醒来时发现手表停了，开始着急，忽听见汽笛响了，慌忙收拾行李，起身赶到站台，发现火车已经开走，追几步……节奏从低到高；又如，深夜，被吵醒，醒来后发现有一长发窃贼正在盗窃，起身抄起菜刀，黑暗中摸过去，欲砍时发现原来是爱人出差归来，开灯后，一场虚惊带来的喜悦，两人拥抱接吻……

无音乐节奏练习的要求：第一，构思的情节、事件，表演的动作、情感、情绪必须符合音乐的情绪、韵律与节奏；第二，节奏、韵律、情绪、情感的变化，必须寻找到外部或内部规定情境或事件的合理因素；第三，构思与表演的节奏要鲜明，有感染力和可看性。

三、命题即兴表演练习

命题即兴表演练习既是培养学生理解力、想象力、表现力的重要手段，也是在短时间内最富成效的训练方式。教师命题后，学生在指定时间内即兴创作构思，要调动自己对生活的理解、生活的积累，发挥艺术想象力；在表演时，要调动自己的情绪记忆、信念感、感受力、情感与表现力。命题即兴表演练习是综合训练表演元素及将生活转化成艺术的好方法。

命题即兴表演的要求：第一，组织好动作与规定情境，特别是人物关系；第二，组织好事件，并使其推动动作与人物关系、规定情境的变化；第三，构思与表演既要从生活中提炼，合乎生活的真实逻辑，又要充分展开艺术想象，使表演富于生活情趣，富于艺术魅力；第四，构思与表演要体现命题要求。

（一）环境命题练习（多人）

以“公园的早晨”为环境，练习前教师分别扮演不同年龄、身份的人。在教师的引导下，在某公园，不同年龄、身份的人聚集在公园的一角。有的聊天、有的遛鸟、有的教跳舞、有的练拳、有的练气功，也有的练着自己创造的健身术……大家都兴致盎然。突然有人唱起了悦耳动听的歌曲，一个跑步的人惊异地发现，这是我国著名的歌唱家。于是大家纷纷过来攀谈，有的还要签名，热闹非凡。而此时一个歌迷说："我们不要乱，大家一起鼓掌请他唱首歌好吗？"大家不约而同地都安静下来，慢慢聚拢过去……

练习时要注意，在场上找到自己的人物身份，以角色的名义展开行动。因此，应当让学生注重细节的真实，尽可能地体现人物性格。注意场上不同人物的行动目的，对场上不同人物的行动都能够真实、有机地产生判断，同时适应对方的行动，从而产生相互行动。同时还注意行动的主动性和积极性，不能成为一个被动的参与者。

（二）道具命题练习（单人、双人或多人）

教师让学生以假设为前提、以想象为基础，仿佛所做的一切都是确有其事。以"扣子"命题，进行穿针、引线、缝扣子等一系列的训练。练习时要求每个学生都必须认真反复地做，直到把命题的动作顺序做得完好为止，并且在命题中除了完成动作的合理顺序外，还要加上一些简单的情节，以赋予动作心理依据。教师应严格要求学生把想象中的物体想得非常具体。例如缝扣子，针有多长，线是什么颜色的，扣子有多大，几个扣等。同时在行动的过程中，一定要注意动作的逻辑性。假如是在缝扣子，那么从找针、找线、找扣子，一直到缝好，必须找到这一系列行动过程的逻辑顺序，对每一个细节都必须有所要求，而不能破坏行动的逻辑顺序。因为行动的逻辑顺序可以使我们产生信念和真实感，而一大批这样合理逻辑而有顺序的互相更替的瞬间，就能够造成很大的真实和长时间的真正的信念了。

（三）绘画命题练习（单人、双人或多人）

学生自选一幅人物情节性强、造型形式完整的名画作品为素材，在画面的制约下构思小品，让静止的画面通过学生的创造性行动、形象思维与想象，变成不断"运动"着的舞台画面。绘画命题练习特别能锻炼学生的联想能力、定向思维能力以及舞台构图及舞台调度能力，并能提高学生对名画的观赏与理解能力，不失为一种好的表演练习。

（四）规定情境命题练习（单人、双人或多人）

情境练习的构思应该有头有尾，有始有终。有矛盾的开始，也有矛盾的化解；有合理的出场，也有合理的下场。在规定情境的范围内建立一个环境简单、人数又少的人物关系进行训练，人物关系也是最能构建起事件、体现人物、展示自身表演才能的方法。例如，教师规定情境“考试之前”进行练习。一名武术单招的考生在考场门口候考，一边看表一边喝水。由于紧张，所以他不断地走来走去，嘴里好像还念叨着什么，此时他走到考场的一侧，扒在门上静听里面的动静（做无实物动作），然后嘴里重复里面的话“稳住！稳住！”。然后一边喝水一边把身上的武术器械放下，同时看四周没人，便试着练习一下考试的动作，觉得自己动作有点不到位。这时突然手机响了，他接起电话和妈妈对话，说他有点紧张，不过请妈妈放心他一定会努力克服的，然后便匆匆挂了电话，再次看表。他试着做了几个动作，可是动作还是特别紧，于是他又开始喝水，这时画外音响起：下一个同学请进来，而此时他由于紧张喝水过多，突然想上厕所，但为时已晚，于是他便松了一下腰带，带上东西匆匆进场考试。

练习时要注意，在事件的组织过程中能否具备合理的障碍冲突，从而不断地产生新的行动。是否具备在假定环境中的真实行动，能否做到真听、真看、真思考、真感受。强调表演过程中的真实感和信念感、判断力和感受力是表演的根本。只有自己相信了假定的情境，才能达到符合生活逻辑的真实，观众才能相信。

（五）一句话命题练习

学生依据老师所给的一句话，展开丰富的想象，边想边做。同时设置具体的规定情境、人物、事件、冲突、目的等。这一句话可以作为开头的第一句话展开情节，也可以把这句话放在情节的中间，只要能合理地说出来就算完成，还可把它作为完整情节的结束语说出来。一定要注意，绝不可光说话而缺少真正有动作的行动，不能演成“相声剧”。在选择素材和构思情节时，最好选择自己了解和熟悉的人物及生活，这样相对容易把握，在规定情境即兴表演时成功率也会高一些。

（六）单人命题练习

教师以“车票不见了”命题。一个大学生放暑假准备出门坐火车回家，但是到高铁站发现车票找不到了，东翻西找，怎么也找不到，眼看时间一分一秒地过去了，距离开车的时间越来越近，如果再找不到很可能会误车。这时他开始回忆自己把票放哪儿了，当他把先前的动作重复了一追之后，他发现原来是放在自己的手机后面的保护套里，刚好广播传来他乘坐的高铁开始检票的通知，于是他立即拿着票奔向检票口……

练习时要注意人物外部形象应该是什么样子的，包括：服装、背包、手表的款式、发型等外部特征的构建；人物应该是什么样的性格较为准确有特点，比如：胆小、谨慎、随意等；他的行动任务和真正目的是什么？因为不同的行动目的会使角色产生不同的行动过程和行动状态；在行动过程当中不同动作的组织是否具有生活的逻辑和符合人物定性格的逻辑；在简单事件的组织过程中能否具备合理的障碍冲突，从而不断地产生新的行动。是否具备在假定环境中的真实行动，能否做到真听、真看、真思考、真感受。

（七）双人命题练习

双人命题练习是锻炼、培养学生的最佳手段。因为两人戏份重，是冲突双方的主要人物。因此，在招生考试时及教学中经常采用双人命题练习。

教师以“输液”为题，进行双人命题练习。在校医院，一个护士给一名女学生输液，由于这个女学生的血管比较细，扎了好多针也找不着女学生的血管。女学生痛得厉害，一直在抱怨，护士也想了好多办法来安慰女学生，缓解她的疼痛。因为护士的态度很好，女学生只能无奈地坚持。最后终于扎好针头，女学生对护士说了句：“医生，您是刚来我校实习的吧”。

在双人行动练习时应注意相互的交流与适应，要明白“戏从对方来”的道理；在组织行动时要特别注意行动与反行动，真实地产生相互行动；在人物关系的设置上要有预见性，要明白人物关系的复杂性是构建事件和冲突最有利的手段。

（八）多人命题练习

教师以“看榜”为题，进行多人命题练习。在某大学体育学院的大门口，武术考生们在焦急地等待着技术考试的成绩。一位母亲给儿子买来可乐，一位姐姐在轻声地安慰着情绪低落的弟弟，一个考生高谈阔论，自以为一定能考上，大多数考生都默默地等候着考试成绩的张贴。不一会儿，贴榜人拿着成绩单开始张贴，大家一下子活跃起来了。有的互相祝贺，有的互相安慰，有的悄然离去……刚才情绪低落的弟弟榜上有名，而那位高谈阔论者却没有考上……

在多人行动练习时应注意，不同的人物需要通过各种手段，在场上找到自己的人物身份，以角色的名义展开行动。因此，应当注重细节的真实，尽可能地体现人物性格；多人行动练习应更多注意场上不同人物的行动目的，对场上不同人物的行动都能够真实、有机地产生判断，同时适应对方的行动，从而产生相互行动；要注意行动的主动性和积极性，不能成为一个被动的参与者，更多的应该成为事件的组织者和创造者。

表演教学有一个特点，出题不难解题难。当然，对于好的教师来说，针对不同学生的特点，因材施教地出对题也是颇难的，但学生解题更难。因为表演不像工程技术学科的答案强调共性、标准的一致性，表演艺术创作强调个性、独特性、创造性。每道题不同的学生做得都不一样，甚至同一学生重复做同一道题的感受也不一样。因此，在教学中教师要强调学生解题时的个性、独特性，让学生充分展开艺术想象，展示其个性及天性的魅力，反对标准化、一般化、概念化。

以上基本为沿用斯坦尼斯拉夫斯基时代所进行的表演基础的起步练习。它对学生理解斯坦尼斯拉夫斯基体系的现实主义表演方法，对锻炼学生掌握表演的基本元素及动作颇有益处。武术表演课程在各个体育院校开设的比较晚，有关武术表演的教学还处于模仿探索阶段，但是也有了很大的发展，特别是在武术表演基础教学、基础练习方面取得了一定的进步。随着时代、社会的变化，教学的对象——学生的素质有了很大变化，武术表演基础练习教学也将有很大的变化与发展。

我们的基础教学目标也越来越明确：教学的第一步就是要充分发挥和解放学生的表演天性、创作个性、艺术想象与独特魅力，激发学生的创作热情与创作激情。练习不但使学生掌握了正确的表演创作方法，而且激发了学生的创作天性，培养了学生对专业的热爱，使学生达到这样一种境界，即表演已经不是单纯完成专业学习，也不是完成教师给予的任务，而是已经成为他们天性中的一种需要，一种巨大的愉悦，一种热爱和激情。早期的练习有些机械而琐碎，容易造成学生的束缚、紧张感，难以释放他们巨大的能量与艺术魅力。但今后的教学改革将采用综合的、更利于开掘学生天性的新练习，更有利于学生掌握表演诸元素，特别是核心元素。

四、奇思妙想练习

奇思妙想练习的重点是培养学生的兴趣和爱好，一切都是为了激发学生的创作热情、创作天性与创作个性。没有更多的规定与束缚，能够大胆地想象，甚至幻想。遵循的不全是常规的生活逻辑，更多的是想象的逻辑与趣味的逻辑。

学生组织的是想象中的动作与规定情境。教师要鼓励学生奇思妙想，鼓励学生大胆创造。例如，北京电影学院表演系学生就构思过“胃里的故事”这一奇思妙想的练习，直接表现胃里的蛔虫与“肠虫清”，并将其拟人化，让蛔虫与药品进行搏斗，而且大胆地让它们产生爱情。又如，在“棋王”的练习中，让棋子拟人化，棋子之间产生各种角斗，每个棋子有各自鲜明的性格，有泼辣的、腼腆的、鲁莽的、胆怯的……在棋子的对弈中，演绎出爱恨情仇，喜怒哀乐。同样有两个空间，一个是下棋者，另一个是棋盘上的争斗。教师提倡学生将自己的特长与爱好融入表演练习，如挥拳舞剑、歌唱舞蹈、说绕口令等。总之，要鼓励学生大胆想、大胆做，充分解放肌体，充分解放想象。于是，学生的紧张感消失了，取而代之的是兴趣极浓的游戏感，全身心投入的生龙活虎般的展示与释放。当然，大胆地想象绝不等于乱想、胡想。象征与拟人中同样有生活的逻辑、艺术的逻辑，并力求有一定的深度和理性思索，有一定的象征哲理。

五、对话表演练习

严格来说这不是对白的练习，而是组织规定情境、人物动作特别是内心动作，开掘潜台词、内心独白的交流表演练习；学员只许说规定的对白，并组织好对白之间的动作、情感、人物关系、人物情境等；除说好对白外，更重要的是开掘潜台词，台词后边的动作及台词与台词之间内含的深层意思。学员要展开艺术想象，丰富挖掘规定情境，并依据特定的人物关系组织一系列的动作与冲突。这些对白可以构思出不同的情节和不同的风格——喜剧的、正剧的、悲剧的，以至闹剧的，如下面的几段对话。

A. 甲：你过来！

乙：过来了，怎么样？

甲：你走吧！

乙：这可是你让我走的！

B. 甲：笑一笑，好吗？

乙：实在笑不出来！

甲：好，那你就哭吧！

乙：眼泪哭干了。

C. 甲：没意思！

乙：说谁呢？

甲：没说谁！

乙：说我吧？

D. 甲：你说话呀！

乙：说了，你别不高兴！

甲：那，你就别说了。

乙：不，我非说不可！

E. 甲：你又看(见)他(她)了！

乙：我没看(见)他(她)！

甲：那，你看什么呢？

乙：我，见了鬼了！

F. 甲：你一定要走吗？

乙：是的。

甲：不回来了?!

乙：嗯。

甲：那就滚吧！

乙：谢谢！

G. 甲：你好！

乙：你好！

甲：昨晚你在干什么？

乙：没干什么，你呢？

甲：也没干什么！

乙：你这是什么意思？

甲：我没什么意思。

乙：那……再见了。

台词似乎没有更多含义，但如果加上情境，加上特定的人物关系，语言与动作都起了变化。

假使Ⅰ：甲、乙两位少女（或少男）同时爱着一位少男（少女），甲、乙两人相遇了，以上台词应如何处理？

假使Ⅱ：一对夫妇因吵架、合不来分居一周后又见面了，如何处理？

假使Ⅲ：两个少女（或少男）各自都在怀疑对方在同自己的男友（女友）有来往，相遇了，以上台词应如何处理？

还有一种对话交流练习，不规定简单的对话，仅规定人物间的任务进行真实的交流与适应，如：

甲让乙感觉对自己很抱歉。

甲让乙感到愉快，欢乐。

甲让乙激动起来……

甲让乙紧张起来……

甲让乙对自己有好感，甚至爱上自己。

甲让乙感到恐怖……

甲让乙感到想去死……

演员创作中的重要艺术功力表现在开掘台词背后蕴藏的丰富的潜台词以及开掘台词与台词之间蕴含的丰富内涵。要把看不见的、用语言表达不出来但构成精神实质的东西传达给观众，这是舞台艺术的全部实质。的确，潜台词的含义要比台词丰富得多。在这个意义上，对话练习是表演基础教学中的重要环节。人物不同的性格色彩、丰富的情感世界、强烈的心理动作和语言动作，往往都潜藏在台词的背后，只有开掘潜台词，寻找到台词与台词间丰富的心理动作，才能表现出人物的精神世界，完成表演艺术的真谛。对话练习的要害就是对潜台词、心理动作、前后景规定情境的开掘。所以，对话表演练习非常有价值。这种练习还派生出极佳的没有对白的无言表演练习。

六、无言表演练习

在艺术创作中往往会出现“沉默是金”的境况，人物之间尽管没有一句对白，却充满了丰富而深刻的潜台词、内心独白与规定情境。此刻，演员在舞台上的沉默往往成为一种具有深刻内容的行为，它是锻炼演员掌握心理动作、形体动作、语言动作的绝佳手段。无言表演关键在于教师与学员首先要创作出无言的规定情境并具有丰富内涵的沉默状态，而不是硬不说话，这需要很强的想象能力、构思能力，特别是营造人物规定情境尤其心灵规定情境的能力，如：自杀前的一对恋人默默地走向死亡；犯人从狱中归来，遇亲人，无言，尽在不言中，一系列动作传达了相互的关系，传达了以往的规定情境，最后默默离去，相互都感慨万千。实际上，外部动作、心理动作替代语言动作能揭示许多内容。许多表演练习可以作为表演课的课前练习或排戏中的辅助练习，亦可针对学生的某一问题出题训练，还可作为学生的自我练习，如学乐器的练习曲。

（一）无实物练习（亦称想象的物的动作）

每人做两组无实物练习，可以任选以下动作或自己熟悉的动作。

包饺子，晾衣服，洗漱，炒菜，杀鸡，修台灯，做鱼，生炉子，熨衣服，钉鞋，木工活，缝衣服，擦玻璃，摊煎饼，等等。

要求：

第一，选择具有鲜明外部特征、有程序变化的动作，无实物要真实准确。

第二，要有信念感，发挥想象，动作要符合生活逻辑，有分寸感。

第三，通过微妙的表演，反映出一定的生活情趣。

第四，要反复练习，从不准确到准确，从困难到容易再到流畅、自然和美。

（二）感觉练习

每人做两组感觉练习，可以任选以下情境。

公共汽车站等车，不断变换规定情境：

拥挤的高峰，静悄悄之夜，或者是春、夏、秋、冬、雨、雪、风的情境。

吃 1~3 种水果或 1~3 种食物，表现出酸、甜、苦、辣、渴、饿、冷、热。

要求：

第一，感觉要真实、准确，能引起观众共鸣；

第二，富于想象力和信念感；

第三，有一定的变化和生活情趣。

（三）简单动作练习

可以任选以下 1~2 种情境。

等待，过桥，归来，写一封电报（信），准备高考，迷途，放哨，第一次发薪，第一次上班。

要求：

第一，组织能推动动作的规定情境；

第二，组织好一系列符合规定情境和人物任务的动作；

第三，表演要有生活情趣和一定的魅力；

第四，通过练习分析动作三要素：做什么、为什么、怎么做。

第五章　武术表演基本动作技能训练

武术动作技能训练是武术表演基础教学训练体系中的重要组成部分。武术动作技能训练不仅是单纯的武术动作、武打式的动作要领和要素训练，还是配合了舞台、影视武术表演的艺术创作规律，与各种类型、风格的艺术作品样式相符合，培养全能型表演人才的训练。它是培养动作演员的武术动作表演能力的专业练习，具有很好的训练价值和审美价值。武术动作技能训练不仅是武术表演的基础，也是演员在舞台上的一切动作的基础；不仅是武戏演员必须练习的课程，也是文戏演员不可缺少的基本功。如果没有武术动作技能的基础，武术表演的演员是很难胜任的。所以，武术动作技能训练是武术表演演员的必修课。

当然，武术表演动作技能不是一朝一夕可以练会的，要经过坚持不懈的艰苦训练，才能在舞台上运用自如，做到武术动作的手眼身法步，精神气力功；高难动作的轻、飘、高；实战动作的快、准、狠、美，才能展示武术的精神价值内涵及其传统文化魅力。由于武术基本动作具有技术难度，所以它对学生的身体素质条件要求较高，良好的身体素质条件是学习武术表演动作技能所必须具备的。所以，提高学生的身体素质应当放在训练的首要位置。

武术发展到今天，它的内容和形式有很大变化，其分类方法也不尽相同，既有按性质和功能进行分类的，也有按运动形式进行分类的。这些分类方法有利于展示现代武术的基本内容，区分武术技术特征的不同，揭示武术运动的某些规律和所属技术间的相互关系。现代武术与传统武术是一脉相承的，传统武术是现代武术的活水源头，现代武术吸取传统武术的技法结构，并在此基础上发展，在价值取向上发生了很大的变异。现代武术除了具有竞技价值和健身价值外，表演娱乐价值显得更为突出。

结合表演学理论知识和武术表演的内容特点，我们把武术表演动作技能训练分为基本动作技能训练、单人练习、对练练习、集体练习与实战动作练习。

第一节　武术基本动作技能训练

武术基本动作技能是武术的基本组成元素，是武术套路与格斗的基本单位，是武术表演的基础，是武术表演者的基本素质之一，因此武术基本动作技能的训练是非常重要的。武术基本动作技能既可以原地练习，也可以进行行进间练习；既可单人练习，也可集体练习。在练习时可加配音乐，这不仅能培养学生的乐感和节奏感，还能活跃练习的气氛，提高学生练习的积极性。武术基本动作包括手型、手法、步型、步法、腿法、跳跃、平衡等。武术动作的动作过程在很多武术教材中已有详细介绍，这里就不再进行阐述了，只简单地概括武术表演常见的一些动作。

一、基本手型与手法训练

武术套路手型和手法是上肢在进攻和防守时手的形状和上肢的运动方法，属于武术踢、打、摔、拿“四击”技术中内容最丰富的一类。中国的武术拳种流派众多，其手型、手法各异，方法众多、变化奇巧。手型主要有拳、掌、勾、爪等，手法主要有冲拳、架拳、推掌、亮掌、蝶掌等。手型手法训练是运用拳、掌、勾等手型，结合上肢冲、架、推、亮等运动方法，操练上肢手法的基本规律。

二、基本步型与步法训练

步型和步法是武术各类技术的基础。可以说，武术的踢、打、摔、拿各类技术都是在步型和步法的基础上完成的。步型主要有弓步、马步、仆步、虚步等，步法主要有上步、退步、闪步、垫步等。步型和步法与武术各类技术有机结合，才能达到武术进攻和防守的目的。步型步法训练主要是增进腿部的速度和力量，以提高两腿移动转换的灵活性和稳固性。

三、基本腿法训练

拳谚“手似两扇门，全凭腿打人”表明了腿法在武术中的重要作用。腿法属于武术技术中较有难度的一类，必须经过加大腿部运动幅度的柔韧性练习以及踢沙袋等硬度练习，腿法运用才能达到一定水平，从而随心所欲地进攻和防守。腿法按其运动形式可分为直摆性腿法，如正踢腿、外摆腿；伸屈性腿法，如弹腿、蹬腿；扫转性腿法，如前扫腿、后扫腿；击响性腿法，如前拍脚、里合腿击响等。腿法训练主要是发展腿部的柔韧性、灵活性和力量等素质。

柔韧性练习是武术基本功练习的一种，有十分丰富的练习方法和具体的要求。练习目的是提高肩、腰、髋等大关节的柔韧性，加大关节运动幅度并使之有力度，为正确地完成腿法技术动作奠定基础。

腰部柔韧性的练习方法主要有向前的“俯腰”、向后的“下腰”和翻转的“涮腰”等练习方法。

腿部柔韧性的练习方法主要有压腿、耗腿、搬腿、踢腿、控腿等传统练习方法。

压腿指将脚跟或脚背放在一定高度的支撑物上，伸直膝关节，勾脚尖，然后上体反复下压。压腿的方法主要有正压腿、侧压腿、斜压腿、后压腿等。

耗腿指将腿压到一定程度时保持不动，待疼痛感逐渐减少后，再不断增加下压的程度。各种压腿到一定程度时都可以进行耗腿练习。

搬腿指由同伴帮助提高腿部柔韧性的练习方法。由同伴抓住被压腿的脚，抬到一定高度后进行推压。各种压腿到一定程度时都可以由同伴帮助进行搬腿的练习。

踢腿指在压腿、耗腿、搬腿等静力性的练习之后进行的动力性摆踢腿的练习，有原地踢腿和行进间踢腿两种练习形式，目的是使腿部既柔又韧。主要方法有摆踢腿、正踢腿、侧踢腿、斜踢腿、外摆腿、里合腿、后踢腿等。各种踢腿均要求过腰后加速，踢起快，落地轻。

控腿指把腿高抬起并保持一定高度不动的练习方法，目的是增强腿部的力量和控制能力。控腿的主要方法有前控腿、侧控腿、后控腿等。

另外，腿部柔韧性的传统练习方法还有吊腿、撕腿等。

为尽快提高腿部的柔韧性，使腿部既柔又韧，练习者在使用上述各种练习方法时必须注意“动静结合”的练习原则，把压腿、耗腿、搬腿等抻拉性的练习和踢腿、控腿等速度、力量性的练习结合起来进行；同时腿部柔韧性的练习要循序渐进、持之以恒、坚持不懈，要特别注意一次练习的运动量不能太大，练习腿法前一定要做好准备活动，以免肌肉拉伤；另外，由于腿法不容易控制力量和准确度，因此练习者要禁止打闹，注意安全。

四、跳跃腾空动作训练

跳跃腾空是两脚蹬地起跳、身体在腾空时完成攻防招数的各种动作，是武术中难度较大的一类技术。跳跃腾空技术主要有四类：屈伸与直摆跳跃，如腾空飞脚等动作；转体跳跃，如旋风脚等动作；旋翻跳跃，如侧空翻等动作；远窜跳跃，如大跃步前穿等动作。要做出有一定质量的武术跳跃动作，不仅需要有腿法基础，还需要有弹跳、协调等身体素质，以及腾空后对身体姿势和动作的自我控制能力。

跳跃技术不仅是武术套路中的重点与难点动作，在格斗实战中有时也可以取得出其不意的攻击效果。跳跃动作的训练对于增强腿部力量，提高弹跳能力具有很好的作用，是基本动作训练的组成部分之一。

五、平衡动作训练

平衡动作分为持久平衡和非持久平衡两种。持久平衡要求平衡动作完成后，保持两秒钟以上的静止状态；非持久平衡没有时间上的要求，只要求完成动作后出现静止状态。要做好平衡动作，不仅要求腰、髋有较好的柔韧性，而且要求肌肉控制力量较强。平衡动作的种类有很多，最基本的平衡动作有提膝平衡、侧身平衡、燕式平衡、仰身平衡、扣腿平衡、盘腿平衡。

第二节　武术格斗动作训练

武术概念中的格斗形式就是武术格斗，即两人按照一定的规则，运用踢、打、摔、拿、推、劈、击、刺等武术技法进行对抗和竞技的体育运动形式。武术格斗实战基本动作包括实战姿势、基本步法、打法、踢法、防守法、跌法等。在武术表演中，特别是在武打影视或舞台剧中，武术格斗动作是必不可缺的，武术格斗动作不仅能充分表达武术的本质，而且能激发人们的斗志和精神。武术格斗动作的训练不仅能提高表演者的攻防格斗意识，也能提高表演者的安全意识，同时还能增强武术打斗的真实性和表演效果。

实战姿势是各种实战技法的起始和终止姿势。学练武术格斗先要练好这种姿势，熟练以后可以再做变化。另外，实战姿势的应用要视对手或不同的表演需求而定。

一、基本步法

格斗的基本步法首先是为了配合攻防动作的运用，以达到攻防效果；其次是为了保持动态中的身体平衡与双方的有效距离。步法是格斗技术运用的基础，是构成单体技术的基本要素，“有招必有步”和“步动招随，招起步进”就是这个意思。格斗步法的总体要求是“快”“灵”“变”。“快”是指步法移动要迅速；“灵”是指步法移动要轻灵，有弹性，不僵滞；“变”是指步法在运用中能随机应变，转换自如。基本步法包括：进步、垫步、迈步、退步、闪步、侧跨步、撤步、收步、插步、转换步、跳闪步、纵步、上步。

二、基本打法

打法是格斗时上肢攻击的技法，是中、近距离格斗的主要技法，包括拳法、掌法和肘法。

拳法是武术徒手格斗中打法的一项重要技术，在中、近距离徒手格斗中使用得非常频繁，主要用于攻击头及躯干。其攻击方法主要包括直线型和弧线型两种。拳法主要包括冲拳、掼拳、抄拳和鞭拳。

冲拳属直线型攻击方法，一般分为左冲拳和右冲拳两种，着力点为拳峰，攻击部位主要是对方的头部和躯干。冲拳是中、近距离攻击的主要手段之一，速度快、力量大，能给对手造成重创，因此在徒手格斗中的使用频率较高。

掼拳属于弧线型拳法，从侧面横向击打对方，其动作突然、力量大，同样是一种攻击性很强的拳法。

抄拳在徒手格斗技术中属近距离攻击的拳法，分为左抄拳和右抄拳两种，主要运用于双方近身对抗或缠抱时，既可单独使用，也可与其他拳法配合使用。

鞭拳是一种弧线型拳法，一般结合步法加转身的动作。由于其动作隐蔽，打击的力量大，所以往往在格斗中会起到出奇制胜的效果。

掌法也是徒手格斗中打法的一项重要技术，与拳法类似，常在中、近距离格斗中使用，多用于攻击人体较为薄弱的部位，如颈、喉、眼等。掌法主要包括推掌、砍掌和插掌。

肘法主要运用于近距离攻击。由于肘关节非常坚硬，所以它往往会给对手造成较大伤害，主要攻击部位为头部、躯干。肘法主要包括顶肘、横肘、挑肘以及砸肘。

踢是格斗时下肢攻击的技法，是格斗的首技，其攻击力量大、距离变化多、击打范围广，主要有蹬踢（腿）、踹踢（腿）、弹踢（腿）、转身踢（腿）法等。

蹬踢属直线型攻击腿法，主要用于直接进攻或缠抱、相互击打时摆脱对方，也可以用来破解对方弧线性踢法，在格斗中使用频率较高。

踹踢是一种直线型攻击腿法，可分为左踹踢、右踹踢。由于踹踢速度快、力量大，可在中、远距离直接攻击对方的头部、躯干和腿部，也可结合多种技法进行攻击，因而被广泛运用于进攻和防守之中，是一种在格斗中使用频率非常高的腿法。

弹踢包括正弹踢和鞭腿两种，属于屈伸性攻击腿法。由于其速度快、力量大，杀伤力强，所以它在格斗中往往被视为主要攻击武器。

转身踢包括转身后摆腿和转身后蹬腿。转身后摆腿是一种横向击打的弧线型腿法。这种腿法运行路线长，动作力量大，杀伤力强，运用时往往还可以配合假动作做掩护，在反击时运用，能使对方防不胜防。转身后蹬腿是一种直线型攻击腿法。此种腿法攻击距离远，且具有突然性，常可出其不意，克敌制胜。

三、基本膝法

进攻时主要以屈膝时所形成的膝尖部位为攻击面，即膝尖及其左、右侧锋和上、下两锋。其中，膝尖及其上、下两锋运用较多。运用膝法时，屈膝角度不宜过大或过小。屈膝角度过大，膝关节所形成的锋不突出，力不能聚；

屈膝角度过小，腿部肌肉紧张，影响灵活性。理想的屈膝角度以大小腿夹角35~45度为宜。膝法主要包括顶膝和撞膝两种。

四、防守法

防守是相对进攻而言的，它是用来保护自己不受到对方攻击的方法，但不是单纯的消极防御。在实战中不仅要选择正确的防守技术，更重要的是要为反击创造条件，格斗讲究有攻有守，攻守兼备。

在徒手格斗技术中，防守方法分为接触性防守与不接触性防守两种，前者有拍、格、挡、架等手段，后者有闪、潜、摆等方法。

接触性防守是较为普遍的防守方法。在对方攻击我方的过程中，我方利用手、臂、肘、膝、脚等进行拍、挂、挡、抄，在与对方肢体相接触的瞬间，改变其攻击路线或阻扰其攻击目标，使对手的攻击落空。接触性防守主要包括拍挡、挂挡、外抄、里抄、外挂、里挂、掩肘、阻挡、阻截。

非接触性防守以躲闪潜避等方法在不与对方身体接触的情况下，以快速的移位避开对方的攻击，使对方的攻击落空。这种防守通常情况下能使我方有效接近对方并给予重击。非接触性防守需要灵活的步法、身法相配合。非接触性防守主要包括提膝、收腿、后闪、侧闪、潜闪。

五、防守反击技术

防守反击是在防守的基础上进行的，在实施反击时，要正确判断与对手之间的距离，并根据对手的情况，掌握反击的时机，采用相应的反击动作，过早或过晚都将失去意义。

接触性防守反击主要包括拍挡反击、挂挡反击、外挂反击、阻截反击。非接触性防守反击主要包括收腿反击、侧闪反击、潜闪反击。

双方对峙，当对手用冲拳进攻面部时，应下蹲躲闪开对方进攻，随即以抄拳反击。

六、摔法

摔法是武术格斗技术体系中的重要内容之一，它在格斗中的成功运用以及协同其他技法的配合将会使对方攻击受阻，攻击力减弱或丧失。摔法主要分为接招摔和贴身摔两大类。接招摔是针对进攻方各种拳法、腿法的攻击而采取接抱腿，然后摔倒对方的方法；贴身摔是在双方抱缠时，通过挟颈、挟臂、抱腰等各种贴身技巧摔倒对方。

七、跌扑滚翻

在武术格斗的对抗中，经常会出现受到攻击的一方摔倒的情况，还会出现两人纠缠在一起先后倒地的情况。如果不能掌握正确的倒地自我保护方法，就容易受到损伤。因此，跌扑滚翻自我保护技术是学习摔法的基本功，是必须掌握的辅助练习。跌扑滚翻练习对于培养前庭器官的稳定性，以及提高协调、灵巧、速度力量等素质都起到良好的作用。跌扑滚翻主要包括：前滚翻、后滚翻、鱼跃抢背、前倒、后倒、左右侧倒、抢背前滚翻、栽碑倒地、鲤鱼打挺、乌龙绞柱。

第三节　单人练习

单人演练是武术表演的重要方式和内容，包括拳术训练与器械训练。

一、拳术训练

拳术是武术的主要内容，多指徒手套路，是武术表演的基础和主要组成部分。武术拳种纷纭、流派众多，据 1979 年全国挖掘整理武术遗产资料显示，依据拳流有序、拳理明晰、风格独特、自成体系等原则确定全国共有 129 个拳种。当然，不同的拳种不但有不同的拳术套路，而且有不同的器械套路。流传较为广泛且具有代表性的拳种有长拳、太极拳、南拳、形意拳、八卦掌、通背拳、螳螂拳、八极拳、翻子拳、劈挂拳、少林拳、戳脚等。

（一）长拳

长拳是一种姿势舒展、动作灵活、快速有力、节奏分明，并有蹿蹦跳跃、闪展腾挪、起伏转折和跌扑滚翻等动作与技术的拳术。它主要包括拳、掌、勾三种手型，弓、马、仆、虚、歇五种步型，一定数量的拳法、掌法、肘法，屈伸、直摆、扫转等不同组别的腿法，以及平衡、跳跃、跌扑、滚翻动作。长拳技术以姿势、方法、身法、眼法、精神、劲力、呼吸、节奏为八要素。长拳套路主要包括适应普及的初级套路、中级套路，以及适应竞赛的规定套路和自选套路。

（二）太极拳

太极拳是一种柔和、缓慢、轻灵的拳术。它以棚、捋、挤、按、采、挒、肘、靠、进、退、顾、盼、定等为基本方法。各式太极拳均要求：第一，静心用意，以意识引导动作，动作与呼吸紧密配合，呼吸平稳，深匀自然；第二，中正安舒，柔和缓慢，身体保持舒松自然，不偏不倚，动作绵绵不断，轻柔自然；第三，动作弧形，圆活不滞，同时以腰为轴，上下相随，周身形成一个整体；第四，连贯协调，虚实分明，动作之间衔接和顺，处处分清虚实，重心保持稳定；第五，轻灵沉着，刚柔相济，动作不浮不僵，外柔内刚，发劲完整。传统的太极拳有陈式、杨式、吴式、孙式和武式等。

（三）南拳

南拳是流传于我国南方各地诸拳种的统称。拳种流派颇多，广东有洪、刘、蔡、李、莫等家，福建有咏春、五祖等派。其特点是拳势刚烈、步法稳固，多桥法，擅标手，常以发声吐气助发力、助拳势。

（四）形意拳

形意拳是以三体式为基本桩法，以五行拳（劈、崩、钻、炮、横五拳）和十二形拳（龙、虎、猴、马、龟、鸡、鹞、燕、蛇、骀、鹰、熊十二形）为基本拳法的拳术。其特点是动作整齐简练，严密紧凑，发力沉着，朴实明快。

（五）八卦掌

八卦掌是一种将攻防技术融合于绕圈走转之中的拳术。它以站桩和行步为基本功，以绕圈走转为基本运动形式，步法以摆扣步为主，并包括推、托、带、领、扳、拦、截、扣等技法。八卦掌的八掌包括单换掌、双换掌、顺势掌、翻身掌、背身掌、磨身掌、回身掌、转身掌等。其特点是沿圆走转，势势相连，身灵步活，随走随变。

（六）通背拳

通背拳“腰背发力，放长击远，通肩达臂”，故名通背拳。其手法以摔、拍、穿、劈、钻为主，讲求圈揽勾劫、削摩拨扇。其运动特点是出手为掌，击手成拳；腰背发力，放长击远；甩膀抖腕，立抡成圆；大开密合，击拍响亮，发力冷弹脆快。

（七）八极拳

八极拳是一种以挨、傍、挤、靠等贴身近攻作为主要内容的拳术。其套路结构短小精悍，发力刚脆。步法以震脚闯步为主，具有节短势险、刚猛暴烈、猛起硬落、逼身紧攻的短打类型的拳术特点。

（八）翻子拳

翻子拳是一种短促灵便、严密紧凑、拳法密集、出手脆快的拳术，其有“双拳密如雨，脆快一挂鞭”之称。主要拳法有冲、棚、豁、挑、托、滚、劈、叉、刁、裹、扣、搂、封、锁、盖、压等。其特点是步疾手密，闪摆取势，上下翻转，迅猛遒劲，双拳交替快捷，全套一气呵成。

（九）劈挂拳

劈挂拳是一种以猛劈硬挂为主，长击快打、兼容短手的拳术。其基本方法有滚、勒、劈、挂、斩、卸、剪、采、掠、摈、伸、收、摸、探、弹、砸、擂、猛十八字诀。练习者练习时要拧腰切胯，溜臂合腕，讲究滚勒劲、吞吐劲、劈挂劲、翻扯劲和辘轳劲等劲法。其特点是大开密合，猛起硬落，迅猛剽悍，双臂交劈，斜拦横击，吞吐含放，翻滚不息。

（十）少林拳

少林拳是少林武术的总称，因嵩山少林寺而得名。其特点是注重技击，立足实战，套路结构短小精悍，严密紧凑，巧妙而多变。动作起、落、进、退多为直来直往，出拳、出掌要求“曲而不直，直而不曲”。身法在定势时要正，在运动中应进退和顺，起落自然，变换灵活。步法要求轻灵敏捷，沉实稳固，劲力主刚，讲究刚健有力、勇猛快捷。少林拳的主要套路有少林五祖拳、小洪拳、大洪拳、罗汉拳、梅花拳、七星拳、柔拳等。

（十一）戳脚

戳脚是一种以腿法为主的拳术。基本腿法包括丁、挑、端、剪、拐、点、蹶、碾、蹬、圈、错、转等。步法有玉环步、转趾步、倒插步、旋转步等。其特点是架势开展，刚健快捷，灵活多变；以腰为主，脚力向下带臀发腿，向上带肩背发手。用法以腿为主，手脚并用，讲求“手是两扇门，全凭脚打人”“手打三分，脚踢七分”。其套路分为文趟子和武趟子。

（十二）地躺拳

地躺拳是以跌、扑、滚、翻等摔跌技术为主要内容的拳术。技巧性较强，动作难度也较高，全套中常出现抢背、盘腿跌、摔剪、乌龙绞柱、虎扑、栽碑、扑地蹦、鲤鱼打挺等动作及勾、剪、扫、绞等腿法。其特点是顺势而跌，旋即而起，卧地而击，高翻低滚，起伏闪避，一气呵成。

（十三）象形拳

象形拳是模仿某一动物的技能、特长和形态，或模仿某种特定人物的动作形态，结合攻防技法而编成的拳术。它具有以形取势、以意传神的特点，不仅重其形，而且重其意，心动形随，形象生动活泼，技巧性强，风格独特。流传较广的主要有醉拳、猴拳、螳螂拳、鹰爪拳、蛇拳、武松脱铐拳和铐手翻子拳等。

二、器械训练

器械是武术演练时练习者使用的器具或兵器的总称。器械的种类很多，可分为短器械、长器械、双器械和软器械四种。短器械主要有刀、剑、匕首等，长器械主要有棍、枪、大刀等，双器械主要有双刀、双剑、双钩、双枪、双鞭等，软器械主要有三节棍、九节鞭、绳标和流星锤等。竞赛表演中的主要器械项目有剑术、刀术、枪术、棍术、大刀、双刀、双剑、双钩、九节鞭、三节棍、绳标等。

（一）剑术

剑是短器械的一种。剑术主要以刺、点、撩、截、崩、挑等剑法，配合步型、步法等构成套路。其特点是轻快敏捷，潇洒飘逸，灵活多变，刚柔相济，富有韵律。

（二）刀术

刀是短器械的一种。刀术以劈、砍、斩、撩、扎、挂、刺等基本刀法为主，并配合各种步型、步法、跳跃等动作构成套路。其特点是勇猛快速，气势逼人，刚劲有力，雄健剽悍。

（三）枪术

枪是长器械的一种。枪术主要以拦、拿、扎、崩、点、穿、挑、云、劈等枪法，配合各种步型、步法、跳跃构成套路。其特点是力贯枪尖，走势开展，上下翻飞，变幻莫测。

（四）棍术

棍是长器械的一种。棍术主要以抡、劈、扫、挂、戳、击、崩、点、云、拨、绞、挑等棍法，配合各种步型、步法、身法等构成套路。其特点是勇猛泼辣，横打一片，密集如雨，气势磅礴。

（五）大刀

大刀是长器械的一种，以劈、砍、斩等刀法为主，结合舞花等动作构成套路。练习者在演练中都是双手握持，以腰力发劲，一动一静地表现出雄浑威武、勇敢果断的气势。练习者在练习时要身械协调，劲力充沛。

（六）双刀

双刀是双器械的一种，以劈、斩、撩、绞等刀法结合双手左右缠头、左右腕花、交互抡劈等变化构成套路练习。这个项目要求练习者身械协调，步法必须与刀法上下相随，对上下肢的协调要求较高。双刀的特点是刀法密集，贴身严谨，左右兼顾。

（七）双剑

双剑是双器械的一种，主要以穿、挂、云、刺等剑法为主，结合身法、步法，双手交替变换而构成套路。其特点是身随剑动，步随身移，潇洒奔放，矫捷优美。

（八）双钩

双钩是双器械的一种，主要以勾、搂、锁、挂等方法构成套路。其特点是钩走浪式，身随钩走，钩随身活，身灵步轻，造型洒脱多变。

（九）九节鞭

九节鞭是软器械的一种，主要以抡、扫、缠、挂及各种舞花构成套路，主要动作有手花、腕花、缠臂、绕脖、背鞭等。其运动特点是鞭走顺劲，抡舞如轮，横飞竖打，势势相连。人们常以“抡起似车轮，舞起似钢棍”“收回一团，放走一片”来形容九节鞭的运动风格。

（十）三节棍

三节棍是软器械的一种，主要以抡、扫、劈、戳等棍法及舞花构成套路。其运动特点是轻巧灵便，能长能短，可伸可缩，软硬变换，勇猛泼辣，势如破竹。

（十一）绳标

绳标是软器械的一种，是以绳索缠绕着身体各部而变化出各种击法和技巧构成套路。主要动作有踢球、拐线、缠膝、十字披红、胸前挂印等。练习者在练习时须用巧劲，一根长索在身前、身后、腿部、肘部、颈部缠绕收放，出击自如，变幻莫测。绳标是技巧性较强的项目。

第四节　对练训练

一、对练的起源与沿革

武术在我国历史悠久，具有广泛的群众基础，是我们祖先在实际生活中不断积累和丰富起来的一项宝贵的民族文化遗产。人类的生产活动是最基本的实践活动，是决定其他一切活动的东西。武术，从一开始便是由生产所决定的。武术对练是武术项目之一，它是在各种武术单练项目的基础上，由两人或两人以上按照攻防格斗规律和预先编排好的套路所进行的假设性实战练习。对练包括徒手对练、器械对练、徒手与器械对练。

徒手对练是对练的一种，它是在人类生活实践中逐渐发展起来的。氏族公社时代，部落与部落之间经常发生战争，在战争中击远用弓箭、投掷器，一旦箭、投掷物用尽，或武器脱手，双方就要徒手搏斗，使用拳打、脚踢、躲闪、扭摔动作。激烈的生存搏斗，要求人们掌握一定的攻防格斗技能，能自觉而熟练地运用这种攻防格斗技能，这就是徒手对练起源的基础。

《史记》就记载了荆轲刺秦王时空手对匕首的搏斗场面。汉代的歌舞戏《东海黄公》根据剧情需要融入了空手夺刀的对打。宋代出现了勾栏瓦舍并把对练称作“打套子”，有枪对牌、剑对牌等，对练内容相当丰富。元代严禁百姓习武练艺，但在戏剧中套路技术仍有所保留，部分单练、对练等套路技术得以留存下来。明代称对练为“舞对”，“舞对”共分十等，每等都有明确的质量规定，从力度、击法、速度、配合熟练程度等诸方面加以严格考核，以衡量其技艺等级，这是对练逐步走向规范化的具体例证。民国时期的精武会曾设教潭腿、合战等拳术对练二十多路，以及对枪、单刀对大刀等器械对练五十多路。1936 年，第 11 届奥林匹克运动会在德国柏林举行，中国代表团的国术队先后在汉堡、柏林、法兰克福和慕尼黑进行表演，每场都博得了观众的热烈赞誉，不少项目要返场两三次，尤其是空手夺枪这一对练项目，常常要重复五六次，在世界竞技体坛上展示了风采。

新中国成立后武术获得新生，对练项目受到重视。从 1958 年在北京举行的全国武术运动会到 1976 年在哈尔滨举行的全国武术汇报表演大会的历年比赛中，均设有对练的表演项目。在 1979 年第四届全国运动会上，对练第一次被列为比赛项目。以后的历届全国比赛直到第九届全国运动会，对练一直是竞赛项目之一。在此期间，我国的武术代表团多次出国访问表演。在表演中，对练起到了举足轻重的作用，其中具有代表性的比赛和表演的对练项目有天津队和山西队的三人对打拳、安徽队的空手夺匕首、河北队和宁夏队的空手夺枪，河南队的双刀进枪、山东队和浙江队的三节棍对棍、吉林队的手梢子进枪、河北队的对刺剑、四川队的单刀进双枪、天津队的扑刀进枪等。表演者在演练中动作逼真，攻防紧凑，配合默契，技艺高超；内容有创新，演练水平较高，把武术徒手和器械对练推向一个新的发展阶段。

二、对练及其分类

对练是两人或两人以上，按照预定的程序进行的假设性实战演练。对练包括徒手对练、器械对练及徒手与器械对练。

徒手对练是运用踢、打、摔、拿等方法，按照攻防格斗的运动规律编成的拳术对练套路。有对打拳、对擒拿、南拳对练、形意拳对练等。

器械对练是由器械的劈、砍、击、刺等技击方法组成的对练套路，如单刀进枪、三节棍进棍、双匕首进枪、对刺剑等。

徒手与器械对练是一方徒手另一方持器械进行的攻防对练套路，如空手夺刀、空手夺棍、空手进双枪等。

三、徒手对练

（一）基本要求

武术的徒手对练是以技击动作为主要内容，由两人或两人以上按照攻防格斗规律和预先编排好的套路所进行的假设性的徒手实战练习。从这个意义上说，技击是徒手对练的本质属性，用套路形式来表现是它的运动方式。

1. 提高单练水平

要想练好徒手对练，练习者首先要提高不同拳种的单练水平，有时甚至要从不同拳种的基本动作、基本功抓起，这样才能演练好对练。

2. 表演者必须具备的素质

（1）良好的武德和坚强的意志品质。

（2）配合默契的协调能力。

（3）时间感觉、空间感觉和本体肌肉感觉要好。

（4）反应快，动作快，判断快。

（5）进攻、防守、还击的能力强。

3. 应做到“德为艺先”

武术作为一种技击技术特别要求练武之人必须具有仁爱之心，要有良好的武德规范。“武以德立”“德为艺先”，把武德放在首要位置是武术约定俗成的信条。武术攻防格斗技击功能，是一种战斗技术。这种技术既可以用来保家卫国、防身自卫、除暴安良、匡扶正义，也可以用来逞强斗狠、欺压别人、伤害无辜、行凶作恶。为了让练习者正确运用武术的技击功能，我们必须把我国优良的传统伦理精神融入武术之中，把它作为行为规范来促使习武者养成良好的道德习惯。

4. 对攻防意识的要求

徒手对练虽然是按照攻防格斗规律和预先编排好的套路进行假设性的徒手实战练习，但它也要求演练双方表现出良好的进攻和防守意识。武术对练以技击动作为主要内容，这样就要求练习者在对练时要做到有战斗气氛，打斗逼真，动作熟练，进攻时要做到速度快、力点准，防守时要做到动作顺、方法巧、还击快。例如，对方右摆拳打过来，我用左臂格挡，用右直拳快速打击对方面部，做到防守还击连续进行，这样才能攻防合理，意识逼真。虽然这是假设性实战演练，但人们会感觉到这是逼真的实打格斗。

（二）基本技术

中国武术博大精深，内容非常丰富，仅拳种就有 129 种之多。很多拳种在演练时动作、方法、风格特点是不同的，练习者在练习各种拳术对练时，也必须按照不同拳种的规律、特点来进行。例如，在练习长拳对练时，要做到手快捷、眼明锐、身灵活、步稳固、精充沛、气下沉、力顺达、功纯青，四击合法、以形喻势，同时要多体现出蹿、蹦、跳跃、跌扑、滚翻动作。在技击上我们强调长击速打，主动出击，以快制慢，以刚为主。当然，练习者在演练长拳对练时还要特别注意距离感和时间差。就距离而言，演练时如果过远，就会打不到对方，使动作过假，不逼真；如果过近，动作就做不出来，发挥不好。因此，练习者在演练时必须控制距离。同时，还要处理好时间差的问题，这在对练中也是非常重要的。

四、器械对练

（一）基本要求

1. 按照不同器械的方法进行器械对练

不同器械演练的技击方法各异，如刀术的主要动作方法是劈、砍、撩、挂、扎等，剑术的主要动作方法是刺、点、云、挂、劈，棍的主要动作方法是扫、抡、点、劈，枪的主要动作方法是拦、拿、扎、劈、绞、穿等。由于器械演练的技法方法不同，攻防的技击动作也有所不同。例如：我们在演练对刺剑时，就要突出动作美、意识逼真、配合默契、潇洒轻快等特点；练扑刀进枪时，就要勇猛剽悍；练三节棍进棍时，则要快速紧凑、气势逼人等。

2. 配合默契，意识逼真

在练习者演练器械对练时，我们常常能看见某些对练者在练习中配合默契，动作逼真，而有的却显得松散、不紧凑。究其原因，往往是演练者对对练技击方法的理解有差异，对对练中攻防的距离感和时间差认识不够。例如，在演练三节棍进棍做进攻扫头动作时，演练水平高的运动员能把三节棍贴着对方的头部和躯干进行扫抡，而在松散的对练中，演练的运动员在做同样的扫头动作时两人距离较远，对方即使不低头，三节棍也打不到他，这样的距离，根本谈不上动作紧凑，造成动作不紧凑的直接原因就是两人做动作的距离感不够。此外就是时间差的问题，如在演练扑刀进枪时，一般来说拿扑刀的运动员是甲方，拿枪的运动员是乙方，甲在做抹头动作时，乙应快速低头，但有时则会出现甲正要做抹头时乙却把头抬起来的情况。这除了说明他们平时练得不够外，还说明他们对时间差和出手的时机等处理得不好，配合不默契。

3. 要做到身、械协调

在训练和比赛中，我们经常可以看到有的运动员在演练器械动作时，会出现被器械误伤的情况，这说明其本身与器械不协调。因此，在训练中运动员要掌握器械运动规律，正确使用器械，做到身、械协调，这样才能练出高水平。

4. 进攻防守要合理

对练虽然是两人或两人以上按照攻防格斗规律和预先编排好的套路所进行的假设性实战练习，但也必须根据对方的进攻方法来防守，只有对方做出进攻动作之后才可进行防守或还击，否则会无的放矢，破坏套路结构。

（二）基本技术

1. 招式准确

武术对练套路是假设性地进攻、防守和还击，不是真砍实杀，这一点在器械对练中是非常重要的。持枪者既要使枪扎得惊险逼真，又要保证对方不受伤害，这就要求他能准确地掌握枪扎出后的方位。例如，上扎枪这个动作要扎对方的面侧、颈侧或耳际，切不可照直扎对方的面部或咽喉；又如，中平扎枪不能扎对方的腹部，要扎对方两腋下或左右肋侧；再如，对练刀中的抹头动作，既要表现出刀的勇猛快速，又要让练习者注意对练时的刀法，当刀即将接近对方背部时，右前臂稍外旋，使刀刃向斜上微翘起，随即用刀背沿着对方背部快速画弧下劈，这样才能既惊险又安全。

2. 器械的基本方法

刀术技法要做到步疾刀猛，即以敏捷的远跳、高纵和疾速的步法配合勇猛的刀法，这是刀术的最基本技法。在演练单刀进枪、双刀进枪、扑刀进枪时，拿刀的一方需要掌握好刀法中最主要的进攻动作，使劈、砍、抹充分表现出威武剽悍，锐不可当，讲求力大、快疾、猛狠、干净利落。

劈刀属进攻性刀法，是使刀由上向下挥动。动作要求手臂向上挥起时臂与刀在同一垂面上；向下劈刀时要松肩伸臂，臂、刀成一直线，力从腰发，达于刀刃。劈刀分左抡劈刀、右抡劈刀和后抡劈刀。

枪术技法要做到枪扎一线，即枪之利在尖，枪以扎为主。枪扎一线是扎枪的基本要求。对练时练习者首先要突出枪扎一线的特点，其次要注意扎枪的准确性，器械对练是假设性的进攻、防守，既要动作逼真，更要注意安全。

扎枪属进攻性枪法。练习者在扎枪之前，前手虎口向前握枪身中段，后手虎口向前握枪把。扎枪时后手向前推送，前手要随之松握并控制高度和方向。枪扎出后，后手要触及前手，力达枪尖，枪头要颤抖。扎枪多在半马步蹬转至弓步等步型变换时或与步法配合时进行，以使腿、腰、臂的力量直达枪尖。扎枪因出枪高度和握法不同有多种方式，如上平枪、中平枪、下平枪、低平枪、反把上扎枪和反把下扎枪等。

五、徒手与器械对练

（一）基本要求

徒手与器械对练以一方徒手、另一方手持器械的形式出现，如空手夺刀、空手夺匕首、空手夺枪、空手进双枪、空手对单刀枪等。

1. 扎实的基本功

对练是在各种单练技术基础上发展起来的，也就是说，要想演练好对练，就必须有较好的单练基础。比如，要想练好空手夺刀、空手夺枪等对练，就要先练好刀术的劈、砍、扎等动作。这样在演练时拿刀的运动员才敢下手做动作，对方也才敢进行配合演练。否则，双方均有心理负担，动作是做不好的。又如，在练习空手夺枪时，拿枪的一方更需要具有精益求精的技术。因为对练是假设性的攻防练习，运动员应该做到想扎到什么位置就能扎到什么位置。如前所述，上平扎枪应扎到颈部两侧、中平扎枪应扎到腋下或肋下，如果没有扎实的基本功，就谈不上高水平的对练，相反还可能出现伤害事故。

2. 较强的协调能力

武术运动员需要有较好的协调性，练习空手对器械的运动员，更需要较强的协调能力。可以这样说，练习空手对器械对练比徒手对练、器械对练要难，也比较费功夫。教练在选择运动员练习空手对器械对练时，首先要考虑他的自身能力如何。因为徒手一方需要闪躲敏捷，动作轻巧；持器械的一方要熟练掌握器械的性能及其使用方法。因此，协调性好也是练好徒手对器械对练的前提。

3. 良好的心理素质

运动员在竞技场上要想发挥出较高的技术水平，心理因素很重要。同样，武术运动员特别是练习徒手对器械对练的运动员，心理素质要更好。运动员一方面要努力追求基本动作的扎实性和技术的熟练性，另一方面也要加强心理素质的培养，真正做到“艺高人胆大”“胆大艺更高”。

（二）基本技术

演练好徒手与器械对练的前提是双方都要较好地掌握徒手的基本技术、器械的基本技术和方法。这些技术方法有刀术的劈、砍、抹、扎，枪术的扎，棍术的抡、扫等，以及拳术的各种基本技术动作。这些都是演练好徒手与器械对练的基础。

六、对练技术分析及训练

对练是在单练中已掌握了攻防技能的基础上进行的，要求练习者的攻防配合严谨、神态逼真、气氛激烈，给人以强烈的感染力。

对练有双人和多人徒手对练、器械对练、徒手与器械对练几种，由于项目不同、所持器械不同、运动员的个体差异和表演中的艺术处理方式不同，对练的演练风格各异，异彩纷呈。

尽管对练的项目、内容和演练风格多样，但我们还是能够找到它们共性的技法规律。

（一）对练的技术特点

由于对练是两人或多人按预先设计好的动作程序来进行的假设性实战演练，对练技术具有两个方面的突出特点：一是配合必须默契、严谨、熟练，二是要以假当真、假中见真。

1. 配合默契

第一，攻法夸张、防法紧凑。对练的演练以表现攻防技能为核心，不同于对抗实战。只有套路中设计好的攻防方法让观众看清楚、看明白，才能达到目的和取得效果。所以练习者在完成攻防动作时要有适度的夸张和预示动作，如欲向左先向右、欲前冲必先后引、欲向上先向下、手脚未动眼睛先行等技法，练习者要用形体动作和眼神加强其表现力，使攻防动作更加突出。同时形体和眼神的夸张和预示动作也是攻防双方默契的信息先兆，是攻防配合的纽带，是攻防配合中的重要技法。

第二，攻防定位、消除妄动。对练双方的攻防动作都是按预先设计好的程序进行，首先是以双方各自能准确地完成攻防动作为基础，要求彼此的动作准确到位，而且相对固定。在训练中建立巩固、熟练的攻防定位的动力定型，是配合严谨的重要前提。进攻一方踢打击刺、抓拿抱缠的部位一定要准，防守一方要及时到位。在对练过程中攻方要在守方未及防守时不伤及对方，防守一方当攻方攻击不到位时也不妄动。

第三，攻防运动有律、节奏鲜明。对练套路演练的速度、节奏是有规律的，攻防双方都必须按律而动，通过训练要建立巩固、熟练的运动节奏，任何一方都不得破坏和改变已建立的运动节律，即便是在演练中要表现变换节奏、出奇招制敌的各种技法，也都必须是事先设计好的、经过反复训练形成的固定节律，绝不能由任何一方临时任意发挥和改变。所以，训练形成固定的运动节律，是对练配合熟练、紧凑、高度自动化的重要原则之一。

第四，主动控制、被动顺势。这是对练配合默契的又一条法则。主动攻击一方的用力是有控制的，以不给对方完成防守动作造成不利影响为度，防守一方也必须处在适度顺应的位置上，而不是硬性抵抗，在表现受攻被击时要被动顺势、予以配合，以不影响对方紧接着完成下一个动作为原则。对练双方要在训练过程中彼此相互适应，形成适合的相互用力方式和用力程度，特别是在表现被摔、被拿的动作和让对方做出闪身、仰身等动作时，配合不当不但会使表演有失水准，而且容易发生伤害事故。

2. 以假为真、假中见真

第一，攻击目标转移。对练中的攻击目标常以假为真，把攻击人体的真正目标进行了转移，把转移后的目标当成真正的目标来进行攻击，这是与对抗实战大不相同的地方。目标转移是为了确保练习的安全，真正攻击是为了掌握攻击技能，二者的结合使对练演练把保证安全与表现攻防技能统一起来，套路是假设的，而功夫还是真实的，如此在假中见真。

对练中对人体的攻击目标进行转移的情况是很多的，如对颈部扎枪的目标不是喉，而要瞄准颈部两侧的外缘，以贴皮擦肉而不扎伤为最佳，对躯干、腿等各部均如此；大刀、朴刀、单刀、棍等器械的蒙头动作，目标不在头，而在后背、肩背部位；擒拿动作的锁喉、拿穴、反锁关节，都避开了要害部位和角度；击打面部时目标应确定在面前寸许的空间部位，等等。对这些转移后的目标，练习者要当成真正的目标来攻击，既准又狠，才能使对练的攻防表现得真实、凶狠，以假当真。练习者要通过系统的训练，练出高度的控制能力、准确性、稳定性、速度劲力。这些功夫的确应该是真的，这就是要假中见真。

第二，攻防时空控制。在对练中表现阻止防守时，攻方要“重挥轻落”；在防方采用闪躲防守时，攻方要“松挥力过”“先留后过”。这不但是技击实战的要诀，也是对练套路演练配合逼真的要诀。

对练套路虽然是预定程序，但在演练时攻防双方不是在背诵固定的程序，而是要在攻防转换的过程中表现出真实性，并配合严谨。进攻一方未发招，防守一方绝不能提前做出防守动作，攻击一方也须见防守一方开始有动作反应，才能把动作做实而加速发招。因此，在对练训练过程中攻防双方要努力培养和提高“彼不动我不动，彼一动我先动”的观察能力与反应能力，使假设的攻防动作程序配合得严谨而真实，这是对练演练技法中以假当真、假中见真的又一重要技法原则。

第三，神定、步稳、招准、意狠。这是从总体上讲使对练的演练表现得真实、生动的技术要领。武术讲究神为统帅、身为驱使、步不快则拳慢、步不稳则拳乱，神定、步稳是招准、意狠的先决条件，只有神定、步稳、招准、意狠，才能充分体现武术对练的特殊气质及其真实性。“外练手眼身法步，内修心神意念足”，这是练好对练必须具备的一种意识与修养。

“外行看热闹，内行看门道”，对练的以假当真、假中见真是评价对练水平高低的“门道”和要害，也是对练技术训练的重点。

（二）对练的演练风格

1. 方法准确、攻防合理

对练包括的内容丰富、项目繁多，由于拳种的不同、器械的不同，其演练的风格各异。如：形意拳对打多拳少腿、手法密集紧凑、攻守严密，长拳对打舒展开放、起伏转折、跌扑滚翻、用腿频繁；南拳对打粗犷有力、节奏铿锵；剑的对练灵活潇洒、刚柔相济、姿势优美；空手对枪枪法密集、快速、准确；刀、棍类的对练勇猛凶狠、激烈惊险；三节棍对枪、棍刚猛紧张，等等。不同拳种、不同器械都必须符合自身项目的特点和规律，剑不能当刀用，枪也不能当棍用，南拳对练应有南拳的技法特点，长拳对练应有长拳的技法特点等。总而言之，方法准确、攻防合理是它们共同的要求。

2. 动作熟练、配合严密

对练是在单人已掌握了攻防技能的基础上进行的两人或多人的配合练习，配合的熟练、严密程度是反映对练训练水平的重要标志。高水平的对练套路演练应该是动作熟练、配合严密的。

3. 内容充实、结构紧凑

对练套路是事先设计编排好的艺术作品，其内容是否充实、结构是否合理紧凑，直接影响着演练的效果。一个好的对练套路一定要表现出丰富的攻防技法内容和巧妙合理的攻防招式，整套结构安排恰当，紧凑连贯，一气呵成。

4. 意识逼真、风格突出

以假当真、假中见真是对练的重要技法内容和要求，是反映对练水平层次高低的重要标志，突出的风格、逼真的意识，能使对练具有强烈的感染力和良好的表演效果。

以上四点是对练评分规则的四条标准，它集中反映了对练应具备的共性的演练风格，也是教练指导对练技术训练的依据。

（三）对练的技术训练

对练训练应先进行单人攻防技术训练，再做两人或两人以上的攻防配合技术训练，最后进行套路演练技术训练。

1. 单人攻防技术训练

单人攻防技能是构成对练技术的基础，练习者在单练套路训练中获得的攻防技能，要在对练中得以发挥并不是轻而易举的事，必须经过一个训练转化过程。单练技术中的攻防只有假设想象的目标，而对练中却有具体的目标，活生生的对手会给攻击和防守带来心理压力，而且在对具体目标攻击、防守的过程中，练习者对自身拳脚和器械的控制程度要比个人单练时要求更为精确。练习者一般都必须经过专门的、对目标进行攻击的单独训练，以及专门防守和抗击打能力训练，如打靶人，扎木桩，劈、砍物靶，摔跌自我保护，适应击打贴擦等练习。这些训练是提高配合技术的可靠保证，特别是一些高难度的腾空、翻转等攻防动作，更需要个人熟练地掌握了这些动作之后再进入配合练习。

2. 攻防配合技术训练

对练的攻防配合技术是有自身的特殊规律的，如在阻止防守时攻方的“重挥轻落”“攻防定位”，内躲防守中攻方的“松挥力过”，以及攻防双方的“夸张默契”“彼不动我不动、彼一动我先动”等技法，都必须在攻防的实际练习中去体会和掌握，这是对练的特殊技术。

练习可分为一招一式的攻防配合练习、不同攻防动作数量的组合配合练习、不同训练目的的组合练习、重点和难点动作的配合练习等。练习以采用重复训练法为主，包括成组的重复训练、间歇训练等。

在训练过程中练习者要注意提高稳定性、准确性、真实性和相互的适应能力，增进相互的了解和信任，形成默契配合的运动节律。

3. 对练套路演练技术训练

对练套路演练技术训练是指按套路表演设计方案进行的分段练习、整套练习，以及在训练过程中对表演方案进行修改、调整，最后形成完整的套路演练风格的训练过程。

在整套演练训练中，重点要解决的是对练表演意识，节奏处理，套路完整性、稳定性、成功率等问题。

第一，分段练习。这里的分段练习是指按表演设计方案的节奏、气氛及中心思想来划分的训练段落，以及为了训练的特殊需要来划分的段落。练习者要通过训练使每个段落逐一落实并实施总体的演练构想。分段练习是必要的训练手段，以重复训练法为主，以突出局部的演练效果，强化改进局部配合演练的质量水准，保证练习者在整套演练中能发挥水平。根据不同的目的和任务，分段练习分为重点段、难点段、高潮段、起势段、收势段等。

第二，整套练习。整套练习是以全力按整套演练理想的设计要求进行完整的、一气呵成的演练练习为主的一种训练手段。表演、竞赛套路一般动作难度较大，运动强度较大，紧张、激烈程度较高，练习需付出较大的体能，一次训练课不能承受过多的全力以赴的整套训练，一个训练阶段也不宜安排过多的这种训练，要根据不同训练期的任务进行安排，与组合训练、分段训练结合进行。练习者还可以采用不同强度与多种体力分配方式来进行整套练习，以达到完善整套演练的效果，形成最佳的节奏处理方案。

第五节　集体项目

一、集体项目的起源与沿革

集体项目是武术表演、竞赛项目之一，各种拳术、器械都可以进行集体演练。它是集体进行徒手、器械或徒手与器械的演练。集体项目在竞赛中通常要求 6 人以上，既可变换队形、图案，也可用音乐伴奏，要求队形整齐，动作协调一致。

中国早在周代就有武舞，著名的“大武舞”表现了武王克商的过程与功绩。大武舞是表演者手执武器，编为队列，象征战阵。孔子云:“夹振之而四伐。”郑玄注曰:“夹振之者，王与大将夹武者，振铎以为节也”，“每奏四伐。一击一刺为一伐”。手持武器，一击一刺，属于武舞的范畴。

唐朝建立以后，特别是初唐到天宝十四年（755 年）这 130 多年，和汉代兴盛时期一样，是中国封建社会中最强盛的一个时期。这一时期政治局势比较稳定，经济繁荣，国力强盛，对外贸易发达，文化交流频繁，这些都为武艺的发展创造了条件。器械套路技艺的提高以及《秦王破阵乐》等武舞艺术的出现，对以后武术集体项目的发展都有一定的影响。

宋代的套路技术，由于表演及训练需要，发展甚快，除对练套路表演外，还有集体武术套路表演。“表演引百余人，各执木棹刀一口，成行列。击锣者指呼，各拜舞起居毕。喝喊变阵数次，最后成一字阵。两两出阵格斗，做夺刀击刺之态百端讫。一个弃刀在地，就地掷身，背著地有声，谓之‘板落’。如是数十对”。①

清代，民间还利用节日集会表演武术，如北方的“武会”就有“百蜡杆会”“开路会”“少林棍会”等集体表演。《都门琐记》载:“白蜡杆者，矛也，以白木为棍，光滑如蜡，故名。今各数十人，人持一杆，至场赛技，尽诸击刺之法，分合变化，数百杆如一杆，忽左忽右，观者目追瞬之而不能及。”

1949 年后，武术运动得到了很大的发展和提高，与此同时，集体项目作为武术内容之一，从表演到被列为竞赛项目，集体项目的形式和内容以及运动技术水平也都有很大提高。1960 年底，周恩来总理率中国政府代表团访问缅甸，中国武术队随团同往表演，其中集体剑术表演颇受欢迎和好评。

1975 年，第三届全国运动会在北京举行。参赛者除了以规定拳、自选拳、规定枪、自选器械和表演项目五项总分取全能名次外，也可取团体、集体项目名次。从此武术集体项目得到发展，如北京队、浙江队的集体拳术，湖北队的集体九节鞭，宁夏队的集体大刀，上海队的集体剑术，广西队的集体南棍等，内容丰富，各具特色。

1988 年，全国武术锦标赛在竞赛规程中明确规定每个男、女队都必须参加除六项全能以外的集体项目，同时要求将集体项目的分数计到每队的团体总分中，这项规定一直延续到 1997 年。

1998 年 10 月 15 日，中国武术协会为了纪念邓小平题词“太极拳好”，在天安门广场举行了万人太极拳表演，集体表演了杨式、陈式、孙式、吴式等太

① 孟元老. 东京梦华录[M]. 王永宽，注译. 郑州：中州古籍出版社，2017：133-134.

极拳，这是千年武术中最壮观的一幕场景。

二、基本要求

（一）培养集体主义和团结协作的精神

集体项目是指6人以上徒手或器械的集体练习。集体项目动作的典型特点就是6名以上运动员都要以集体主义精神和谐一致地参加全队动作。因此，在集体项目的练习中，教练要加强组织纪律性，严格要求保证练习者高质量地完成动作。另外，运动员的动作要达到整齐划一的效果，进而体现团结协作的精神。即使要加一些难度动作，这些难度动作也必须是全体运动员都能做到的，这样才能突出集体项目的特点。

（二）集体项目的编排

1. 动作的选择与难度要求

动作的选择一般应遵循难度适中的原则。有难度的动作太少，不能体现较高的水平，也不容易引起观众的共鸣。如果想加些难度较大的动作，可以编排在2人一组、3人一组的动作里，这样既不影响整齐，也体现了集体项目的难度。

2. 队形多变，图案美观

集体项目不仅要做到技术准确熟练、整齐划一，而且也必须考虑到队形多变的原则。集体项目的队形不仅有行进间做动作图形的两路纵队，还有方形、三角形、圆形、菱形。线路有竖线、横线、斜线（三者均为直线）、弧线等。队形变化要新颖美观，合理流畅，由此衬托集体演练场面的情绪和气氛，产生良好的空间整体感。例如：在直线队形时练习者做整齐划一的单一直线运动动作，将使人感到刚健、有力；在密集的三角队形时编排一些节奏性较强的一致性动作，将显示出一种勇往直前的集体力量。队形的变化有三种形式。

第一，队形直接变化。即从一个队形直接变化成另一个队形，这是最简单、最常用的，也是变化最快的一种方式。

第二，先分散再集中的变化。即一个队形先经过不规则的移动分散，出现非常短暂的无清晰队形状态或不规则的队形状态，然后集中，即刻出现一个新的队形。

第三，边移动边变化。即一个队形通过队形移动有规则地变成另一个队形，如从大圆形经过小圆形按照顺时针方向移动，变成一斜直线队形。

（三）技术准确熟练，队伍整齐划一

演练集体项目除了要注重队形的变化之外，还要特别强调技术准确和动作规格化。练习者要在动作规范的前提下，做到整齐划一，充分展示某一个项目的风格和特点，使演练技艺达到较高的水平。

（四）配乐是集体项目完善的体现

音乐是通过有组织的音符来表达人们的思想感情和反映社会现实生活的一种艺术。它不仅被人们喜爱和欣赏，而且随着社会的进步，已被广泛地运用于竞技体育和教学训练中，成为组织教学训练的一种辅助手段。实践证明，音乐对人体运动能产生良好的影响。

音乐与武术集体项目的有机结合，可以达到更好的表演艺术效果。集体项目表演经常是场面开阔、威武雄壮、扣人心弦的，再配上节奏明快、具有相应特色的中国古典音乐和民族音乐，以及适宜的服饰，可使人获得舒畅、优雅的美好感受，同时也能振奋精神，达到最佳效果。

第六章　武术表演打斗技巧训练

“技巧”一词源于希腊语“伶俐”，用来形容掌握纵跳、平衡和力量的人。它恰当地概括了技巧动作的特征。技巧是指表现在艺术、工艺、体育等方面的巧妙的技能，如“绘画技巧”；或者指有技巧性的运动，如“技巧比赛”；或者就是基本方法的灵巧运用，应该属于“方法”的范畴，主要指对一种生活或工作方法的熟练和灵活运用。

武术表演打斗技巧是指在武术表演打斗过程中，为安全地完成打斗动作效果的巧妙技术方法。这种技巧是为了帮助演员有步骤地、安全地完成舞台错觉，制造良好的舞台表演效果。打斗表演双方一定要严格地、丝毫不走样地按照排练确定的动作和节奏进行表演，在使用这些技巧时绝对不要即兴发挥，在掌握这些技巧的过程中不要单纯追求速度。武术打斗表演的双方要建立起一种高水准的合作关系。这种合作是在打斗表演双方相互配合，认真细致地训练基础上形成的。在打斗表演时，只有打斗双方建立起来这种默契的合作关系，才能使动作精益求精，更富有节奏感以及准确性，同时在完成动作技巧的过程中双方要能准确地把握控制好自己的力量与速度，这样在打斗表演时才能够避免动作的混乱或者失控。因此，只有武术表演者掌握良好的打斗技巧，才能在表演时相互完全信任地、挥洒自如地完成武术打斗动作，同时也能给观众带来惊险刺激、畅快淋漓的舞台打斗效果和视觉冲击。

系统、科学的武术表演打斗技巧训练也会促进呼吸的有效控制、肌体的松弛和高度控制，促进平衡能力、注意力以及快速反应能力等。实践证明在经过有效打斗技巧的训练以后，表演者会发现他们在舞台上的表演能力会因为这些能力的增强而提高。

第一节　滚翻、倒地和摔的技巧

滚翻与倒地是武术的基本动作，也是竞技武术对练表演、舞台影视武术表演中的打斗场景所不可缺少的动作。巧妙的滚翻与倒地不仅是对表演者身体的安全保护，还能提高武打表演效果，增强武术表演的观赏性。因此，滚翻与倒地动作的技巧训练既是武术训练的基本动作内容，也是武术表演打斗训练的基础。

滚翻与倒地动作技巧的关键是控制并消除身体在接触地面时产生的冲击，使身体柔软安全地着地。我们常常看到大型飞机能做到这一点，它比我们的身体要重上千万倍，而且是从极高的高度以惊人的速度降落在水泥地面上。身体和飞机的共同之处在于下落的角度、滚动的能力，飞机的机翼承载着空气的浮力，而我们的腿部肌肉和骨骼则具有支撑身体的力量。因此在练习滚翻与倒地动作时，练习者一定要控制好自己的身体姿势、下落的角度以及身体着地的部位。同时，练习者要努力与地面建立一种信任的联系。克服对于摔倒的自然恐惧是整个过程的第一步。

一、滚翻

滚翻动作是倒地和摔的动作练习的前提和基础，其动作质量不仅影响表演者的身体安全，也影响倒地和摔的动作。武术表演者熟练地掌握滚翻动作是非常重要的。

（一）前滚翻

动作过程：从蹲撑开始，重心前移，两腿蹬直离地，同时屈膝。低头、含胸、提臀，以头的后部在两手支点前着垫，依次经颈、背、腰、臀向前滚动。当练习者滚至背部着垫时迅速收腹屈膝，上体紧跟大腿团身抱膝成蹲立（图6-1-1）。

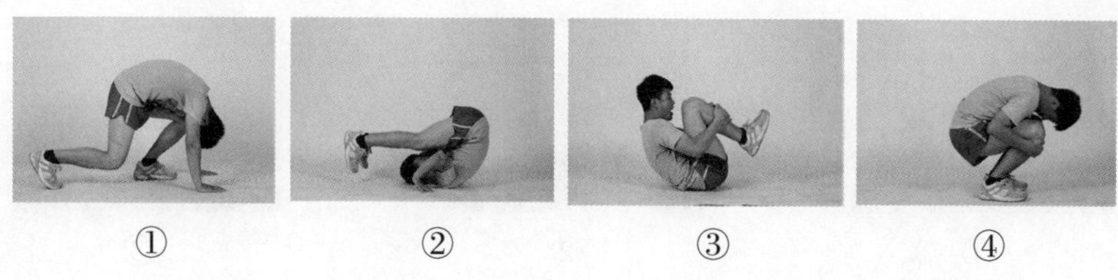

① ② ③ ④

图 6-1-1 前滚翻动作过程

注意事项：再好的高手在前滚翻的时候，也要看看前面有无障碍物以及硬的东西，看好了再做选择。练习的时候最好选择草地，毛毯上就更好了，地板也行。练习者腾空起来，先伸手，手要软，不要用力和过硬，人在接触地面的时候，眼睛是看腹部的，也可以看自己的腿部，这是让你的头受到保护，但绝对不能头着地。动作要快，但不能直接翻过去，要侧一点身，这样的做法就是更好地保护自己。身体向前翻的时候，要快、要稳，要注意头的角度，两手向前，稍弯，在翻的时候低头看自己的腿，然后手着地，人的身体就和手着地后保持一致，滚翻过去就可以直接站起来了。

（二）侧滚翻

侧滚翻是在前滚翻的基础上发展而来的。侧滚翻的滚动顺序为肩—背侧腰—侧腿部。它避开了人类最脆弱且易受伤的脊椎。前滚翻大多数时候出现在体操动作中，动作美观协调。侧滚翻的翻滚轴不在身体的中轴线上。侧滚翻强调实用性，是人类进化过程中的一种自我保护措施。侧滚翻的预备姿势以蹲开始（适宜初学者），而熟练后几乎可以在任何情况下使用。侧滚翻是躲闪和自我保护的最好方式之一。这也是武术打斗训练不可缺少的，用于打斗时和其他突发情况下的闪避，主要用于落地的缓冲。在打斗中，如果练习者掌握得好，运用得恰当，那么这既可以是一个最快的滚翻保护动作，也可以作为一个进攻性的动作。

侧滚翻的动作过程如图 6-1-2 所示。

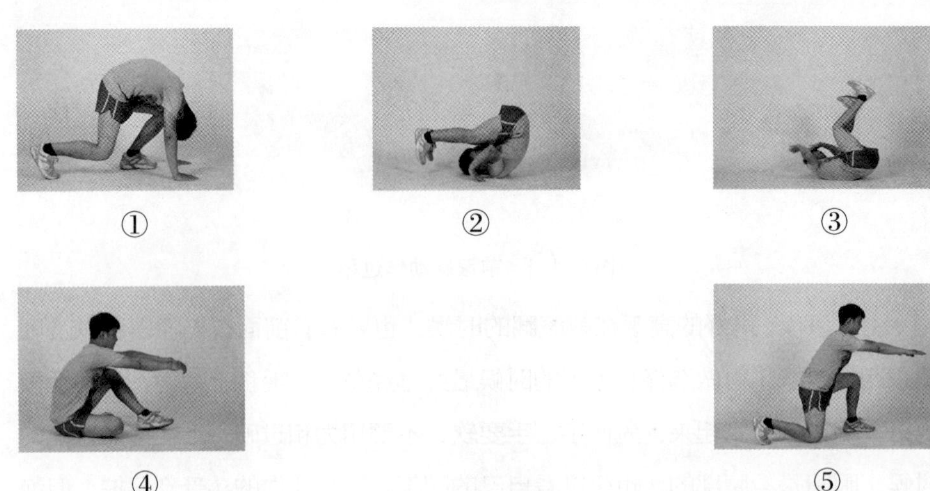

图 6-1-2　侧滚翻动作过程

准备姿势：身体下蹲，两脚前后开立，前脚的方向为身体第一次与地面接触的一侧（如左脚伸向前方，翻滚时，左肩最先着地。以下均为左脚在前）。两手撑地，左臂向外，肘关节向外，为反手姿势。右臂自然撑地。重心慢慢前移。

有意识地控制着地部位：侧滚翻最先着地的是肩胛部（在此之前，左手臂也有一定着地时间）。从预备动作开始，练习者可以慢慢地有意识向前滚翻，使身体沿手臂到肩胛着地。

翻滚过程：练习者先从向左侧滚翻开始。左腿向左侧迈出一大步，左膝弯曲，右手撑地，左手接地向身体的右侧伸去，身体重心降低，依次用左手小臂、大臂、左肩、后背着地，右脚蹬地，使身体获得向左滚动的冲力，在滚的过程中，头部要保持与身体的直线以避免碰到地面，身体要弯曲，滚动要轻而快。在翻滚的过程中身体要舒展，并注意保护头部、脊柱不受伤。

起立过程：上一步完成时，右小腿着地，顺势变成屈蹲，并且会惯性使你站起来。这时练习者要保持平衡，冷静头脑，以备下一步的迅速行动。

注意事项：前滚翻主要是为了训练一种动感，侧滚翻是打斗中最安全的滚翻。练习者做这个动作时应当在垫子或毯子上进行，因为在地板上做这个动作会使脊柱直接与其接触从而引致受伤。而单肩触地前滚翻为头部、颈部和脊柱增强了保护，身体与地面的接触是从单肩到后背沿着斜线进行的，而不是沿着脊柱进行的。

准备姿势基本与前滚翻一样，不同的是当右膝在前时，头向左侧扭转，使右肩能很方便地与地面接触。当左膝在前时，姿势更舒服，头向右侧扭转，这样能防止膝盖碰伤自己的鼻子。

侧滚翻主要作用为闪避和缓冲。当你蹲在或站在地上时，敌方向你正面进攻，这时你没有足够的反应时间，侧滚翻是不错的选择。侧滚翻最大的用处是自我保护。例如，在日常生活中你不小心被绊倒了，身体就会腾空，重心前移，这时就不用无意识双手撑地，准备滚翻，这样就不会有任何伤害了。

（三）鱼跃前滚翻

动作过程：双腿弯曲向上蹬起跳离地面，然后向前屈身，双手撑地缓冲下降的冲力，头扭向左侧，以右肩着地（图 6-1-3）。

鱼跃前滚翻训练可以先越过一个卷起的垫子，然后再越过一把长椅子、一个箱子、一个木桶乃至一个木马等。结束的姿势可以根据不同要求来做，可以躺在地上，也可以按照单肩触地前滚翻那样站起身来。

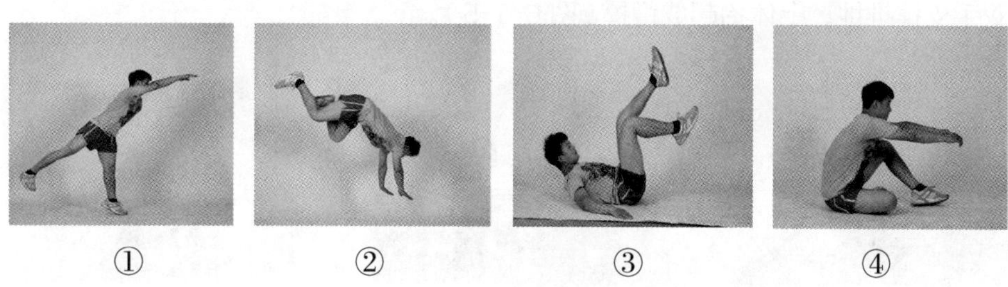

① ② ③ ④

图 6-1-3 鱼跃前滚翻动作过程

（四）鱼跃侧滚翻

前面的两个前滚翻都是双手撑地，这样既缓冲了身体的重量，又保护了头部。但是在一些场合练习者的手里要拿着武器或者道具，无法用手来完成着地时，就有必要掌握一种直接用肩着地的滚翻技巧，在这个时候控制滚翻的任务主要由腿部的肌肉来完成。

动作过程：右脚向前上步，双腿屈膝下蹲，两脚蹬地使身体腾空，随之团身、低头、闭气，右臂外侧、右肩、后背依次侧身滚动一周，而后站立成预备姿势。这样就能使右肩轻柔地碰触地面，双腿要向前蹬以便获得必要的前冲力来完成滚翻（图 6-1-4）。

注意事项：闭气、低头、团身，右手触地时指尖朝内，动作要圆活、连贯。

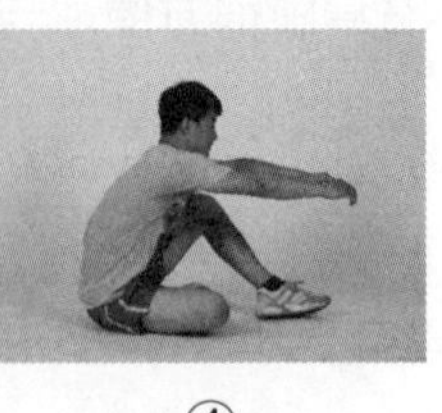

① ② ③ ④

图 6-1-4 鱼跃侧滚翻动作过程

（五）后滚翻

后滚翻是一种基本的滚翻动作，可以练习协调性，增强背部、颈部、腰腹部等的肌肉力量。相对于前滚翻、侧滚翻等动作，后滚翻较少见，但其作为武术表演打斗动作是不可忽视的。

动作过程：练习者由蹲撑开始，双臂推撑要均匀用力，身体后倒，臀部、背部、颈部、头部依次着地，滚动要圆滑。当双脚着地时，练习者要迅速抬头，双手支撑推地，上体抬起成蹲撑（图 6-1-5）。

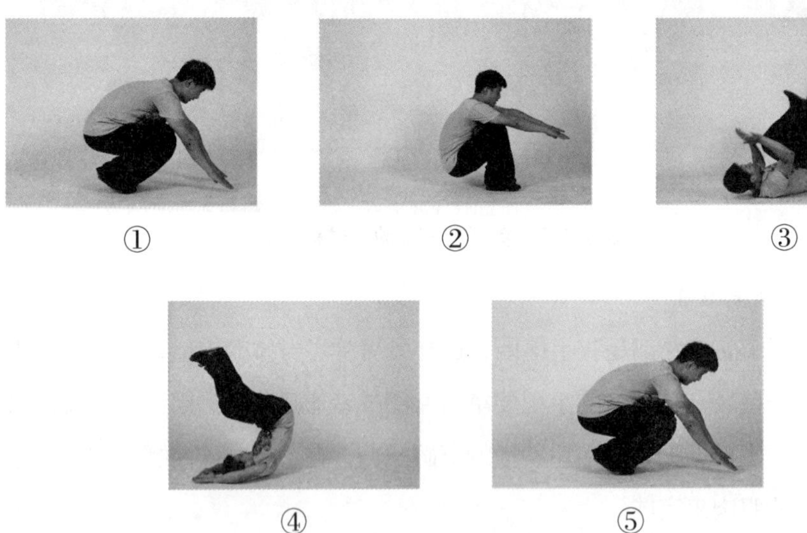

图 6-1-5 后滚翻动作过程

二、倒地

练习者掌握了滚翻后，再做倒地就会比较容易了。这些技巧虽然容易掌握，但为了保证安全、不出事故，仍然需要练习者每天都进行练习。这些技巧要成为每节课和每次排练必不可少的热身练习的一部分。

（一）后倒

双臂在身体倒向地面的过程中应当发挥控制的作用，要尽量减小身体重心在下降时与地面产生的冲力。为了克服这种冲力，练习者要充分运用大腿肌肉对身体进行控制。

动作过程：练习者由前后站立姿势开始，左脚向右脚靠拢，双脚蹬地使身体稍腾空，向后倒地，以背部先着地；同时，两手在体侧主动拍地以缓冲身体的重力，含胸收腹，两臂屈肘，双腿屈膝，梗脖勾头，目视双脚（图 6-1-6）。

注意事项：含胸、收腹、勾头（收下颌）、闭气，双手主动拍地，目视双脚。

① ② ③ ④

图 6-1-6　倒地动作过程

（二）侧倒

在武术打斗表演中，侧倒是一种很重要的技巧。用它来制造一种昏死过去的错觉非常合适。

动作过程：右脚向左脚后叉一小步，身体向后倾斜，重心放在右脚上。接着练习者弯右膝，臀部右侧轻轻地下坐，同时身体略向左倾，左腿向前伸出以保持身体的平衡。练习者以臀部右侧肌肉接触地面，以防尾椎骨与地面的冲击。这个高度控制的下坐动作要多次练习，直到能够很轻盈地坐到地上为止。当臀部左侧触地后，身体逐渐伸直，同时转向左侧，双臂从身体上方同时向左侧摆动，双手拍击地面。最后身体左侧躺在地上并伸展开，头部枕在左臂上，以防碰触地面（图 6-1-7）。

注意事项：右手拍地面，适当用力撑住地面，以免身体在向左侧转时由于用力过大俯卧在地上。这种姿势可以避免脊椎、头部和内脏器官的损伤；同时右腿弯曲也有助于练习者侧卧在地上，保持侧卧姿势的稳定。

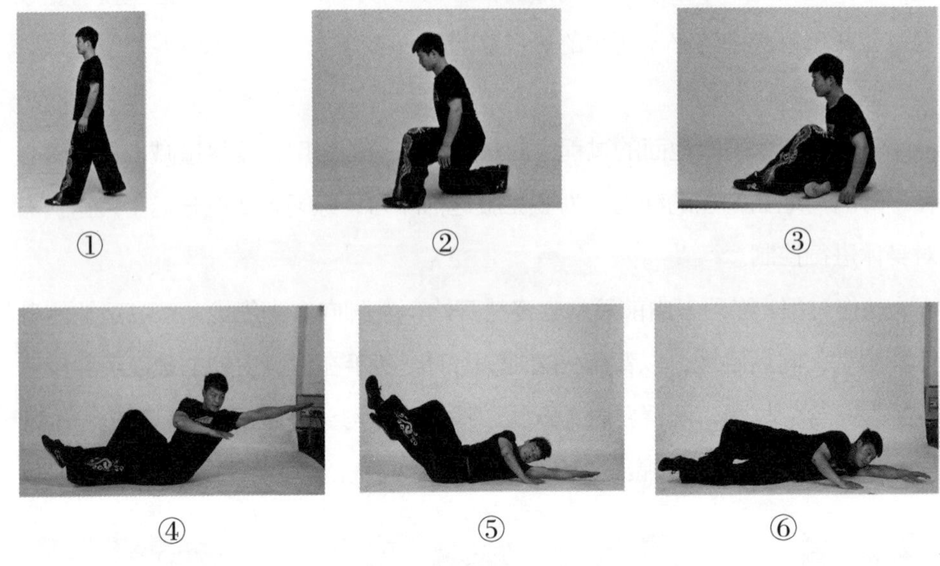

①　②　③

④　⑤　⑥

图 6-1-7　侧倒动作过程

（三）前倒

动作过程：右脚向前迈一步，同时臀部向左侧转，但是上身仍然向前倾，臀部左侧向前坐下。上身向前伸展出去，双手从上方向前伸出，然后拍击地面发出声响，制造出身体与地面碰出的音响效果。在落地前身体仍然是扭曲的，肘部和膝盖都没有碰到地面（图 6-1-8）。

注意事项：练习者必须垂直向下坐，上身不要向前方冲出，一定要避免膝盖直接着地，头部和下巴也要保持控制，以防与地面碰触。

①　②　③　④

图 6-1-8　前倒动作过程

（四）绊倒

武术打斗表演常做绊跤和前倒动作组合。在做这个动作组合时，练习者要用右脚脚背碰触左脚脚后跟，以此破坏人正常行走的节奏，造成被某种障碍物绊了一脚的错觉，然后再接着做前倒的动作（图 6-1-9）。

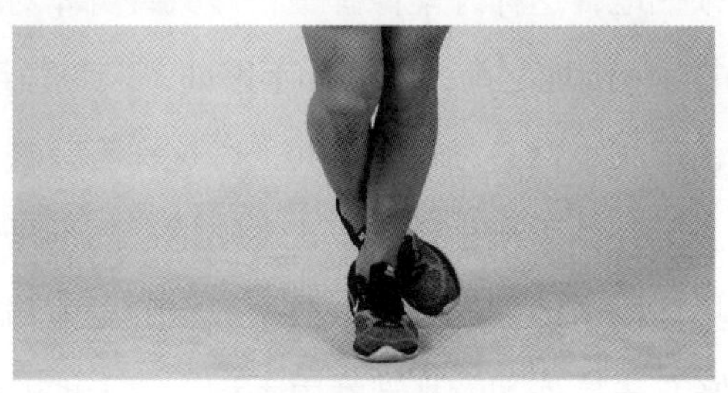

图 6-1-9　绊倒

（五）前滚翻接侧倒地

前滚翻接侧倒地动作在练习者被击打后倒地，既安全又具有特殊的视觉效果。

动作过程：练习者以右肩触地开始前滚翻，一旦双腿蹬地越过头部、肩部碰触地面后，身体就全部放松，向左侧转体，左腿伸直，右腿弯曲盖在左腿上，右手撑地保持平衡，左手前伸，头部枕在左臂上（图 6-1-10）。

注意事项：这个动作的关键是要练习者掌握好双腿过头部后开始放松，这样双腿就会很自然地从右肩转移到臀部左侧。身体放松向外伸展并向左侧转身，应当是一个自然的动作。

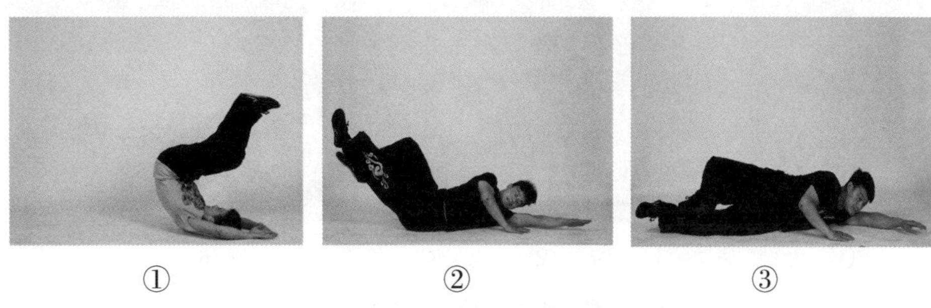

①　②　③

图 6-1-10　前滚翻接侧倒地动作过程

三、摔

摔的技巧在舞台打斗中是非常有用的。练习者倒地时小臂和手拍地发出的响声能制造出一种非常令人可信的效果。这个技巧的重要诀窍是练习者在身体着地之前，手臂必须拍地，这样才能像弹簧一样减缓身体对地面冲力的作用。

练习者要注意在身体倒地之前，不要伸手撑地，以免导致手腕和肩部受伤。在做侧摔和后摔时，手和小臂必须在一条线上，这样可以减小手和小臂倒地时身体对地面的冲击。另外，手和小臂应真正地拍地，而不是仅仅作为一种身体倒下时的僵硬的道具。拍击地面的力量取决于下倒的身体与地面的距离。

掌握技巧的最好方法是练习者从熟悉用手和小臂击地的动作开始，躺在垫子或较厚的毯子上，头部略微抬离地面，双手手心向外在脸前交叉，用手掌和小臂肌肉集中的部分轻轻地拍击垫子，然后再练习整个身体的下摔。在练习时，手臂不要太紧张，否则，会引起身体其他部分的震动。练习者在开始时要轻轻地做，找到手和手臂拍地的正确位置和感觉后，逐渐地加大拍地的力量。

（一）侧摔

动作过程：以左侧为例，练习者从自然站立姿势开始，双腿屈膝，双脚蹬地跳起后身体向左侧倒地，左腿屈膝在下，右腿屈膝在上，右脚底踏地；同时，左臂屈肘在身体左侧拍地，右臂弯曲，右手在胸前拍地。左右侧倒摔动作相同，唯方向相反（图 6-1-11）。

①

②

③

图 6-1-11　侧摔动作过程

练习过程：首先，身体左侧侧卧在垫上，右手手心向下放在脸前。然后右腿向前，脚掌平放在垫子上；左臂向前手心向下放在垫子上。接着身体向右转180度，同时以右手手掌和小臂拍击垫子。练习者在转身时，左腿要盖过右腿，左脚脚掌在手心、手臂拍击垫子时也做同样的动作。然后左手迅速放到脸前，手心向下。

注意事项：由慢到快，由轻到重，两侧交替进行练习。头部必须始终离开垫子。熟练之后，练习者可以练习下蹲摔。下蹲时两脚跟离地，两个小臂轻轻地放置在膝盖上。然后把重心移到右脚上，左腿向前抬起离开垫子，同时抬起左手，准备拍击垫子。练习者要控制好头部，以免在身体倒地后碰上垫子，要先用左手和左小臂拍击垫子，然后再倒下。做好以上练习后，换右侧摔的动作练习。

一旦较好地完成下蹲的侧摔后，练习者再练习半蹲姿的侧摔，直至站立的侧摔。

（二）前摔

动作过程：练习者由两脚前后站立姿势开始，右脚向左脚靠拢，身体前倒，双臂屈肘，以两个前臂着地缓冲（图6-1-12）。

①

②

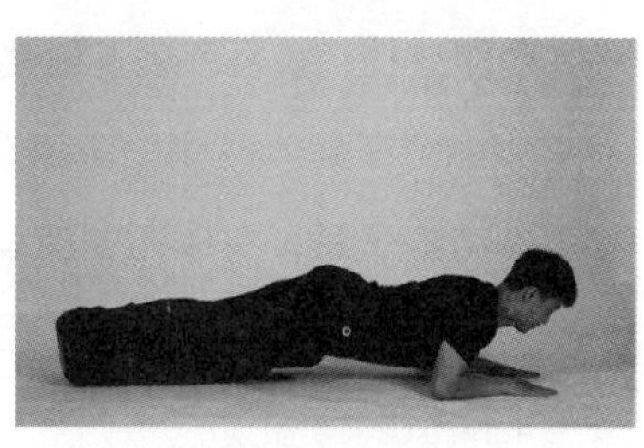
③

图6-1-12　前摔动作过程

注意事项：勾脚、挺膝、夹臀、梗脖，下颌内收，腰肌、背肌、臂肌紧张收缩，闭气。

练习过程：练习者由蹲姿开始，脚跟离地，双臂弯曲，手心向下，两臂距离与肩同宽。然后，两脚蹬地，身体向前窜出，双手和小臂拍击垫子。双手应在脸前方拍击垫子，然后身体着地。练习者在熟练地掌握蹲姿前摔的基础后再过渡到站立姿势的前摔。

练习者在做站姿前摔时，要猛力蹬腿，以使身体完全跃离垫子(图6-1-13)。双手在头部两侧同肩宽，双手拍击垫子会帮助缓冲身体着地的冲力。两脚要分开保持身体在着地时的平衡。

图6-1-13 站姿前摔动作

(三)后摔

后摔技巧特别适合制造被击打后向后摔倒的错觉。

动作过程：练习者从下蹲姿势开始，脚跟离地，轻柔地向后滚，然后双手手掌和小臂在身体两侧拍击垫子；下巴向里收，勾头，以免头部撞击垫子。在双手拍击垫子后，身体还要持续向后滚动一点(图6-1-14)。

下一步骤仍用半蹲姿势，但在起动时练习者要略微跃起，以避免尾椎骨直接与地面接触。

练习者最后用站姿起动时，蹬双腿离开地面，身体后倒，下巴向里收，勾头，手和小臂先着地，同时双腿略弯曲抬起。

注意事项：甲乙勾脚、挺膝、夹臀、梗脖，下颌内收，腰肌、背肌、臂肌紧张收缩，闭气。为消除胆怯心态，练习者可降低练习难度，先从全蹲式开始，或先在地上放一块海绵垫，在垫子上练习前倒，着重体会腰、背、胯等部位肌肉紧张收缩的要领，待动作熟练后再逐渐按正常要求练习。

①

②

图 6-1-14 后摔动作过程

（四）过人前滚翻摔（从右侧过）

动作过程：双方相对站立，左脚在前。甲用双手抓住乙的衣领。然后甲两腿弯曲坐在地上，右膝弯曲，膝盖向上，同时乙左脚向前迈一步，双手在甲身体右侧撑地准备做鱼跃前滚翻。甲坐在地上时，双手随着乙的动势向后伸展，在乙向前滚翻的同时，甲的右腿向上伸展，制造将乙向后踢翻的错觉。乙的前滚翻和倒地实际上都要与甲完全分开，是在甲身体的右侧完成的（图 6-1-15）。

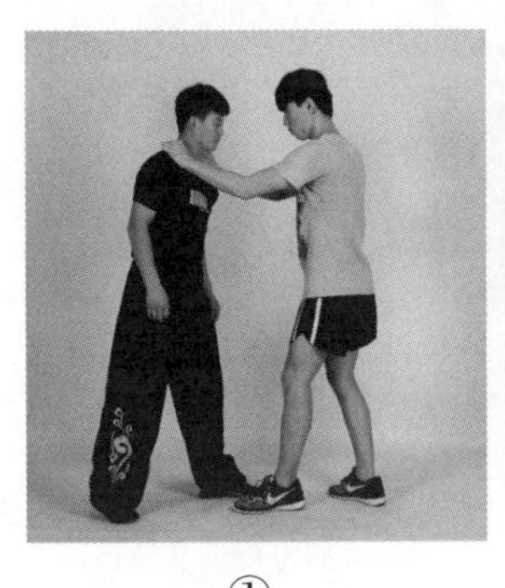
①

②

③

图 6-1-15 过人前滚翻摔（从右侧过）动作过程

（五）过人前滚翻摔（从头顶过）

动作过程：双方相对站立，右脚在前，甲两手抓住乙的双肩。甲弯左膝，向后坐地上，同时将右脚放在乙的小腹部。在甲坐下向后躺的同时，双手仍然撑住乙的双肩。乙向甲身体左侧迈左步，做向前滚翻的准备。甲伸直右腿，一方面支撑住乙的身体，一方面给乙的前滚翻动作增加一些动力。乙双手向前伸出做前滚翻（图 6-1-16）。

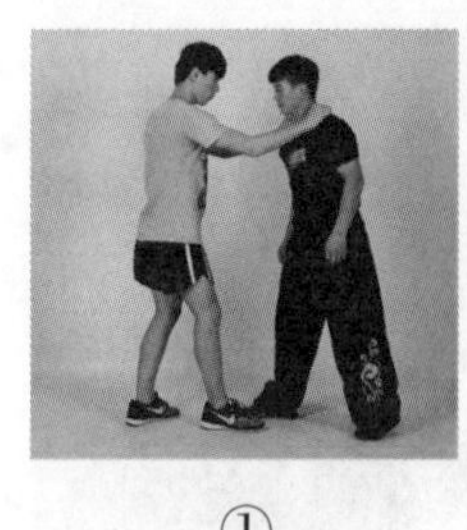

① ② ③ ④

图 6-1-16　过人前滚翻摔（从头顶过）动作过程

（六）抱腰过背摔

动作过程：双方相对站立，甲用左手抓住乙的右手臂。然后向前迈右脚，跨过乙的左脚，同时将右臂从乙的手臂下穿过去抱住乙的腰，用右胯顶住乙的右胯。甲可以将胯向左拧动，将乙提离地面，并将他摔向左侧。甲用右手紧紧地抱住乙，弯曲左膝，用高度控制的动作将乙放倒在地（图 6-1-17）。

注意事项：甲在将乙放在地上时不仅要弯腰，还要最大限度地弯曲左膝，以便用最快的动作将乙放下。乙在自己的身体着地的同时要用左手拍击地面来制造音响效果。

① ② ③ ④

图 6-1-17　抱腰过背摔动作过程

（七）推头前摔

动作过程：甲把右手放在乙的头后部。乙由头部带动做鱼跃前滚翻倒地，以制造头部被甲向前推而倒地的错觉。甲跟随着乙的动作，右手向前挥（图 6-1-18）。

注意事项：事实上甲的动作是跟着乙的动作的，甲的手不用力。

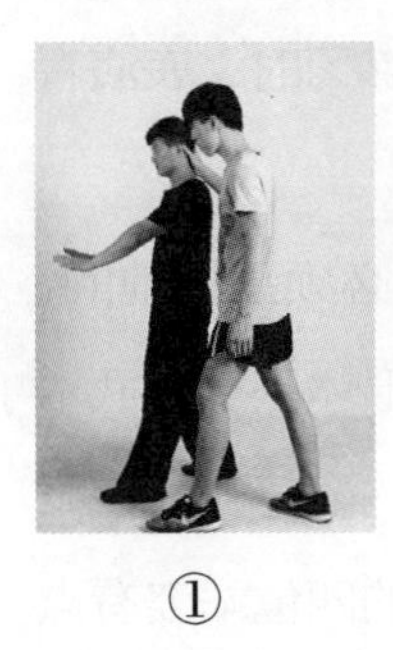
①

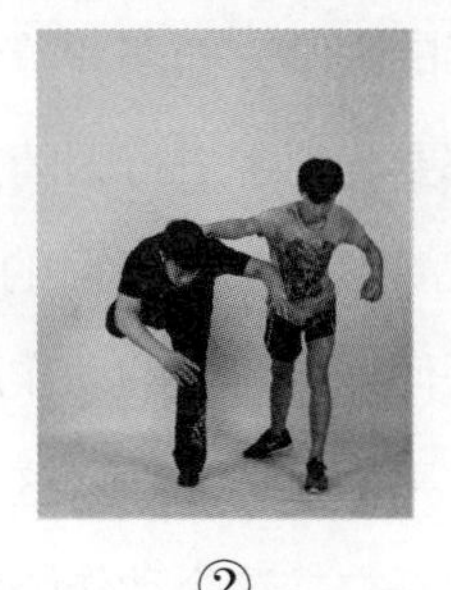
②

③

图 6-1-18 推头前摔动作过程

第二节 接触技巧

在武术打斗表演时踢、打、摔等动作会高频率出现，表演双方的接触对抗是必不可少的。打斗表演不是真正的武术实战，但是表演者在表演时既要表现出打斗的真实效果，又要使表演者身体不受伤害，因为表演者的安全是首要的，所以合理的接触是安全表演的前提和基础。为此，武术打斗表演者需要掌握合理的接触技巧。

在武术打斗表演中，进攻者做出的任何用力击打动作都不是真的。本质上任何击打的动作都是由被打者自己完成的，进攻者只是用模拟性的动作来帮助制造一种错觉。在踢、打、拉、掐、推等技巧中，被打者总是动作的控制者。进攻者必须要以冷静的头脑控制自己不做出进攻本能的反应。如果进攻者控制不住自己的进攻欲望，把踢、打、拉、掐、推、抓等动作真正地做出来，那么往往会击中被打者，造成其身体上的伤害。所以表演者一定要学会有效地控制用力。

表演者在学习接触技巧之前，要先了解几个专用术语。

眼睛交流：这是武术打斗表演中最重要的安全保护措施，贯穿于所有的武术打斗中。眼睛交流的意思是要看着对手的眼睛，互相确认一下对手是否准备好，是否把注意力集中在了自己身上。眼睛交流要持续一段时间，这样做不仅是为了让对手真正做好准备，以防还没准备好的情况下就开始动作而带来的伤害，同时也是为观众制造了一种打斗的戏剧性节奏。开始动作以后，进攻者则要把注意力集中在与对手的接触部位上，以保障其动作的准确性。例如，当在掐对手的喉咙时不要看着对手的眼睛，而要看着他的喉咙。在练习时，表演者要养成在做每一个技巧之前都要与对手进行眼睛交流的习惯。

零位姿势：所有的形体表演形式都有各自的零位姿势。它必须是松弛的，重心稳定并且灵活，是完成任何一种特定的动作形式的最好的形体基础。武术打斗的零位姿势侧重于稳定、平衡和灵活性。这是一种很舒服的姿势，膝盖微弯、放松，两脚同肩宽，前后开立。这个动作姿势与芭蕾舞中的四位站姿有点相似。从前面看，肩部形成一个想象的平面，胯部也是如此（图 6-2-1）。

中心线：这是一条把身体平均地分为两半的想象的线（图 6-2-2）。

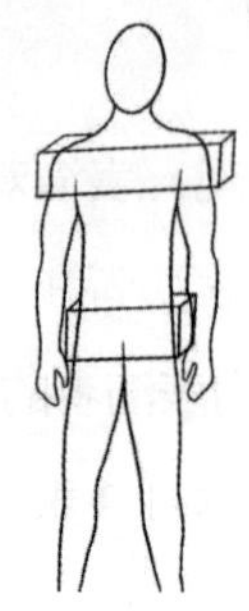

图 6-2-1　肩平面和胯平面

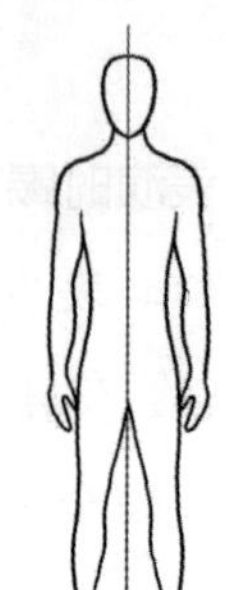

图 6-2-2　中心线

距离感：距离感是指在武术打斗表演时，进攻者做出的动作非常接近对方而没有接触到对方的距离。距离感也是感受距离，它需要表演者在平时训练中不断地去感受距离，并加以掌握，才能熟练运用，达到默契配合。距离感是武术打斗表演者一定要具有的一种能力。

另外，表演者还要做到注意力高度集中。注意力集中是安全的前提和基础，在任何打斗的排练和训练开始时表演者都要练习一下这些技巧。它们能帮助打斗的双方注意力高度集中，相互协调。

一、简单推肩

动作过程：眼睛交流，练习者先用眼睛注视一下对方的眼睛和要碰触的对手肩部，然后开始动手。甲上前一步，用右手抓住乙的右肩。双方都要清楚地感觉到接触动作所用的力，甲抓乙的肩时，用力可以稍微大一些，这样可以使接下来的动作感觉更真实。

甲上身略微向乙倾斜，手臂弯曲，做出要将乙向外推的准备姿态。这时甲要抓住乙的肩，但不要使劲。乙右肩略微向前。如果双方配合得当，这个动作看上去就像甲抓住乙的肩膀，突然将其回拉，并准备将其猛地推出。乙的右肩带动身体向后仰。这个动作由乙自己控制完成，而且动作必须有猛然被推的视觉效果，而甲事实上不使用任何力量，只是做出使劲向前推的动作，其右手只是跟随着乙的后仰动作（图 6-2-3）。

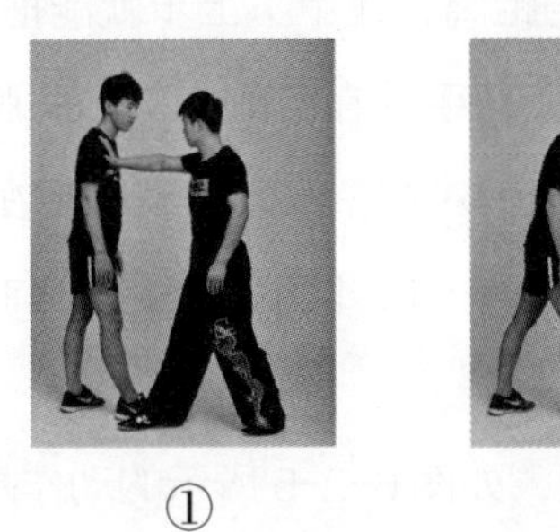
①

②

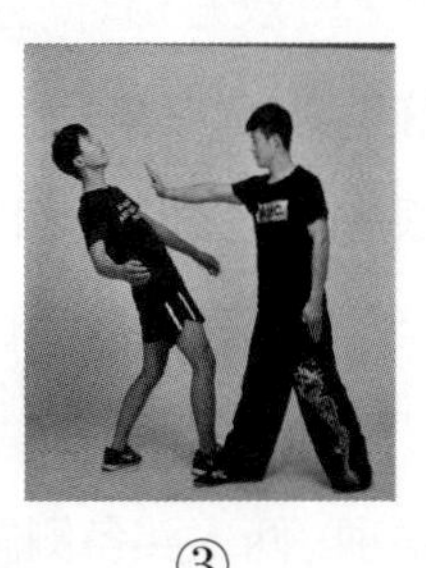
③

图 6-2-3　简单推肩动作过程

注意事项：如果双方配合恰当，那么在进攻和被进攻的动作之间就不会出现任何的脱节，双方也不会感到有任何的阻力。在多次练习并纠正了错误之后，双方可以渐渐地将分解的动作连贯起来，并结合身体和脸部表情的表演。不管制造和表现的推人动作看上去是多么凶猛、速度是多么快，也不管推人的方式以及推人的部位有多么丰富的变化，练习者都必须把每一个动作分解成几个步骤分别地进行练习，然后再连贯起来，这一点非常重要。

下面是制造推人方法的五个基本要点，其中有一些在制造舞台打斗的错觉时是非常重要并且是必须做到的。

第一，在创造任何新的动作之前，练习者要确定好反应动作的脚步处理。在开始时，所有的动作都要以慢动作速度进行排练和练习。

第二，推的动作必须按直线运动，被推的一方的动作必须由其身体上的那个部位来带动，同时双方必须运用同样的动态。

第三，当双方在一条直线上动作时，很容易发生头部相碰撞的事故。所以，练习者在做每一个新的步骤时要仔细地注意这一点。

第四，在开始阶段为保护被进攻方，练习者要仔细设计动作方法，要避免抓到被进攻方的喉、脸等敏感部位。

第五，在第二步（准备和抵抗）过程中练习者加上一个小小的停顿，有利于制造错觉，加强戏剧效果和戏剧性的节奏，以便让观众更好地欣赏，否则，动作完成得太快会导致观众的视觉跟不上。

二、双手推胸

动作过程：双方相对站立，保持一臂的距离，让甲不上步就能把双手放置在乙的胸前。眼睛交流后，甲的身体前倾，双手放在乙的胸前，胳膊肘弯曲，头部向左侧斜。乙同时身体微微前倾，以表示对抗。双方的右脚都在前面（图6-2-4）。然后乙突然向后倒，好像是被推了一样，同时甲的手臂向前，伸直手臂。

注意事项：两人头各侧向一方以防相撞，如图 6-2-5 所示的动作是不对的。

图 6-2-4 双手推胸动作

图 6-2-5 双手推胸错误示范

三、推脸

动作过程：双方相对站立，右脚在前，眼睛交流后，甲右脚向前迈，右手中间三根手指放在乙的前额上（图 6-2-6），这样甲的手心与乙的鼻子和眼睛之间就有了一定的空间。接着，乙的头部向前略微倾斜，同时甲的肘部弯曲。然后乙的头部突然向后，就像被人猛推一样，同时甲向前伸直手臂。

注意事项：乙必须以头部来带动身体的后仰，头部先向后，然后身体跟着后仰。

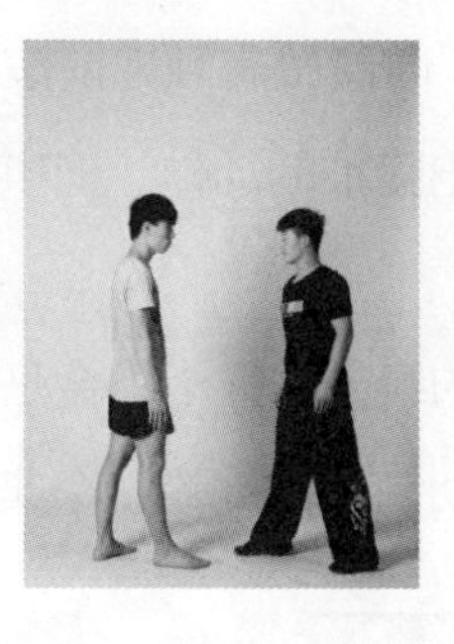
①

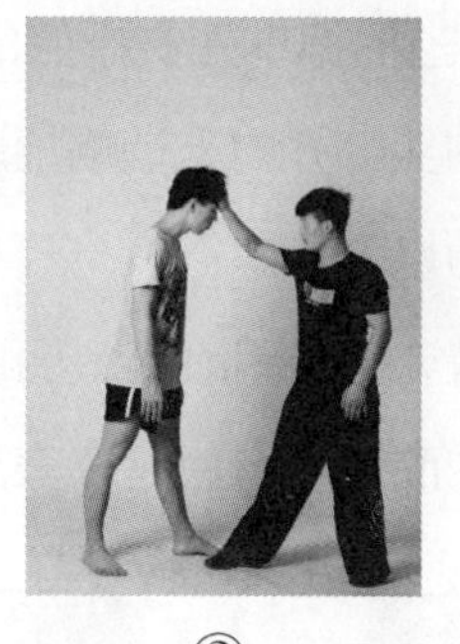
②

图 6-2-6　推脸动作

四、踢腹部

动作过程：双方相对站立，甲站在乙的中心线靠右一侧。眼睛交流后，甲左步向前迈，右脚放在乙的腹部。乙同时抓住甲的脚踝就像腹部被踢一样（图 6-2-7）。然后乙突然向后猛退，就像腹部被甲狠狠地踹了一脚。同时甲向前伸腿。

注意事项：用这样的方法，乙可以在做下一个反应动作之前帮助甲保持平衡，而不被观众所发觉。为了安全，乙必须要收紧腹部的肌肉。

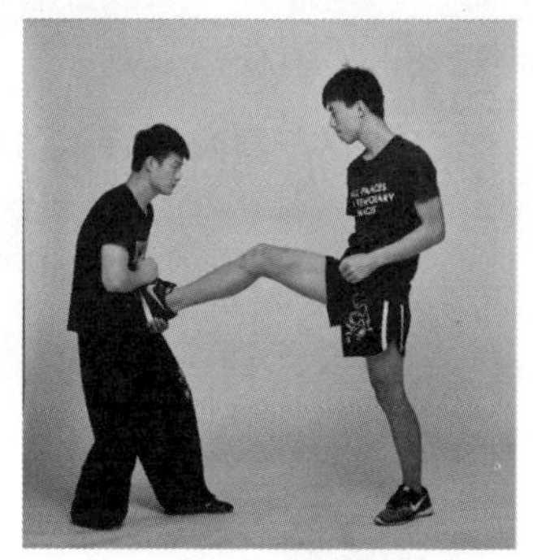

图 6-2-7　踢腹部动作

五、推头接前侧滚翻——倒地

动作过程：甲把右手放在乙的脖子后部。乙向前跑，或者跑个圆圈，好像是被甲推着一样。甲要保持在乙前面左侧一点的位置，这样就不至于阻挡乙向前滚翻的路线（图 6-2-8）。

注意事项：乙根据事先安排好的动作，向前做肩触地前滚翻然后倒地，甲的右手离开乙的头部并向上稍略抬起，做出猛推的动作，但事实上没有给乙的头部施加任何力量。

这是推的错觉技巧和滚翻、倒地技巧的组合。这个组合是被击打者完全主动地控制动作，而进攻者只是靠表演来帮助制造错觉的一个典型例子。

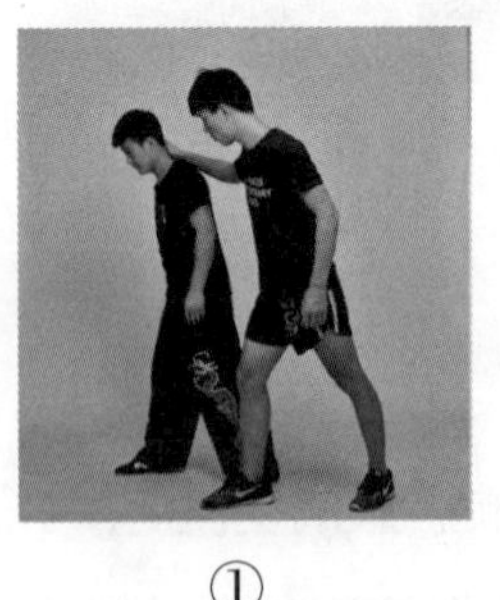
①

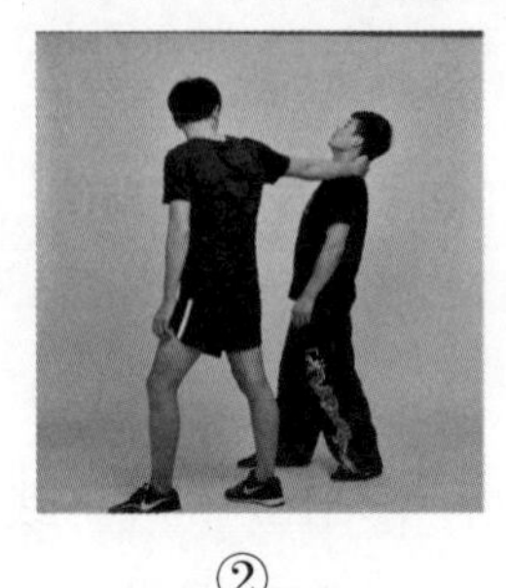
②

③

图 6-2-8　推头接前侧滚翻动作过程

六、推肩接后倒

动作过程：双方相对站立，眼睛交流后，甲上前一步，双手放置于乙的双肩或胸口。甲双肘弯曲，双手对乙不施加任何力量。乙向后退步做后倒动作，同时甲双臂向前伸，前腿膝盖弯曲（图 6-2-9）。

注意事项：在做这个动作之前双方要商量好头各向哪一侧倾斜，以防相互碰撞。

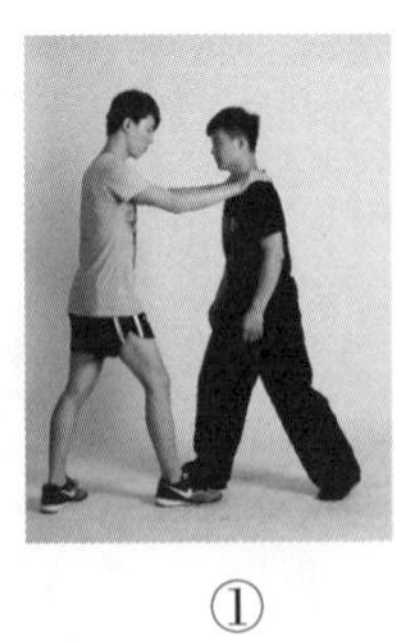
①

②

③

图 6-2-9　推肩接后倒动作过程

七、过凳侧倒

动作过程：乙被推后，向后退几步，坐在凳子上，上身向左侧拧转，眼睛向身后看着自己要摔倒的地方（图 6-2-10）。然后以左手撑地，右手臂放置于左臂之下，身体向右侧滚动，以右肩和右背着地。

图 6-2-10　过凳侧倒动作

注意事项：在开始阶段，练习者先要用一个低的、稳定的凳子来进行练习。如果乙被推后要越过一个低凳子然后倒下，那么乙和这个物体之间的距离就应当在事先仔细地测量好。这样，乙在完成动作时就可以精确地知道要迈几步才能到达这个物体，而不必用眼睛去看了。

八、后推前倒

动作过程：甲把双手放在乙的后背上。甲上身前倾，两臂弯曲，同时乙上身略向后倒。然后乙向前倒，同时甲的两臂向前伸（图 6-2-11）。

注意事项：在开始时双方都必须各自掌握好自己身体的重心。

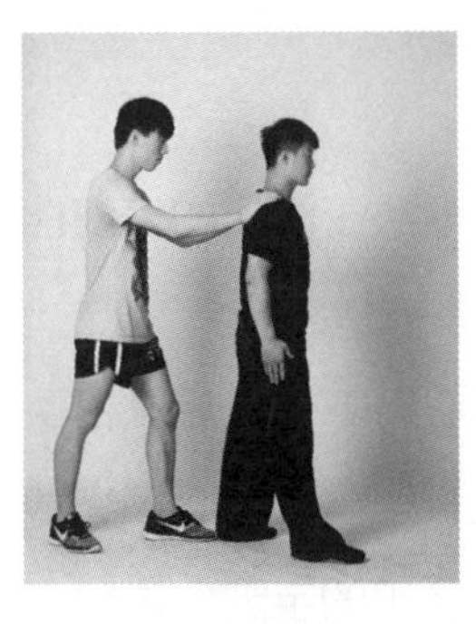

①

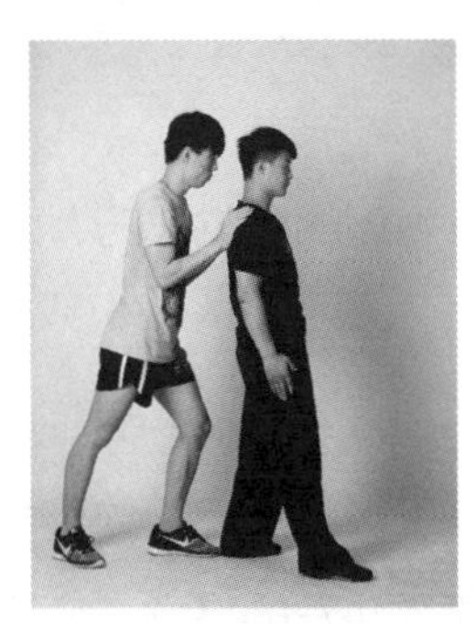

②

③

图 6-2-11　后推前倒动作过程

类似这样的动作技巧，双方无法做眼睛交流，用接触对手身体的某一部位作为开始的信号也是一种可行的方法。例如，在这个技巧中，甲站在乙的身后，甲左腿向前一步，以脚尖碰触到乙的脚跟为信号。

九、拉扯衣服

动作过程：双方相对站立，眼睛交流后，甲向前迈一步，用双手抓住乙的衣服。然后甲将双手向上翻，以此来制造拉衣服的错觉。甲手臂放松，但是双手仍停在乙的胸前。乙用双手抓住甲的两个手腕，接着依靠自己的动作就可以制造被推倒的错觉了（图 6-2-12）。

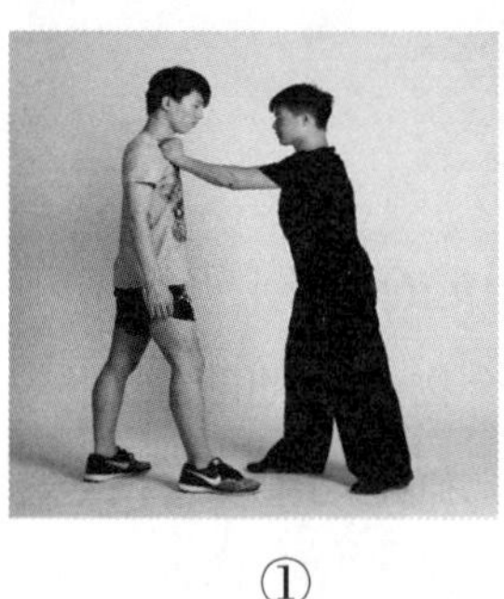
①

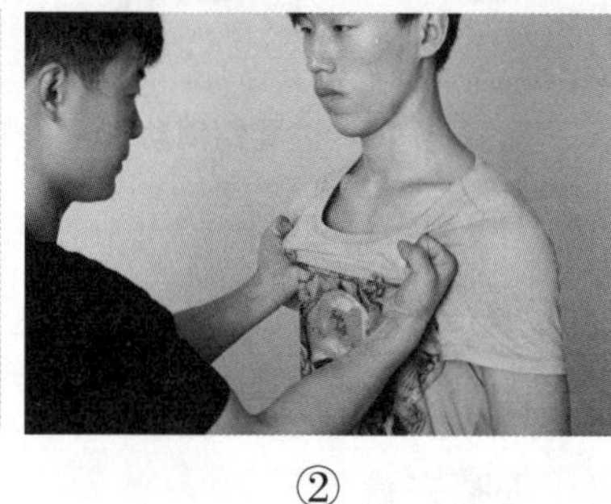
②

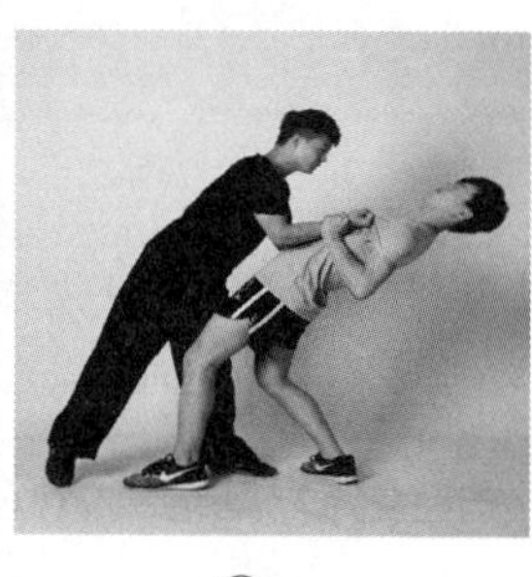
③

图 6-2-12　拉扯衣服动作过程

注意事项：甲事实上没有施加任何力量，只是做相应的动作来帮助制造错觉。

这个技巧可以在很多场合中使用，既可以作为推人的准备动作，也可以作为打斗前的准备动作。

十、拉头发

这个技巧是一个没有一点疼痛的错觉技巧，是否成功取决于演员的表演能力。它可以在很多场合中使用。

动作过程：甲将右手伸在乙的头上方，手指张开，手心向下，然后以很快的速度将右手握成拳，拳头高于乙的头部大约半寸的距离。这些动作必须完成得又快又准，以此制造甲拉住乙头发的错觉。乙用左手抓住甲的手腕，这样不至于挡住观众的视线。此时乙要靠表演来制造出要把甲的手拉开，或者让其松开拳头以便减轻疼痛的错觉，事实上他是用一种不大的力量把甲的拳头固定在了自己的头上。如果接下来甲有任何的摇、拉、转的动作，乙的任务就是要把他的拳头牢牢地固定在自己的头上，以防错觉被破坏。接下来，甲把手臂往回收，此时他不应当施加任何力量，乙则以头部带动上身向前侧斜（图 6-2-13）。

注意事项：这个技巧要依靠乙的声音和形体表演来表现头发被抓的疼痛，同时甲也要用准确的形体感觉来帮助制造错觉。表演者还要注意保持清醒的头脑，看着自己要走到的位置，千万不要过度投入以致失去控制撞到台上的道具或者其他演员，甚至摔倒在地上。

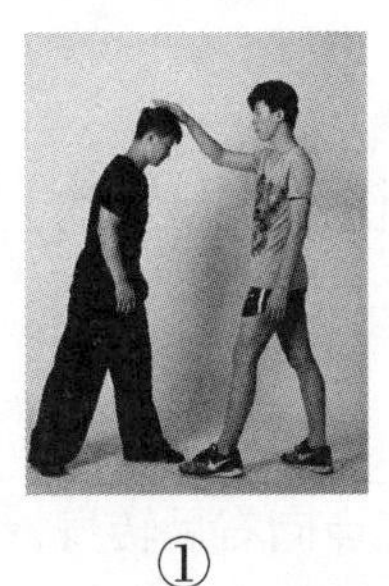
①
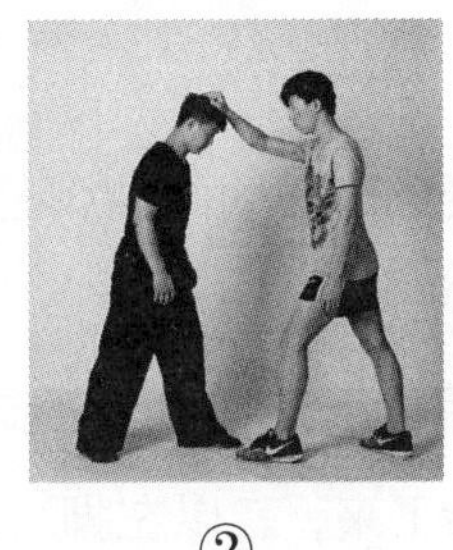
②
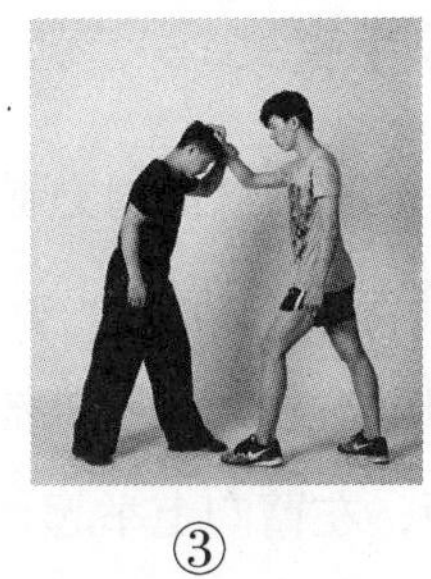
③

④

图 6-2-13　拉头发动作过程

十一、抱紧搏斗并移动

在武术表演、戏剧表演中，以抱紧搏斗的姿势试图强迫某人从舞台的某一点向另一点移动是相当常见的情景，但是这需要两个演员在舞台上协调配合。

动作过程：两个人一前一后，抱得非常紧密，他们的脚几乎是在同一路线上向前走，这样相互之间就会不可避免地发生碰撞。甲站在乙背后的左侧，上身贴着乙的后背，以便制造紧紧抱住乙的错觉（图 6-2-14）。

注意事项：甲的两条腿和乙的腿几乎站在同一个平面上，这样两个人就可以同时互不干扰地移动。同时，两个人的头部要尽量向两侧倾斜，避免乙在做挣扎的表演时和甲的头碰撞而发生危险。

①

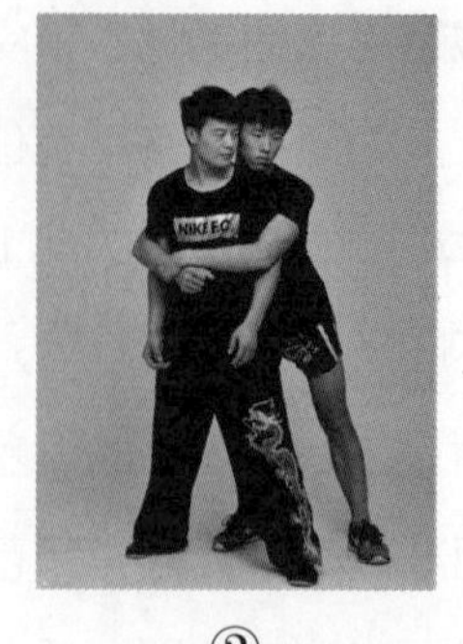
②

图 6-2-14　抱紧搏斗并移动动作过程

十二、向背后拧手臂

在舞台打斗中，任何时候“使对方遭受痛苦的动作”都是由乙自己发出的，甲自始至终都在放松并跟着乙动作。

动作过程：双方相对站立，眼睛交流后，甲右脚向前迈步，右手抓住乙的左手腕。乙左步向前迈，左臂向上举起。接下来，乙以左脚为支点向右后转身，同时将左手臂置于自己的后背上。甲将自己的左手放置在乙的左肩上，用右手来抓住乙的手腕（图 6-2-15）。

①

②

③

④

图 6-2-15　向背后拧手臂动作过程

注意事项：乙试图踮起脚尖来减轻手的疼痛，甲被动地跟随，但要做出主动的动态。甲要当心别被乙的头撞到自己的脸和鼻子，同时不要推或拉，所有的动作让乙来做。

十三、咬

咬是一个常见而又非常简单的技巧，但是表演必须要完成得到位才有说服力，否则观众就不会相信。以咬小臂为例，身体的任何肌肉丰富的部分都可以用来做这个动作。

动作过程：甲抓住乙的小臂，张开嘴，露出牙齿，然后将嘴放在小臂上肌肉丰富的部位来表演咬的动作。乙可以将左手放在甲的头上，表演将甲的头推开的动作（图 6-2-16）。

注意事项：甲必须控制好自己的嘴，不要因为任何由表演动作引起的激动使嘴闭上。这个动作是由甲来控制乙的手臂，这时乙必须放松，让甲来控制动作；事实上乙也没有真去推甲的头，而是甲自己将头向后仰。

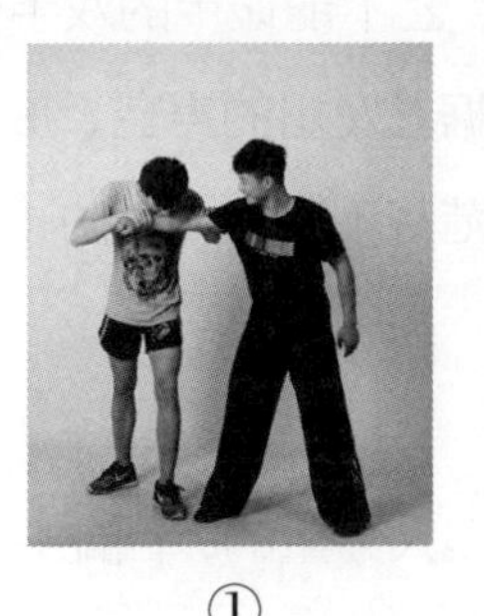
①

②

图 6-2-16　咬动作过程

十四、掐脖

（一）双手前掐脖

脖子前部是相当脆弱的区域，气管和喉结暴露在外，喉部还有许多娇嫩的腺体，因此千万不要碰触这一部分。掐脖是在肩上部肌肉丰富的部分或锁骨上完成的动作。

动作过程：双方相对站立，甲右脚上步，把双手放在乙的脖子下部，手掌的外侧放在乙的锁骨上。这个动作既可以从背后做，也可以从其他方向来做。然后甲的双手手指弯曲，抓住乙脖子后部与肩连接的肌肉最丰富的部位，双手形成一个圆圈保护住气管，两个拇指在乙脖子前部交叉，里面的拇指使劲向外顶着外面的拇指。外面的拇指伸直但不要向里压。这样甲手上的力量就不是向里压在乙的脖子上，而是压在乙的锁骨上。乙的下巴往里收，以便掩盖甲的双手和自己脖子之间的空隙。乙双手抓住甲的手腕，用自己感觉舒服的力量压在自己的胸口上（而不是压在自己的喉部上），以便在做任何挣扎动作的时候，甲的双手都能保持在原来的地方（图 6-2-17）。

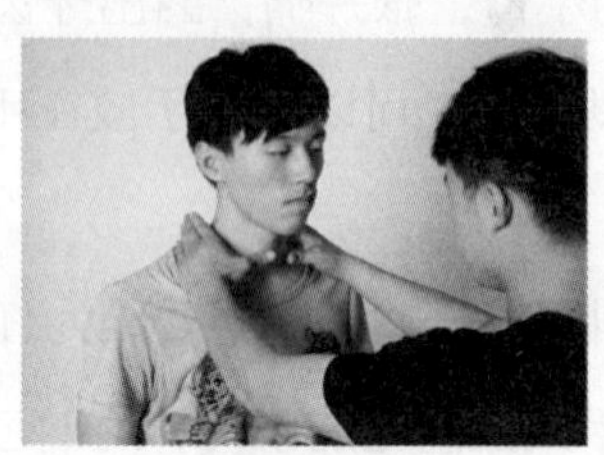

图 6-2-17　双手前掐脖动作过程

注意事项：甲千万不能用双手向里掐。乙不能让甲的双手碰到自己脖子的前部。甲要完全放松让乙来支配动作，根据乙发出的声音、形体动作做出的被掐的反应相配合进行表演。乙头部活动的范围不要太大，防止动作过大，扭伤脖子。

（二）单手前掐脖

由于在真实生活中用单手掐脖是需要很大力量的，因此只有那些非常强壮的角色才可以用这个技巧。

动作过程：双方面对面以零位站姿，眼睛交流后，甲伸出右手，手腕弯成 90 度或尽量接近 90 度，手成一个半空拳形状，手掌外侧放在乙的锁骨上，大拇指和其他手指分别贴在乙脖子的两侧。甲的手和乙的喉部之间一定要留出空隙。乙双手抓住甲的手腕，并将其手掌外侧保持在自己的锁骨上。乙往下低头，用下巴来掩盖甲的手和乙的喉部之间的空隙，甲的整个手臂从肩到肘都要放松（图 6-2-18）。

注意事项：任何挣扎的动作都由乙来控制，甲必须要与乙紧密配合进行表演。

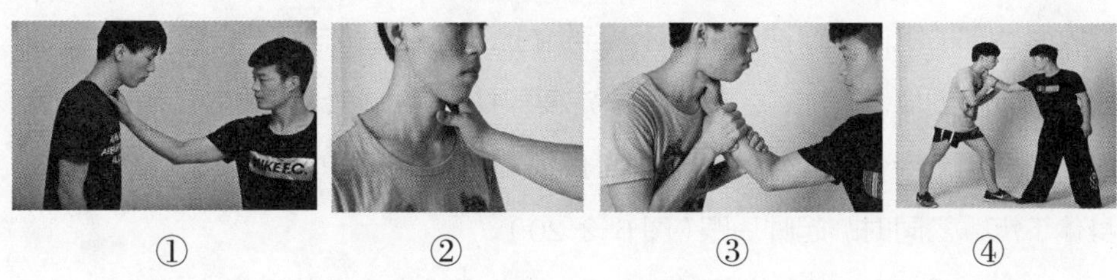

① ② ③ ④

图 6-2-18　单手前掐脖动作过程

十五、勒脖

勒脖是对手掐脖技巧的一个发展。因为这个技巧不是面对面做的，眼睛无法交流，所以双方要设计一种形体接触的方法来传递暗示，把施力的部位从脖子往下转移。

动作过程：甲用左臂搂住乙的锁骨，左手抓住乙的右肩。乙用双手抓住甲的手臂，使其固定在自己的胸口上部，同时低下头用下巴来掩盖甲的手臂与自己的喉部之间的空隙（图 6-2-19）。

注意事项：乙要将甲的左臂固定在自己的胸口上部，把甲的力量传到自己的右肩上，同时手臂也要固定在一个安全的位置上。

① ② ③

图 6-2-19　勒脖动作过程

十六、撞墙

撞墙动作技巧，经常出现在影视作品里。在很多冲突中，运用这种技巧对增强戏的真实感、渲染气氛是十分有效的。这一动作技巧往往与拉衣服、掐脖子等组成一系列技巧组合。

动作过程：甲抓住乙的衣服后，逼着乙向后退到墙边。乙一碰到墙，马上就收紧臂部的肌肉以保护尾椎骨不撞到墙上，同时双肩向后，收紧肩大肌，防止肩胛骨撞到墙。同时，乙的头部一定要保持略微前倾，当臀部和肩部碰到墙时，乙要用双手掌拍击墙，制造出身体撞墙的音响效果。然后，甲弯曲双膝，身体下沉，乙同时踮起脚后跟（图 6-2-20）。

注意事项：甲乙两人共同制造了甲把乙靠着墙向上拎的错觉。

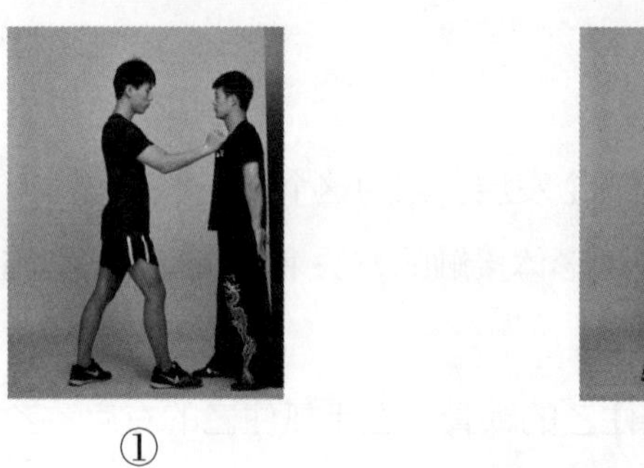

①　　②

图 6-2-20　撞墙动作过程

第三节　抓、打耳光技巧

很多武术表演中的打斗都是以抓、打耳光等暴力手段来开始的。尽管有的演员从来没有在真实生活中打斗过，但是绝大多数的演员免不了被导演要求运用这些技巧。

抓、打耳光的力量要比拳击小，双方之间的距离变成了保证安全的一个重要因素。这种打斗动作的距离必须要准确，以确保双方能安全地制造接触的错觉。有时候分毫之差，就会导致整个动作技巧的失败。在运用这些动作之前，练习者需要经过多次认真的慢动作练习，千万不要凭感觉来控制距离。另外，在抓和打耳光之前练习者一定要把手指甲剪短并磨光滑，还要以触肩练习等准备动作来做好速度、控制和精确等方面的训练。

一、抓

抓这个动作技巧与令人恐怖的喊叫、哭或者流血的舞台效果手段相结合，能产生一种有效和令人震惊的错觉。

抓的动作可以用完全不与对手进行接触的方法来进行，这是一种最安全的方法。另外甲还可以用手指尖轻而快地在乙的脸、脖子、胸口等（不包括眼睛）捋过。在这种情况下，甲必须以手腕来带动伸开的手指做抓的动作，而不是手指弯曲，以手和手臂来带动。在完成这个动作后，甲要将右手向自己的左肩方向收回，这样可以降低伤害对手的风险。为了准确地掌握双方的距离，甲可以用左手抓住乙的右臂（图 6-3-1）。

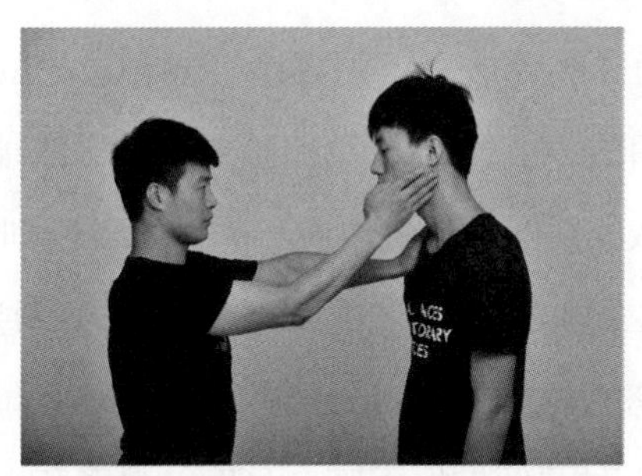

图 6-3-1　抓的动作

节奏与双方对时间的掌握是制造抓的错觉的关键。当甲的手伸到乙的脸时，要停一拍。这样给乙一个信号，让其做好准备，以便在甲将右手向自己的左肩方向收回的同时，乙能将头向右侧转一下以制造左脸被抓的错觉。

二、打耳光

在武术表演特别是影视武打片中，打耳光是使用得最多的技巧之一。有些时候，真打耳光也许是必要的。在排练阶段，由真耳光引起的震惊、疼痛、愤怒以及羞辱会帮助演员找到角色准确的内在感觉。在很小的剧场里，观众离演员很近，接触性的耳光技巧也许是唯一可信的选择。但是只要掌握得好，排练充分，接触性的耳光技巧也能够制造很好的错觉。

（一）接触性耳光

动作过程：练习者在击打脸颊时，指尖不能超过脸颊的骨骼，小指不能低于下巴。手的五指并紧到在一个平面上。双方站立的位置非常重要，因为这决定了手在脸上的接触位置（图 6-3-2）。

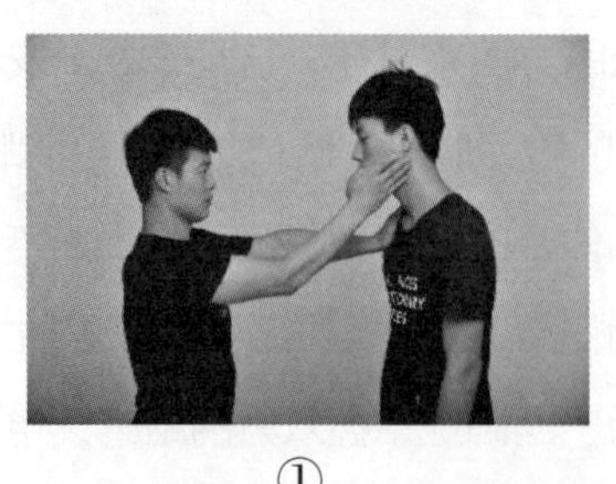

①

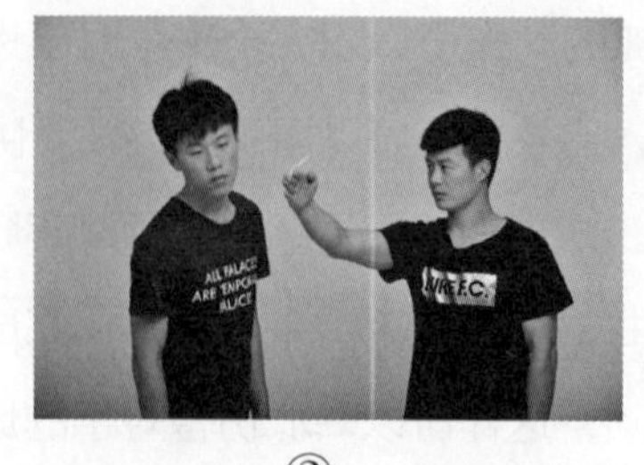

②

图 6-3-2　接触性耳光动作过程

注意事项：整个动作的完成必须是高度控制和放松的。乙的头部特别要保持放松，以便在甲打耳光时，能向右稍稍倾斜，这样既能进一步减少甲的击打力量，又能增强戏剧效果。但是乙的反应不能过早，否则就会出现两种可能性，一是甲击打不到乙，二是甲打到了乙的耳朵。反应过早往往是由乙不完全信任甲而引起的。双方要努力做到的是以最小的力量来获得能使观众相信的声音效果。乙在完成这个技巧时要保护好眼睛、耳廓、鼻子和嘴。

一开始，乙先在将要被击打的脸颊上进行击打练习，这样可以使自己做好被击打的准备，同时也可以帮助甲掌握力量的大小，在每一次排练之前，甲也要在自己的脸上做这样的练习，找到使用适当的力量的感觉。在演出之前，双方必须对这个技巧进行较长时间的练习，当然每一次练习不一定都要是完全的，即包括真正的击打脸部，也就是说有时候他们只是练习击打自己的脸部。甲可以多次重复地练习定准距离，扬手、在距离乙的脸大约 3 厘米的地方停住等，真正的接触性耳光动作不要做得过多，因为多次重复地击打会使乙的脸颊部分变得特别敏感。

下面的非接触性耳光技巧需要很高的技术和熟练度，一旦达到了这个要求，这些技巧的效果会令人非常满意。

（二）非接触性耳光 1

这种耳光错觉完全建立在击打部位和节奏的基础上，同时练习者要坚持安全的原则，永远不要在被击打者的脸部和身体上横着划过。这是一种最简单的耳光技巧，也是一种最成功、有效的技巧。

下面的耳光技巧，以甲使用右手击打为例。

动作过程：甲以 45 度角站在乙的左侧，左脚稍在右脚前面，以保持稳定。

随后伸出右手，在乙的左脸颊大约 10 厘米的地方定位，来确定自己站立的位置。甲必须注意，上身不要向乙的方向倾斜。甲用右手在乙的脸前挥一个半圆，假装打乙的耳光，然后将手收回到平等于自己左肩的位置。乙同时将头向右倾斜，假装脸被甲击打时的反应动作（图 6-3-3）。

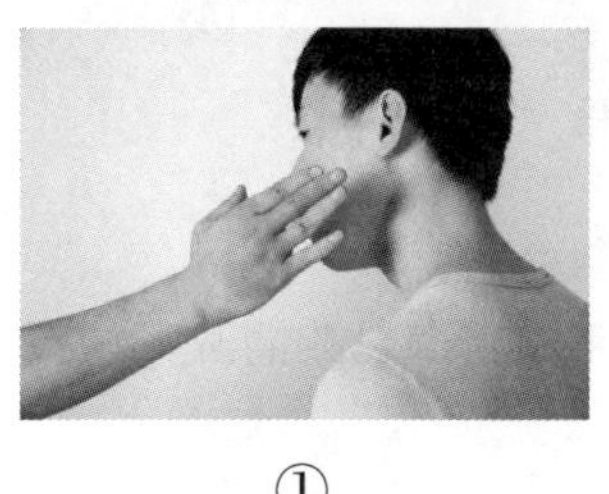
①

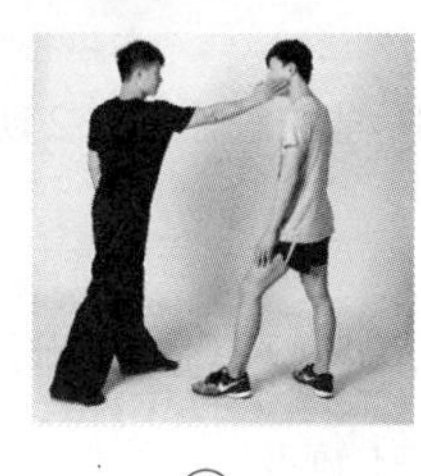
②

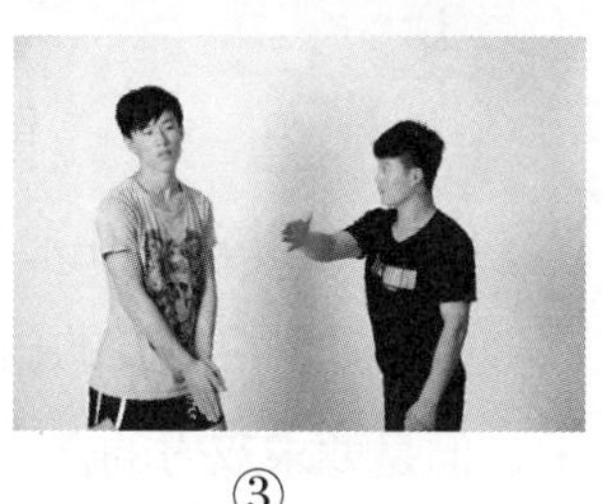
③

图 6-3-3　非接触性耳光 1 动作过程

注意事项：当甲的右手挥到乙的脸前时，乙要用隐蔽的动作，将双臂紧靠身体，双手在自己身体的右下侧一拍来制造击打的音响效果。另外，甲或乙用一只手拍击自己的大腿也可以制造同样的效果。还有一种做法是其他人员在侧幕最靠近表演打耳光演员的地方，用拍手来配做音响效果。演员可以自己进行各种实验，在上面提及的方法和原则下，摸索最简单、最方便的制造音响效果的方法。

准确的击打和被击打动作的配合、适当的音响效果和有表现力的被打后的疼痛反应是制造错觉的三个重要因素。另外，乙发出的呻吟声或喊叫声也会起到增强错觉的作用。只是乙的呻吟声或喊叫声一定要在拍打的音响效果之后，不要让这两种声音相互干扰、重叠。

（三）非接触性耳光 2

动作过程：双方相对站立，左脚在前。甲把左手放在乙的下巴上，右手掌抬起至于右后上方。接着甲的右肩略微向前，右手挥向乙的脸前方，同时左肩向后带动左手轻轻地离开乙的下巴，停在乙脸部正前方约 5 厘米处，手掌伸平。然后甲右手拍击自己的左手来制造音效。在拍好手以后，甲急速将左手垂到左大腿前，同时右手顺势向自己的左肩上方收回，乙的头部快速地向右侧倾斜，做出被击打后的反应动作（图 6-3-4）。

注意事项：甲不要真打乙的脸，而是让乙自己去做动作。

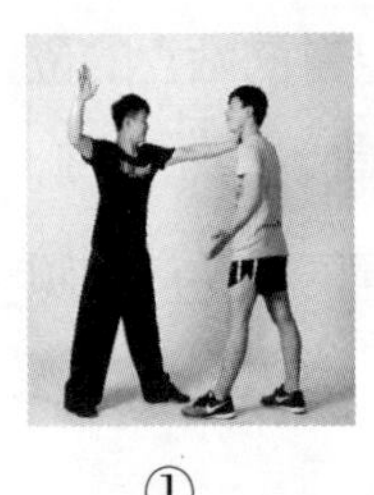
①
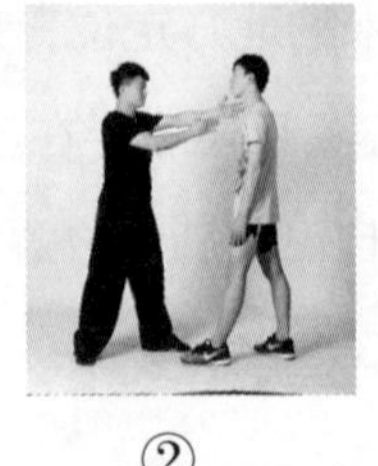
②
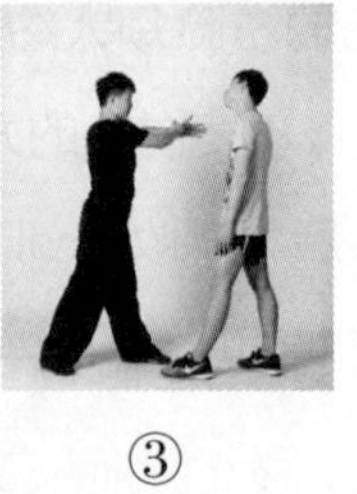
③

④

图 6-3-4　非接触性耳光 2 动作过程

（四）非接触性耳光 3

这是一个很重要的技巧，它可以在击打者的一只手拿着道具的情况下来完成。但是要求双方的合作要非常精确。

动作过程：双方相对站立，右脚在前，乙的右臂弯曲放在胸前，右手掌伸直放在鼻子前约 5 厘米处。从乙的背后看，乙的身体应当遮盖住自己的右手和右臂。

甲的右手向左挥动，去拍击乙的右手，以便假装击打乙的耳光。甲在拍击乙的右手之后，将右手收回到自己身体的左侧，同时乙的头部急速地向右侧倾斜。乙也可以把右手捂住左脸“疼痛”区域（图 6-3-5）。

注意事项：甲乙双方在时间和动作的配合上必须十分精确。在做这个动作时，乙要给甲发出开始动作的信号。乙的右手必须到位，牢牢地固定在那里，以保证准确的接触和高质量的声音效果。一旦双方达到了完美的配合，这个技巧可以有多方面的用途。

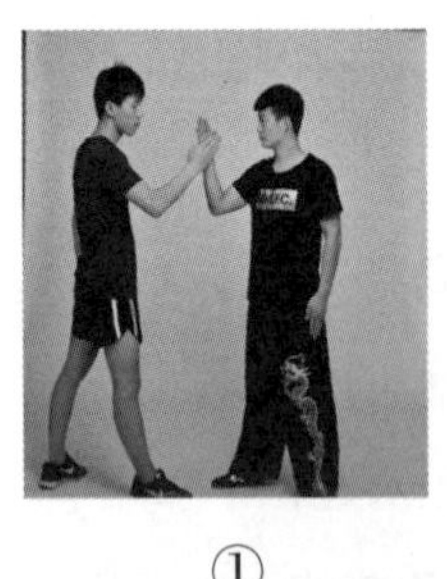
①
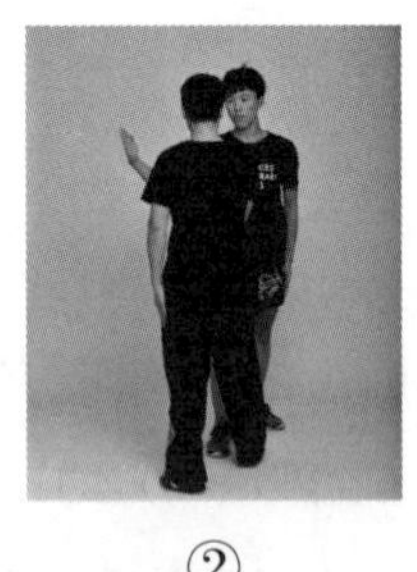
②

③

④

图 6-3-5　非接触性耳光 3 动作过程

（五）非接触性左、右耳光

非接触性左、右耳光这个动作技巧是对非接触性耳光 3 的发展。在第一次击打后，乙的右手仍然伸直放在原位，头急速地向右侧倾斜。这个技巧在乙跪在甲的面前时会更加有效。第二次击打时，甲的右手不变，乙在接了第一次击打后迅速将自己的手至于自己右侧，这样第二次击打是由甲的右手背和乙的右手背相拍完成的（图 6-3-6）。

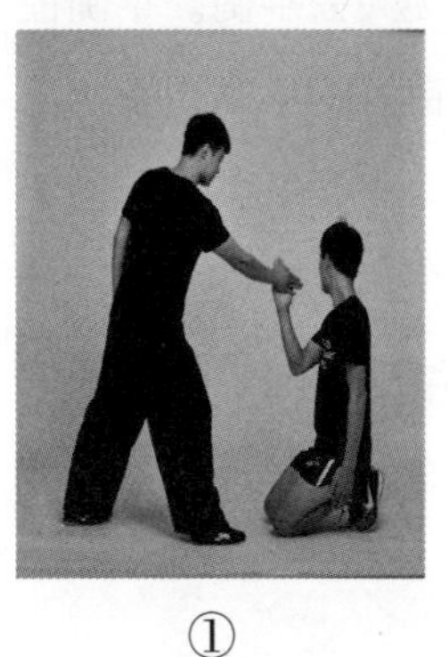
①

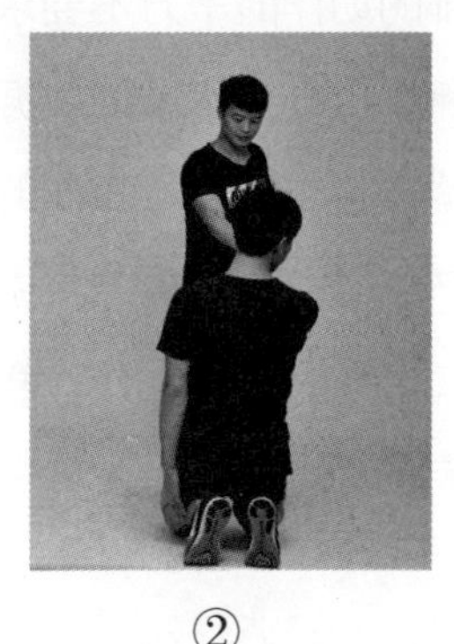
②

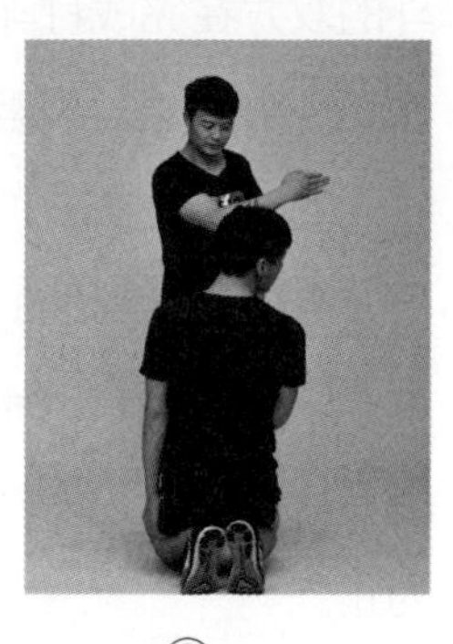
③

图 6-3-6　非接触性左、右耳光动作过程

（六）接触性连续三下耳光

甲乙双方相对站立，甲的左脚上前一步，用左手抓住乙的下巴，右手向后扬起。第一次击打时，甲用右手向里挥，同时左手离开乙的下巴，与自己的右手相拍。完成后，甲的左手迅速回到乙下巴的位置。第二次击打，甲在往回挥手时，迅速拧转手腕，以便用右手掌拍击自己的左手背。如果需要再打第三下可以重复第一个动作（图 6-3-7）。

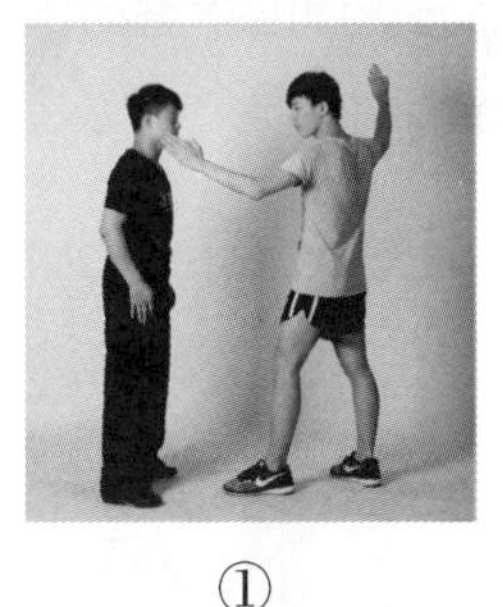
①

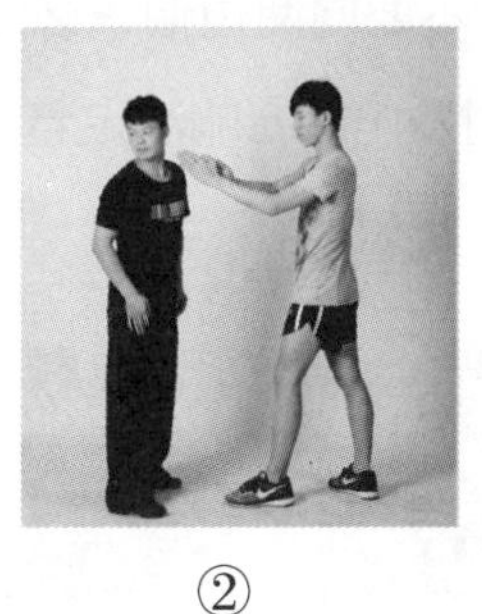
②

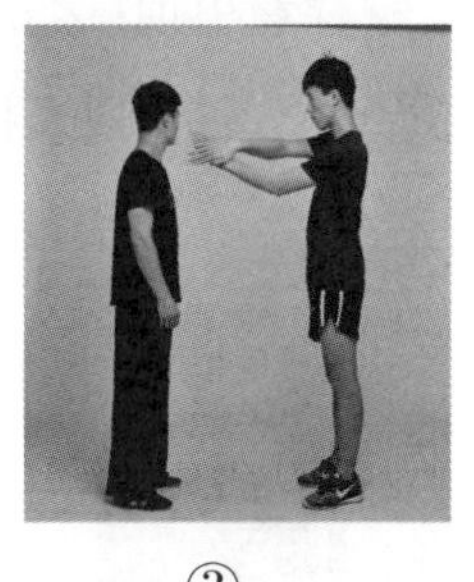
③

图 6-3-7　接触性连续三下耳光动作过程

注意事项：表演接触性耳光是一件很复杂的事情，它需要高度的精确和对手之间的相互信任。

第四节　拳击打技巧

拳击打动作在武术表演中常常出现，表演者在表演时既要保证安全又要展示击打的效果是不容易的，需要表演双方进行多次反复的配合练习。同时，打斗的双方在完成打斗指导编排的动作时千万不要求快，以免失去平衡。平衡往往是一个关键的因素，是判断舞台打斗水准的依据。一种良好的平衡也表明了打斗的双方是在一种适当的精神状态下进行表演的。

拳击打和其他的击打技巧一样，要掌握这个技巧要按以下四个步骤进行：第一，建立适合的距离；第二，练习单个动作；第三，用慢动作练习整个动作组合；第四，逐渐地加快动作速度，直到用正常生活中真实动作的速度来完成为止。

一、上勾拳

动作过程：甲、乙相对站立，甲的左侧面对观众，右脚在后站在乙中心线右侧。甲的右臂弯曲，将右拳置于乙的左脸颊前 10 厘米处来确定与乙的准确距离。甲要使自己的左侧面对观众，拳头可以隐藏在乙的左脸颊后面，这样以便形成重叠，进而制造错觉。接着，甲以右肩为轴，屈臂，在距离乙的左脸 10 厘米处向上挥拳，以造成向上勾、击打乙的下巴的错觉。同时左掌拍击自己的左大腿，制造音响效果。乙的头部随后急速向后仰（图 6-4-1）。

注意事项：乙的后仰动作不要向两边偏，必须是向正后方。甲的挥拳动作的大小、速度以及拍击大腿时发出的音响决定着乙后仰动作的幅度。

①

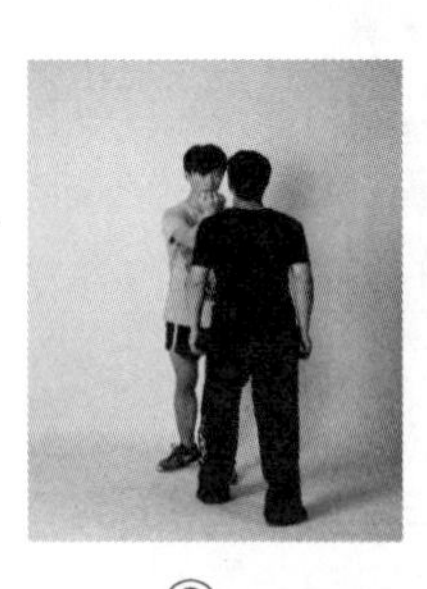
②

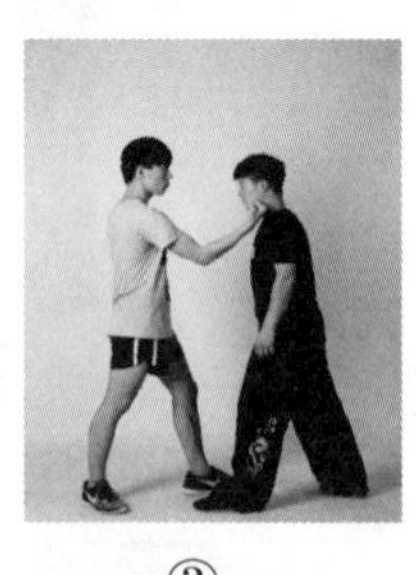
③

④

图 6-4-1　上勾拳动作过程

二、平勾拳

动作过程：双方相对站立，左脚在前，甲伸出右拳放于乙的脸部左侧前约5厘米处。为了夸大击打动作，甲在出拳之前，要将右拳回收到右胯后面，接着向乙的左脸挥去，在距离乙的左脸约5厘米处，屈肘将右拳向自己的左肩方向回收。这样右拳就做了一个180度的挥拳动作。同时乙的头部向右摆，其身体的重心也随之向右倾倾斜。甲做横勾拳的同时用自己的左手拍击自己的左胯或左大腿以便发出音响效果。音响效果也可以由乙来做（图6-4-2）。

注意事项：拍击发声的动作要隐蔽，不要让观众觉察到。

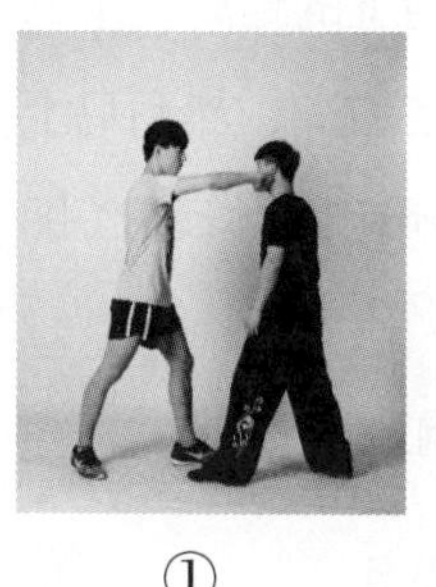
①

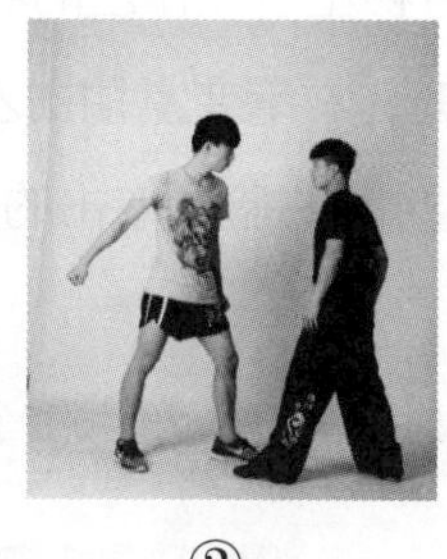
②

③

④

图6-4-2 平勾拳动作过程

三、冲拳

冲拳是有经验的格斗者常用的动作，也是一个非常简单的技巧。

动作过程：双方相对站立，左脚在前，甲右拳直接向前击出，拳头呈直线向前击打对方的下巴或眼睛，但是在舞台打斗表演中，要打在乙的脸部右侧前约5厘米处。乙的头带动身体急速向后仰。甲用左手拍击自己的左胸或左大腿，也可以由乙用右手来拍击自己的右大腿以便制造音响效果（图6-4-3）。

注意事项：动作必须快而隐蔽，声音要清晰。

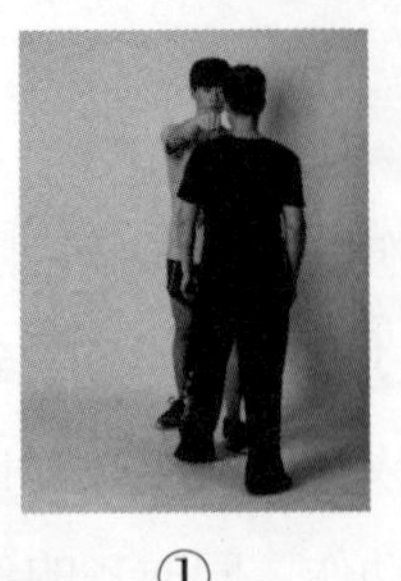

①

②

图 6-4-3　冲拳动作过程

四、斜冲拳

动作过程：双方相对站立，距离是甲将左手放在乙的右肩上的距离。甲的右拳向斜前方冲出，在要到达乙的右肩时，右拳变掌拍击乙的右肩，然后马上握成拳，以此来保持冲拳的错觉。乙同时完成右脸被拳击的声音和形体反应（图 6-4-4）。

注意事项：甲用右掌拍击乙的右肩来制造这个动作的音响效果。

①

②

图 6-4-4　斜冲拳动作过程

五、上勾拳击打腹部

上勾拳击打腹部这个技巧在很大程度上取决于音响效果和被击打者的反应，这种反应基本上通过被击打者突然间发出的声音和蜷缩的身体动作来实现。

动作过程：双方相对站立，右脚在前。甲右手握拳，拳心向上，手臂弯曲，拳伸到乙的上腹部前约 5 厘米处。甲的右臂必须弯曲，而不能完全向前伸出，这样可以增强出击的拳头被乙的腹部挡住的错觉。甲挥拳的同时乙收缩腹部，做身体蜷缩的动作。甲出拳的同时用左手拍击自己的小腹部或者左胯、左大腿来制造音响效果（图 6-4-5）。

注意事项：乙的身体向前，蜷缩时要略微向左或右偏一点，以免自己的头部撞到甲的头或脸。

①

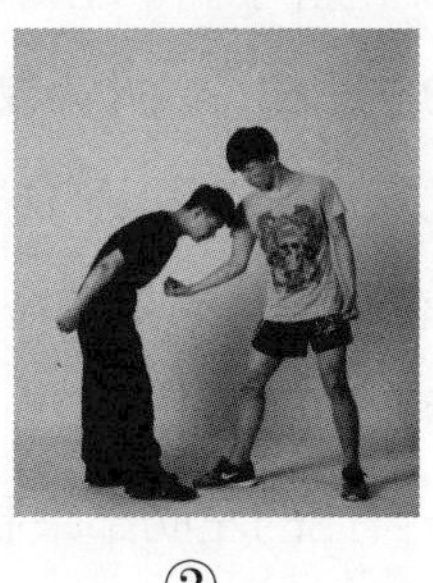
②

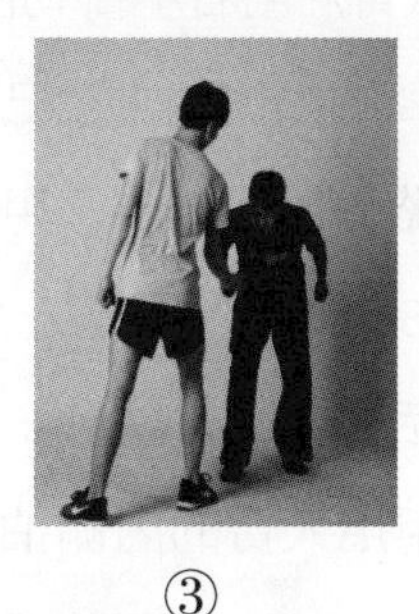
③

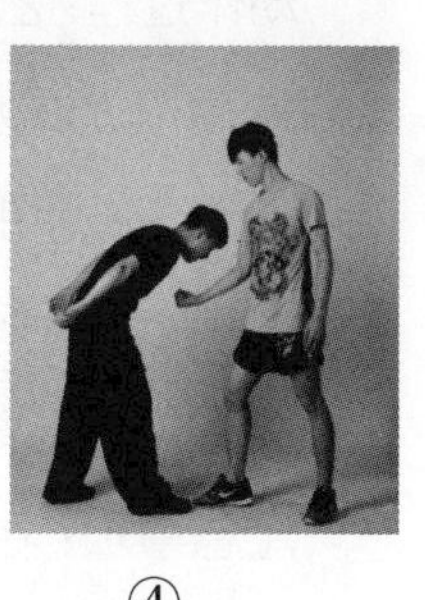
④

图 6-4-5　上勾拳击打腹部动作过程

六、防守反击

动作过程：双方相对站立，右脚在前，乙左手用平勾拳击打甲的头部，甲用右手挂挡防守。接着甲用左拳向上勾击乙，同时右膝弯曲。（注意：冲拳、平勾拳或者拳击腹部等技巧都可以在这里使用）。乙用右手拍击自己的右大腿制造音响效果，同时头部急速向后仰（图 6-4-6）。

①

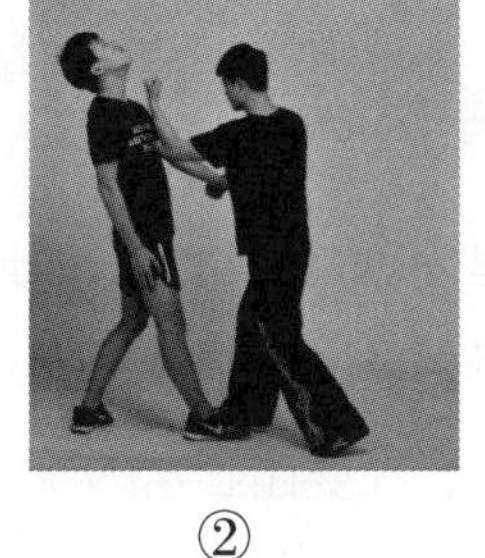
②

图 6-4-6　防守反击动作过程

注意事项：乙的左平勾拳在到达甲的头部右侧时要减速，以便在甲挂挡防守时能马上停住，同时又避免了两人的手臂像在真的格斗中那样猛烈碰撞。这是舞台打斗与生活中的打斗的本质区别，舞台打斗的目的不是将对手打伤打倒，而是要制造出使观众信以为真的错觉，因此所有的舞台打斗动作看上去都要真，实际上表演者要高度控制，这一点非常重要，每一个演员都必须有这样的观念，这就需要演员不懈的刻苦练习。

七、肘部击打

动作过程：乙从背后用右小臂勒住甲的脖子。甲左臂弯曲并向前上方抬起，接着向后挥，以大臂的内侧拍击自己的左肋部，以此来制造音响效果。这样乙就可以避免被甲的胳膊肘碰撞到。甲或乙也可以用没有被占用的手拍击大腿来制造音响效果（图 6-4-7）。这是一个有趣而且有效的技巧，它可以用来表现一个人被别人从背后用手臂勒住脖子后如何逃脱。

注意事项：在甲用大臂的内侧拍击自己的左肋部来制造音响效果的同时，乙必须做出肋部被击的声音和形体反应。

①

②

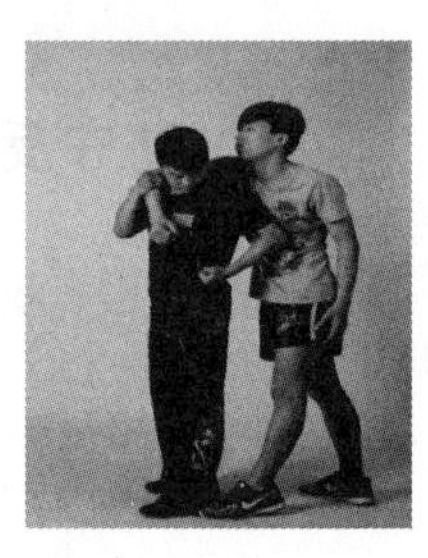
③

图 6-4-7　肘部击打动作过程

八、用拳砸后背

动作过程：甲左脚在前站立于乙的背后。由于不能进行眼睛交流，甲用自己的左脚尖触碰乙的左脚跟作为开始信号，同时挥起右拳。接着甲用右拳向乙的后背砸下去，在要碰到乙的身体时，甲将右拳变掌拍击乙的右肩，以此制造击打的音响效果。同时乙急速向前弯下腰，做出相应的声音和形体反应。甲要迅速将右掌变拳收回（图 6-4-8）。

注意事项：拳—掌—拳的变化必须非常快速而隐蔽，要让观众看不见这个过程。这个技巧经常在偷袭中使用。

①

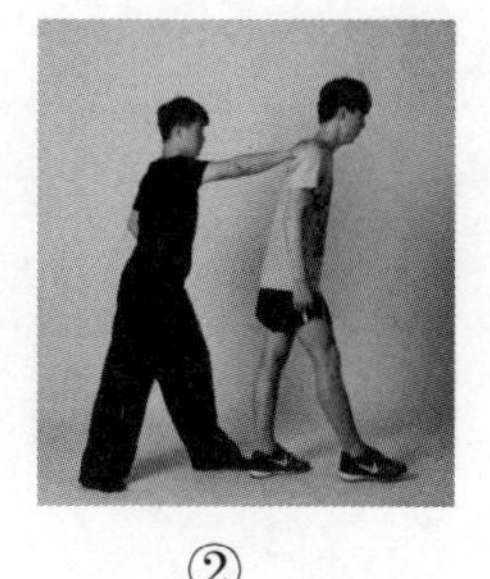
②

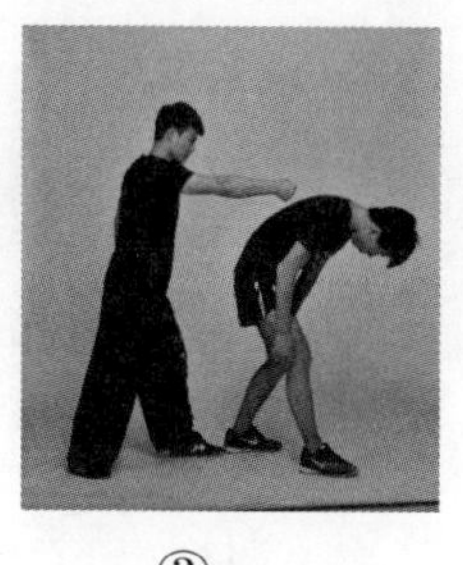
③

图 6-4-8　用拳砸背动作过程

第五节　膝顶、脚踩和腿踢打技巧

在武术打斗表演中膝顶、脚踩和腿踢打都是凶猛的暴力动作，这些动作技巧很有表现力，它们既可以在打斗的高潮时使用，也可以作为很好的过渡动作被安排在舞台打斗中。

有些表演者腿部的运动感觉比手臂差得多，对腿部的控制要比对手臂的控制困难，因为起腿半面空，用一条腿做动作，另一条腿只能独立地支撑身体，还要保持身体的平衡，所以完成这些打斗动作要比完成一般其他动作更有难度。这时眼睛交流更加重要，打斗的双方要互相看着对方的眼睛，以便确定对方是否在肢体上、精神上都做好了完成动作的准备。眼睛交流时间很短，动作一旦开始，表演者就要把注意力放在要攻击的对方身体的某一部位上。另外，打斗双方之间的距离也非常重要，它是根据不同的动作技巧以及表演者手臂和腿的长度来确定的两人之间的距离。

一、膝顶击脸部

动作过程：甲面对乙站，左脚上一步，然后抬起右膝，同时双手置于乙的肩上。乙向前低头，甲将右膝抬到乙的头和脸的外侧，同时两只手离开乙的肩部，然后用双手拍击自己的大腿来制造音响效果。乙的头部随着甲双手拍击的音响效果猛然向上抬起，好像是被甲用右膝顶击而抬起的，同时用双手捂脸制造被膝顶击的错觉（图 6-5-1）。

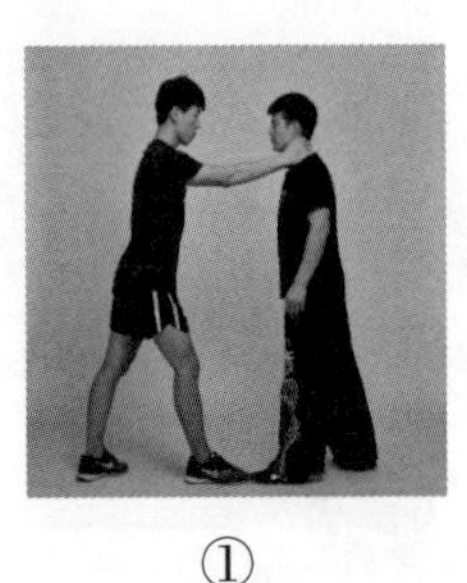
①

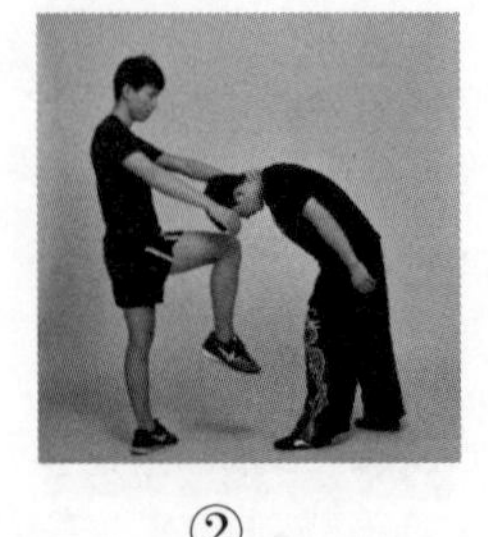
②

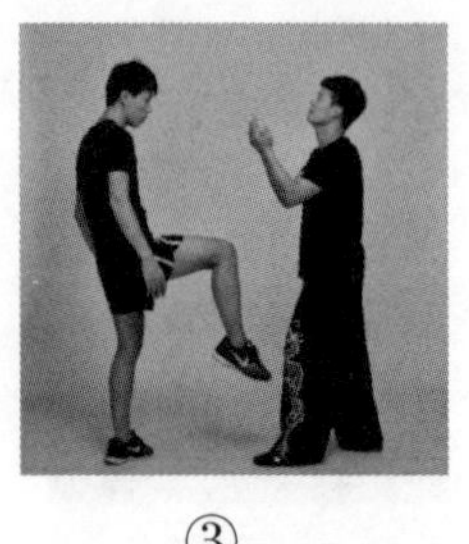
③

图 6-5-1 膝顶击脸部动作过程

注意事项：甲不能真打乙的头，而是乙做动作，甲配合。甲抬右膝时要保持身体的平衡，一定要把右膝抬到乙左脸的外侧。

二、膝顶击裆部

动作过程：双方面对面站，甲的重心落在左腿上，双手放在乙的肩上。甲可以用一只手放在乙的肩上，也可以用双手或单手抓住乙的手腕或其他部位进行搏斗以后，做下面的击裆动作。眼睛交流以后，甲眼睛向下看，抬起右膝，在距离乙裆部大约 10 厘米处，碰触到乙的右大腿内侧。这时候甲的注意力必须在乙的大腿内侧，而不是他的裆部。甲抬右膝的动作要快，碰到大腿内侧时要突然停下，动作要轻。甲或乙都可以用手拍击自己的大腿以制造音响效果。在音响效果产生后，乙要立即弯下上身，做出相应的声音和形体反应。双方要注意处理好与观众的视线的关系，尽量用自己的身体把制造音响效果的动作掩盖起来，同时拍击动作要小，但声音要明显（图 6-5-2）。

①

②

③

图 6-5-2 膝顶击裆部动作过程

注意事项：这个技巧主要是依靠乙的疼痛反应来制造错觉，甲事实上并不接触乙的裆部。甲反复多次用慢动作和逐渐加快的动作练习抬右膝到乙大腿内侧的动作，千万要小心谨慎，不要急于求成。

三、膝顶击腹部

动作过程：甲站在乙的左侧，左手放在乙的左肩上，右手放在乙的左臀部，以便保持平衡。乙的头部向左转与甲进行眼睛交流。甲抬起左膝，同时乙向前弯曲上身，甲的左膝在触到乙的上腹前就突然停止（图 6-5-3）。

注意事项：这一动作技巧的声效一般情况下是乙发出呻吟声，甲或乙拍击大腿来制造音响效果。但是乙的呻吟声要在拍击的音响效果之后，不要与之重叠。

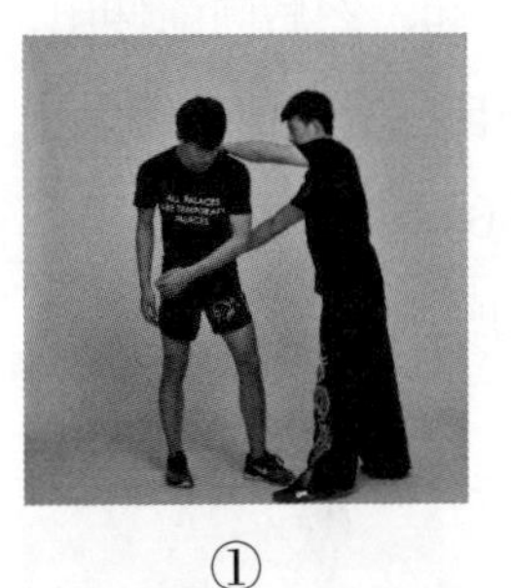
①

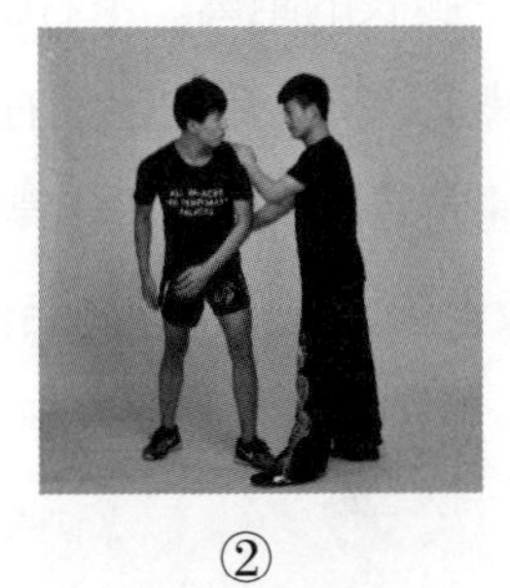
②

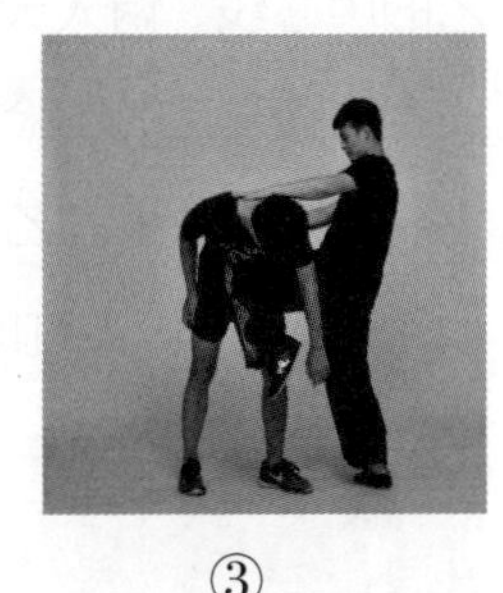
③

图 6-5-3 膝顶击腹部动作过程

四、踢腹部

动作过程：乙趴在地上，甲站在乙的左侧，左脚在前。甲用右脚向前伸到乙的上腹部正下方约 10 厘米处。甲一定不要让自己的脚背碰到乙的肋骨，同时用手拍击自己的腹部或大腿来制造音响效果（图 6-5-4）。

注意事项：甲的整个右腿的肌肉要猛然收缩，好像踢到乙的身体后被突然挡住了。同时乙的身体猛然收缩，并在音响效果后发出呻吟。这个技巧用在结束打斗时十分有效。

①

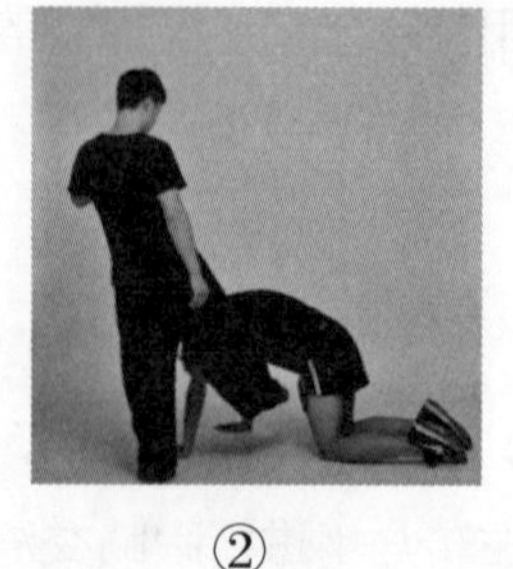
②

③

图 6-5-4　踢腹部动作过程

五、脚踢脸部

动作过程：乙面对甲，左膝跪在地上，上身略微前倾，甲左脚在前，正对乙的中心线。两人大约相距一腿长的距离。甲右腿向后抬起，然后向前伸出，一直到脚与乙的左脸在一条线上，同时用左手或右手拍击自己的任何一侧大腿来制造声音效果。乙上身快速向后仰，同时发出声音（图 6-5-5）。

注意事项：击打的声音效果和乙上身快速向后仰要协调一致。

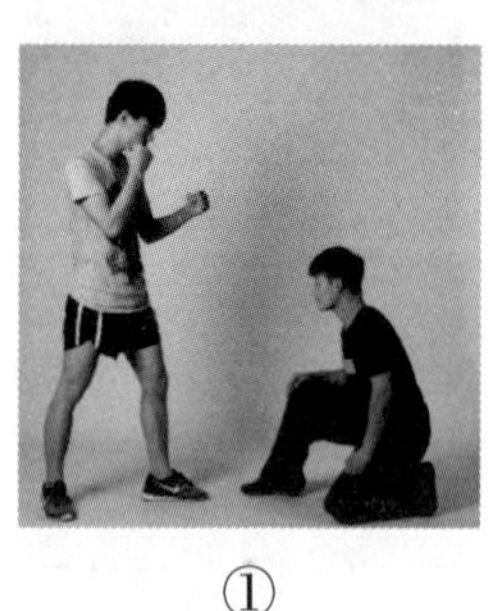
①

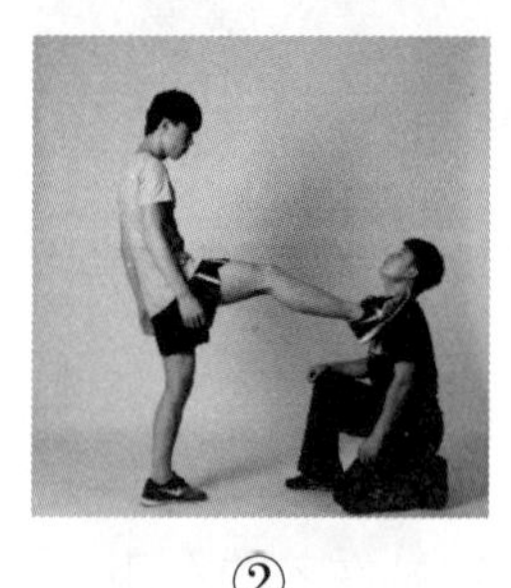
②

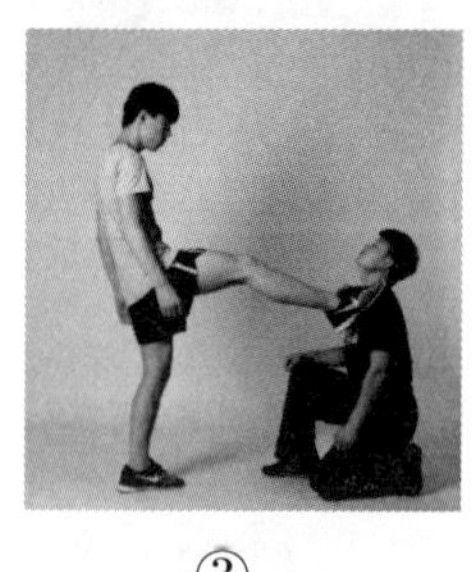
③

图 6-5-5　脚踢脸部动作过程

六、弹腿踢脸

动作过程：乙面对甲，左膝跪在地上，上身略微前倾，右手手心向下平放在左肩前，手掌绷直。甲相对乙站，左脚对准乙的中心线。两人大约相距一腿长的距离。眼睛交流之后，甲右腿后抬，乙的右手准备。当甲的膝盖抬起时，乙迅速将右手放置在肩前，同时甲的小腿正好弹出，脚面与乙的右掌相拍发出音响效果。然后乙发出呻吟声，同时用手捂脸，上身急速向后仰，造成脸部被踢的错觉（图 6-5-6）。

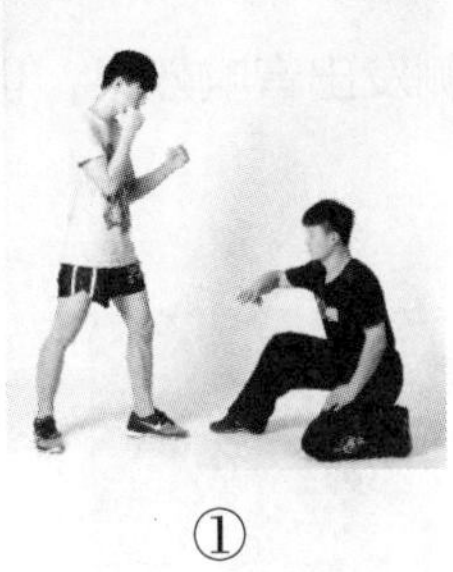

①

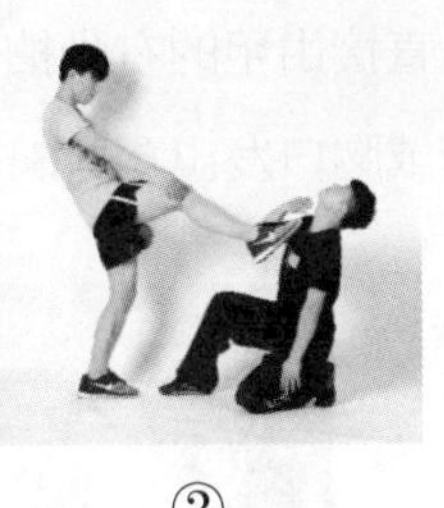

②

图 6-5-6　弹腿踢脸动作过程

注意事项：在做动作之前，每一个分解动作，甲都必须要经过多次认真的练习，掌握一种既不用力又能用右脚背在乙的右手掌上发出清晰的声音的弹腿方法。尽管甲的右腿要向后抬起，以相反的动作来使观众集中注意力，但是事实上踢的动作不是以胯为轴，而是以膝为轴，也就是弹小腿，弹出的腿保持姿势不动。这个技巧的另一种做法是乙用双手来拍击接甲的脚，这比前者要安全一些，但乙的动作要更敏捷，更隐蔽，以免破坏了错觉。

七、站立接触性踢裆

动作过程：双方相对站立，甲左脚在前，乙右脚向前迈一小步，双膝微弯。双方站立的距离是甲的右脚背击打乙的右大腿内侧的距离。甲将自己的右脚背击打乙的右大腿内侧。乙在甲触到自己的大腿内侧时，上身蜷缩，并发出呻吟（如图 6-5-7）。

①

②

③

图 6-5-7 站立接触性踢裆方法一动作过程

另一种方法是甲用右腿踢。甲面对乙站立，左脚向前落于乙的右脚外侧。

乙面向甲站，右脚向前迈一步，双膝微弯。在这个动作中，甲踢的部位是乙的右大腿内侧至右臀部。乙在甲触到自己的大腿内侧时，上身蜷缩，并发出呻吟声。既可以直接由甲的右脚拍击乙的右大腿内侧发出音响效果，也可以由乙拍自己的大腿或胸口发出（图 6-5-8）。

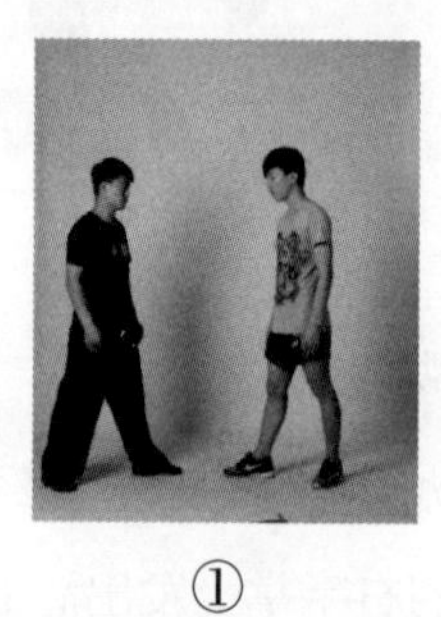

①

②

图 6-5-8 站立接触性踢裆方法二动作过程

站立非接触性踢裆技巧与站立接触性踢裆的技巧几乎一样，但是甲的右脚背要停在距离乙大腿内侧约 5 厘米处，而不碰触他的大腿。

注意事项：甲千万不要让脚尖碰到乙的大腿或裆部，否则会对乙造成伤害。甲的右腿动作要稳定准确而有控制，尽可能用小的力量击打乙的大腿内侧。做到这一点的关键是甲要掌握好平衡并且用慢动作反复地练习。既可以直接由甲的右脚背拍击乙的右大腿内侧发出音响效果，也可以乙用手拍自己的大腿或胸口发出。（取决于观众的视线角度）作为一种保护性措施，做这个动作时，演员应当穿上护身。在练习第二种动作以前，演员必须熟练地掌握第一种动作。第二种动作技巧在中心舞台使用时是非常有效的。

八、倒地踢裆

（一）倒地踢裆 1

动作过程：乙躺在地上，两条腿分开。右膝弯曲，大腿抬离地面，给甲的脚的动作留出空当。这种姿势可以用在表现乙从昏迷中醒来，试图站起身的时候。甲左脚向乙的两腿之间上步，右脚脚背拍击乙的右大腿内侧（图 6-5-9）。

注意事项：甲踢的方向是乙的大腿，但乙的形体反应当是在裆部。

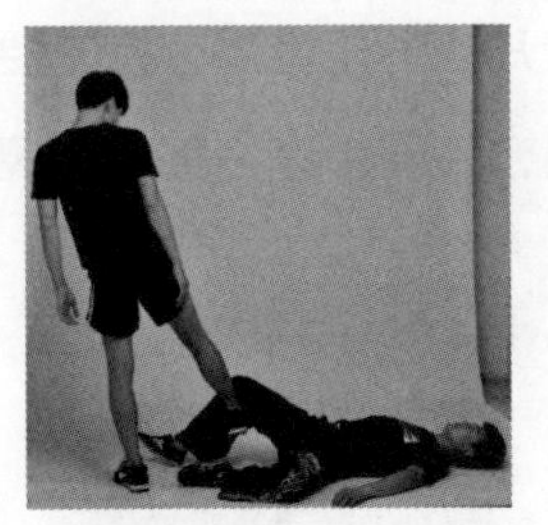

图 6-5-9　倒地踢裆 1 动作过程

（二）倒地踢裆 2

动作过程：乙躺在地上，臀部肌肉收紧，两腿分开，两脚触地，膝盖弯曲，臀部和尾骨部分要抬离地面。甲左脚向乙的两腿之间上步，脚尖对着乙的中心线，右脚抬起，接着向前伸出，以膝为轴，用右脚的脚背弹踢乙的左臀，弹踢动作要轻，然后迅速收回以减轻对乙臀部施加的力量（图 6-5-10）。

注意事项：甲以脚背拍击乙收紧的臀部可以发出令人信服的音响效果。甲也可以用拍击自己大腿的方法来制造音响效果。乙同时做出裆部被踢的声音和形体反应。这个动作比前一个要复杂一些，因为甲的右脚更接近乙的裆和尾骨所以，双方要用慢动作进行反复练习。

①

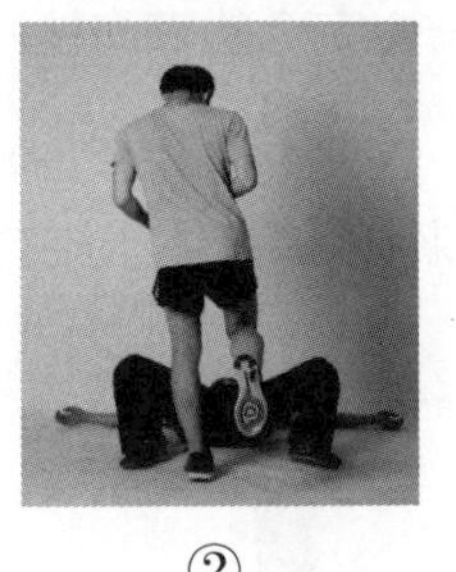

②

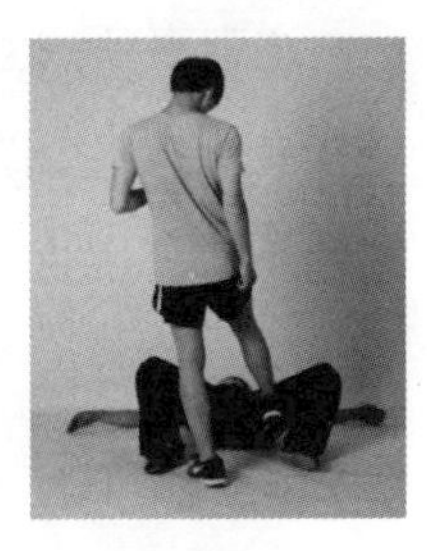

③

图 6-5-10　倒地踢裆 2 动作过程

九、腿法击打大腿、小腿、臀部或背部

动作过程：甲站在乙的背后左侧。乙左脚在前站立。甲右腿后抬，接着用右脚的脚背，击打乙的右腿、臀部或背部，一旦接触到乙的腿、臀部或背部，甲的脚就要立刻收回，以减少对乙的身体冲击力（图 6-5-11）。

注意事项：音响效果可以由脚背接触腿、臀部或背部发出。甲做这个动作时有两点注意事项，一要避开乙的尾骨部分，二要尽量减小动作的冲击力。同时甲的力量一定要高度控制，不要用脚尖踢，掌握好平衡。

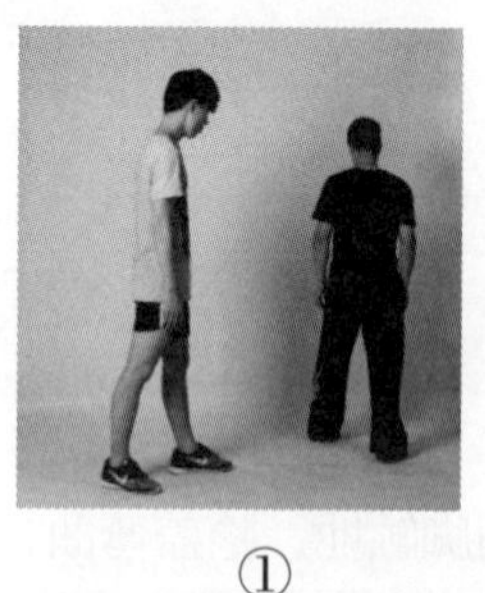
①

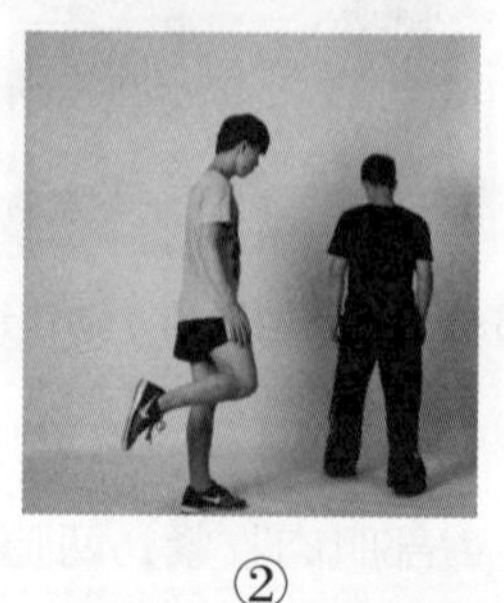
②

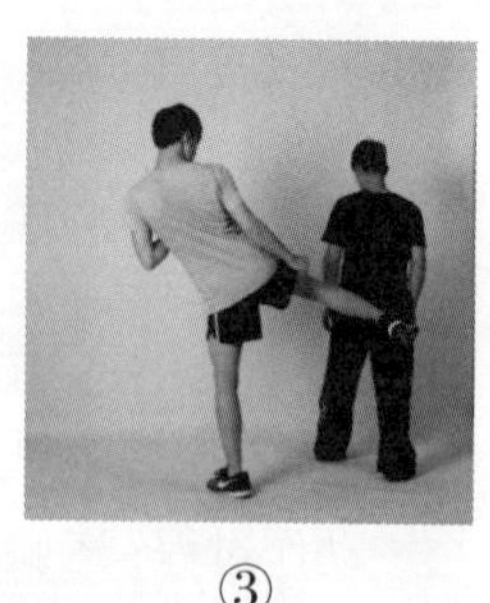
③

图 6-5-11　腿法击打大腿、小腿、臀部或背部动作过程

十、脚跺头

动作过程：乙躺在地上，头偏向甲。甲把右脚放在乙的头左侧。右膝弯曲，右脚放在乙的脸上方。在甲提起右腿一刹那，乙左手手心向上放在自己的脸右侧，甲的右脚落下，落在乙的左手上，乙同时用右手抓住甲的脚踝，并做出疼痛和挣扎的动作（图 6-5-12）。

注意事项：这也是一个完全的表演技巧，主要是甲要用一条腿支撑身体重量，有保持平衡的能力。乙在接甲的脚时，不要影响甲的身体重心和平衡。甲用两个膝盖弯曲的动作来制造将重量压在乙头上的错觉。

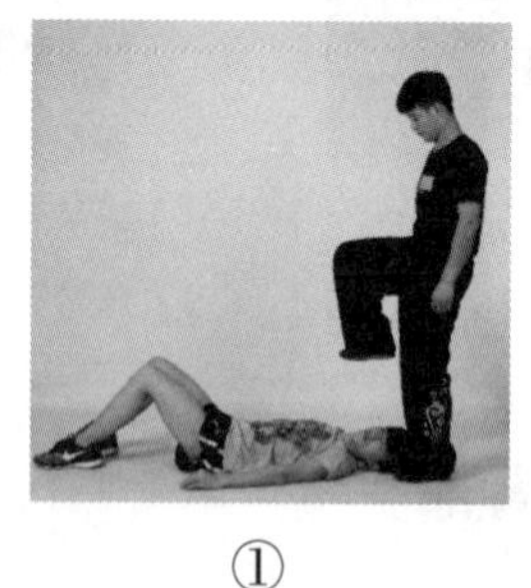
①

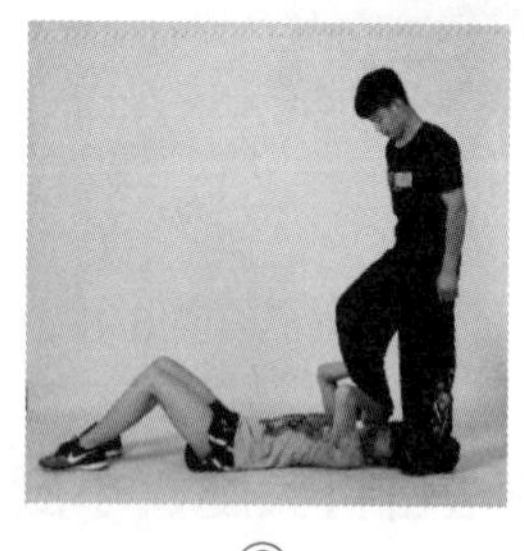
②

图 6-5-12　脚跺头动作过程

十一、踩胸、腹部

动作过程：乙平躺在地上，甲向上跳起，右脚在乙的胸部、腹部上方抬起。

接着下落，在快要碰触到乙的胸部、腹部时，跳起的左脚使劲在乙的身体左侧跺响地板来制造音响效果。同时，乙蜷曲身体并发出呻吟声（图 6-5-13）。

注意事项：乙平躺在地上，收缩胸大肌、腹肌，同时单膝或双膝弯曲，以增强胸大肌与腹肌的收缩程度，这是这个技巧中唯一的安全措施和防止事故发生的手段。在镜框式舞台演出时，甲的右脚可以抬起到乙胸部、腹部上方约 15 厘米处，下落到正确的位置就能产生踩在乙的胸部、腹部的错觉。甲在自己的左脚跺地后可以快速地提起右脚，制造一种右脚被乙的腹部反弹起来的视觉错觉。

①

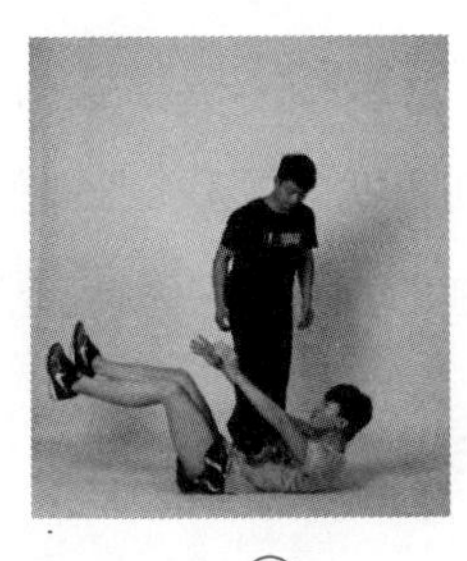

②

图 6-5-13　踩胸、腹部动作过程

十二、膝盖砸后背

动作过程：乙双手双膝着地，甲站在乙身体左侧，屈右膝上抬，接着前踢，在他的右膝快要碰触到乙的后背时，跳起的左脚用力在乙的身体左侧跺响地板来制造音响效果。甲的右膝不做反弹动作，而是保持屈膝状态。甲在制造音响效果的同时乙的身体急速收缩，做出后背被砸的声音和形体反应（图 6-5-14）。

①

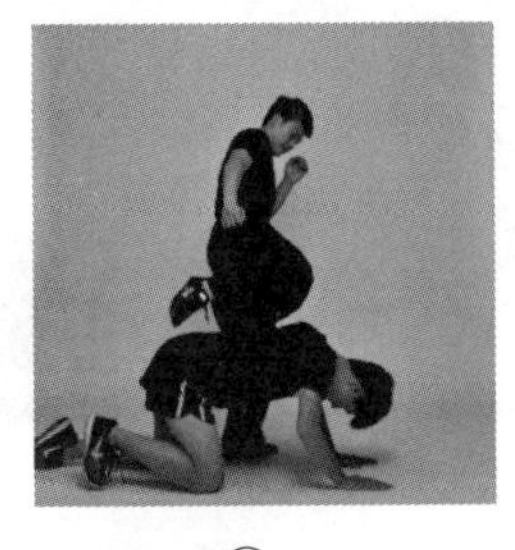

②

图 6-5-14　膝盖砸后背动作过程

注意事项：这是专业角斗技巧的一个发展。踩胸部、腹部和膝盖砸后背的技巧对于甲的要求很高，他跳起后要能准确地落在应该落地的位置，踩地板的脚和做动作的脚要精确配合，要有对身体重心的掌握、对脚的力量控制等。甲一定要从学习和练习这两个技巧的分解慢动作开始，先用板凳或其他物体来代替乙的身体位置，一直到动作掌握得非常完美、安全有了高度保障以后再由真人来配合。

第六节　碰撞、死、搬和拖拉技巧

碰撞、死、搬和拖拉等技巧可能是更难的打斗技巧，但是武术表演打斗技巧与错觉的制造就如同我们的想象力一样是无穷无尽的。只要我们严格地按照这些技巧中的安全要求去做，运用我们的想象力，就能不断地创造出新的技巧。

一、推头撞桌子

动作过程：乙站在一个硬的平面如桌子前面，桌面基本上与腰同一高度，左手放在桌子上与自己的中心线一致的位置。甲站在乙的左侧，右手放在乙的头后部并按在甲的右手上。在开始时，乙的头向后抬，做出对抗甲向前推的动作，接着头部快速地向桌面低下去，在离桌面上自己的左手上方约 5 厘米处突然停住，同时右手从甲的右手上离开，向下拍击桌子，制造自己的头部被推而撞在桌面上的错觉。接着乙的头再迅速地抬起来，以制造头部被桌面反弹起来的错觉（图 6-6-1）。

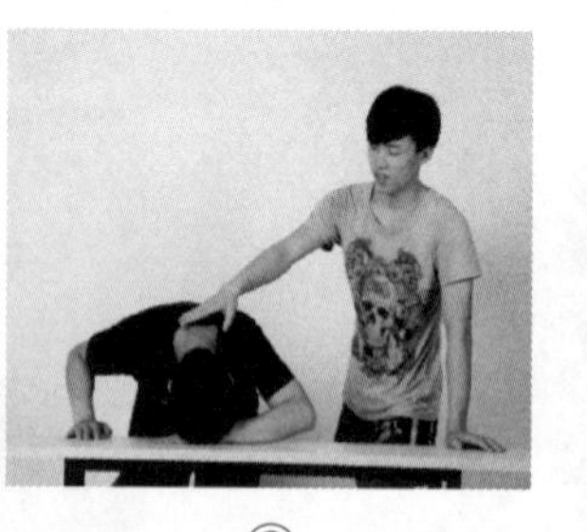
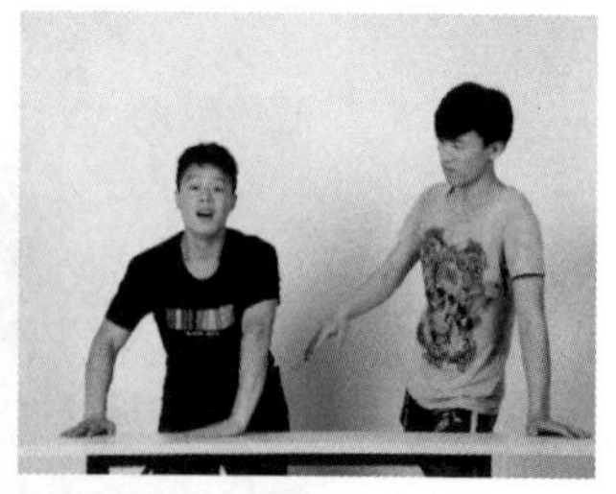

①　②　③

图 6-6-1　推头撞桌子动作过程

注意事项：这个技巧需要制造的效果是乙在对抗时，甲将他的头推着撞在桌子上。但是整个动作由乙主动完成，甲只是配合。在乙向下低头之前双方一定要进行眼睛交流，以便共同配合。乙在整个动作的过程中眼睛始终要睁开着。

二、推头撞墙

乙站在距墙一步的位置，左脚向前上半步，左手在自己左胸前扶墙。手臂和胳膊肘要向里收，这样防止在背后的观众看到他的左手和左臂。然后乙离墙三步站立，左脚开始向前走三步，练习用左腿和左手缓解身体对墙的冲力（图6-6-2）。

①

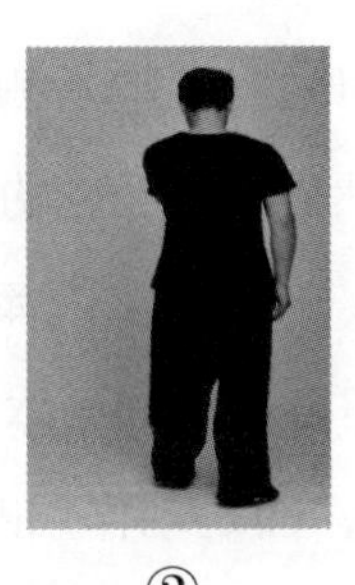

②

图 6-6-2 头撞墙动作

头撞墙的技巧一般用在急跑中，跑动时练习者要控制身体对墙的冲撞力。控制冲撞力是这个技巧的最重要的部分，只有在把这个技巧熟练地掌握以后，我们才能增加其他的动作。在练习中，练习者要运用左大腿和左上臂的肌肉作为强有力的弹簧来缓解身体的冲力。如果练习者习惯于用右腿和右臂，也可以用右腿和右臂。这个技巧特别强调腿在防止身体撞墙方面所起的主要作用。

事实上，乙可以练习只靠左腿而不用左手的停止身体技巧，这样可以使这个撞墙的动作做得更加逼真。

在熟练地掌握了上面的技巧后，乙可以拉开与墙的距离，走向墙，也可以跑向墙（当然跑撞也必须从慢动作开始）。

接下来的练习可以加上头部撞墙的反应动作以及声音效果的制造动作。当乙的头部距离墙 10 厘米处的时候（因为这是头撞墙的技巧，所以走路或跑动都要头部在前），乙用右手拍击前面的墙。右胳膊肘也要向身体方向收紧，整个手与手臂的动作都不能让观众看到。在右手拍墙的同时，头急速向后仰，制造头部猛地撞在墙上被反弹回来的错觉，身体也随之向后仰（图 6-6-3）。

① ②

图 6-6-3 头撞墙反应动作

动作过程：甲站在乙的右侧，把左手放在乙脖子的后部，（甲也可以运用抓头发的技巧）然后甲配合乙的动作。在乙的头部距离墙约半米左右时，甲的左手离开乙的头，并顺势向前挥动，好像将乙的头推向前（图 6-6-4）。

注意事项：甲要在乙的身体后方，以便制造推着乙撞墙的错觉。这个技巧的难度不是撞墙，而是动作后的反弹。当乙的左手碰到墙后，头就马上向后反弹。

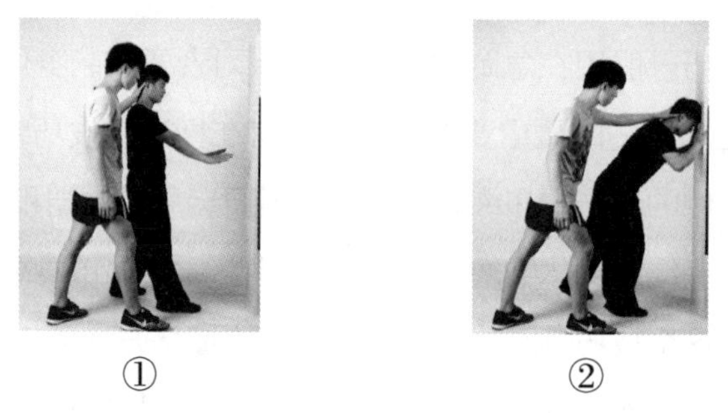

① ②

图 6-6-4 推头撞墙动作过程

三、头碰撞地板

动作过程：乙俯卧在地，右手手心朝下放在胸部与地板之间，左手手心朝下放于头与地板之间。甲骑在乙的背上，两手放置在乙的头后部，并用手的细微变化给乙传递动作信号。乙抬起头向后仰，制造头部被甲抓起来的错觉，然后头向前快速地低下与地面接近，眼睛始终睁开，在离地约 5 厘米处突然停止，同时右手拍击地面制造头撞地的音响效果。在乙的头低向地面时，甲双手离开乙的头，并做出推的动势。乙的头在“撞击”地板后要快速稍稍抬起，好像是被地板反弹起来（图 6-6-5）。

注意事项：甲对乙头部的接触必须非常轻，千万不要推也不要拉，必须能够感觉到乙的动势。

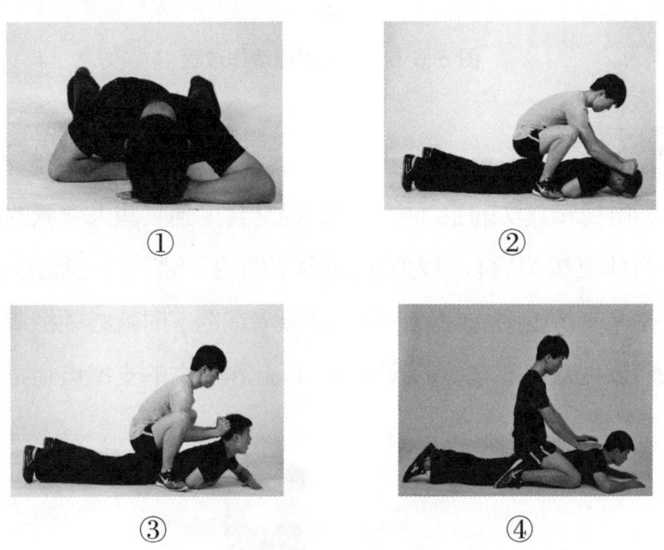

①　②　③　④

图 6-6-5　头碰撞地板动作过程

四、头部相撞

动作过程：双方相对站立，右脚在前。甲将左手放在乙的前额上。甲的头先向后仰，然后向前，在距离乙的眼睛约 5 厘米处突然停住，同时用右手握空拳拍击前胸制造音响效果。乙的头急速后仰，身体随之向后（图 6-6-6）。

注意事项：在整个动作过程中，双方都要保持眼睛交流。

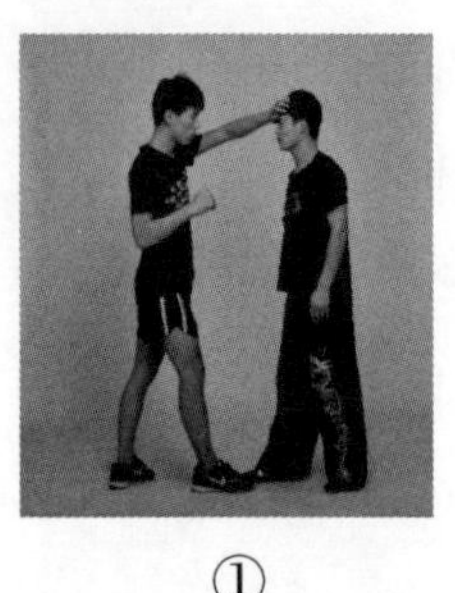
①

②

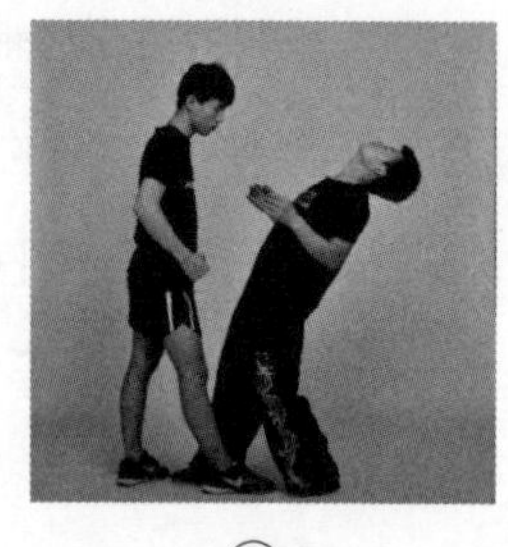
③

图 6-6-6　头部相撞动作过程

五、晕厥

在电影、电视和真实的生活中，我们经常会见到某些人晕厥的场景。在失去知觉时，身体是按照后有引力的规律向下倒的。倒下的过程是相当和缓的。如果有人在晕厥者倒下时扶住他，那么晕厥者在倒下时就必须把双臂张开，以便扶他的人可以把双手放在他的腋窝下，以此作为力的支撑点（图 6-6-7）。

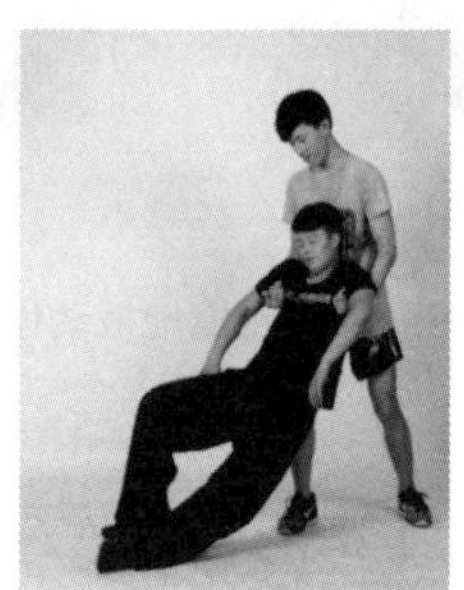

图 6-6-7　晕厥动作

第七章　武术表演创编的基本原理

套路是当代武术的主要表现形式。在武术教学、训练、竞赛、表演中，经常要针对不同的对象和需要，创编一些新的套路。创编武术套路，是武术教学、训练与竞赛表演中的一个重要环节。

第一节　武术组合动作的创编

武术组合动作是由若干个武术完整动作连接在一起的运动表现形式，也是武术教学、训练、竞赛、表演的主要内容。掌握基本组合动作的创编是提高教学和训练水平、培养学生竞赛、表演能力的一个重要环节。武术组合动作的创编是教师或编导根据武术课的教学对象或表演的需要，运用武术技术组合动作的创编知识创编出具有一定风格特点的组合动作，以组合动作的形式进行教学或表演，提高学生或表演者熟练掌握技术的能力，增强武术表演的效果，从而满足武术表演实践的要求。

一、武术组合动作创编的要求

（一）明确创编的目的任务

组合动作的创编一定要根据教学的对象和表演的实际需要，有针对性地选择一些适合对象特点和要求的内容，以达到教学与表演的基本目标和任务。由于学生和表演者的年龄特点不同，因而教学目的和任务也会有所不同。针对不同的目的、任务选择内容和方法是创编组合动作的重要依据。

根据目标和要求进行创编时，在内容上要力求简练、易学、易懂、易记、易练。动作不宜太多，一般以三至五个动作为佳；动作的路线变化不宜复杂；运动负荷不宜太大。在编排教学组合时，创编者要注意由简到繁，由易到难，层次清楚，重点突出。

（二）突出动作攻防含义

动作的攻防含义是武术运动的本质特点，因此在创编组合动作时，创编者不能一味地追求动作的造型，而忽略动作的技击含义；也不能一味地为了完成动作而使运动中的手法、步法和腿法显得太随意，从而失去武术本身所具有的攻防技击含义。尤其是在攻防性技击组合动作的创编中，创编者要注意体现声东击西、左顾右盼、指上打下等技击智慧和攻防意识。现在的武术表演组合动作一般有两种情况：一是攻防技击性组合动作的创编，特点是突出技击性；二是武术套路在艺术意义上的组合动作的创编，即以手眼身法步为基础的各种拳种套路技术动作，特点是强调动作连贯、内外协调、节奏变化，以及音乐舞美配合等艺术效果。

（三）体现武术套路运动的特点

在武术的组合中，动作的变化有丰富的动静、快慢、刚柔、起伏等运动形式和特点，创编者要在编排中将这些对立与统一的技术动作进行合理的安排，尤其要注意几个方面的问题：一是技击合理，攻防动作正确，符合技击要领；二是运动强度符合要求，在技术上，根据表演者的年龄、技术水平等特点合理地安排组合动作的负荷、强度和难度；三是技术风格突出，根据表演者的性别、年龄、技术水平创编出有一定风格的组合，如适合男表演者练习的勇猛、刚健、灵巧、敏捷的组合动作和套路，以及适合女表演者练习的优美、大方、富有韵味性的组合动作和套路等。

（四）勇于创新

创编者在创编武术组合动作时，不一定拘泥于一种拳种、流派的动作，可以将多个地方拳种的动作加以改造，使之成为一种合理的动作和技术，然后编入组合中，形成符合表演需要、具有武术运动特点和个性风格的组合，这样才有好的表演效果，才符合表演中创新的基本原则。没有创新的发展，武术也就没有生命力。

二、武术组合动作的内容与分类

武术组合动作的内容是由单个的武术动作与合理的手法、步法、身法构成的。它既是单独的武术攻防技术练习形式，也是武术套路练习中的主要方法。武术组合动作应依据表演场地、形式、目标进行选择和创编，并且要符合动作的变化规律，尤其是在攻防技击的组合动作的安排上更要注意动作的合理性和实用性。通过组合动作的表演，表演者既可以展示武术基本动作的美感，也可展示高难动作的惊险刺激，以表达武术的大胆无畏、勇往直前的精神。

根据武术项目的不同，武术组合可以分为以下几种。

拳术组合：是指根据拳术动作的基本内容，为了表演目标所编选的若干动作的组合练习形式。

实用攻防技术组合：是根据武术攻防技击的特点，依据攻防运动规律所编选的实用性组合练习形式。

器械组合：是指根据武术器械动作的基本内容，为了表演目标所编选的若干武术器械动作的组合练习形式。

对练组合：是指根据武术攻防和对练运动的特点，为了表演目标所进行的两人或多人的假设性对打组合练习形式。

武术组合动作是武术表演中的主要内容。一般情况下，创编者应针对表演的主体和表演目标，有目的地编选合适、合理的表演内容，要本着难易结合的原则，注意体现动作的攻防变化和艺术性，提高组合动作的表演效果。

第二节　武术套路表演创编

随着社会经济文化需要的不断变化，武术运动的不断发展，武术在国内外得到了广泛的普及，表演市场快速发展，大大小小、不同形式的武术表演处处可见。因此，我们要根据不同的表演场地、目的、形式、对象等，创编出各种类型、各个层次的武术套路，以供不同层次的表演者选用。另外，竞技武术的竞赛表演，也需要在武术套路的内容、结构、形式等方面不断更新，以适应竞赛的需要及竞技武术的发展。武术套路的创编工作是武术普及、武术教学、武术训练、武术表演等工作中的一个重要环节。

做好武术套路的创编工作，创编者首先要了解其基本知识，认清套路结构、类型，理解武术动作的特点；了解武术套路的自身特点、不同任务、对象特点、体育美学中形式美的法则；掌握好创编程序，考虑创编时应注意的问题等。

一、创编武术套路的基本知识及依据

（一）创编武术套路的基本知识

创编者首先需要了解武术套路的基本知识，理解其结构、类型及动作特点等，这样才能使创编工作更加顺利。

1. 武术套路的内容结构

武术套路的内容结构，包括手法、眼法、身法、步法以及各种器械方法结合身体姿态的完整动作；若干个相同或不同的单个动作紧密和谐地连接在一起的组合动作；若干个组合连接在一起组成分段动作；若干个分段组合成的完整套路。套路中的运行结构包括开始（即起势）、运行中（即往返段落）、结束（即收势）。

武术套路的内容结构不能脱离各类拳种的风格特点，内容要多样化。套路的运行结构要注意起势与收势在位置上安排的统一性，运行中的路线变化要结合场地充分适应表演者的需要。

2. 武术套路类型

（1）规定套路。规定套路具有明确的目的性及方向性。有的规定套路着重于统一动作规范及风格特点，有的着重提倡一些被人们忽略了的既主要又难做的技术内容，有的则是为了提高运动技术水平及引导武术套路技术的发展方向，还有的是为了在全国乃至世界范围内的推广与普及。

（2）传统套路。传统套路具备本拳种的风格特点和主要内容，从而保留、继承其传统性。

（3）长拳自选套路。长拳自选套路首先要具备规则中所规定的内容、组别，另外还要充分地考虑到演练对象的性格和身体素质等特点。一般来说，它代表着竞技武术的发展状态。

（4）普及性套路。普及性套路简单、易学、易推广，其目的是为水平较低的武术爱好者提供练习，起到扩大武术的宣传及全民健身的作用。

（5）教学套路。教学套路层次清楚，重点突出，主要内容较全面，把各类动作内容清晰、均匀地分布于各个组合中，既可以体现由简至繁、由易至难、循序渐进的原则，也可以体现动作的左右前后及路线变化的对称性。

3. 武术套路动作特点

整个武术套路有若干个不同类型的动作，每个动作的不同特点反映各种不同的运动形式。

动：一般是指动作的过程。

静：一般主要指停滞半秒钟至 2 秒钟的定势动作。

快：多体现于手法、腿法、步法及器械方法等内容动作。

慢：主要体现于蓄劲及柔和的身法等动作。

刚：多体现于进攻性的发力动作。

柔：体现于防守、身法、化劲等动作。

转：指摆、扣、辗转等步法带动身体移动及腰部拧转的动作。

折：主要体现于上体的前俯、后仰、侧倾等动作。

起：体现于腰身及下肢的以向上伸展为主的动作。

伏：体现于下蹲等动作。

站：主要体现于两腿伸直的站立动作等。

立：主要体现于单腿支撑等动作。

（二）创编武术套路的依据

创编武术套路一定要依据任务的不同、对象特点的不同，在动作结构、技术内容及特点上有所不同。依据自身特点，武术套路才不会偏离正确的创编轨道。依据体育美学中形式美的法则，表演者提高了演练水平，才能体现武术套路的艺术性特征。

1. 武术套路的自身特点

武术套路的内容是各种手法、腿法、器械方法等与协调和顺的身体姿势相配合，从而构成多种多样的完整动作，其内容丰富多彩。但其根本的特点只有一个，就是动作的技击含义。因此在创编武术套路时，不能一味地为了快速完成动作而使运行中的手法、步法、器械方法等太随意，无甚章法。组合动作的编排要体现声东击西、左顾右盼、指上打下等机智灵敏、变换多样的攻防技击意识。

另外，武术中的动作内容包括动静、快慢、刚柔、起伏等运动形式。例如，武术演练要求练习者做到“动如涛，静如岳，起如猿，落如鹊，站如松，立如鸡，转如轮，折如弓，轻如叶，重如铁，快如风，缓如鹰”。这些以形喻势的拳论要诀将快与慢、动与静、起与落、轻与重等一对对在运动形式中相互矛盾的两个侧面协调连接在一起，这种结合越巧妙，对比度越高，其技术风格特点也就体现得越突出。

2. 不同表演任务及演练对象的特点

套路创编要根据不同的表演任务、不同的对象所要达到的目的去进行，否则就会无的放矢、事倍功半。群众性的普及套路要易学、易会、易练，路线变化较简单，运动负荷不宜太大等。创编者在创编竞赛用的自选套路时，要考虑到规则的要求、演练对象本身的技术风格特点，以及他们不同的身体条件和生理特征。

如在 20 世纪 50 年代，人们认识到太极拳是一种健身性极强且无论身体强弱，老少皆宜的运动形式时，为了达到推广及增进全民健康的目的，国家召集了专家，在杨式传统太极拳的基础上创编了简化太极拳（二十四式）。简化太极拳内容简练，路线简捷，动作由简到繁、由浅至深，每个组合及分段都安排有核心内容，重点突出。在二十四式太极拳的基础上又创编了四十八式太极拳，使练习者向更高的技术层次发展。其内容相对比较复杂、比较充实，运行路线除直线外，还增加了曲线、弧线、斜线等，从而布满全场。四十八式太极拳的每个组合及分段都有重点内容突出，内容及路线均具有对称性。这两个套路都是创编较为成功的教学及推广套路。

在创编自选套路时，创编者要根据当前技术的发展趋势及运动员的自身特点进行创编。例如：对于柔韧性较好的运动员，要多选择舒展大方、体现身法及造型的动作；对于速度较快、力量较强的运动员，要多选择勇猛、快速及跳跃、跌扑、滚翻等动作；对于个子小且协调性较强的运动员，要多选择小巧、灵活及多变的动作和组合动作；对于柔韧性好而且控制能力较强的运动员，要选择些难度较大的控腿、插腿平衡等动作。现阶段创编八式、十六式太极拳以及传统太极拳的各种简化套路，把太极拳基本的、经典的、简单的动作合理地整合在了一起，有利于健身和推广。

另外，创编者还要根据年龄特点区别对待。以少年儿童为对象所创编的套路，要多选择起伏、转折、快速多变的内容，以体现其机灵、活泼；对年龄较大、较成熟的运动员，要选择一些劲力突出及运用身法等类型的动作，以体现其扎实的功力。

3. 体育美学中形式美的法则

形式美法则是人类运用形式规律创造美的形象的经验总结。整齐、层次、和谐、对比、均衡、节奏、多样和统一等都是形式美的表现形式。在创编套路时必须遵循这一美学规律，才能更充分地体现出武术动作及套路的优美及艺术性特征。在编排套路动作时，对整套动作难度的分布、高潮的出现要有合理严谨的布局和有层次的发展，通过快慢节奏、刚柔力度、高低起伏和幅度大小等对比手法进一步表现出每个动作的特点，使整套动作犹如一首完整激昂的乐曲起伏跌宕。另外，创编套路还要遵循技击规律，注意虚实、开合、攻防、进退等变化，以及布局上的往返穿插、迂回转折。创编者在创编时还要注意动作的多样化及生动性、身体动作与器械方法的和谐统一，使整个动作更加协调完整。

武术动作是很讲究动作姿势的，“把势把势全凭架势”。武术中讲究“五体称”。四肢与躯干五条线充满骨力，这五条线就像写字一样，结构要匀称、工整，或撑拔张展，或勾扣翘绷，无一处松软，以呈现一副健美之势。

例如，长拳中的“高虚步亮掌”动作，右掌上撑且手臂外张，左掌向左侧推撑，左脚尖在前虚点地面，身体躯干向左侧拧转，从而体现出上下、左右相互对称，身体各部位朝向四面八方的完整和谐。又如“弓步回身架崩枪”动作，重心前冲而且两臂伸展上举，随势再回身做甩头崩枪，从而体现出上下左右如开弓放箭般舒展、圆满。再如，“坐盘下截剑”动作，坐盘拧紧，使躯干与下肢如弹簧般呈现出多层面，头、剑、臂向前下探伸，腰胯向后坐撑，从而呈现出拧、转、撑、展等多方位的和谐统一。

所以，在动作的设计上，创编者要在不失去动作自身攻防技击含义的基础上，扩大化地追求其完美的艺术造型。

二、武术套路创编程序

（一）确定轮廓

创编者要根据对象的特点及任务，考虑动作的难度、数量、组别及运动量等，设计出整个套路的初步结构框架。例如，整套动作大体分为几个分段，每个分段安排几个组合动作，怎样进行布局，整个套路有几个重点及高潮、安排的大体位置，是用难度动作、惊险动作、协调性较强的快速组合动作，还是用其他类型的动作及组合动作来体现其重点和高潮。创编套路还需要估计用多少个动作来构成整套所需要的时间，以及运动负荷的大小等。

（二）搜集素材

创编者要根据武术动作的特点以及套路的整体构思，进行有针对性的调查、采访及观摩。例如，若演练的对象是少年儿童，要多从基本的主要的技术内容中去搜集；若对象是保卫部门的，则主要去搜集踢、打、摔、拿等较为实用的技击动作；若对象是传统拳练习者，则要从该拳种较普及的地区或该拳种的发源地去搜集；若对象如果是参加比赛的专业运动员，则要到运动场、比赛场去观察搜集。

（三）逐组逐段编排

在以上工作的基础上，创编者即可详细地进行逐组、逐段地编排。重点组合动作最好放在核心位置及场地中央，难度动作不宜放在结束位置，要考虑到组合与组合之间的衔接，以及起势、收势与邻近组合的对比及呼应。整套动作效果不要前松后紧，也不要前紧后松，要把难度动作、效果动作以及运动量大小不等的动作，进行有机的、合理的穿插，使其充分适应练习者的技术水平并达到较好的演练效果。

（四）反复实践，不断完善

整个套路初步形成后，创编者要广泛征求意见，再让练习者进行实践，进一步检查整个布局是否合理、组合及段落的衔接是否顺畅、高潮的体现是否突出、节奏的变化是否明显，以及体力的分配是否得当等。总之，练习者要进行反复练习，创编者则要不断地进行充实及调整，使其逐渐得到完善。

三、武术套路编排的步骤与方法

（一）内容设计

内容是武术套路的主体。内容的深度、广度和特点，反映着一个套路的难度、全面性和风格，代表着运动员的水平和能力。内容的核心是素材，内容设计的成功与否，取决于武术动作素材的搜集。武术动作依据其在套路中的特点及作用可分为基本动作、规定动作和重难点动作。

基本动作指构成武术攻防的基础动作。基本动作形式变化多样，可引申出多姿多态的武术组合动作。一般而言，创编者搜集基本动作时要选择那些形态美观、造型别致、节奏变化大、力度感强、充满浓郁武术特色的动作。

规定动作指《武术竞赛规则》中规定的自选套路规定内容。其技术规格有具体的规定和严格的要求。规定动作是创编套路的骨架、核心。

重难点动作指能体现创编者个性、运动风格的核心动作和难度动作，它反映了一个套路的深度和特点，是套路中的精华，对整个套路具有烘托作用。这些动作往往需要创编者针对竞技性的特点，调查和了解武术套路竞赛总体的发展趋势，观摩和参考优秀武术套路的结构和内容，并结合自身的能力状况、地方特色选择和创新。

（二）结构构思

结构构思是创编竞技性武术自选套路的一个重要环节。轮廓的确立、段落内容及重难点动作的安排应为其主要方面。

1. 轮廓的确立

如何确立一个竞技性武术自选套路的轮廓？在没有特殊规定的情况下，竞技性武术自选套路可定为四段。段落确立之后，创编者就要思考各段落大致内容的安排，采用哪些重难点动作，各段的大致路线和方向，如何使套路向场地四角展开等。通过这样的整合，一个竞技性武术自选套路的轮廓就可确立下来了。

2. 段落内容及重难点动作的安排

在一个完整的竞技武术自选套路中，由于各段落在套路中所担负的任务和所起的作用不同，各段落在具体内容和重难点动作的安排上就有差异。第一段为出场段，在具体安排动作内容时，创编者首先要研究起势。起势一般都在场地的中间偏右侧，然后继续向右侧场地运行。起势动作宜简洁，但要有风格且造型美。在起势动作之后一般安排 1~2 个重难点动作及组合，这样是为演练高潮的到来和向核心段落的过渡起烘托和铺垫的作用。对其他内容的安排，则应以体现基本身型、身法、手型、手法、步型、步法和腿法的动作和组合动作为主。第二段、第三段为创编套路的核心段，整个套路的演练风格和特点都应在此段中得到淋漓尽致的体现，这两段内容的安排应以重难点动作及精彩的组合为主。一般在核心段安排的重难点动作及精彩的组合动作的数量以 4~8 个为宜。这些动作及组合需均衡地分散到段落中。这种安排能充分体现每个动作及组合在套路中的特点，能使整个套路在演练中高潮迭起，达到情绪上、运动强度上的高峰。第四段为结束段或尾声段。这段首先需要考虑的是“收势”。规则规定，收势与起势须相符，即收势动作必须回到与起势动作相应的位置，且方向一致。要使收势动作符合规则要求，创编者就需精心策划和酝酿，收势动作不宜多，宜选择简洁、工整、舒展大方的动作。在收势动作的前面可穿插 1~2 个重点动作或精彩组合，使整个套路的演练在最后的一个演练高潮中戛然而止。这样的结局，动静对比鲜明，并能给人余味犹存的感觉。在其他动作内容的安排上则仍以基本动作为主。

（三）风格特点设计

风格特点设计指成套武术自选套路动作的综合表现。

1. 突出武术特点

武术套路的动作一般都具有攻防意义，踢、打、摔、拿、击、刺等技击动作是构成套路运动的主要内容。它们有着不同的攻防规律，在创编时需突出它们的技击方法，遵循它们的运动规律。例如，创编的套路要具有查拳的风格，就不能过多地使用南拳的动作，使查拳和南拳不分。同时，技击动作应该是套路的主要成分，在套路中要占较大比例。

2. 发挥个人特长

自选套路对运动员的身体素质有着全面的要求，但每个运动员的身体条件、身体素质、训练水平乃至性格特点都各不相同。创编者在设计风格特点时，应充分发挥个人特长，在规则允许的范围内安排一些适合个人条件的动作。对于体力好、灵巧性强的运动员就要多安排跳跃和技巧动作；对于柔韧性好的就要多安排腿法和平衡动作；对于耐力差的可把跳跃动作尽量放在套路的前面；对于身体矮小的就要多安排速度快、技巧强的动作；对于身体较高的就要多安排舒展潇洒、轻灵的动作；对于身体强壮的就要多安排勇猛、快速，便于发力的动作。总之，创编者要善于扬其长，避其短，使套路融入运动员自己的特点，形成自己独特的风格。

（四）路线方向安排

武术套路竞赛是在长 14 米、宽 8 米，周围至少有 2 米安全区的长方形场地内进行，在套路的编排中，创编者要充分利用场地，在规定的时间内，力求路线和动作方向的活跃多变。创编者可采用直线、曲线、弧线等，尽可能使套路动作布满整个场地，形成合理完美的路线方向布局。

（五）全套调整

套路创编完后，是否适应竞技性的特点，还需创编者对整个安排进行多方调整。这种调整包括套路所走的路线是否均衡，重难点动作及组合是否安排到了最恰当的位置，动作密度、运动量是否合适等。在这个过程中，创编者有时甚至还要对套路做某些大的改动。在创编竞技性武术自选套路时，创编者经常遇到的一个问题是收集的素材内容很丰富，而编排时却没有很好地考虑到套路容量的大小及规则对时间的限制，套路创编完后显得过于臃肿而无法在规定的时间内完成。遇到这种情况创编者一定要进行大胆的调整。

全套调整，是创编竞技性武术自选套路过程中的重要而细致的工作。如果说在此之前所创编的套路仅仅是个模型的毛坯，那么全套调整则是精雕细刻的过程。

四、长拳套路创编应注意的问题

（一）注意理解竞赛规则

竞赛规则对武术的竞赛、训练及改革创新等都起着指导性的作用。规则中对自选套路有着内容的规定、场地时间的限制、器械的规格要求和基本技术的要求等，这些方面都需要我们在创编时认真地理解与执行，否则创编将失去意义。

（二）注意起、收势的处理

一个精彩的开始能给人以强烈的印象，而漂亮的结束又能给人以回味无穷的感觉。起势的组合动作，要由慢而沉稳的开始一直达到最快的节奏，或突发的一个或几个剧烈的动作。该组合动作的节奏变化要大且突然，动作要有较强的连贯性。收势的组合动作要较充实、流畅，最后的结束动作要戛然而止，从而呈现出一个力度较强的完整结局，避免虎头蛇尾。

（三）注意照顾全面，发挥特长

创编者在创编套路时，既要照顾全面，照顾到规则规定的内容及拳种的主要内容、风格特点，又要发挥运动员个人的特点及特长。例如，创编者在创编套路时要考虑练习对象在身体形态上是修长型的、粗壮型的还是小巧型的等；在素质类型上，是属于力量型的、速度型的、柔韧型的、灵敏型的，还是控制能力较强的平衡、稳定型的等。就当前竞赛而言，即使运动员在演练时动作很规范，如果没有突出的特点、特长也很难取得优异的成绩。

（四）注意追求变化

创编者在创编套路时要追求更多的变化，如方向变化根据场地可采用平直线、对角线、曲线、弧线、旋转折叠线路等。一套动作要以不同的较复杂的方向路线将其贯穿起来，左右变化、前后移动、斜角拉开、进退辗转，再加之高低起伏等变化，在场地上描绘出一幅丰富多彩的画面。方向路线是不可缺少的空间要素，创编者在编排中如果对方向路线考虑不周，如方向单一、路线单调，那么即使动作做得再好，也只是单个动作的一般罗列，会给人以平铺直叙的感觉。

在动作组合中选编的动作要具有多样的节奏变化。组合的节奏变化大致可分为以下几类：慢起动—逐渐加快—达到最快时急速停止；快起动—逐渐加快—缓停；快起—缓进—加快—急停。创编者要把各种节奏类型的组合交错地进行分布，以显示出节奏变换的层次性。如果只是一种类型的罗列，那么只能给人以多次重复的平淡感觉。

武术的动作丰富多彩、多种多样，创编者在创编时要尽可能地把各种不同的方法进行组合，以显示其多样性。即使是再漂亮的动作进行多次的重复、再好的组合动作在套路中多次地出现，也会显现出平淡无奇的感觉。因此，表演性的套路不宜有过多的重复动作或组合。

（五）注意运用运动生物力学等相关知识

在套路创编时，创编者要充分运用运动生理学、运动解剖学及运动生物力学中的相关知识，使组合动作更加合理而经济。

当人们进行各种运动时，作用力与反作用力是普遍存在的。例如，“震脚砸拳接起身单拍脚”，脚对地面猛力跺踏，地面会给人体一个相应的反作用力，这时人体顺势起身做单拍脚或上步等动作，不但能体现动作完整、流畅和劲力突出，还能利用反作用力使起身动作的用力更加经济。

在运动中合理地利用惯性，可使肌肉放松、收缩适时而有节奏，动作更加经济协调，减少能量消耗，创编者在创编动作时要充分地考虑到这一点。例如，“行步接单拍脚再接大跃步前穿”，这几个动作的组合，能较好地利用人体前冲的惯性顺势连接动作。又如，“旋子接前扫腿再接坐盘摆掌”，能较好地利用人体的旋转惯性。

发生形变的物体，为恢复原来的形状而作用在与它相接触的物体上的力，叫作弹性力。例如，“下蹲向前俯身劈枪，接做立起、后仰身云枪”，就是枪向前下劈时，枪身向前下弯曲变形，人体借助枪身恢复原状而产生向上的弹性力，练习者顺势起身、后仰做云枪。劈枪的力度越大，枪身的反弹力也就越大，起身也就越方便。利用弹性力所设计的组合动作，不但能显示出动作的力度及幅度，使其饱满完整，而且又经济省力。

肌肉进行完离心收缩之后紧接着进行向心收缩，因肌肉弹性组织张力的变化以及牵张反射肌肉的收缩会加强，从而产生更大的力。例如，“单拍脚接乌龙盘打”，拍脚时腿猛力上摆，前部肌群收缩，后部肌群相应伸展拉长，拍脚后背部及股后肌群自然复原（做向心收缩）；此时上体顺势后倒左转，右臂随之左摆做“乌龙盘打”，动作既饱满到位，又经济省力。又如，“左弓步体左倾贯右拳接右后扫腿”，先使身体右侧肌群伸展拉长，然后紧接着向右侧屈体，做向心收缩，使下面的后扫腿动作力度增强，速度加快。

所以，创编者在设计组合动作时，要考虑动作与动作之间的衔接，充分利用作用力与反作用力、惯性力、弹性力等相关学科知识，使组合动作更加完整，衔接更加流畅，用力更加经济。

第八章　武术表演的创编技术

在现代的武术表演中，舞台包括场地、实景等在内的表演是武术表演的重要形式，如何在不同的舞台上展现武术文化的魅力和精神内涵，是武术表演编导的关键课题。编导在熟悉了武术表演创编的基本原理之后，下一步的关键是如何创编武术表演，这就涉及武术表演创编的技术问题。武术表演的创编技术是武术表演全部工作中的一个关键环节，它既是一项严肃而艰苦的工作，也是一项极具创造性的工作。为此，全体创编人员要予以高度重视，认真学习，深入实际，调查研究，分析、探讨武术表演所要表现的主题思想、形式与内容，选择最具时代感、最有代表性和最具教育意义的题材加以概括、提炼和引申，同时也要勇于创新，积极地认真细致地做好这项工作。

第一节　武术表演创编的基本要求

一、创编者的视野

创编者在着手创编武术表演之前，要有一系列的东西占据头脑，这些都作为尚未解决的问题纠缠着他，这就是创编者的视野。它包含以下因素。

第一，动机。这是引起创编者创作兴趣或激情的触发点。

第二，主题。这是创编者想要获得的或具有显示意义的内容。

第三，形象。即活跃在创编者头脑中的武术动作、队形与图案、旋律、色彩、服装、背景等场面符号因素。

第四，视点。这是指创编者从哪个角度以何种手段去贯穿以上三个因素。

这些因素对创编者从整体上把握武术表演的风格起着决定作用，除了创编视野，创编者还要依据武术表演的任务和客观条件等实际情况进行创编和设计。

二、创编前的准备

在创编武术表演之前，编导应通过学习、调查、观摩（包括影像观摩或对一些正在举行的大型活动表演的现场观摩等）等方式，掌握一些与创编有关的信息，这些信息大约包括四方面的内容。

（一）活动的性质与要求

首先，在创编前创编人员要对承办单位所组织的活动的性质、宗旨、任务、规模与要求等做一个详细的了解。例如，第二届世界传统武术节开幕式文艺晚会大型团体武术表演的主题是"中华武德昭天下，世界和平向未来"，晚会突出创新，使晚会成为"个性鲜明"的武术视听盛宴；第三届世界传统武术节开幕式文艺晚会大型团体武术表演的主题是"世界武林风，辉煌武当山"，晚会应用先进技术，震撼了很多观众；第十一届亚洲运动会的宗旨是"团结、友谊、进步"，要求开幕式表演要"出新、出情"，使运动会能"隆重、热烈、精彩、圆满"。

（二）现有的物理条件

创编人员了解了活动的性质之后，还需要了解承办单位现有的、能提供的物理条件，如可为武术表演提供的经费、现有物质条件、距离正式表演的时间以及表演场地的设施情况等，从而确定武术表演的规模及其层次。例如，第十一届亚洲运动会开幕式、第十三届全国运动会开幕式、第二届和第三届世界传统武术节开幕式文艺晚会等大型团体武术表演，规模大，水平高，整个表演繁花似锦、流光溢彩，若没有雄厚的经济实力为基础，则难以达到如此水准。

（三）现有的人文条件

物理条件是武术表演的物质基础，但更重要的是参与表演的人。因而，创编人员在创编之前还要对参与表演的单位与人数、表演对象的具体条件（包括性别、年龄、技术水平等）、可供训练的时间、训练场地分布的情况以及教练员的业务水平等进行全面了解，以便安排表演场次、表演形式和表演内容的难易程度。

（四）时代特征与传统文化

武术表演是在特定的时空中进行的，因而要有一定的时代感和民族特色。

这就要求创编人员适时了解国内外政治、经济、文化、体育等多方面的形势，并依据地域文化特色、民族风格、民族精神以及国际形势等信息，将历史与现实、传统文化与时代精神密切地结合起来，推陈出新，使武术表演既具有浓郁的民族气息，又具有强烈的时代色彩。第十一届亚洲运动会和2008年北京奥运会开幕式上的武术表演就是很好的例证。又如，《功夫诗·九卷》也极具时代特点。它将电影蒙太奇的创作手段、戏曲的伞功、现代舞、芭蕾、瑜伽，时尚的布景、服装和现代的音乐、灯光等种种艺术形式完美结合，都为功夫所用。它把传统功夫的深厚文化底蕴诗一般地呈现在舞台上，将功夫演化成诗，以九个篇章精彩演绎了动与静的艺术，虚实相契的意境、幻化多变的舞姿，突出表现了对善的追求及和谐的精神，将武术转变成美不胜收的舞台艺术。

掌握了上述情况后，编导就可以明确武术表演创编的要求、背景、基础、条件，明确武术表演可以表现的水平和特色，尤其是能够发现武术表演创新的突破口，确立正确的创编指导思想，正确的创编指导思想往往对武术表演的成功起着决定性的作用。例如，第十一届亚洲运动会武术表演的编导，由于在创编前进行了调查研究和观摩，明确创编的武术表演要走在改革开放的前沿，因而其确立的创编指导思想能突出改革开放的时代特征，反映我国人民开拓、创新的精神风采。正是因为编导在创编前准备充分，指导思想明确，尤其是选准了武术表演创新的突破口，所以才能为武术表演的创编成功把握方向，最终使第十一届亚洲运动会开幕式的武术表演为推动我国武术表演事业的发展树立了一个新的里程碑。

在基层创编中、小型武术表演时，如果准备工作充分，指导思想正确，编导也可以找到人、财、物的最佳组合方式，并且在有限的时间、人员、经费的条件下，创编出能够表现其最佳效果的武术表演。

三、创编的基本要求

武术表演的创编要从“继承传统文化，弘扬民族精神”的时代要求出发，结合具体的表演任务、要求、规模及表演人员的年龄、性别、技术水平等实际情况进行创编，使作品具有鲜明的思想性、高度的艺术性、突出的武术性、广泛的群众性、浓厚的民族风格。

（一）鲜明的思想性

所谓思想性，就是说一个（或一部）武术表演，其本身应具有一定的意义和明确的作用。例如，为什么要创编这个武术表演，它要表现、反映什么，为什么要表现、反映它，其意义是什么，作用如何，对这些问题必须明确。2008 年 10 月 29 日晚，第三届世界传统武术节开幕式文艺晚会的团体武术表演以武当武术为主题，全场表演以“金、木、水、火、土”组成五大篇章展示了武当武术和道家文化，向世界讲述“道临天下”的视听故事，具有浓郁的传统文化气息和鲜明的地方特色，体现了“世界武林风，辉煌武当山”主题思想。

一个单位或一个学校进行武术表演，往往是为了配合重大节日的庆祝活动、纪念活动、国际体育活动以及春、秋季运动会，或为丰富学生生活开展多种体育活动。总之，无论是大型、中型还是小型的武术表演，也无论是重大题材还是一般题材，甚至专为表现武术技能和文化的武术表演（这种题材应是大量的、经常的），均应有其内在的思想性。

（二）高度的艺术性

当武术表演的内容（即题材的选择）确定之后，创编人员要为创编出具体的内容和尽可能完美的艺术形式相统一的武术表演而努力。1994 年央视春晚节目《狗娃闹春》，借鉴舞蹈中的服装，在舞美上运用的灯光和音乐背景，通过场景、故事情节和武术队员精湛武术技术的表现，将武术和艺术相结合。这种结合使武术表演以新颖的表现形式呈现出来，轰动全国，首次实现了武术与艺术的完美结合，这个结合也是武术表演向武术表演艺术的一个重要转变，是一次质的飞跃。2003 年春晚的节目《十二生肖大拜年》，则用夸张的武术动作将十二生肖的个性特色展现得惟妙惟肖，这个节目运用了武术中的硬气功和象形拳，糅合了现代舞的舞蹈艺术，结合我国民间习俗“十二生肖”创编而成，在编排上仅以功夫的情节化、情景化而言是个可贵可喜的开端。这些都体现了高度的艺术性，又不同于纯粹的文艺表演，给人以新鲜、亲切之感。

要提高武术表演的艺术性，创编者需要运用现实主义和浪漫主义相结合的创作方法，处理好以下几个方面的问题：内容与形式的统一；动作、队形的继承与创新；艺术风格的确定；音乐、美术、舞蹈（包括背景画面、道具、服装、表演场地）和武术的有机结合等。只有处理好了这些问题，才能使武术表演更好地发挥它应有的作用，表现出绚丽多彩的艺术魅力。

（三）突出的武术性

任何一种体育运动的目的主要是增强人民体质，促进人民身心健康，丰富群众精神文化生活，武术当然也不例外。武术表演虽是武术、音乐、美术相结合的表演艺术，但要以武术形式为主，我们必须强调它锻炼身体、宣传道德礼仪与尚武精神的意义和效果，其他艺术形式（音乐、舞蹈、美术）只是起辅助作用，所以武术表演一定要区别于大型歌舞、舞蹈等。就武术动作而言，它本身就有锻炼身体的价值，是增强体质的一种手段，是民族文化和民族精神的载体。武术表演以拳术、器械等为主，以舞蹈为辅。当然，根据主题的需要，武术表演中有一段或一场舞蹈表演也是可以的，如 2005 年的舞剧《风中少林》就将“武”“舞”结合发挥到了极致，全剧既有精湛的少林功夫又有柔美的现代舞蹈艺术。剧中“舞”“武”结合的表演场面，在舞蹈化的对决中加入了武术打斗，而在少林真功夫中，又加入了优美的舞蹈动作。这使整个表演的艺术性、观赏性大为提高，给人们以强烈的视觉震撼和全新的艺术享受（图 8-1-1）。作品中饱含着浓厚的侠义精神和深沉的人生哲理，演员们所表现的善恶斗争，更多的是对人生的思考，让人看后回味无穷，这都是以往武术表演中所没有出现过的。

图 8-1-1　舞剧《风中少林》剧照

资料来源：风中少林[EB/OL].（2006-02-27）[2021-10-15]. http://ent.sina.com.cn/h/2006-02-27/1328998789.html.

（四）广泛的群众性

参加武术表演的大部分是青少年，他们正处在长身体、学知识的阶段。武术表演的训练和表演，不仅培养了他们的集体主义精神和高度的组织纪律性，还使他们在提高武术技术水平的同时从中学到了一些文化知识（包括音乐、美术的基本知识等），对促进身体发育、提高身体素质也有明显的作用。

武术为广大群众喜闻乐见，有很好的群众基础，其内容丰富、形式多样。表演者可以根据不同年龄、性别、职业以及地域风貌的特点，选择符合群众的形式进行锻炼、表演或开展竞赛。思想性强、艺术性高和武术特点突出的武术表演，能使成千上万的观众受到生动的思想教育，得到美的享受。一部好的武术表演确实可以起到团结人民、教育人民的作用。

（五）浓厚的民族文化内涵

武术文化是中国传统文化的重要组成部分，在长期的历史发展过程中，融汇和汲取了诸多传统文化元素，形成了独具魅力的武术文化。它以武术为载体，其内容具有高深的哲理性和丰富的艺术性。[①]武术文化作为一个丰富无比的宝库，有武术表演取之不尽、用之不竭的资源。

武术表演的目的是展现武术的艺术价值、娱乐价值和精神价值，在表演中所有手段的运用必须紧紧围绕着这一目的。表演者要使表演效果达到最理想化的程度，就必须将武术文化元素融入表演之中，以提高武术作品的品位。任何形式的艺术和表演项目，实质上都是一定文化的综合展示，但不同文化在具体表演形式中所处的地位和所起的作用是不同的。那些在具体表演中相对显性的文化形式很容易被受众接受和理解，那些相对隐性的文化形式则很容易被观众忽视，甚至忽略。例如，在欣赏《行云流水》《对弈》的武术表演时，大多数欣赏者会把目光聚焦在表演者矫健优美的肢体动作上，而很容易忽视或忽略武术表演所欲展现的武术文化，对灯光、音乐、服装、道具等也不会予以太多关注。

任何一种表演形式，如果没有鲜明的风格和独特的文化作为支撑，是很难长久生存和发展的。中华武术千年传承，正是因为武术中所蕴涵和体现出的独具魅力的武术文化，才能绵亘千年而青春永驻。但是对于还处于“幼龄”阶段

---

① 吴静.武术舞台表演创编研究[D].郑州：河南大学，2010：20.

的当代武术舞台表演来说，我们更需要注意武术文化的注入和体现。武术技术是武术文化的载体，武术文化是武术表演的灵魂。

在武术表演中，创编者应首先将武术文化作为表演创编的指导思想，来提高作品的品位。在创编过程中创编者不仅要充分考虑如何表现武术动作的真、奇、险、美，更要考虑如何体现武术文化和武术精神；不仅要考虑如何使观众做到“眼动”，更要考虑如何促使观众“心动”。观众只有“心动”，才能更好地理解“何为武术”。

武术表演属于表演艺术，它是用演员的肢体语言去表达所要表达的意境，以人的肢体动作为主要的表现形式。因此，武术表演作品的创编不仅要注重武术文化的融入，而且要合理运用武术的风格特点，通过其他的艺术手段表现形式，为作品的主题、人物形象、情节发展、高潮的兴起等方面，起到推波助澜的作用。

四、现代信息技术在武术表演创编技术中的运用

武术表演在不断的发展中，要求创编者运用先进的科技手段和方法，来提高它的独特性、新颖性和观赏性，并体现出它的内容美、形式美、运动美、艺术美和精神美。创编者可以利用现代信息技术中图形和动画的移动、旋转、定格、慢速播放、色彩变化和闪烁的特性，对武术表演的创编进行必要的指导。例如，创编者对动作、队形的设计，可以用现代信息技术的上述特点在计算机屏幕上对动作、队形进行研究，总结构成动作、队形的各个图素的不同组合方式及其规律，从而确定出基本图素。

（一）图像软件的优点

创编者可以利用一些现有的图像软件将武术表演创编的设计手段进一步提高，利用这种方法有以下优点。

第一，创编者可以利用计算机模拟再现的方式，将自己创编的作品向相关负责人汇报，他通过观看武术表演的模拟现场图之后，可以很直观地向创编者提出建议和意见。

第二，创编人员通过武术表演设计方案的三维效果图，可以在开始进行大规模训练以前，在计算机上不断修改并逐步完善整个方案，直至达到最佳效果，

从而在一定程度上避免了缺乏依据现场效果的平面设计图进行训练时，经常引起“返工”而造成的人力、物力、财力和时间上的巨大浪费。

（二）武术表演静态场景的创编思路

创编者运用计算机图像软件辅助武术表演的创编设计，以实现在电脑屏幕上再现武术表演的静态场景，这不仅需要遵循传统的创编思路，还要结合图像软件的功能特点来进行。

第一，创编者将众多武术表演构成元素中可以呈现于屏幕上的静态元素进行提炼。

第二，创编者依据制作部分的前后存在顺序将静态元素进行排序。

第三，创编者根据二维和三维图像软件的功能特点将静态元素进行分类。

第四，创编者选择与各元素相适宜的图像软件作为制作工具进行设计。

运用图像软件设计武术表演的思路，是在传统武术表演创编思路基础上的新的发展和补充，两者的关系如图 8-1-2 所示。

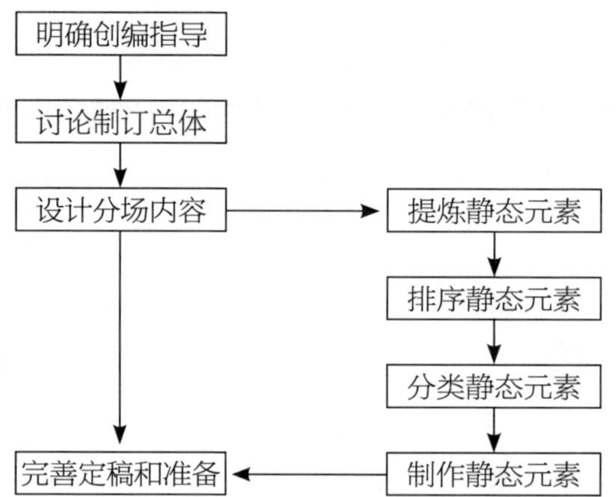

图 8-1-2　传统的武术表演创编思路与运用图像软件的设计思路之关系

（三）运用图像软件创编设计的步骤

在学习和研究多种计算机图像软件的基础上，创编者以三维图像制作软件 3DS MAX R3.0、Poser4 和二维图像软件 Photoshop5.0 作为主要工具，根据运用图像软件辅助设计武术表演的思路，以表的形式体现了具体的步骤（表 8-1-1）。

表 8-1-1　运用图像软件设计的具体步骤

提炼	排序	分类		软件选择
		二维因素	三维因素	（举例）
与表演场地有关的构成因素	表演空间		+	3DS MAX R3.0
	表演场地	+	+	3DS MAX R3.0
	表演背景	+	+	3DS MAX R3.0
	表演舞台		+	3DS MAX R3.0
	场景灯光		+	3DS MAX R3.0
	场景特效		+	3DS MAX R3.0
与表演者有关的构成因素	道具	+	+	3DS MAX R3.0、Poser4
	人物		+	Poser4
	服装		+	Poser4
	动作		+	Poser4
	队形图案	+	+	3DS MAX R3.0、Poser4、Photoshop

资料来源：查萍. 应用计算机技术模拟再现团体操作设计三维效果之初探[J]. 体育与科学，2003，24(2)：40-43.

（四）舞台武术表演静态场景的制作方法

结合武术表演构成因素的特点，创编者可以选择3DS MAX、AutoCAD、Poser和Photoshop等软件作为主要设计工具，按照与表演场地和表演者有关的构成因素这两部分进行设计。前一部分主要包括表演空间、场地、背景、舞台、灯光和特效六个因素；后一部分主要包括表演个体、服装、道具、动作以及队形和图案五个因素。

1. 软件3DS MAX和AutoCAD的运用

在多媒体制作领域，创编者利用3DS MAX和AutoCAD的造型功能、编辑材质、贴图功能、连接功能、灯光制作及环境设置等功能，依据表8-1-1的具体步骤，可创作出漂亮的造型、精美的材质以及优美的武术表演立体场景。

2. 软件Poser的运用

Poser是一种人体设计和动画制作工具，创编者用它可以创建栩栩如生的三维图像和动画。综合利用Poser库面板中的人体、面部、头发等多种库元素，巧妙运用摆姿工具、编辑工具和拨盘参数，创编者可以设计表演者及其服装和各种静止的身体动作，以便用于形成武术表演中的队形和图案，为整个场景增添真实效果。

3. 软件Photoshop的运用

由于在3D系统中制作队形图案占用的内存很大，所以创编者要将场景文件和人体文件以JPEG的格式转存，然后再在二维图像操作软件Photoshop中进行队形和图案的设计合成，其具体步骤如下。

第一步，创编者将场景文件和人体文件都以JPEG二维图像的格式分别进行转换保存；

第二步，创编者在软件Photoshop中，应用套索和缩放等工具将两种转换后的文件进行合并；

第三步，创编者运用软件Photoshop中的图层原理，在计算机内存许可的范围内，应用移动工具在场景中摆放表演者，重复摆放操作就可设计出一幅具有立体视觉效果的武术表演队形图案画面，其中最常见的是散点队形和对称图案。

综合运用3DS MAX中的基本功能、造型功能和特效功能，Poser中与设计人体、服装、动作有关的功能以及Photoshop中的图层原理等诸多方法，创编者可创编部分典型的武术表演静态场景效果图。实践证明，把多媒体辅助技术引入武术表演创编活动是完全可行的，具有积极的实用意义。

第二节　大型武术表演创编的基本要素

大型武术表演通常以严谨的构思、宏伟的气势、灵活多变的队形图案、惊险优美和整齐划一的动作为观众所赞叹。它较好地把武术与艺术结合在一起，令观众观赏到与舞台文艺表演侧重点不同的人体的健、力、美、技的个人、团队表演。大型武术表演融武术与艺术于一体，是以武术动作为主的群众性表演性项目，主题思想的确定、表演动作的创编、队形图案的设计、服装道具和音乐的选择与制作为其主要创编要素。研究武术表演的创编要素，提高武术表演动作与图案设计的多样性，是大型武术表演向更高层次发展的需要。

一、主题与中心思想

主题思想是大型武术表演的灵魂，是总体构思中首要考虑的内容。一场大型武术表演首先要有明确的主题及鲜明的思想，主题要反映什么、表现什么、其意义何在等问题都要有明确的指向。一场大型武术表演，是在总的主题思想的统率下，由各场不同内容的武术动作组织而成的。每一场武术动作都有中心思想，它是根据主题思想确定的。主题思想是通过各场动作的中心思想来表达和烘托的，而中心思想又是决定一场动作的内容、风格特点及表现形式的关键所在。因此，中心思想一定要明确，它既能为安排一场动作来确定表演形式，也能为动作、队形创编提供依据。例如，在 2008 年北京奥运会开幕式上呈现了“中国的武术元素”的武术表演节目《自然》，其中心思想是在传统与现代的交融里展现人与自然的关系，表达人与人、人与世界、人与自然和谐共生的爱，阐释天地人和的和谐境界。2008 年 10 月 29 日，第三届世界传统武术节开幕式文艺晚会团体武术表演在湖北省十堰市举行，主题是“世界武林风，辉煌武当山”。晚会演出以武当武术为主题，全场表演以“金、木、水、火、土”组成五大篇章展示武当武术和道家文化，向世界讲述“道临天下”的视听故事，具有浓郁的传统文化气息和鲜明的地方特色。1990 年的北京亚洲运动会大型武术表演也体现了开幕式的中心思想“团结、友谊、进步”。此外，《盛世雄风》《十二生肖大拜年》《行云流水》《对弈》《风中少林》《壮志凌云》以及各种晚会和运动会开闭幕式上的大型武术表演也都有鲜明的中心思想。

二、队形设计

队形的设计是创编人员在了解了表演的性质、任务、场地、人数、经费和道具的情况后进行的。武术表演的队形有很多，有入退场队形、一般队形、综合队形和图案队形。

三、表演动作

武术表演的动作与队形的关系是相互依赖、相辅相成的。在创编时，创编者要同时考虑到主要场面的动作和队形。创编者一般要先把每一段落的主要形式分析清楚，每一段动作的性质、主要场面的主要动作确定下来以后，再为从入场到退场的每个队形设计动作。把队形变换之间的过渡动作、每个队形上的动作、节拍、定势动作都明确下来后，才完成了一部作品的全部设计。

四、音乐

音乐是对武术表演的进一步升华，它的作用在于烘托武术表演的气氛，感染观众的情绪，从情感上去征服观众，如开场前奏音乐的提示作用，高潮时音乐对主题的揭示和渲染作用等。随着武术表演的不断发展，其音乐形式也日益丰富多彩。器乐主要包括管弦乐、电声乐、打击乐等；声乐主要包括合唱、重唱、独唱、对唱等。基层武术表演一般采用合成音乐，在选择制作武术表演音乐时创编者要注意紧扣主题、节奏清晰，要有群众基础。

五、服装选择

服装是武术表演不可缺少的艺术装饰，设计得体的表演服装不仅能突出武术表演的特点和主题，还能体现表演者的精神风貌。和谐统一的表演服装能使场面更加整洁有序，令人振奋。创编者在选择设计服装时应遵循注重色彩、突出效果和注意节约的原则。

六、表演道具

道具在武术表演创编中起着重要作用，表演者恰当地使用道具，能更好地体现主题，充实内容，丰富形式，增强表演效果和艺术魅力。武术表演道具的种类很多，在实际中运用较多的主要有刀、枪、棍、剑、扇子等武术器械，其中往往穿插大旗、龙狮、古兵器等特殊道具，来突出主题思想，达到独特的表演效果。

大型武术表演演出效果的好坏关键在于创编。在武术表演创编中，创编人员必须遵循武术表演的基本要素、一般规律、创编特点及各要素的编排注意事项等，才能创编出更加优秀的武术表演节目。

第三节　大型武术表演创编的程序及技术

创编是武术表演全部活动的基础，创编出的“脚本”是一部作品的根本，创编工作的好坏直接关系到武术表演的表演效果，因此创编人员在创编时一定要考虑周到、细致，力求表现手法巧妙、新颖。创编是一种综合性的艺术设计过程，是一项较复杂的思想和体力相结合的系统工程。为使初学者尽快地学会创编方法，少走弯路，本节对大型武术表演的创编程序及创编过程中应注意的技术问题做简要介绍。

一、大型武术表演的创编程序

大型武术表演的创编工作必须要通过一系列的操作环节和实施步骤才能完成。大型武术表演的创编程序大致由确定主题，选择题材，拟订表演框架，确定初步方案，创编队形与动作，计算动作、队形与制图，定稿与准备训练等步骤组成。创编者若在某个单场创编过程中遇到问题而需要对该场或某个环节进行必要的调整时，则需要做出相应的修正指令，以确保整部作品创编的顺利完成（图 8-3-1）。

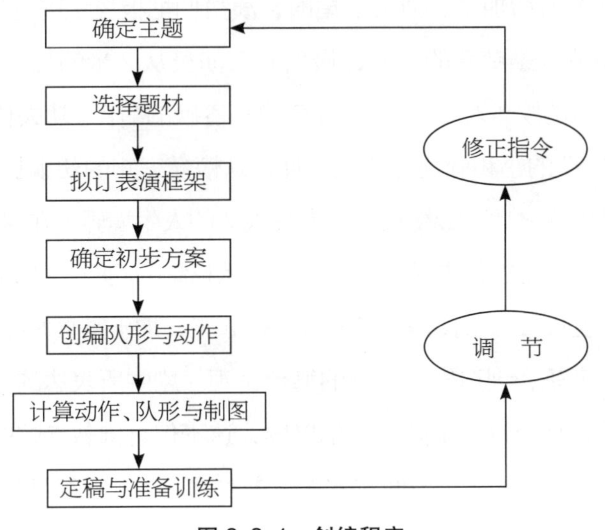

图 8-3-1 创编程序

（一）确定主题

主题要集中、鲜明，它是全部创编工作的宗旨和依据。大型武术表演的主题往往是表现国家民族的辉煌成就。主题的选择要根据当时的形势、表演任务、活动性质。例如，2007 年 11 月第八届中国艺术节上大型地域风情舞蹈诗《云依武当》就是以武当山的景物和文化为主题的。

确立主题的实质在于明确武术表演要表演什么，反映什么，具有什么意义。对题材的构思是武术表演是否能揭示主题、表现武术特点、体现文化内涵及表现形式的关键。武术表演的主题分类既是丰富的，也是发展的，如学校的校庆、运动会的武术表演等，从一个侧面反映了学校生活，展现出欢乐的校园，揭示了学生的勤奋学习、奋发向上、刻苦锻炼、勇攀高峰等主题内容。

（二）选择题材

创编者在确定主题的基础上选择能恰当反映主题的题材是非常关键的。题材问题也就是解决穿什么衣服、用什么道具、采用什么形式、反映什么背景等问题，如 2005 年央视春晚的节目《壮志凌云》将歌曲和武术两者相互融合，通过牧羊鞭、头顶梅花桩、少林棍、九节鞭、少林剑、硬气功、组合拳术等不同项目的变换、背景的变化，深深地吸引着观众的眼球。2006 年央视春晚的节目《百家姓》除了延续以往观赏性和艺术性为一体的特色外，表演中的难度系数也比以往有所增加了。节目结尾时，演员们把板凳上的姓氏按《百家姓》进行排序，组成一条威武的长龙，最后 6 名演员从 2 米的高空“虎扑”着地，充分体现了武术的娱乐观赏性。2004 年央视春晚的节目《功夫传奇》，讲述了一个名叫“纯一”的小和尚通过练武习禅，从懵懂无知的幼童长大成人，在经历了种种磨难历练之后，最终进入了大智大勇的人生境界。在这场以武术为主导的节目中，最突出的特点是在展示中国武术精华的同时，创编者创造性地将武术同芭蕾、现代舞、杂技等艺术形式结合起来，加上别具匠心的舞美、灯光设计以及原创音乐，创造出了瑰丽的舞台奇观。剧中所表达的“纯一”克服困难、战胜自我，从而进入更高的人生境界，这不仅是佛教寺院中“纯一”的经历，也是我们每一个人所应该面对的人生主题。这些题材都具有很强的代表性和典型性，反映了人们生活中的大事，既容易被人们接受、理解，也符合武术表演的特点。

（三）拟订表演框架

框架是指根据武术表演的结构对表演内容做整体构思与安排。大型武术表演的结构是指根据主题的需要和武术表演的特点，对各个组成部分进行有层次地、有重点地、有高潮地表达主题的一种排列状态。一般情况下，一部武术表演的结构可称为总体结构，一场表演的结构称为部分结构。总体结构的基本排列模式一般为：序幕—第一场—第二场……尾声或第一场—第二场……第四场。部分结构的基本排列模式一般为：进场—表演—退场。如图 8-3-2 所示。

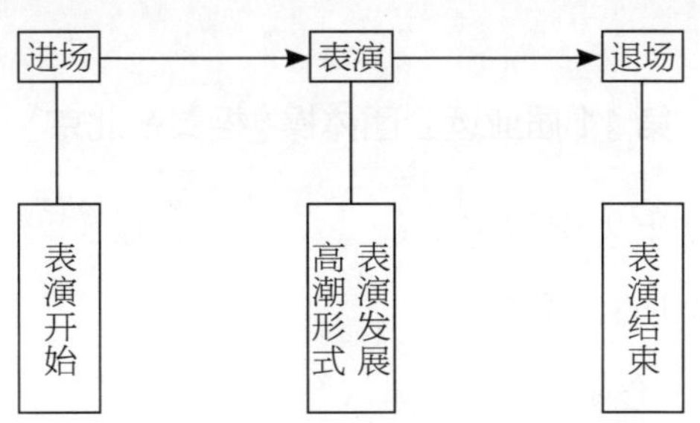

图 8-3-2　部分结构的基本排列模式

（四）确定初步方案

拟订了表演框架，创编者还需要确定一个初步方案，并用文字记录下来。通常有两种方法：文字记写法和列表记写法（表 8-3-1）。

表 8-3-1　列表记写法

年　月　日

场次	主题	中心思想	人数		服装	道具	表演内容（分段说明并画简明示意图及注明背景内容）	音乐	备注
			男	女					

资料来源：郑幸红，张涵劲. 团体操创编理论与实践[M]. 厦门：厦门大学出版社，2002：35.

初步文字方案的主要内容应包括七个方面。

第一，主题与中心思想。主题包括一部表演的总标题与各场表演的标题。中心思想指主要通过什么，表现什么，歌颂什么。

第二，表演日期。上午、下午还是晚上。

第三，表演地点。在哪个场地上进行表演。

第四，表演总人数。包括总人数、各场的人数及表演对象与性别。

第五，表演服装与道具。要说明穿什么服装，持什么道具。

第六，表演内容。用武术术语或图表说明各场、各段的表演动作与队形。如果有背景表演，则要指出背景有几个部分组成。

第七，音乐。说明用什么音乐乐种、样式与题材。

记录案例如下。

第11届亚运会团体操《相聚在北京》

表演日期：1990年9月22日。

表演地点：北京工人体育场。

表演人数：19292人。

表演时间：68分26秒。

背景画面：共38幅。

表演内容：共分“欢庆锣鼓”“碧水风荷”“中华武术”“童星闪烁”“体坛英姿”“亚运之光”6场。均有背景配合表演。

第一场　欢庆锣鼓（略）

第二场　碧水风荷（略）

第三场　中华武术

中心思想：武术是中华传统文化的瑰宝。它历史悠久，源远流长，是中国男女老少都喜欢的一项健身运动。刚劲威武、机敏灵活的武术表演，向世界人民展示中华民族生机勃勃的精神风貌和多姿多彩的中华武术。

表演人数：1751人（男1376人、女375人）。

表演时间：13分40秒。

表演服装：

旗操表演服：湖蓝色古代服装式样，上衣胸背部镶银白色条格，每格中间镶有一个银扣，黑色紧袖口；紧裤脚，镶银白色条格和银扣；黑腰带，镶银条；朱红双层三角围巾；湖蓝黑边头巾，顶系红绒球；灰紧口胶鞋。

男儿童武术表演服：黄色中式衣裤，黑绒盘扣，黑色袖口，黑色裤脚，黑色腰带镶金色条纹，腰带上系朱红短飘带；白胶鞋；

女儿童武术表演服：粉红色中式衣裤；银白色衣扣、袖口、裤脚和腰带，镶亮片，白色短飘裙，白色胶鞋。

大刀表演服：宽肩朱红色坎肩，肩部和领口镶黄色云朵花纹，黄色衣边，黑绒盘扣，朱红色灯笼裤，黑色腰带金条纹，武术胶鞋。

太极老翁表演服：白色中式衣裤，镶红边两条，黑色洒鞋。

武术对练表演服：男女均为白色武术服，式样由各队自定。

表演道具：

大旗：旗面长 2.20 米、宽 2.50 米，旗杆长 2.60 米。旗面朱红色尼龙绸底，黑龙图案，黄色框、锯齿边，黑色云朵花纹。

大刀：砍刀形，长 80 厘米。其中，刀身长 55 厘米、刀柄长 25 厘米。护手 11 厘米，尾环上套三个小铁环。

刀彩：每把刀上系长 50 厘米、宽 50 厘米的黄色彩绸两块。

对练器械：由各队自备，规格各异。

第四场　童星闪烁（略）

第五场　体坛英姿（略）[①]

以后各场按此顺序记写下去，记写时要把表演的设想与轮廓描述得清楚、生动，使相关人员看了以后对表演的全部内容有个全面的了解。

（五）创编队形与动作

队形与动作的创编，是创编者根据方案中对各种表演的设计，一场一场进行的。在每场编排队形与动作时，可以分三部分来考虑：入场、场内表演和退场。在考虑场内表演时，创编者先要把几个典型场面确定下来，然后再根据场地、人数、服装、道具的情况，设计出大致的轮廓，再在这些队形上创编动作。

入场队形、方向路线与动作还应根据场地条件、出入口的位置及大小来考虑，如果有几场需先后表演，则还须考虑每场的集散位置及相互的衔接。

场内表演须将一场表演的内容分成不同的段落并运用多种表现形式，有层次、有高潮地去展现主题，它是表演的核心部分。因此，创编者必须围绕中心思想的风格特点去设计表演所需的动作、队形、图案、变化的路线与方法，设

① 夏环珍. 团体操[M]. 北京：知识出版社，1998：133.

计各种队形和图案上的动作及其做法、节拍、速度与规格。此外，创编者还要根据表演的需要，将各种图形巧妙地结合起来，组成各种极为复杂的队形与图案。

（六）计算动作、队形与制图

计算动作、队形包括动作的选择和队形间的变化。制图是指创编者将各节、各场表演中的每一组动作、每一个队形的具体布局及其变化的方向、路线按比例详细而准确地画在统一要求的坐标纸上，以利于检查动作、队形变化的可行性并将其作为实施中的依据。创编者设计出队形的草案后，要验证一下是否能实现。验证的方法一般是用坐标纸计算，来处理人数与动作、动作与队形之间的关系。动作、队形变化要合理、科学，设计出的动作、队形要包括所有表演者而不应有多余。人数最好是 2、3 和 5 的倍数，由这样的人数组成的队形才是合理的、科学的、能实现的动作、队形方案。在坐标纸上设计和计算的动作、队形是平面图，它可以验证这些动作、队形是否能实现，说明动作、队形图案的设计是否符合创编动作、队形的原则。

（七）定稿与准备训练

在创编的整个过程中，创编者除了及时向领导请示、汇报并征求群众和相关人员的意见外，还要进行小范围的试验，再经过反复修改，使武术表演的设计方案尽量符合指导思想的要求，切合表演人员的实际水平和条件，避免临近表演时再做较大的修改和变动。

二、大型武术表演的创编技术

（一）主题与题材的确定技术

1. 主题的确定

大、中、小型的武术表演都要有一个主题，创编者在确定主题时要注意主题的明确、集中。

（1）主题要明确。一般地说，大型武术表演的主题往往是表现我国传统文化和国家取得的辉煌成就，例如第十一届亚洲运动会、2008 年北京奥运会等开幕式的大型武术表演就属这种类型。

小型武术表演的主题同样也应是明确的，既可反映日常生活中的某一具体事物、社会发展中的某一成果，又可反映人们日常生活中的某一侧面，还可以表现武术的技术难度，以此来反映人们的健壮体魄和美好生活。

此外，主题还要多样化，绝不能依大画小、千篇一律、照本宣科和生搬硬套。

（2）主题要集中。主题是创编者深入生活实际，从客观事物中提炼出来的，在分析客观事物时要分清主次，突出重点，抓住事物的本质，从多数矛盾中抓住主要矛盾。一场武术表演一般只有一个中心思想，如果什么都想反映，势必会头绪繁杂，没有中心，造成主题不鲜明、不集中。武术表演的主题要明确，不能模棱两可，含含糊糊，如《风中少林》以传奇的故事情节、新颖的舞台设计和不同寻常的表现形式，深刻展示了中华武术文化的奥秘，它的主题是非常鲜明而集中的，亦可谓是大型武术表演的典范了。

2. 题材的选择

武术表演的主题是通过一定的题材来体现的，因而在创编时要注意题材的选择，在选择时要考虑下述三个方面的因素。

（1）题材选择要多样化。重大题材和一般题材都要有。凡是广大人民群众喜闻乐见的题材都可以选择。题材选择得当，可以收到很好的效果。例如反映民族传统文化、青少年锻炼身体等题材，都是符合人民大众利益，深受群众喜爱的。

（2）题材选择要防止片面性。在选择题材时，创编者既要反对单纯追求表演效果的倾向，又要反对只要重大题材而忽略一般题材和单纯表现武术技能技巧的倾向，注意防止各种片面性，否则将影响武术表演的效果。

（3）题材选择要能够充分表现主题。题材应服务于主题思想，是表现主题的基础。为了更好地表现主题，创编者要对原素材进行去粗取精、去伪存真、由表及里、入木三分的分析，从中选择出最生动、最深刻、最具有典型意义的素材，然后进行提炼加工，使主题的表现更加集中、鲜明而深刻。

（4）题材选择要符合实际。创编者选择的题材一要有代表性、典型意义，能反映人民生活中的重大事件或精神面貌；二要符合武术表演的特点，便于用武术表演形式来表现题材；三要符合表演者的年龄、水平、条件和训练时间。

（二）总体方案的设计技术

如同编剧本一样，武术表演创编也要先写好台本——总体方案，即创编人员对表演内容所做的设想与安排。一个总体方案设计表的内容应包括命题、主题思想、表演总时间、表演总人数、场次及其顺序、各场表演的中心思想、武术的表现形式与风格特点以及与音乐、服装、道具、背景等艺术装饰配合的主要形式等一系列设想。总体方案通过表格的形式归纳演示出来，以便相关人员纵观和审视总体方案的完整性、合理性和创新性，创编者可据此进行以后的分场设计和实施。

（三）分场设计技术

分场设计是创编者根据总体方案对各场表演的内容、结构、风格、表演人员、道具等的设想，具体创编出每场表演的动作和队形。由于武术表演是一种广场体育艺术，表演距离观众较远，规模较大，表演者的动作变化仅能视为一种点的变化，唯有动作、队形变化方能产生大规模、大效果的线和面的变化。因此，无论是单场武术表演还是多场武术表演，分场设计往往都先从动作、队形设计入手。

1. 动作设计

动作设计是创编者在已设计好的队形上创编表演动作，包括基本动作、不同类别和风格的动作、定位动作和变队动作。创编者要把创编好的动作写成文字说明，绘制成动作简图，以免遗忘及供日后训练时使用。动作设计理念包含以下内容：

第一，根据表演内容和表演者的年龄、性别、水平设计动作，难易适中，才能表现主题，发挥其特长；

第二，考虑武术表演距离观众较远，动作设计要注重夸张的效果，而且要便于众多的表演者训练；

第三，动作设计要丰富多彩，富于变化（时间、空间、速度、动静等多种变化），力求创新；

第四，动作设计要有利于显示队形、服装、道具；

第五，体现民族、地方、时代特点，使不同地区、不同场次的表演具有鲜明的个性。

2. 队形设计

队形设计是创编者首先在白纸上构思能体现表演的主题内容的画面队形（包括入场、退场），经审定后，把画面图加工后画在坐标纸上，使之成为可供训练参考的实施图。队形设计包含以下内容：

第一，根据表演内容设计队形，使队形有利于点明主题，表达特定的场地气氛和恰当的意境；

第二，遵循对称、均衡、比例、统一多样化等形式美法则，注意各种点、线、形自身的特点，并力求创新突破，各场队形特点鲜明，给人以更高的艺术享受；

第三，考虑观众台的高度，队形设计要注意透视效果清晰，队形变化鲜明、巧妙、流畅、快捷；

第四，设计的队形要有利于显示动作效果，发挥道具的特点。

3. 艺术装饰设计

武术表演的艺术装饰有很多，其中最主要的是道具、服装和音乐，在设计中应注意以下几个方面：

第一，根据表演内容进行设计；

第二，针对表演者的性别、年龄、水平及角色进行设计；

第三，要力求创新、富于变化；

第四，要体现民族、地方、时代特点，展示体育风格。

此外，道具、服装设计还要注重大效果、色彩鲜明，以便于表现动作的变化；音乐设计要求清晰、节奏鲜明、速度适宜、气势宏伟。

第四节　小型武术表演的创编技术

小型武术表演一般是在小型运动会或大、中、小学校晚会等活动上进行的武术表演，它是由不定的群体在不定的场地内徒手、持器械或道具，通过完成各种武术动作、各种队形变化和移动以及器械的交换来练习的。由于小型武术表演编排的复杂性、组织的严密性、排练的耗时性及参加人数不定等原因，武术表演的创编对组织或创编者在创编技术能力、教学方法及训练手段等方面提出了较高的要求。下面以校园武术表演的创编和排练等方面的内容为例进行介绍。

一、校园武术表演的创编程序

校园武术表演成套动作的创编不是单个套路动作的罗列，而是套路动作间的有机联系、和谐统一。它是具有时间和空间要素的立体性艺术，要求学生在完成各类武术动作的同时，借助在场地上的移动和变化，显示出各种美丽而清晰的队形图案，以此展现武术表演欢庆热烈的艺术效果。校园武术表演的整个创编过程可大致分为六个阶段。

（一）构思阶段

宣传武术健身、显示武功技艺、弘扬民族精神、展现传统文化的内涵是校园武术表演的主要特点。校园武术表演的对象主要是学生，在动作的选编上要针对学生富有活力和朝气的特点，编排的动作要新颖、优美、幅度大、变化多、节奏快、富于激情。创编者在创编校园武术表演的成套动作时应根据其任务、对象、场地等对成套动作有一个设想，包括对武术表演主基调即总体风格的设想，对音乐的设想，对动作类型、难易度、变换形式、队形变化、节奏对比、高低起伏及艺术高潮的设想等。

武术表演队形、图案的设计安排应以突出武术的内容、特点、风格为前提，以具体动作和项目的变化为基础，通过单练、集体练习和对练的交替，徒手与器械的更换以及动作内容和表演人数的不同来形成多姿多彩的组合变化。诚然，武术项目的选用可以多样化，但必须重点突出、主辅兼顾，转换自然、流畅。因为表演时间较长，所以各项目表演的时间分配须合理，计算要精确。

（二）创编主体动作阶段

在编排校园武术表演成套动作之前，创编人员首先应根据参加表演的学生掌握的武术内容选择和设计一些主体动作。其次，创编人员应从学生掌握的武术内容得到启发，创造新的主体动作或以独创的新颖方式完成主体动作。每一项武术内容都有适合在一定场面中表演的特色动作，把这些动作组合起来就形成了表演的主体动作。这些主体动作可以在武术表演的几个不同部分或场次中重复或略加改变地反复出现。例如，集体表演（集体长拳、集体南拳、集体刀术、剑术、棍术、二节棍等）是武术表演中经常出现的主体动作，表演者学会了这个动作以后，就可以在不同的队形中反复使用；又如，表演者掌握了依次动作的动作原理，不仅可以在不同的表演中做出以个人为单位或以集体为单位的依次动作，还可以将其在方位上（上、下、左、右、前、后等）、姿态上（蹲、坐、躺、立等）加以创新，为校园武术表演的动作增添丰富的内容。在创编前，创编者选择好主体动作，可以节省创编和排练的时间。

重点动作或组合是整个表演的高潮所在，亦是构成武术套路的核心。校园武术表演一般有若干个重点动作或组合，并分布在不同的段落中。重点的设定一定要突出其拳械技法和运用特点。表演的具体内容既可以是有一定难度或技巧性强的动作，也可以是劲力饱满、功力显著或快速连贯的组合动作。与此同时，创编者要注意确定重点动作或组合出现的时机与位置。

（三）选择和确定音乐阶段

音乐已成为校园武术表演的“灵魂”，与动作内容有着血肉相连的关系。音乐既可以达到振奋精神、渲染气氛、烘托主题等功效，又有利于使成千上万的表演者连成一个有机的整体，起到指挥全场、调整节奏的作用。因而，音乐的选用与配制至关重要。首先，音乐必须符合表演的主题；其次，音乐必须与套路动作节奏相吻合；最后，音乐必须突出拳、械的风格特点。

武术是我国民族的传统运动，一般多采用民族音乐。例如：太极拳音乐轻柔、优雅、舒缓；长拳音乐明快、活泼、富有朝气；南拳音乐雄壮、激昂。音乐的选配主要有三种方法：第一，先确定音乐，后创编套路动作；第二，根据创编的动作套路，配编相应的音乐；第三，边设计动作边配制音乐。无论哪一种，都需要创编者在反复听、看的基础上准确领会音乐的韵律和意境，正确把握动作的含义和创编意图，使动作、音乐融为一体，相互烘托。

（四）确定整体结构阶段

在确定完武术表演的成套音乐后，创编者应反复聆听，分析音乐的结构及每段的乐调，并想象每一段音乐适合做什么动作、用什么队形去表现等。然后创编者再根据乐曲的性质确定配套的主体动作，对成套动作的整体结构做好安排，搭好架子，应注意主体动作分布的均衡，动作面向、角度、路线的多样化及高低起伏的变化。

（五）分段编排阶段

具体的动作编排通常按音乐的段落进行，它们是相辅相成的。动作的设计与编排顺序一般是从开始到结束都按音乐段落进行，创编人员由此出发，以延续的思路发展，一段段地完成一场表演的动作编排。动作的基本编排方法有以下几点。

1. 按乐曲的节奏编排

节奏是指音乐中交替出现的有规律的强弱、长短的现象，其基本要素是节拍。通过乐曲节奏的变化，创编者计算其节拍，把动作有机地组织起来，使之构成有快慢起伏的运动。

2. 按乐曲的旋律编排

乐曲的旋律由各种不同的音高、不同长短的音符组成。旋律是音乐的主要表现手段，它将音乐的基本要素结合在一起，是用来表达一定情感的不可分割的统一体。创编者在编排动作时要注意：多变的动作可配合富有激情的音乐旋律；轻巧的跳跃性动作可配合轻松欢快的音乐旋律。

3. 按乐曲的意境编排

意境是指艺术作品通过形象的表达而呈现出的境界和情调。按乐曲的意境去编排动作是指创编者通过武术表演特有的动作表演，结合一定的音乐效果，表现出一种模糊的、朦胧的场景，使人产生美的意境。

（六）确定成套动作阶段

分段编排的动作完成以后，接着要把各段的动作有机地结合起来，使之串联成完整的动作，这一阶段称为确定成套动作阶段。也就是说，要从完整统一的概念上分析武术表演的成套动作，看动作路线、音乐配合方式及场地使用是否合理；看动作方向、角度、面向是否有利于表现动作的幅度和美感；看成套动作的高低起伏、空间和时间的节奏变化是否明显；看成套动作的高潮形成及艺术效果如何等，应对不足之处反复修改，力求完美。在进行串联动作时，首先要解决好一个动作到另一个动作的变化与过渡，即依次变化还是同时变化。其次，应考虑一个组合动作与另一个组合动作的连接以及段与段之间的连接。

最后，再把动作的连接进行整体考察，看它们是否完整、严密，并核对它们与音乐节奏或旋律是否符合。①

二、校园武术表演的创编技术

校园武术表演的创编工作是在结合学生的年龄、性别和训练水平的前提下进行的，这需要一定的创编技术，一般包括五个步骤（图 8-4-1）。

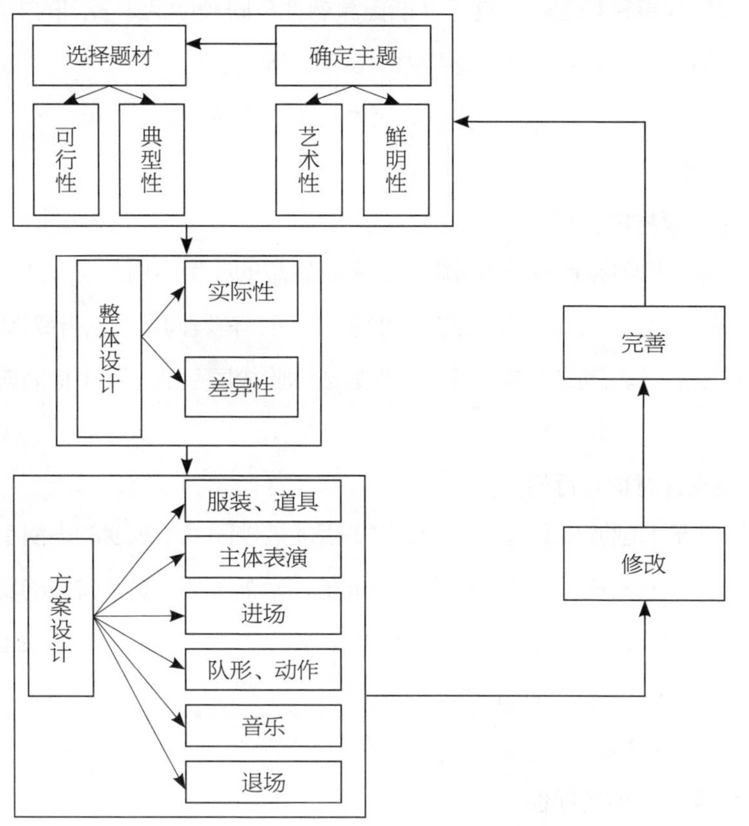

图 8-4-1　校园武术表演创编技术的步骤

（一）确定主题

1. 注意主题的鲜明性

校园武术表演的主题是丰富多彩的，有欢庆性的，有以歌颂时代、歌颂祖国为主题的，还有以反映体育教学、训练水平和体现全民健身、弘扬传统文化

① 倪旭芬. 团体操创编理论与技术[M]. 北京：中国社会出版社，2007：92.

为主题的。不管主题如何确定，但必须把握一点，那就是主题要明确，充分体现学生风采、风貌，展示学校工作，尤其是体育工作的方方面面。

2. 注意主题的艺术性

校园武术表演的创编应根据本校的办学方针、专业特点和实际情况，做到简洁明快，色调合理，富有文化内涵，体现艺术色彩。

创编者可以广泛借助于音乐、舞蹈、美术等艺术形式，使场内表演和背景画面、音乐伴奏密切配合，这样才能更深刻地反映校园武术表演的主题思想，使武术表演更富有强烈的艺术感染力。音乐、服装、道具等这些艺术装饰，体现了校园武术表演一定的艺术水准、艺术品位、艺术风格。

（二）选择题材

1. 注意题材的典型性

典型性是指创编者要选择最能反映主题思想的典型事例，校园武术表演的题材选择应以校园生活为主，反映学生勤奋学习、奋发向上、刻苦锻炼的精神。这要求校园武术表演的创编人员必须观察或体验校园生活，从中提炼典型的校园题材。

2. 注意题材的可行性

可行性是指创编者所选的这些题材是否能被校园武术表演的表演手段所运用与表现。一般来说，能体现学生健康成长、幸福生活、勇于拼搏的题材都具有可行性。因此，创编人员在选择题材时，要去粗取精，从中选择最生动、最深刻、最具有可行性的校园武术表演素材。

（三）整体设计

1. 注意设计的实际性

校园武术表演的整体设计要从全局出发，不仅要考虑到经费、场地等客观条件的要求，还要考虑到表演者的实际表演能力、表现能力和动作接受能力。如服装、道具这些表演器材，可以由学生用相关材料自己制作，但动作的设计编排必须与相关的道具相吻合，如舞龙的摆动、旗的挥舞、背景动作的变动等，要尽可能贯穿于整场表演之中，不要让道具出现冷场现象。

2. 注意学生的差异性

学生的情况可能参差不齐，创编者在编排时要注意难度不要太大，要以武术的动作为根本，要有统一的衡量尺度，如用统一的高度、统一的角度、统一的速度（口令控制）、统一的距离等。由于练习者必须高质量完成动作，所以创编者在创编时要避免那些需要较多的个人表现且无法按统一要求来完成的动作。另外，创编者还要考虑到练习者的兴趣，要把武术表演与体育课、课外锻炼结合起来。动作设计要把个人动作与集体动作结合起来，让学生感受到与集体动作相默契的乐趣。另外，巧妙、流畅地设计队形变化也是提高练习者练习兴趣的好办法，如组字、组图案等。

（四）创编方案的设计

在接受表演任务后，创编人员首先要明确目的、任务及具体要求，再根据这些因素制订具体的训练计划进行编排。设计校园武术表演的表演方案要在其主题思想、表演总时间、总人数确定后进行，它通常要反映当代学生充满活力、奋发向上的精神面貌以及比较特殊的文化现象或事件。创编人员进行方案设计时，要注意以下几个因素。

第一，服装、道具的设计。根据校园武术表演的主题、风格设计合理的服装、道具，能起到渲染会场气氛的作用。

第二，主体表演设计，即场内表演，包括层次、高潮的设计。一场优秀的校园武术表演在设计上应有它独特的表演风格，能够影响观众的情绪，并给大家留下深刻的印象。

第三，进场设计。新颖而独特的进场设计犹如一条引线，将观众的注意力引入表演中。进场设计的内容包括图形、队列、路线、动作以及整体队伍的气势。

第四，队形及动作的设计。校园武术表演的队形只有配以相应的动作才能突出主题，达到表演的目的。一般是先编排队形，再编排动作。

第五，音乐的设计。音乐在校园武术表演中起着极为重要的作用，创编者要注意，选择的音乐应符合主题思想、节奏感强。在编排中，应先选择好音乐，再编排动作。

第六，退场设计。退场给武术表演打上了一个圆满的句号，退场设计应考虑动静结合，采取固定的造型动作或流动出场，不管采用哪一种方法，表演者都应做到快速、有秩序地退场。

（五）修改和完善

修改和完善是校园武术表演创编时不可缺少的环节。创编者必须随时随地根据学生排练的具体情况，对武术表演的每一个环节进行修改和完善，并随时听取练习者反馈的意见和建议，听取领导、同行教师的意见和建议。

三、校园武术表演的排练

由于校园武术表演特别是大型的武术表演参加人数多，队形调动多、变化快，人员的组合复杂，所以武术表演的排练是很复杂的。要在不影响正常教学的情况下，以较少的投入获取较好的成效，这对教师的组织能力、训练方法都有较高的要求。

（一）要用合理的训练方法和手段

在武术表演的排练过程中，训练方法是否正确直接影响着排练任务完成的质量。排练时，教师应要求训练质量，激发学生的学习兴趣，调动学生自觉钻研的主动性和积极性。

（二）要尊重学生、关心学生

校园武术表演排练大多是利用学生的课余时间进行的。教师在排练过程中要关心学生，平易近人，以诚相待，对学生要多鼓励、多引导，避免讽刺挖苦、无端指责。教师对自身条件差却努力训练的学生要表扬鼓励，纠正错误时要有耐心，语调要柔和，要不厌其烦；对不认真、不用心的学生要将严格要求与肯定成绩相结合，既要指出不足，又要对其表现出的成绩给予肯定。

（三）要善于利用想象思维

在排练休息时，教师可以让学生反复听音乐，在想象中进行练习。教师可以轻声讲解，运用生动形象的语言把鲜明、具体的动作映射在学生的头脑中，这样一方面可缓解疲劳，另一方面也使学生加深印象。

（四）教师要以身作则

教师要以严谨的工作态度和饱满的工作热情投入训练中，以此来调动学生的训练热情。教师要守信，对规定的训练时间次数要严格执行，不随意延长时间，防止学生感到厌倦以致产生消极情绪。校园武术表演从创编到排练直至演出是一个复杂的系统工程，它的每一个环节运行的好坏都直接影响到武术表演的演出效果。要提高校园武术表演的质量，需要教师的不懈努力和潜心研究。[①]

① 倪旭芬. 团体操创编理论与技术[M]. 北京：中国社会出版社，2007：98.

第九章　武术表演的动作编排

在武术表演中，动作和队形是不能各自独立存在的，二者相互结合构成完整的表演内容。武术表演的表演动作是指表演者通过各种武术动作、灵活多变的队形和图案的表演，表现主题思想内容，借以达到武术表演目的的一种手段，是构成武术表演的最基本要素之一，同时也是武术表演创编中的重要组成部分。武术表演中动作编排的好坏，将最为直接地关系到表演效果。虽然在观众眼中，他们最先看到的是武术的动作、队形与图案，但是在场面上构成这些动作、队形与图案并使之产生动态的变化效果的最重要因素就是每个表演者的动作。没有动作就没有队形与图案，也就不会有队形与图案的变化，更不可能有武术表演的表演画面，因此在武术表演编排之初就需要对武术表演的各种动作进行编排。

第一节　武术表演动作编排的基本原则

武术表演中的武术动作绚丽多彩、变化万千。为使表演达到最佳水平，创编者在编排武术表演动作时应遵循几个原则。

一、体现武术表演主题思想原则

武术表演动作的编排要为表现的主题内容服务。每一场武术表演都是为了表达一定的思想内容，武术表演的动作编排必须很好地揭示表演的主题内容，以达到编排出来的武术表演动作所表现的内容、形式与主题思想的和谐统一状态。不同的主题内容的武术表演动作编排的思路也不同：当武术表演突出表现中国武术刚中有柔、柔中带刚的内容时，要多选用陈氏太极拳动作；表现抒情内容时，则多用缓慢、柔和、优美而舒展的其他太极拳动作；当欲表现欢快激情的内容时，要多选用快速、刚健有力的长拳、南拳等动作。因此，创编者在编排武术表演动作时应注意快慢结合、刚柔并济。

随着社会的发展，武术表演创编水平的不断提高，关于武术表演动作编排的变化也日渐多样。在具体编排武术表演动作的过程中，创编者首先应以每场表演的中心思想与风格特点为依据，使动作符合人物的形象、性别和年龄特征；其次应运用具有代表性、典型性夸张的手法；最后应在形体上、节奏上进行艺术加工，使之更好地反映主题。

二、适合武术表演队形原则

武术表演大部分是集体的演练，这就涉及队形编排。一般而言，武术表演编排通常是从选择队形开始的，而后再选择适合于队形的动作。因此，创编者在编排武术表演动作时，需要考虑动作应适合队形的特点。武术表演中的任何一个动作都是在不同的队形中进行的，不同的队形适合做不同的动作，同一动作在不同的队形中表演效果也不同。创编者在编排武术表演动作时必须处理好动作与队形的关系：在圆形队形中，适合做各种开、合、转动、顺圆的轨迹跑跳以及向圆心聚拢与向外扩散等动作；在散点队形中，徒手与持轻器械的动作均可，关键是要选编易于整齐划一的动作；在综合队形中的动作则应注意层次分明，应给人以十分清晰的感觉。总之，无论什么动作，人与人之间都应保持适当的间隔距离，以适应并表现不同队形的风格特点，使动作与队形交互辉映，浑然一体。

三、适当重复原则

创编者编排动作时，适当地运用重复是必要的，它也是武术表演塑造群像的基本手段。没有一定的动作重复，就体现不出这类武术动作最基本的内容，捕捉不住形象。但是对动作或组合动作的重复应该是有规律的，不能像广播体操那样，一个结构（类似一组）动作重复 4 个 8 拍，就太多了。一般来说，做同一组的动作形式、动作方向与动作速度等都一样的动作，其重复次数最好不超过两次（组），太多了就显得单调。例如，简单的抡臂砸拳动作，如果采用集体共同做的形式，一般就采用两次。编排的一组动作，其数量较多是为了强化主体动作的情节需要。另外，创编者也可以采用不同速度、不同连接方法等编排手法来增加动作重复的次数。

四、注意道具、器械和服装特点原则

利用道具、器械的不同特点创编动作，既有益于表现主题，又能使动作本身富有特色。运用得当，不仅可以展现武术的丰富多彩的内容，还可提高动作之表现力。例如，手旗具有“面”的特点，当其下垂时，可以视为“线”的形态，一经舞动，即可形成多方向的“面”，柔则轻飘，刚则劲舞，立则挺拔，平挥则舒展，这种道具比较适合做“动”的动作。又如，刀、剑、朴刀等器械，既较为活泼、灵巧、跑动多变，又有“点”的特点，静止时闪闪发光，当挥动这个“点”时，在不同队形中即可成线或面，点、线、面交相变换，使人眼花缭乱，既可表现热烈、欢腾的场面，又可组成多种美丽的队形图案。

服装的颜色有助于提高动作的表现力。同一个动作，服装的颜色不同，其效果也不一样。例如，练太极动作，穿一身白色表演服装会体现出一种飘逸灵动的感觉，若改穿紫色就给人一种不舒服的感觉。因此，创编者在创编动作时，要注意服装色彩对动作产生的影响，要注意选编适合现代服装、竞赛服装、仿各种动物外形表演服装、古今武林各派的代表服装、古代武术服装、古今的军队服装的表演动作，使表演更富于特色。

五、最佳显示面原则

创编动作要注意动作的显示面，即如何显示动作的最佳效果问题。在舞台上和运动场馆中进行的武术表演展示的动作是不同的，舞台上是展示给台下的观众，而在运动场馆中则四面均有观众，而一个动作不可能产生全方位的最佳效果，通常以照顾主席台及其两侧的观众为主，兼顾其他。例如，腾空动作，侧对主席台方向效果最好，而正对主席台方向效果就不好。如何使每个动作都能达到其表演的最佳效果，并将最能显示动作特点与效果的动作方向和形态纳入主席台及其两侧观众的视野范围，同时又能兼顾其他方向观众的观赏要求，是创编人员在编动作时应注意的问题。

六、符合音乐节拍原则

创编动作要注意符合音乐的要求。一般来说，动作的节拍一般是以2的平方数来确定的，如2个8拍、4个8拍、8个8拍、16个8拍等，这样有利于音乐的谱曲创作或音乐的编辑。如果是现成的乐曲，创编者应该计算乐曲的结构，包括前奏、过门、主部（节、段）、展开部与尾声等，然后确定动作的节拍，使进场、表演、退场的整体表演结构中的动作与音乐能基本吻合。若按音乐编动作，创编者则应根据音乐的旋律及其段落长度与情绪要求进行。动作与音乐基本一致后，创编者可经过小规模的实验观察，按照总体构思方案中所规定的主题思想与表演内容等要求，不断修改所创编的动作或剪接音乐的段落。

第二节　武术表演动作编排的基本素材

武术表演动作的编排离不开素材，但可供武术表演的动作素材类型繁多、内容丰富、变化无穷、风格迥异。从总体上看，武术表演仍以武术动作为主，并广泛吸收和借鉴各种艺术形式的动作，使其融为一体，共同服务于武术表演主题与内容的需要。

根据表演的性质和形式，武术表演动作编排的基本素材可以分为以下几类。

一、各种步伐

各种步伐主要用于入场、队形变化和退场，包括走步、跑步以及舞蹈步等武术基本步法以外的步伐。其中，走步又可以分为齐步走、正步走、小碎步走、运动员步伐等；跑步可分为快跑、前踢腿跑、后踢腿跑、交叉腿跑、碎步跑等；舞蹈步则可以分为柔软步、足尖步、跑跳步、弹簧步、变换步、波尔卡步以及华尔兹步等。

二、基本动作

基本动作既是武术的基础，也是武术表演的主要素材，其内容包括手型、步型、手法、步法、腿法、跳跃、平衡、跌扑滚翻等动作。这些动作可以全体一致做、对称做、交替做和依次做等。很多武术比赛表演中都有武术基本功表演。跳跃和跌扑滚翻也是上场下场、活跃表演气氛的重要素材。

三、拳术动作

所谓拳术动作，主要是指由各种武术拳种中的徒手动作组成的武术表演动作。这种动作以表演的思想内容为依据，并结合队形和表演者的年龄、性别和掌握拳种等特征来创编。有适合少年儿童表演的活泼欢快的拳术动作；有适合青年人表演的刚健有力的拳术动作以及各种象形动作；有适合女青年表演的柔和优美的拳术动作；还有适合老年人表演的缓慢绵延的拳术动作等。

拳术动作既是武术表演的主要素材，也是持各种器械动作的基础。拳术动作可以全体一致做、对称做、交替做和依次做等。例如，第 11 届亚洲运动会开幕式上的武术太极拳表演、第 29 届奥运会开幕式武术表演（图 9-2-1）、天安门前的万人太极拳表演等整齐、动作宏大的场面都给人留下了深刻的印象，取得了很好的表演效果。

图 9-2-1　第 29 届奥运会开幕式武术表演

资料来源：演员在奥运会开幕式表演武术[EB/OL].（2008-08-09）[2021-10-15]. https://news.sina.com.cn/sjlmay/468/2008/0809/2690.shtml.

四、器械动作

器械动作是武术表演常见的主要素材，其内容丰富多彩，内涵深厚。根据器械是否常见分类，我们可将其分为常见武术器械和不常见武术器械。常见武术器械又分为短器械、长器械、双器械、软器械和其他器械。其中，短器械又包括刀和剑等，刀可分为自选刀、南刀、太极刀、少林刀等；剑可分为自选剑、长穗剑、太极剑、少林剑等。长器械有棍、枪、朴刀和春秋大刀等，棍又可分为自选棍、少林棍、南棍、猴棍等；枪有自选枪、少林枪等。双器械有双刀、双剑、双钩、双鞭、双匕首、双斧、双锤、双枪等。软器械包括三节棍、九节鞭、牧羊软鞭、绳镖、流星锤、刀加鞭等。其他器械有盾牌、峨嵋刺、太极扇、月牙铲、匕首等。不常见器械分为稀有器械和怪器械。如戟、矛、戈、弩、射箭、铁爪、冠心笔、钩镰枪、判官笔、弓大梳、太极球、马牙刺、风火轮、三仙叉、狼牙棒、双锏、双拐等。这些器械的使用要根据表演的主题和场景的需要以及表演者的能力选择一些典型的动作组合，一人或集体表演都能达到意想不到的效果。

五、利用道具的动作

利用武术器械以外的道具动作，是为了丰富武术的表演内容，并争取武术表演的最佳效果。根据道具的大小和使用人数的多少可分为大、中、小三种类型。一人持用的道具为小道具，两人以上持用的称为中道具，多人无法持用而只能在器械上做动作的称为大道具。

（一）小道具动作

小道具形式多样、变化奇异，依照其外形，有“点”“线”“面”之分。例如，花束等道具像一点，多个点相连就成了线，小旗、纱巾、扇子、伞等道具则可视为一面。表示“点”的道具较为活泼、灵巧，跑动多变，多用于挥舞动作，亦可组合连续形成各种图案；显示“线”的道具，多用于摆动、绕环、挥舞等动作。总之，创编者要根据道具的特点去创造良好的表演效果。

（二）中道具动作

中型道具有大布包、大旗布等。大布包是指 5 人以手持一块彩色大布（也可在上面加印图案）进行表演，可做各种快、慢相间的抖动、旋转和抛接等动作。大旗布可全体操旗舞动：起蹲动作，表示旗的起落；也可依次做横向的波浪动作。操旗跑动，使旗悠然飘动，蔚然壮观，催人奋进，多用于一场表演的开头、结尾或背景，以点明主题。大旗既可以是国旗、彩旗，也可以是会旗或似海浪的大旗布。创编者可以根据表演的需要，选出规格尺寸相同的若干条布，在表演场上巧妙地将其拼接而成一面大旗，也可按规定的尺寸做一面大旗布，以不同的形式迅速展示在表演场上。

（三）大道具动作

大型道具一般是为了点明主题，加强表演气氛而专门制作的重型器材，如模型车、滑降绳等。

模型车多由场外进入场内表演，在车上可装置各种模型，配以表演者的动作或造型，用以丰富表演的内容与形式，增加表演效果并服务于武术表演的思想内容。

利用滑降绳可以由上向下滑降，并在滑降的过程中进行各种造型动作的表演，如大型武术表演中从天而降或在空中打斗的动作，充满了浪漫主义的诗情画意。

六、造型动作

造型动作主要指单人（图 9-2-2）、双人或多人共同协作完成的各种静止以及平衡动作。这种动作结构巧妙、造型美观、立体效果好。

图 9-2-2　单人动作

造型动作可难可易，姿态万千，感染力强。单人动作有各种坐、卧、撑、跪、劈腿、平衡等；双人动作有各种对称或者非对称的动作，如站在腿上、肩膀上、背上的动作以及各种形式的托举动作；多人的叠罗汉等造型动作内容丰富，但强调表演者要密切配合、团结协作。造型动作多为徒手表演，但也可利用器械或在道具上进行表演。

七、舞蹈动作

舞蹈动作有民族舞、现代舞、芭蕾舞、国际标准舞等（图 9-2-3）。舞蹈动作可使武术表演的内容更加丰富、更富有艺术魅力，从而增加其表演效果。创编者在选用舞蹈动作时，应选择易于掌握、容易排练整齐的一些简单的基本动作及其组合动作。较为复杂或难度较大的舞蹈动作只能由少数人表演。创编者在编排武术表演的舞蹈动作时，不能拘泥于人物思想情感的变化，要特别注意表演的大效果、远效果。

图 9-2-3　舞蹈动作

八、其他动作

在武术表演中还存在着其他类型的动作，如各种民间文体形式的表演内容及其动作等在武术表演中已不少见。大型武术表演如民间锣鼓、舞龙舞狮（图 9-2-4）、秧歌、杂技等都十分精彩，充分展示了华夏文化和各民族的风采。

图 9-2-4　舞狮

第三节　武术表演动作编排的技法

一、编排的基本方法

编排就是编织武术动作的劲力、节奏和旋律，编织武术美的旋律，是武术动作的组合，所以动作美是编排的基本要求。因为编排的基本材料是武术动作，所以编排应从编武术动作开始。如果说核心动作是动机，那么组合就是动机的延续，段落就是组合的发展。动作组合、段落编排的主要方法有以下几种。

（一）重复

这是组合动作最原始、最简便的方法，目的是保留视觉的延续性，加深印象和加强力度，构成一种积极的推进作用。但是重复既不能不用，也不能滥用，重复多了，就无变化，没有变化，枯燥无味的武术动作就会使观众厌倦，重复有以下几种：

（1）单一重复（一个动作、一个姿态、一个步法、一个技巧的重复）；

（2）组合重复（两个以上的动作组合起来进行重复）；

（3）段落重复（多个动作组合形成的一个段落进行重复）；

（4）不间断重复（连续重复一组动作或一个动作）；

（5）间断重复（再现重复主题动作或核心组合）；

（6）完全重复（不做任何改变的原样重复）；

（7）不完全重复分为改头重复（一组动作中改变第一个动作）和改尾重复（一组动作中改变最后一个动作）；

（8）节奏重复（对有特殊性的节奏的重复）；

（9）省略重复（重复一组动作时重复主要动作，省略次要动作）；

（10）扩充重复（一组动作中的某一个动作重复两次或三次）；

（11）加花重复（一组动作在重复中加进新动作进行重复）。

（二）对比

对比是武术动作组合中运用最广泛且行之有效的方法。对比主要有关系对比和各种类型的对比，以及二者的结合。

1. 关系对比

（1）强比，两极对比，即两个反差极大的形象或动作的对比。

（2）弱比，近值细微的对比，即两个差别不大的形象或动作的对比。

（3）同类对比，即性质一样的形象或动作的对比。

（4）不同类对比，即不同性质的形象或动作的对比。

2. 各种类型的对比

（1）美感对比—刚性美与柔性美，内在美与外在美，动态美与静态美，单纯美与复杂美，虚灵美与拙实美，朴素美与夸张美，庄严美与滑稽美，喜性美与悲性美等。

（2）力度对比，即轻与重，强与弱。

（3）速度对比，即快慢，疾徐。

（4）幅度对比，即大小，长短，宽窄，深浅，薄厚，高低。

（5）方向对比，即上下，左右，前后，横竖，斜正，平立，顺逆，面背，分合。

（6）线形对比，即点线，面体，方长，圆直，角块，乱整。

（7）密度对比，即单复，多寡，收放，聚散，密稀。

（8）光色对比，即明暗，冷暖，清混，浓淡。

（三）平衡

平衡作为一个消除模糊性和不对称性的手段，是表演者为了使自己表现的意义清晰明了而采用的不可缺少的手段。平衡使人称心和愉快。在一个平衡的构图中，形状、方向、位置诸因素之间的关系都达到了相对稳定的程度；而一个不平衡的构图，则因样式的模糊，会给人一种不知所云的感觉。

平衡的自然属性是自由发展的平衡，它的社会属性是人的自觉平衡。平衡分为对称平衡和自然平衡两大类。

1. 对称平衡

对称平衡分为绝对对称和相对对称。

绝对对称是以身体为中心或以舞台、场地为中心的左右、上下两部分的动作、画面、构图、方向以及数量的对称等。

相对对称是以身体为中心或以舞台、场地为中心的左右、上下两部分的动作、画面、构图、方向以及数量的相对对称等。

2. 自然平衡

自然平衡分为序比均衡和运动均衡。

序比均衡是顺序与比例的自然均衡，即动作、队形、画面的排序顺畅，衔接自然。序比均衡指动作幅度的大小、动作数量的多少、动作节奏的强弱快慢的均衡。①

运动平衡是在动作的运动变化中，多种因素间复杂多变的动态平衡。这种平衡经过精心安排而又不显人工痕迹，达到高度人工的自然形态和动作运动的平衡状态。

（四）变换

变换包括变化与转换。

变化是在原有基础上的发展，直接指向结果，其包含创造性因素。变化的方面主要有节奏、速度、幅度、方向、构图、空间、动态、动律、情绪等。变化的方法有附加、增补、省减、倒序、移位、变向、变态、变形、延伸、收缩、放射、聚集等。

转换是新与旧的连接，是更大的变化，一般是突然又不露痕迹的。转换的方面有动作、组合、构图、服饰、道具、灯光、色彩等。转换的方法有连接转

---

① 金秋．舞蹈编导学[M]．北京：高等教育出版社，2006：80-81.

换、间隔转换、轮流转换、穿插转换等。

(五)复合

复合是动作、动作组合、构图等多种方法的组合，是动作组合向复杂、细密的发展。复合方法主要有以下几种：

(1)并列：两个人及两个以上的人在同一个层面上做同一个动作；

(2)分列：两个人在不同的层面上做同一个动作；

(3)重叠：多个人在同一个层面或多个层面上做同一个动作；

(4)接续：前一个人做完动作，后面的人接着继续做；

(5)递增：人数上由一个人到多个人逐渐地增加；

(6)轮作：一个动作或一组动作当另一个人重复做时，在时间上晚2拍或4拍形成节奏的错位，并依次顺延多个人的重复进行；

(7)对立：一个动作或一组动作由两个人或两组人在大小、高低、正反、前后、左右等位置和角度上进行反向做；

(8)交错：在同一个画面、同一个空间、同一个节奏中，在不同的位置、角度上做不同的动作；

(9)穿插：在同一个画面、同一个空间、同一个节奏中，一部分人定点做动作，一部分人进行流动；

(10)服装、道具、布景、灯光、色彩广泛范围的复合。

(六)比拟

比指比喻，象征；拟指模拟，虚拟。比拟包括模拟、虚拟、比喻、象征。

(1)模拟：以人体动作模拟其他事物的形象。

(2)虚拟：无实物的虚拟、象征。

(3)比喻：以形象甲比喻形象乙。

(4)象征：以某种形象象征某种思想。

(七)连接

连接因素是人体自然美的流动动作。音乐连接是用各种各样的节奏，武术动作连接是用动作一个一个衔接起来。动作连接要有一个转换动作，表演就流畅、舒服、顺畅。连接是有逻辑的，连接动作可以把不可能变为有可能，这需巧妙处理。

（八）延伸

延伸是动作的力度、角度、动势发展的必然趋势的自然因素。运用延伸，可以达到形已止而意不止的艺术效果。形是动态，意是感情流，通过动作的延伸，形能把意贯穿且展现得淋漓尽致。

（九）模进

模进是动作从大到小、从小到大，从左到右、从右到左，从内到外、从外到内幅度的增减；节奏从慢到快、从快到慢速度的增减；人数从多到少、从少到多数量的增减等。把动作或构图进行阶梯式的上升和下降处理，能把段落推向高潮。

（十）修饰

修饰是对动作的装潢、装饰。动作和动作组合编织出来后，创编者要进行调整、修改，使动态形象的外壳依附在形象的内涵上。

总而言之，编排要讲究和谐、流畅、丰满、漂亮。以前的编排基本是单一动作的连接，动作加动作、组合加组合便形成段落。创编者的材料来源于直接学过的套路动作，来源于自身的直接经验。现在我们创造的概念不能停留在单一动作上，而要分解到元素，单位越小，创作空间越宽。动作是可分、可变的，创造的内涵在于变化发展，这个变化发展就是形式创作的规律，也是武术的内在本质规律，即“一生二,二生三,三生万物，万物归一”。

我们把动作进行剖析后，就出现了动态、动律、动力、节奏四个因素。动态是相对稳定的姿态；动律是形成动态的过程；节奏是动作自身的时间差，是外在因素；动力是动作的力度，是内在因素。外在因素受内在因素的支配。

二、动作编排的技法

动作编排时，无论选择什么样的动作素材，我们都要根据动作编排的基本方法进行选择，这对动作的展示和表演群像的塑造关系重大。在编排武术表演动作时，创编者应力求和谐、生动，以收到良好的整体效果。为此，创编者在编排集体动作时要处理好武术动作本身及动作与动作之间的各种关系。

（一）动作的齐与乱

集体动作整齐划一既是武术表演的一大特点，也是一项基本要求，如图 9-3-1 所示。因此，创编者在编排动作时应尽量避免那些不易做整齐的动作。但又不是绝对，在某些特定的表演情节中，根据不同对象以及不同内容，安排个别不易做整齐的表演动作反而能收到较好的表演效果。例如，儿童武术表演中的一些腾空、滚翻动作（图 9-3-2），在统一的动作内不限统一高度，其他一些基本动作尽量快做，表演生动形象，充分地表现出儿童活泼、可爱和积极锻炼身体的动人场面。

图 9-3-1　整齐划一的集体动作

图 9-3-2　武术表演中的腾空动作

（二）动作的难与易、重点与一般

武术集体表演的表演者多，身体训练水平和技术基础又不尽相同。在人数多、训练时间短的情况下，选编的动作应简单一些，便于收到整齐美观的效果。在人数较少、表演者又具有一定水平的情况下，动作则可相对编得难一点，使表演更精彩。为了增强表演效果，创编者有时可安排绝大部分表演者在适当的队形中，以低姿势做简单的陪衬动作，而选择少数武术基础较好的表演者做难度稍大的动作，以突出重点。

（三）动作的快与慢、刚与柔

根据表演内容的需要，动作的安排应有快有慢、有刚有柔。快与慢是指表演动作的速度，刚与柔是指做动作时的力度。两者有着密切的联系，并且与表演动作的节奏和表演情绪直接相关。表现激情内容时，创编者要多选用快速、刚健有力的动作；表现抒情内容时，创编者要多用缓慢、柔和、优美而舒展的动作。因此，在创编动作时应注意快慢结合、刚柔相济。

（四）动作的大与小、高与低

创编者在创编动作时要特别注意选择具有大效果和远效果的动作，如大幅度蹿蹦跳跃的动作、长器械动作，身体由低势至高势或由高势至低势的动作以及能连成线、形成面的动作等。但是也不要忽略那些小巧灵活又耐看的小动作，因为在大幅度动作的表演中适当配合些小幅度的动作可以使其形成鲜明对比。即使是同一动作也可有姿势高低的变化，这样会使动作具有明显的起伏变化和较好的画面效果。

（五）动作的动与静

根据思想内容及表演效果的需要，所编动作应有动有静，动静结合，以使表演富有诗情画意。

（六）动作的虚与实

生活是创作的源泉，创编人员应将现实生活中那些丰富的感性材料予以提炼、加工，以便创编出更多富有代表性、典型性的动作来充实武术表演的表演内容，形象生动地去反映生活。武术表演主要靠动作、队形并配以其他艺术形式来表现主题。表演中那些形象的队形、具有特定意义的图案以及各种象征性的模仿动作，能使观众一目了然，可称之为“实”；而有些动作，如腾空、劈叉、下桥等并无特定含义，可称之为“虚”（气氛性动作）。“虚”不可没有，在某种意义上“虚”可表示武术的技术水平，只有虚实结合才能使得武术表演精彩纷呈。

（七）动作的一致与综合

武术表演普遍为一致动作，创编与训练比较容易，而复杂的大场面图形、不同难度动作的组合以及形成表演高潮的综合动作，创编难度则大得多。创编者不仅要编排寓意深刻的图案，把全体表演者合理而精确地安排在每一个不同的位置上，还要让主要位置、次要位置上的表演者在规定的同一节拍里完成不同的动作，使其有主有次、有动有静，层次分明、动静结合，以形成表演的高潮。

创编者在创编动作时，应努力处理好上述各种关系，使每个动作都尽可能地达到其表演的最佳境界。

第四节　集体配合动作的类型与变化方法

一般而言，集体配合动作可以分为一致动作、依次动作、波浪动作以及开合式动作等。在这几类动作之下还可以进行细分，表演者通过各种动作和位置的改变会产生一系列变化方法。

一、一致动作

一致动作是武术表演中常见的一种动作表演形式。它是指所有表演者整齐划一地完成相同的动作。表演时表演者的举手投足的每一个动作都要一致，不论是武术基本动作、组合动作、器械动作还是道具动作，都要做到节拍、快慢、高低一致，如我们常见的集体拳术、刀术、剑术、棍术、九节鞭、朴刀等。特别是大型的集体武术表演，如第十一届亚洲运动会开幕式上的武术太极拳表演，学校运动会集体拳术、刀术等的表演，都要求集体表演者默契配合，协调一致，做到每一个动作的同步性，如图 9-4-1 所示。

图 9-4-1　一致动作

二、依次动作

依次动作也是武术表演中常见的一种动作表演形式。它既可以指一人接一人依次进行动作的表演，也可以指表演者以行、排或组为单位，集体地依次进行动作的表演。表演时，依次动作既可以从前向后（或相反）、从左至右（或相反）、从中间向两侧（或相反）依次进行，依次动作可以徒手进行，也可以手持器械、道具或在大道具上进行，其特点是生动、形象、活泼。依次动作的做法简单，但要求严格，它需要表演者默契配合、衔接紧凑，并在规定的起始与终止节拍内连绵不断地完成同一动作，以保证依次动作的连续性和完整性。武术表演中常见的依次动作有更迭式动作、交替式动作等。依次动作包括以个人为单位或以集体为单位两种形式，在若干节拍内或在一个轮换周期中完成。创编者也可以根据编排内容的需要，在若干次的依次动作后使节拍加快一倍，使更迭、交替速度加快，达到很好的表演效果，如点剑、扎刀、劈棍、腾空等。

三、交替式动作

某种基本图素可以组成队形与图案，各图素或各部分图素按照节拍或先后顺序做动作，使之在队形结构中的点与点、线与线、面与面等图素做交替动作以达到画面起伏对比的效果。例如，散点队形分别按横队与纵队的单、双数交替做动作。如果手持器械或道具做交替动作则效果会更好。面与面的交替动作，可以按面的图素排列成的队形做。如果是一个大的块状队形或图案，可将其进行分区，每个区都视为一个面的图素。一般来说，创编者在分区时应根据等分规则，即行数、列数应一样，形状大小应相同。常见的分区法有按纵队分区，按横队分区，按形状分区。

四、波浪动作

波浪动作在武术表演中广为应用，不同形式的波浪动作可用以形象表达不同的内容，表演效果明显，深受观众欢迎。波浪动作的做法可归纳为，原地利用身体做上下高低起伏的武术动作变化，形成各种波浪动作；原地或左右移动，以两臂在不同平面上（正面或水平面）做绕环的武术动作，并配合身体上下起伏、高低武术动作变化，形成各种波浪动作；身体姿势不变，采用向前、后或左、右跑动，形成各种波浪动作。

有的波浪动作在密集的横队上表演效果明显，有的在密集的纵队、长方队形或圆形队形上表演效果较好。这主要应根据表演内容和所形成浪峰的表演效果而定。常见的波浪动作有横浪、纵浪、圆形波浪。

（一）横浪

横浪，即上下起伏的波浪，指在武术表演时，表演者利用身体的不同姿势形成的原地上下起伏的波浪动作。在具体的武术表演过程中，其又可以细分为三种波浪：滚浪，即利用两臂（手持道具）在体前绕环（正面）并配合身体的起伏所形成的波浪动作；蛇形浪，即表演者身体姿势不变，向前、后跑动所形成的波浪动作呈现出的表演效果；旗浪，即表演者在密集的长方队形中，手举组旗用的长条布或其他道具、器械，配合身体上下起伏所形成的波浪动作。

（二）纵浪

除横浪外，在武术表演中还存在着纵浪这一形式，其包括以下三种：摆浪，即表演者手持各种器械或道具，进行左右摆动所形成的波浪动作（摆龙）；卷浪，即表演者手持各种器械或道具，做体前绕环动作（正面），并配合身体起伏和左右移动所形成的卷浪（卷龙）；锯形浪，即表演者保持身体姿势不变，向左、右跑动所形成的波浪动作，横浪中的蛇形浪若移至纵列中进行，效果更明显。

（三）圆形波浪

在武术表演中，圆形波浪包括以下两种：立转，即表演者站在单圆队形上，手持器械或道具背向圆心站立，呈前低后高的斜面圆形，并利用身体的起伏，沿逆时针方向移动（转动），转动时，圆周上的每个人都要经过圆的前沿最低点、后沿最高点以及两侧的中间点，以成转动的斜面圆；滚转，即表演者在单圆上，背向圆心站立，手持器械或道具呈前低后高的斜面圆形，通过在原地身体姿势、器械及道具的起伏变化，按逆时针方向，使整个斜面圆转动方向，斜面圆转 90 度时为左低右高，转动 180 度时即呈后低前高的斜面圆，转动 270 度时为右低左高的斜面圆形，转动 360 度时即回到前低后高的斜面圆形上。

五、开合式动作

更迭式与交替式动作一般是表演者在原地做重心上下起伏或利用器械、道具做起落动作。开合式动作则主要是人体在图素的同向或反向移动换位中完成的。这类动作常用在相套的图素中，有两种形式。

（一）单向开合动作

表演者在若干个相套的图素中做同向移动，一起向中心靠拢，然后再反向离心移动，产生开合效果，如图 9-4-2 所示。

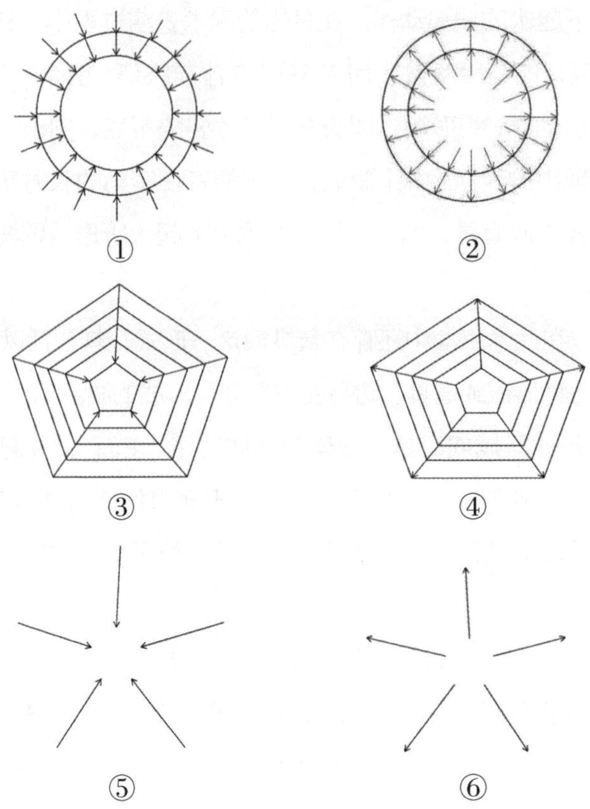

图 9-4-2　单向开合动作

（二）双向开合动作

表演者在若干个相套的图素中做反方向移动，靠近中心的表演者向外移动，远离中心的表演者向内移动，产生交替的开合效果，如图 9-4-3 所示。

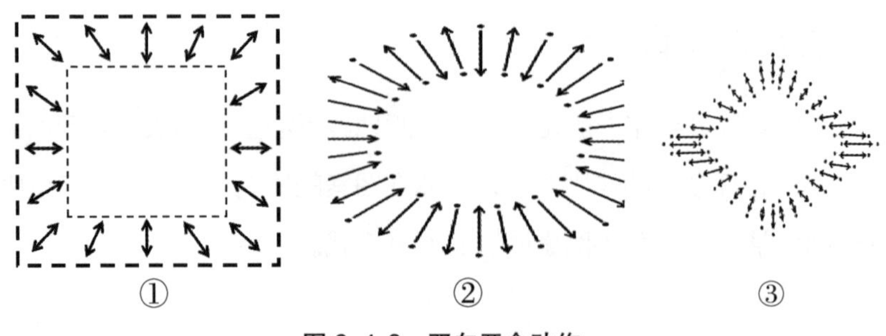

图 9-4-3　双向开合动作

第五节　武术表演动作造型的设计

一、武术表演动作造型的运用

在武术表演过程中，不管是动态的还是静止的，舞台动作总会由于武术表演者的不同表现出现不同的造型，使舞台效果非常具有画面感，人们可以从这些由编导者精心安排的各种舞台动作造型布局中，感受到一种集中的情感和思想意图。这种为烘托、渲染某种特定情绪和气氛的艺术处理手法，就构成了武术表演画面。综观所有优秀的武术表演，不论其舞台画面多么丰富、复杂，都具有自身特定的表现力。

（一）“分散”和“集中”

“分散”和“集中”的运用，可以使武术表演作品的舞台表现具有流动感，这种造型手法和摄影镜头的“推”和“拉”手法相似。合理运用“分散”与“集中”的画面，可以给予武术表演者很大的帮助。有才华的武术表演编导能巧妙地掌握“分散”和“集中”的有机联系，构成了许多精美丰富的武术舞台画面，以展现人物形象和各种特定的思想意图，从而提高武术表演作品的艺术价值。

（二）简而不单、繁而不乱

武术舞台画面是来自生活，经过编导加工提炼而成的。出现在舞台上的画面，既不能显得很单调，又不能使人感到十分杂乱。由于舞台空间面积有限，因此“简而不单、繁而不乱”正是由作品内容的需要和舞台空间面积有限这一矛盾而产生的，这与武术的编排有非常密切的关系。不管理“以少胜多”还是“众多而洁净”，它们并不仅仅是数量上的问题，而是由感情和内容需要的因素来决定的。如果我们只认为这是人员数量上的排列和纯技术上的问题，那么武术舞台表演就会失去基本的含义和有机联系，形成空间的刻板，也就当然谈不上什么感觉了，这样的编排很显然是非常失败的。

（三）“平衡”和“对称”

一般来说，舞台画面必须“平衡”，因为不稳定的舞台画面会给人以不舒适的感觉。这种舞台上一边“沉”的状态，令人产生了倾斜的感觉，同时也将造成演员的拥挤和舞台的空旷无力，对武术的表演和欣赏都会产生一定的负面影响。“对称”和“不对称”对画面具有很大作用，“对称”赋予画面庄重、稳定的感觉，“不对称”则呈现活跃的感觉。

不管是“平衡”还是“对称”和“不对称”，都是围绕作品内容，根据表演思想主题和所需的节奏、气氛而运用的。任何机械地搬用，都是不适宜的，有时甚至会给作品的表现带来消极影响。

二、动作造型的编排

结构巧妙、造型美观、突出立体效果或显示难度的造型动作，不仅可以使场面更趋于完整壮观，还能进一步表现主题，提高表演效果。在武术表演编排的过程中，造型动作一般可以分为单人造型动作、双人造型动作、三人造型动作以及多人造型动作。

（一）单人造型动作

在武术表演动作编排中，单人造型动作一般在个人表演、集体表演散点队形或其他需要予以点缀的队形或位置上表演。创编者在选编这类动作时，需注意节拍的安排及动作的创作质量，以保证其表演效果。

（二）双人造型动作

双人造型动作，一般是在两人对练表演、合练表演、集体表演时在邻近的两路纵队上配合表演。创编者在安排此类动作表演时要注意人员的搭配，动作的方法、节拍及其规格要求必须十分明确、具体，有些动作还要注意加强保护与帮助。

（三）三人造型动作

三人造型动作一般在三人对练表演、三人集体或多人集体中的二路密集纵队、密集的小横排上表演。

（四）多人造型动作

多人造型动作一般是在多路密集的纵队、密集的小横排、方块队形、圆形或综合队形上表演，或是一场表演在开始或结束时的集体造型。

组织多人造型表演时要注意的是，人员搭配要合理，特别要注意选好“底座”（身高相近、体重较大、有力量）、中层人（身高、体重、力量适中、均衡）和上层的“尖”子（个子稍小、体重轻、灵巧、胆大心细）；人员组成后要编号，明确每个人的位置（从动作的顺序与节拍要求）；训练中要注意循序渐进，开始时可以分开练，待技术掌握后再逐步合成；合成时从最下面的一层开始，注意协调配合、速度均匀、动作一致，最上层最后完成动作。练习中要特别强调安全，除安排必要的保护与帮助人员外，还应明确在出现晃动或倾斜时，要注意保持冷静，尽快统一口令下蹲，降低重心（降低重心时应从最上层开始，逐层向下），以保持平衡或采取必要的应急措施，确保表演者的安全。同时要注意安排必要的替补队员的训练。[①]

---

① 倪旭芬. 团体操创编理论与技术[M]. 北京：中国社会出版社，2007：159.

第三篇
武术表演的舞台艺术设计

第十章　武术表演的音乐

第一节　武术表演音乐的作用与特点

一、武术表演与音乐的关系

武术表演与音乐在舞台表演中的依存性有其独特的历史渊源。早在西周时期，我国就出现了以音乐配以“击刺之法”的武舞。音乐属于艺术范畴，其灵感与意境取材于现实生活，并通过艺术加工，把生活艺术化，给人以充分想象的空间。音乐是人们通过旋律来表达思想感情的一种听觉艺术，也是最美的语言。如果武术表演是一幅立体的画，音乐则是画中流动的诗；如果音乐是一首诗，武术表演则是诗中的画。这画与诗，犹如一对孪生兄妹，紧密相融，不可分割。音乐承载武术，武术诠释音乐，二者相辅相成。武术与音乐的结合，以音乐丰富武术所展现的内容，通过武术传达出音乐的意境，把音乐的节奏、旋律与武术的“神”“韵”完美地交融在一起，这不仅能在一定程度上提升武术的艺术价值，还将武术以一种新的表现形式展现给世人。

首先，从武术表演与音乐的节奏与节拍来说，武术表演的节奏性是指在表演中，表演者通过武术形体动作的变化，将动作的快慢、动静等特点，根据一定的节奏速度要求表现出来。若武术表演没有起伏和发展变化，就不能将武术动作的缓、急、快、慢、轻、重相结合的特点体现出来。由此看来，正确处理武术表演中的节奏性，是影响武术舞台表演质量的一个十分重要的元素。音乐是具有节奏性的旋律，音乐元素中的节拍是一种根据一定的旋律强弱规律来衡量节奏的单位，这与武术在表演过程中的动作的强弱规律相呼应。其次，从武术表演与音乐二者的情感表达来看，中华武术是传统艺术，具有丰富多彩的形式、鲜明的民族特色、深邃的内容、浓厚的文化底蕴，表达了中国传统的情感与神韵。音乐是一种以主观创作为基础、集多种心理活动为一体的感性艺术。音乐作品中凝结着作曲家的具体个性和内心世界，是一种感性化的表现形态和抽象的意念表达。作曲家通过对感性意识的客观表达来感染听众，传递自己内心的情感，并在此过程中渴望与外界得到心灵上的沟通与交流。最后，从武术表演与音乐二者的神韵来看，由于武术动作与套路是按照攻防进退、动静疾徐、刚柔虚实等对立统一规律编排而成的，因此从美学规律来说，武术表演主要表现于内外合一、形神兼备、节奏鲜明、起伏转折、动静结合、起落有致、连贯协调，是身体点线面三位一体的均衡对比和动作自然流畅的多样统一的展示。武术运动的神韵之美，是指武术运动生动地传达出其神情意态之美。在中国古代的音乐审美中，“韵”是较高的审美范畴，是音乐艺术魅力的核心，早在魏晋时期，“韵”就在音乐艺术中被充分地重视，这在一定程度上体现了音乐内在的神韵在音乐中的重要地位。综上所述，武术表演与音乐之间存在着强烈的节奏性、情感性、神韵性等多方位联系，都能给人以美的感受。

二、音乐在武术表演中的作用

音乐是以优美的声音来创造听觉的形象，武术是以优美的动作来创造视觉的形象，两者的结合构成了在时空中流动的武术艺术。武术表演大多都是以音乐伴奏的，如何将音乐与武术有机地结合呢？首先，我们应该明确音乐和武术是一对相互配合的统一体，一般好的音乐能够使武术动作内涵凝练、集中并富于情感，能够提示武术动作及情感的内涵，使武术的思想性和动作性更加丰富。音乐不仅能给武术以节奏和速度，也能给武术以情感提示，武术与音乐的有机结合，才能塑造出完整的武术形象。所以，在武术表演作品中，武术和音乐共同承担着表现思想内容、刻画人物形象的任务。好的武术作品能够使音乐的内涵和思想更加活跃起来，给人以音乐形象的流动美。其次，在以武术为主要表现手段的作品中，音乐起着辅助的作用，音乐能够淋漓尽致地表现武术表演的主题与气氛，一个武术表演要表现什么样的主题、内容或者情绪，就应该运用什么样的音乐。

武术表演是由不同风格的项目组成。音乐是武术表演中不可缺少的部分，它以其优美的旋律，鲜明的节奏，使武术表演的艺术表现力更加丰富，更为生动。在武术表演中动作随音乐的高低起伏而不断地变化，使动作与音乐的韵律协调统一起来，给人以听觉和视觉上的美感。另外，不同的表演配不同的音乐，要根据拳术的特征来选择适合的音乐，如长拳的舒展大方、快速有力，南拳的短刚与顿挫，太极拳的柔和缓慢。①

武术表演是一项空间性很强的综合性艺术活动，音乐是一种时间性很强的艺术。所以，要想使武术在舞台表演中取得更好的效果，需要武术表演者在一定的时间与空间内，在具备武术动作技术的同时，将各种艺术造型直观地呈现于众，并通过添加适当的音乐元素进行修饰，从而实质性地提高武术表演的艺术性，提高舞台整体的震撼性效果，使武术表演得到升华，令观众意犹未尽、回味无穷。

音乐自始至终贯穿于武术表演的首尾，既引导武术表演的展开，又服务于武术表演，两者互补又相互制约。在创编过程中，创编者既可以根据音乐来编排武术表演的动作，即先定音乐后编武术动作，也可以根据武术动作来配置音乐，即先定武术动作后作曲配乐。无论谁先谁后，音乐在武术表演中都不能看作是单纯的伴奏，武术艺术是两者有机的结合，充分发挥其艺术魅力才能相得益彰。只有用音乐这一特殊的语汇来表现不同武术的思想内容以及高潮迭起时的抑扬顿挫，武术表演才能得以升华，收到特定的效果。因此，音乐在武术表演中的有效运用，能提升整体舞台效果与艺术美感。

（一）促进人们心理的交融

音乐是一种感性艺术，人们要想准确把握音乐艺术中的情感，就要对音乐所营造的艺术氛围和意境做出想象，想象是艺术表演中最重要的心理机制。音乐源于生活的同时也作用于生活。从表演者方面来说，不同旋律的音乐可以对表演者在脑海中想象不同的艺术具象化形象产生不同的作用，这种音乐思维与人内心的情感具有最密切的联系。音乐作品喜，表演者的舞台表演喜；音乐作品悲，表演者的舞台表演悲。因此，武术表演者要结合自己对音乐的理解与感知，在音乐氛围中提高自己对于武术动作的理解与感受，将自己的情感融入武

① 马小龙，衣朋媛．浅析音乐与武术表演的配合［J］．搏击·武术科学，2010，7（5）：48-49.

术表演之中，从而丰富对于音乐意境以及武术意境的想象，增强自我表现力，使武术表演“活灵活现”，达到身心灵魂交融的境界，更好地体现武术表演的内在情感与外在之美。从观众角度来说，音乐作为一种特殊“思维”，可使人们沉浸在音乐氛围中，在此氛围中观看武术表演，可使人们产生视觉与听觉上的双重冲击，提高武术舞台表演的整体艺术感，使得观众内心的情绪随音乐与武术表演所共同表达的内容起伏变化，激发内心深处的情感，获得心灵震撼，实现表演者与观众心灵上的交流与沟通。

（二）提高武术表演的社会审美素养

无论是音乐还是武术表演均具有社会性，寄托了社会群体共同的思想文化修养，这就要求创作者要在古代艺术美感的基础上继承、发展、创新。不仅局限于单调的武术表演，而应从现实意境出发，创造出符合当代社会文化需求的武术表演艺术形式，并将这种艺术形式所蕴含的文化内涵传递给大众，提高社会整体的文化素养，推动社会的进步。“韵”是中国艺术的重要特质，当今社会对艺术的美感要求不仅体现在武术表演领域中动作的技术性难度，体现在音乐艺术领域中音乐的旋律、和声、结构、节奏等诸多音乐元素，而且更多地体现在我国文人自古以来在艺术中所寄托的思想与情怀和对“美”的要求不断提升的传统，即以音乐这种感性艺术为媒介，通过武术表演活动，从视觉与听觉两方面，全方位地传递思想意识，表达美的感受。武术舞台表演并不单纯是武术技术动作的独立表演，而是创编者将武术动作编排起来，突出其表演所特有的风格，并以音乐作为武术舞台表演中的重要部分，提升武术动作的整体表现力和震撼力，增强表演之间的连贯性，提升其节奏感。音乐与武术的韵美完美地结合起来，才能真正提升武术舞台表演的综合艺术性，提高武术表演的审美价值和文化价值。创编者要在武术表演中加入音乐的成分进行衬托，在表情达意的同时提高武术表演艺术的综合性美感，使之更符合社会群体对“美”的需求。音乐与武术表演相结合，能激发并强化观众的想象力，通过与观众实现心灵上的沟通，巩固并深化观众的艺术知觉能力，升华观众的情感，继承并弘扬中华民族优秀的传统武术文化，为每一位观众在增强艺术形象思维能力、提高艺术品位等方面的发展需求营造环境，进而提高社会整体审美文化素养。

（三）增强武术表演者的节奏与节拍感

从节奏与节拍的角度来说，当音乐的节奏与节拍满足了表演者在表演过程中的心理欲求时，就会在一定程度上促进表演者的表演，为其提供动力，更能使整个舞台表演融为一体。

音乐以其独特的节奏与节拍，与运动产生独特的联系并对其发生作用，音乐节奏的快慢、力度的强弱，对表演者动作的速度、幅度和力度有着直接的影响。不同的音乐对武术表演的指令性不同，给武术表演动作不同节奏和不同力度提示的同时，还赋予了表演不同的情绪，这些差异在一定程度上体现了不同于武术表演的技术特征，因为即便是相同的武术动作，在不同音乐风格的衬托下也会表现出不同的特点与情绪。

音乐的节奏作为音乐整体的骨架，有助于促进表演者有规律的表演，可以使表演者的动作整齐划一，对表演者的动作起到调节作用，使动作不至于过快或过慢。音乐力度的强弱变化为武术表演动作的内在发展奠定了情绪基础，使武术表演与音乐结构产生了内在的联系，相同的动作在不同音乐力度的烘托下能进行不同力度的表演，在一定程度上增强了表演的韵律感和情感性。不同的音乐赋予了表演不同的韵律和感情色彩，以提高武术表演的综合性、整体美感和舞台效果。

另外，从表演者的心理层面来说，在音乐的引导下，表演者容易对艺术意境进行想象，从而调动思想情感，将情感融入表演之中，使表演更加具有活力与生机，有利于增强武术动作的统一协调性和生动性，使整个表演充满韵律的美感，形神兼备，给观众带来更好的综合艺术效果。

（四）有利于武术表演动作的记忆

音乐能使武术表演者更好地记忆动作。在初记表演动作时，大脑皮层的记忆只是一种表象，是模糊的。在演练时，表演者有时会忘了下一步该做怎样的动作，有时又会颠倒了动作的顺序，而通过音乐与武术的配合记忆武术动作，则能够很好地避免这类情况的发生。根据一段旋律优美、节奏感又比较强的音乐来记忆动作时，随着音乐的进行、节奏的变化，表演者自然而然地就能联想到动作的变化，音乐能够使武术表演者更快、更准确地记忆武术动作。

三、武术表演音乐的特点

（一）可听性

武术表演音乐的可听性是指音乐能够给人以美的享受。可听性主要有三个要求：旋律优美、发展严谨、风格鲜明。

（二）可动性

武术表演音乐的可动性要求节奏形态不能太自由、太零乱，音乐的强弱规律要体现一定的规整性，武术表演音乐要富有情感与精神内涵。

（三）创新性

时代在发展，对于武术音乐的审美观念也在发生着与时俱进的变化，体现在音乐当中则可以归结为节奏强化、音调淡化、音响（音源）丰富。

第一，节奏强化。过去的武术音乐中的节奏大多依附在旋律或伴奏上，而当代武术音乐中的节奏音响突出，性格外露，得到了前所未有的强化。很多武术音乐中还设计了独立的节奏型的华彩乐段，有的武术还采用以打击乐为主的音乐作为武术表演音乐。

第二，音调淡化。当代武术音乐往往在强化节奏的同时淡化了音调，不注重音调的跌宕起伏，而讲究丰满的和声音群和节奏型的纵向组合，以及音块的色彩性描绘。特别是在一些有现代风格的武术表演音乐中，更难听到比较传统的歌唱性旋律。这种武术音乐虽然淡化音调，但是仍给人以时尚、新潮的美感。

第三，音响丰富。当代的武术音乐大多是预先录制的，由于录制技术的进步，音响会比临场演奏更完美。音响制作技术日新月异，当代的武术音乐中各种音色、节奏应有尽有，还可以组合成各种奇特的音响和节奏，数字技术还可以将音色修饰得十分完美。此外，音源新鲜也为武术音乐的音响创新提供了方便。

第二节　音乐在武术表演中的运用

在武术表演对音乐的运用过程中，创编者要考虑到运用音乐的普遍规律，并且考虑到武术表演的具体情节、情绪。若要表现欢快的情绪，所选用的音乐就要和武术主题和情绪相贴切；若要表现悲哀的情绪，在选择运用音乐时就要让音乐达到所要求的低沉、痛苦的效果，以表现内心的情感和情绪：这是普遍意义上的武术表演对音乐的运用。当然也有例外，有些武术表演也会运用“紧拉慢唱”或“慢拉紧唱”的表现手法，这种处理手法在武术中可以起到不同凡响的效果。例如，在一段缓慢的音乐中，编排出十分激烈的武术动作；或者音乐非常激烈，武术的动作却单一、缓慢，这样动作与音乐就会形成一种反差，产生出一种不同的感受，营造出不同的舞台效果，这也是一种好的尝试。

在武术表演中选择运用音乐编排武术动作的做法，就是在编排武术动作中给音乐一个位置，不能把它看作附属品，而应把它作为创造的组成部分。在武术表演编排的过程中，创编者可以用以下方法处理音乐。第一，演绎式。在武术表演编排过程中运用演绎式处理音乐的方法，即创编者认真地倾听音乐，领悟音乐的内涵，根据音乐的情绪、旋律，创作出优美而流畅的武术动作。第二，对话式。在武术表演编排过程中运用对话式处理音乐的方法，即创编者在武术表演编排中专门给音乐留出一个位置、一段空间，让音乐单独表现，充当武术表演者的伴侣，感觉音乐在和表演者对话似的。第三，无视式。在武术表演编排过程中运用无视式处理音乐的方法，即创编者在编排动作的过程中，不考虑音乐，让音乐独自进行，和武术同时存在。第四，对抗式。在武术表演编排过程中运用对抗式处理音乐的方法，即创编者在武术表演编排过程中，不理会音乐的提示，创造一种对抗的表演手法，让武术动作的节奏和音乐的节奏，武术动作的力度和音乐的力度，武术动作的速度和音乐的速度等方面产生一种对比和对抗。第五，变化式。在武术表演编排过程中运用变化式处理音乐的方法，即创编者在武术表演编排中常出现这种可能，准备阶段获得一种音乐的启发，最终换另一种音乐表演，这会产生意想不到的效果。

音乐在与不同的武术项目或不同的表演套路组合配合时，乐器的选择、乐曲的选择、乐曲长短的截取等均需要具体编排。在有特殊需要时有些乐曲还需要专门谱曲，如《男儿当自强》《双节棍》等。

首先，创编者需要根据武术拳种项目的特点来选择音乐。武术表演由不同的拳种项目组成，拳种项目的运动风格决定了音乐的选择。选择得好，可使武术表演能达到更好的观赏性；选择不当，即便技术动作再好也无济于事，将直接影响整场演出的效果。以器械和对练项目为例，在器械和对练项目的表演中创编者可以利用夸张的音乐来提高演出的生动性。在器械的对练中，可以选择影视武侠片中的金属碰击声或金属和空气摩擦时产生的一种金属声来渲染演出的气氛，这样表演者表演起来就会兴趣盎然，而观赏者也会觉得真实，有身临其境的感觉。太极拳是中华武术的瑰宝，蕴含了丰富的中国传统文化和传统哲学思想，其动作舒缓，衔接紧密，拳势连绵。有些太极拳表演就运用了《梁祝》《春江花月夜》《高山流水》等曲目与之相配合，效果极为出众。

其次，创编者需要根据武术表演的套路来考虑演出音乐的时间限制。在武术表演中，音乐的时间是有严格限制的，音乐的截取也有几点难度。其一，在表演规定的时间上音乐受到极大的限制；其二，创编者要考虑在规定的时间里音乐是否表现了极富情理的逻辑层次，包括音乐速度、音调高低、力度及乐曲的长短等，选择时能否感受到与武术达成默契等问题。以表演中器械对练与太极拳的连接为例，器械对练所选音乐与太极拳的音乐截然不同，有很大的反差，这就要求两种不同的音乐在时间上有严格限制，在整个表演环节中某个音乐桥段的时间应和该演练项目的时间一致。

最后，创编者应注意武术表演音乐的选编程序。创编者要根据整个演出节奏来选择一些好的音乐作品，经过很好的剪辑，使音乐的主题充分地符合表演，音乐剪辑的好与坏将直接影响到整个武术表演的气氛与效果。在整个表演的编排中，创编者要按照不同项目的特点对音乐进行剪辑，需要将几个无关联的音乐组合串联在一起，音乐必须保持主题性、层次性和连贯性，这要求创作人员、演出人员要很好地理解表演节奏，并寻求表达音乐的最佳方法。

创编者在选择音乐前先要根据演出内容所表达的主题思想及各单项武术项目的特点选择音乐作品，并且拟订整场演出的核心内容和各单项之间的巧妙连接；然后再根据表演者的个性及自身的形象特点风格选择音乐。确定了表演风格和掌握了表演者的特点后，在选择音乐和编排成套表演内容时就要充分地发挥，否则不仅掩盖了武术表演的效果，同时也由于不适合表演者的特点而使其表现不出自己的风格，只是单纯地模仿，很难体现出音乐的主题和效果。当音乐选择好后，创编者再配合武术表演中的亮点及巧妙连接，逐段进行细致地修改，使音乐和整个表演更加完美。同样的武术类型，在不同的表演场合、规模中，音乐的选择也有所不同。

武术舞台表演是以武术、音乐、灯光及现场的氛围等很多元素组合而成的。而舞台表演的局限性很大，一般都是短而精的项目串联，一场完美的武术舞台表演更需要巧妙的音乐配合做背景。创编者对音乐的合理选用，可以赋予表演生命。例如，在集体拳术转换腾空技巧中，前者特点为舒展大方，节奏鲜明，步法灵活多变；后者主要以跑跳腾空技巧为主，针对其特点前者可以选配《精忠报国》主题曲，可以选配戏曲当中的鼓点节奏作为衬托，将两种不同的音乐元素进行巧妙连接，无论是节奏还是韵律都可以将这两个项目的特点、重点突出，不同项目瞬间的转变，更能给予观众视觉上的享受。

大型武术表演一般运用于运动会开幕式和闭幕式，其特点与舞台效果有很大的区别，主要表现特点为规模宏大、气势磅礴，以多人集体项目为主。因此，音乐的选配显得更为重要，主要以音乐衬托武术表演为风格特点。以北京奥运会开幕式为例，在塔沟武术学校 2008 人的太极表演中，集体表演运用轻妙的音乐，给人以行云流水、连绵不绝的视觉效果，在集体突出个人特点的表演形式中运用节奏明快的音乐作为背景，这样使整个演出更具有层次性，观赏性大大提高。[①]

第三节　武术表演音乐的选择

一、武术表演音乐的选择标准

音乐作为武术表演的一个部分，是非常重要的。对武术表演而言，音乐表达了一定的思想和意境，不仅能激发编排者的创作激情，促进创造性思维和想象力的启发，还能引起观赏者的共鸣，所以创编者在总体构思的基础上选择和确定音乐是十分必要的。在音乐的选择上，可以参考以下配选原则。

---

① 马小龙，衣朋媛. 浅析音乐与武术表演的配合[J]. 搏击·武术科学，2010，7(5)：48-49.

（一）突出主题，富于特色

武术表演音乐的选配首先应突出主题思想，符合武术的动作特点和风格特色。曲调应选择健康明朗、旋律流畅、结构新颖、对比性强和具有时代感或民族特色的乐曲。

（二）节奏鲜明，速度适中

创编者在选配音乐时不能忽视节奏。明朗的节奏给人清晰的节律感，对观众、对表演者动作的整齐统一大有裨益。节奏速度太快易散乱，速度太慢又显疲软，故创编者在选配音乐时，应根据武术动作的形式和需要来选择节奏速度的快慢。

（三）注意音乐曲式的选择

武术表演的编排一般以一个 8 拍为小节来组合动作。创编者在选配音乐时应选择以 8 拍、16 拍或 32 拍为一节或一个乐段的曲目，以利武术表演的排练与表演。

（四）注意音乐时间及其完整性

武术表演的时间一般为每场半分钟到十分钟，特殊情况亦可有增减。创编者在选择音乐时要根据武术动作的需要来设定时间，同时要注意乐段间和套曲间的结合，应有高潮的出现并要保证整场武术音乐的完整性。

选择音乐一方面可对中国或世界名曲进行剪辑，另一方面可根据武术表演编排的一般要求请音乐师编写伴奏曲。在选择音乐时，创编者应选择适用的，队员乐于接受的，符合队员个性特点的，并能引起观众和创编者激情的音乐。

二、音乐的选择与使用方法

武术表演的音乐不同于一般的音乐，它具有自己所特有的形式。在武术表演中，音乐与动作是紧密结合的，动作既是对音乐情绪的一种表现，也通过音乐的气氛对动作本身进行情绪上与力度上的烘托与渲染。所以，在武术表演中，音乐是必不可少的。它一方面要体现动作特点，另一方面要和动作配合，同时对动作加强理解并丰富动作的内涵。

（一）音乐的选择方法

音乐选用的恰当与否，是决定武术表演成败的关键，同时对动作气氛的渲染以及对观众情绪的调动也有着很重要的作用。选择音乐的方法主要有三种。

1. 直接选取成品音乐

创编者根据武术表演的主题思想，选择立意较为适宜的成品音乐，然后根据音乐来编排武术动作。此法的优点是经济、方便，普遍适用于基层单位武术表演的创编。但不足的是动作编排设计受到相应的限制，音乐形式较为单一，不利于完美地表达主题。

2. 成品音乐剪辑

创编者根据武术表演的主题和编排需要，选择一些不同风格、不同节奏的成品音乐进行加工、剪辑处理、汇总合成，使一场武术表演的音乐有强弱、有急缓、有起伏、有高潮。这种办法也较经济实用，且基本上能满足武术在动作编排和创意上的需要，被认为是较为实际的一种方法，故亦常被采用。

3. 专门创作

遵循武术表演的主题思想和预先编排设计出的动作需要，由作曲家作曲记谱、配器演奏或录制合成。这种方法虽然能充分体现武术表演的意图和效果，音乐与武术动作的结合最为完美，但需要足够的条件和人力、物力的保障、多为大型的、题材重大的武术表演所采用。

（二）音乐的使用方法

1. 先选音乐后编动作

创编者先选好音乐，然后根据音乐的旋律、情绪、节奏、长度等要求编动作。

2. 先编动作后选音乐

创编者在选定方案的基础上，先将表演的动作与队形编出来，然后根据表演的段落、表演的情绪要求以及表演的长度等去选择音乐或者请作曲家作曲。

3. 动作与音乐同时进行

武术表演的创编工作和音乐的创作工作同步进行。在具体工作进行中，有的部分根据方案及编动作的要求，先创作乐曲后编动作；有的部分可先编动作再配曲，两者密切配合，共同完成创编任务。这种形式在组织大型武术表演时常被采用，并取得了令人满意的效果。

三、音乐的选配

（一）根据技术特点选配音乐

武术拳种种类繁多，各拳种之间都有差异，主要体现在其表现的风格方面。这种风格，也就是各拳种间最能突出本拳种有别于其他拳种的技术特点。风格，是武术拳种的生命力。以太极拳为例。陈式太极拳的风格在于“刚柔并济，快慢相间”，其要求快而不乱，慢而不散，软似棉花硬似铁，素有“腾挪趁虚任意入，弹抖发力一瞬间”的独到之处。鉴于此，表演陈氏太极拳应该选用节奏性稍强的音乐，如《平湖秋月》《琴瑟和鸣》等。杨氏太极拳的风格在于行功速度均匀，连绵不断，强调的是慢柔，特别强调的是速度要均匀，忌讳行功动作忽快忽慢，架子时高时低，“迈步似猫行，运劲如抽丝”，在动作转换时，要轻起轻落、点起点落，快慢始终如一，从头至尾好似行云流水。因此，杨氏太极拳表演在配乐时，应该注重音乐的节奏舒缓，连绵不断，一气呵成，如《汉宫秋月》等。

创编者要在武术风格的基础上把握武术舞台表演艺术的整体美感，要认识到武术表演风格与流派风格、时代风格以及民族风格密切相关。作曲家的创作风格是在其所处的时代和民族的风格土壤中孕育出来的，因此创编者在选配音乐时，要注重音乐的民族风格和时代特征与武术表演的技术特征与风格之间的对应性，只有这样才能使整个表演浑然一体。动作紧凑、以快打慢、威猛迅疾的南拳具有刚烈之气、威猛之势，这与以楚汉之争为背景的琵琶独奏曲《十面埋伏》，在气势上有异曲同工之妙。《十面埋伏》格调高亢激昂，着重表现的是激烈的战争场景，在阶梯形上升的叠音中开始全曲，表现越追越紧的紧张局势，并在后来的迂回中下降到首音，音乐在首音上戛然而止。姿势舒展大方、身法端庄的保健气功八段锦，是具有较强空间性的武术表演，其表演空劲又舒畅。当代作曲家周成龙编创的笛子独奏曲《幽谷清风》，着重表现的是空间的开阔与宁静，具有自古以来人们所追求的音乐的“静”之韵，描写了山谷幽静之美和清风的空灵肃穆之美，笛声所模拟的气流声和风声，突出了山涧幽谷的空间感；与此同时，本曲也表达了当代作曲家对生命的沉思和向往，使人听后能默默地吟味，回味无穷。这与保健气功八段锦的技术特点交相呼应。

（二）根据武术表演的主题思想选配音乐中的主奏乐器

武术表演音乐的创编应以中国古代传统的五声调式音阶为主要的音乐素材，或者也可根据现代的武术表演主题风格，从中国现代音乐文化视角出发，在娱乐休闲的基础上继承和创新中国传统武术表演的文化形式。创编者在为武术表演选配音乐时，其音乐的主奏乐器也是选配时应考虑的重要方面。

箫作为我国古代最具古典韵味的吹管乐器，能够较好地表达古代文人的气质，音色较为典雅、柔和。箫与笛相比，缺少些许灵活性与敏捷性，因此箫更适合于吹奏婉转、悠扬、抒情的旋律，以表现悠远静谧、温柔哀婉的内心情感，从而体现浓厚的文人情调。除此之外，古琴是最具古色古香、文人情调的古典弹拨乐器，虽然音量较小，却有着丰富的表现力。它的演奏不仅展现了音乐清和淡远的意境，更表达了古代文人迟缓从容、略带矜持的修养，这种特点与它产生的周代所加给它的时代印记密不可分。

在众多的弹拨乐器中，最能展示繁复色彩的还是琵琶。由于琵琶的演奏发音清越，指法灵活，因此它更适合演奏乐音密度较高、音乐色彩繁复华丽的曲调。琵琶的音色清脆中带有柔和，不仅能表现出万马奔腾的激战场面，而且能描绘出幽静祥和的田园风光。除此之外，较为世俗化的筝也是一种古老的民间乐器，其音色更为刚健、明亮，音质具有极强的共鸣性，在表现功能方面更为外露和直接，带有极强的感染力，明显带有晋唐时代的特征。

四、音乐选择应注意的问题

（一）音乐选择条件

在武术套路表演中选配音乐本质上是一种结构的提升，如果只有武术技巧的表演，那么整个演出就显得很苍白，音乐的配制能使武术表演过程显得更加丰满，更具有观赏价值。丰富多样的武术表演应在配乐中把握三个条件。

第一，具有现代化意识和时代特征的乐曲更适合武术表演，传统的乐曲更应强调推陈出新的改变。

第二，为展现竞技武术的不同形式和艺术类到相融合的轻松、明快、节奏分明的音乐，应是乐曲中的精髓。

第三，选择具有科学的内容、流传较为广泛的催人上进的乐曲，以及有很大时空跨度的乐曲，以实现武术表演的现代化、精品化和人性化，使人们感受到观看武术表演是一种高品位的人生享受。

（二）针对具体情况配乐

创编者应根据武术表演的中心思想、动作的风格特点、情绪、节奏变化及表演长度的要求去创作，或者选配具有民族感、时代感和人民群众熟悉喜爱的音乐。在大型武术表演中，音乐尤应有武术表演的主题和强烈的时代感，旋律要雄伟、壮丽、气势磅礴，给人以强大的震撼与巨大的感染。为此，创编者应充分利用音乐的各种形式，如器乐演奏、独唱、大合唱等，以提高音乐与武术表演的表现力及感染力。一般小型武术表演从内容到形式都比较简单，其音乐也相对轻松、活泼、愉快、富有激情且别具一格。

1. 根据不同流派的特点选择音乐

中华武术博大精深，其运动形式多样、风格独特，按其运动形式与发力的不同可分为内家和外家，不同流派的特点也不尽相同，在武术表演中的表现更为明显。例如，武术表演会由很多不同流派的拳术或器械组合而成，音乐的选择会随着不同流派的特点的变化而变化，使音乐与武术动作风格融为一体。

2. 根据动作的攻防特点和发力方法来选配音乐

武术能够配乐的原因就在于它有明显的攻防技击性，表现形式以武术套路为主，而音乐所表现的速度、力量、节奏能使武术的风格特点更为明显。在武术表演中，创编者可以选用一些节奏感强烈的音乐，配合动作的发力特点，使之巧妙地结合在一起，从而突出武术表演的层次感。

（三）乐曲旋律清晰、节奏鲜明

音乐的旋律要清晰、节奏要鲜明。武术表演参加的人数不一，而且动作多变，表演者的素质与水平又参差不齐，为了使表演达到一定的水准，就要依赖指挥信号——音乐的强大威力。因此，音乐的节奏必须鲜明，有强有弱，有张有弛，与其清晰而优美的旋律融为一体。只有这样，它才有利于表演者记忆、理解与表现；也只有这样，它才能有效地发挥其重要的指挥作用。

（四）发挥音乐的信号作用

武术表演的内容丰富，动作及队形的变化多种多样，为了使表演整齐、优美而有序地进行，音乐在动作与队形变化的关键时刻，给予适当的信号提示是十分必要的。例如，在上一场的表演结束后，要立即组织下一场，仅予以4个8拍变化队形的时间，在第4个8拍结束时，下一场表演者必须到达所在位置，然后立即开始表演动作。为了使大家在表演时准确无误，在上下场的那个8拍音乐结束之前必须给予适当的信号提示，以提醒全体表演者注意。音乐中的这种提示，一般采用打击乐器或者强有力的吹奏曲。

（五）适度使用现场演奏或转播录音

组织多场次的大型武术表演时，在条件允许的情况下，创编者可以根据不同场次表演内容的需要，选择不同类型的乐队予以演奏并录音。例如，有的场次用铜管乐队，有的用大型民乐队，有的用管弦乐队或混合乐队等，以满足不同内容、不同风格特点的武术表演的需要。不管用什么类型的乐队演奏，在正式录音的过程中，其情绪、节奏、长度等都必须符合表演的要求。音乐速度的准确性和速度转换是否自然、流畅，则是录音定稿的关键。为此，在乐队排练与录音时，表演者中的骨干应在现场演示表演动作，以使乐队指挥能准确地控制其演奏速度，保证录音的效果和质量。

武术表演时的合乐伴奏有两种方式，即现场演奏和转播录音。现场演奏的优点是现场的气氛好、灵活性大，不足的是大型武术表演的场次多、时间长，演奏的节奏难以准确控制，加之音响设施复杂，消耗的人力、物力相对较大。转播录音的优点较多，省人、省力、演奏速度准确，表演者可按训练要求正常发挥，保证表演的顺利进行，但要防止表演时音响设施发生故障。因此除了在表演前严格进行检查外，还应有应急措施。转播录音的方式已在武术表演中被广泛采用。

音乐的选配风格对一场演出的成功起到了至关重要的作用。音乐的选择必须和表演技巧相辅相成、相互烘托，音乐的节奏变化与不同项目的风格节奏变化要一致。同时，创编者在一场演出中要处理好演出人员、音乐主体、武术运动主体节奏快慢的关系及要求，只有创作人员、演出人员、音乐创编人员三者相互理解、相互沟通、相互学习、密切配合，才能使选配音乐与武术表演技巧完美结合，给观众以心灵上的享受。

第十一章　武术表演的舞台与舞美

第一节　武术表演的舞台空间

一、舞台空间的概念

舞台艺术既是一种时间与空间的综合性艺术，也是一种很有特性的艺术形式。在表演的过程中时间与空间始终融合在一起，既要有一个表现情节和情绪所需的时间，也要有自己特定的展示空间。

舞台空间是一个人为限定的、以艺术演出形式反映现实生活的、特定的艺术活动空间。随着社会的发展、科技的进步，舞台演出空间的样式已有了极大的丰富和发展。从 1618 年意大利建筑师阿利奥提在帕尔玛建起的第一个镜框式舞台，到二面观舞台、三面观舞台、四面观舞台，再发展到移动式舞台、自然环境舞台等，有了多种多样的形式。近代的舞台基本上可以分为镜框式、伸出式和中心式等。镜框式舞台是一种在舞台表演区最前端使用类似镜框式构图台口的舞台形式。欧美的剧场大多数沿用镜框式舞台。伸出式舞台是一种舞台延伸至观众席中间的舞台形式，这样观众可以从舞台前方和两侧来观看表演。中国古代的宫廷剧场以及古希腊等国家的剧场，就是伸出式舞台的最早体现。中心式舞台可将表演区设在观众席中间的舞台形式，也是最古老的舞台形式。

武术表演的演出场所——舞台在物质上是三维空间。舞台空间是武术表演艺术所必不可少的条件，武术表演艺术是在时间和空间中运动的，并且空间运动和表演过程的时间延续是统一的。由于舞台是特定的艺术表演场所，所以它的空间是有限的，属于有限空间。

舞台空间的处理追求一个“空”字，武术表演要求舞台为它提供尽可能大的活动空间，但是舞台空间是有限的，要将这种有限的舞台空间营造成有无限延伸之感的空间，这个任务就由天幕来承担。所以我们所看到的武术表演、武术舞台剧中的舞台美术处理，其环境背景大多是由天幕来表现的。但是天幕所表现的环境背景是相对固定的，它无法表现动作运动中的具体环境变化，这一点还需要舞台上的演员通过具体的动作以及对故事情节、人物情绪的表现，来展现不同时空和环境的变化。

二、舞台空间中方位的概念

方位的基本概念对武术表演者很重要，了解方位的基本概念，可便于编导对武术表演作品的编排和武术演员对作品的表现。

舞台的方位如图 11-1-1 所示，正前方为第 1 方位，顺时针转 45 度为第 2 方位，依此类推，每转 45 度为 1 个方位，共 8 个方位。

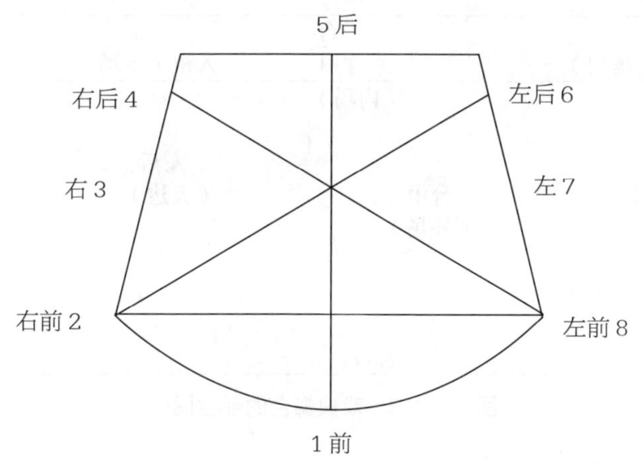

图 11-1-1　舞台的方位

三、舞台空间分割

（一）舞台的概念

舞台是特定的艺术表演的场所，它是人为的表演空间，是有限的，但是可以通过演员的表现，以及情节、情绪的发展，还有舞台美术（包括天幕、道具、灯光、舞台设施布置）来表现其无限的时空。

（二）舞台区域的划分

1. 舞台区域划分的方式

舞台可分为六个区域，前台右是第一区域，后台右是第二区域，前台中是第三区域，后台中是第四区域，前台左是第五区域，后台左是第六区域（以演员面向观众的自身位置分左、右，如图 11-1-2 所示）。

后台右 第二区域	后台中 第四区域	后台左 第六区域
前台右 第一区域	前台中 第三区域	前台左 第五区域

图 11-1-2　舞台区域划分的方式

戏曲舞台划分为九个区域，如图 11-1-3 所示，是我国传统戏曲舞台的部位图。

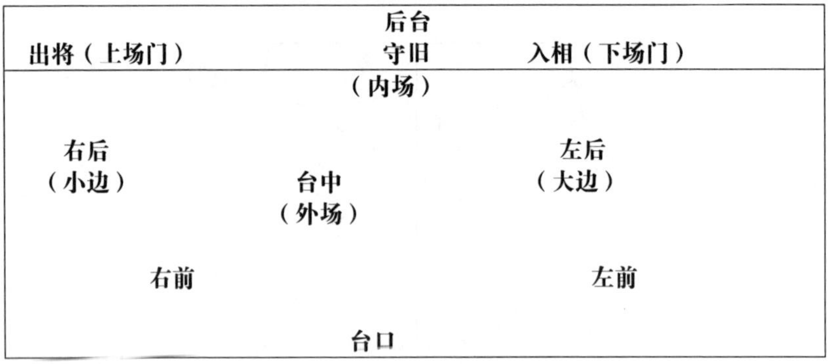

出将（上场门）　后台 守旧　入相（下场门）

（内场）

右后（小边）　台中（外场）　左后（大边）

右前　左前

台口

图 11-1-3　戏曲舞台的部位图

2. 舞台区域划分的作用

舞台区域是武术表演的主要场地，了解不同舞台区域在表演过程中的作用以及不同区域给观众的不同感受，会使武术表演更加深刻地表达武术表演作品的思想及情绪。编导或者演员只有明确了舞台上各区域的重要性，明确哪一区域是表演的最佳区域、哪一区域次之、哪一区域是舞台表演的弱区域等，才能在表演中把情绪、情节与文化内涵精神的高潮放在舞台区域最重要的部位，把不明显的和起衬托作用的队形、人物或动作安排在比较次要的舞台区域，这样对武术表演主题思想的表达会更加充分。

舞台上的哪一区域重要，哪一区域次之呢？表演者在实践中发现，第三区域是最佳的位置；第一区域、第五区域也很重要，只是较次于第三区域；第二区域较第四区域、第六区域更重要，较第一区域、第三区域、第五区域的重要性要差，因为第二区域是舞台后区的上场门，是演员进入舞台的路径，是观众比较容易看见的地方；第六区域的重要性较强于第四区域，因为第六区域是舞台后区的下场门，演员在武术表演中要从第六区域下场，观众也经常会注视那个地方。但是舞台区域的重要性的强与弱不是一成不变的，通过编导灵活巧妙地运用，弱区域也能够很好地表现武术，起到衬托强区域的作用，并在特殊情况下可以暂时成为强区域。所以，编导和演员运用好了舞台区域、舞台调度，也会一反固定程式，使弱区域暂时成为强区域。

四、舞台空间的调度

（一）舞台空间调度的概念

舞台空间调度也称场面调度，是武术表演造型的运动形式。它通过演员与舞台景物间的组合，演员与演员的配合以及演员自身的体态，通过演员在舞台上流动位置的安排与转变，或通过一系列形体动作过程，构成武术表演艺术语汇，使舞台艺术更加视觉化。

舞台空间调度是剧本和舞台语言在视觉上、形象上的体现，是舞台艺术的重要表现手段。它是典型化的、经过美学处理的武术形体动作造型的表现形式，而且应当从属于武术表演作品的风格和体裁，也与舞台美术密不可分。舞台空间调度有自身的特性，具有更强的表现性和极丰富的审美特征。

（二）舞台空间调度的作用

1. 舞台空间调度可以加强武术表演的流动感和可视性

在武术表演过程中，创编者合理运用队形的变化和演员在舞台上的调度，能够丰富武术表演的形式，使其多样化，给人以赏心悦目的感觉。例如，武术演员从舞台左侧至舞台右侧，从舞台前至舞台后，从舞台中央至舞台侧方等，这种调度主要是以武术拳种器械的特征风格或人物的性格特征和情绪变化，以及情节、场景发展为主线来进行的。以不同的舞台调度来展现人物不同的情绪变化和内心活动，能给观者以行云流水、波澜起伏或坚强有力的流动之美。

2. 舞台空间调度可以加强武术表演的立体感和层次感

在一个特定的舞台艺术表现空间内，要想给人以无限延伸之感，除了依靠布景、天幕等辅助的手段之外，更要靠武术演员自身的动作与表演。在一块几百平方米的三维空间内，无论是营造出一望无际的大草原还是千沟万壑的黄土高原，都需要演员在舞台上对动作的处理以及对情绪变化的表现。如果一个武术表演有了立体感和层次感，那么这个武术表演表现的空间就会更大，给人的感受就会更深，也就能够表现武术艺术家所要表现的意念、思想和精神。

3. 舞台空间调度可以增强武术表演的形式美

美是艺术追求的主要目的，或者说是主要目的之一，武术表演艺术也不例外。在反映人物情绪和故事情节时，创编者要以恰当的艺术形式来表现主题。丰富多样的舞台空间调度可以加强武术动作的形式美，对表现武术表演的主题思想、刻画人物形象都会起到积极的推动作用。

总之，舞台空间调度就是武术动作的画面，它必须要有一个核心的全面布局和规划。根据情节的发展、情绪的起伏、节奏的变化，我们把武术动作和画面组成一个严谨的武术动作结构。

（三）舞台空间调度的要求

1. 舞台空间调度应服务于作品的主题思想和内容

武术演员在舞台上的表演，不是单纯地为了表演，也是为了宣泄情感、刻画人物形象、表现主题思想、呈现文化精神内涵。它是有一定目的的表演，没有目的的表演是不存在的。黑格尔曾说："真正的艺术家不知道自己在做什么，这是一个错误的想法。"所以，舞台的调度要为作品的主题思想和所要表现的情绪服务。在武术表演的过程中，演员从舞台右区域到舞台中区域，再从舞台中区域到舞台前区域等，不同的舞台调度都要考虑其流畅性，重要的是要看调度的目的，看这种调度对武术表演作品所要表达的主题思想、情绪变化有没有起到作用。如果对武术表演作品的武术动作、情节以及人物情绪的进一步发展和升华起到了积极的作用，那么这个调度就是成功的。总之，武术表演在舞台空间调度中应服务于作品的主题思想和内容。

2. 舞台空间调度应服务于塑造典型人物形象

演员在舞台上表演，其主要目的是什么？演员只有明确了表演目的，才能更完美地表现主题。如果是情节性的武术表演，那么演员表演的主要目的是塑造特定历史背景下的特定人物形象。成功地塑造人物的典型形象，除了靠演员的表演外，还要靠合理的舞台调度，使观众感到人物的个性、情节的发展和内容的递进，都是合情合理的，这样的调度才是“有的放矢”的调度。调度也要为情绪的不断变化和发展服务，如果是情绪性的武术表演，那么怎样调度来表现平和的情绪，怎样调度来表现激烈兴奋的情绪，这些问题都要考虑到，这样才能使将要表现的情绪，从始至终有一个完美的表现。

3. 根据武术表演的音乐安排舞台的调度

在武术表演编排的同时，创编者也要考虑到音乐给武术表演者的提示和感觉，音乐和武术是密不可分的，音乐对武术作品内容的表现、人物情绪的推动起着很大的作用，只有音乐和武术完美结合，武术才会给人更美的感受和更大的震撼。例如，在音乐节奏较快且浑厚激昂时，舞台空间调度应是迅速并能表现出凝聚力的；而在音乐节奏较慢、旋律舒缓时，舞台空间调度应是缓慢并能表现出长线条的。

4. 注意舞台空间调度的创新和发展

好的舞台空间调度能够使武术的形式更加优美，内容更加丰富，对于主题的推动起到很大的辅助作用。在舞台的空间调度中，创编者应考虑到调度的新意，要追求创新与发展。公式化的舞台空间调度，不能丰富其表现形式。新颖的舞台调度，能给观众以耳目一新的感觉。创新就是想别人之不能想，用别人之不能用，从不同的角度考虑，以不同的思维方式巧妙地运用队形及调度。艺术重在创新，这样艺术才会有更强的生命力，武术的形式才会更加丰富，主题思想也会更加鲜明。

5. 注意舞台空间调度的自然流畅与和谐美观

舞台空间调度是为武术表演的主题思想和人物情绪服务的，空间调度的目的就是运用更加自然流畅、和谐美观的队形和人员流动来更好地表现主题。舞台空间调度首先要考虑是不是自然流畅，如果这个调度和前面的调度有所冲突或重复，就会给观众单调、不协调的感觉。调度自然流畅，武术就会更加美观，可视性就会加强，也必然会对人物形象的塑造和主题思想的表现起到积极的作用。其次，舞台空间调度要和谐美观。调度自然流畅才会和谐美观，如果达不到自然流畅就谈不上和谐美观，自然流畅与和谐美观是一个统一体。舞台空间调度就是为了使艺术的形式更美，使这种完美的形式和鲜明的主题达到和谐统一，最后使武术在形式上达到和谐美，使武术表演作品的主题思想更加鲜明，人物形象更加典型。

第二节　武术表演舞台美术设计

舞台美术，简称舞美，它是舞台表演艺术的一个组成部分，也是舞台演出中的造型艺术。舞台美术从属于表演艺术，它不能离开表演艺术而独立存在和表现。“舞台美术不是独立的艺术表现形式，而是汇集多种视觉艺术形式于一身的综合性舞台艺术。”①

舞台美术具有多样性、综合性，它使表演艺术更为形象、丰富、生动。舞台美术也是武术表演的重要组成部分，对整个演出起着不可忽视的作用，这种作用又通过舞美的艺术手法来展现武术动作技术和文化的具体形式，也是直接或间接地结合着武术的动作来发挥作用的。武术表演综合了传统文化、戏剧类表演的许多因素，就其舞美而言，又融合了绘画、雕塑、化妆等多种存在的美术样式，形成了独具风格的武术表演艺术。“舞台美术通过布景、灯光、道具、音响等，起到营造舞台艺术环境的重要作用；舞台美术通过灯光、布景、音响等。起到渲染舞台艺术气氛的重要作用；舞台美术还对剧（节）目的主题思想的揭示起到重要作用。”②

武术表演的舞台美术设计主要是指舞台背景、道具、周围环境的装饰、3D制作、投影播放与舞台造型设计。通过舞台美术设计和灯光的运用、音乐的选择，武术表演可以创造出一个富有艺术感染力和艺术个性的表演氛围。表演氛围建立后，演员就可以有计划、有目的、有组织地将武术文化展现给观众，从而让观众更充分地接收武术文化信息。在进行舞台美术设计时，创编者要以突出武术的传统文化内涵为原则。

舞台美术设计要考虑三个方面的功能：实效功能、再现功能、表现功能。

---

① 沈华．浅谈舞台美[J]．黄梅戏艺术，2016(4)：56.

② 梁志祥．舞美艺术功能解读[J]．剧作家，2006(1)：101.

实效功能主要是指舞台表演的空间能否使武术表演者的武术动作得以充分展示（要考虑到使用道具所用空间的大小），观众观看的环境是否舒适等；再现功能主要是指将武术表演者所表演的武术的动作技术、时代背景以及传统文化内涵再次呈现给大家，并通过舞台美术设计、道具的运用，使武术表演者强化对所展示的武术文化精神的理解；表现功能主要是指对表演氛围的营造，要达到表演中的意与境、情与景、形与色、光与影的统一，实现表现与再现的统一。

武术表演的舞台美术设计过程主要分两大步骤：一是文案设计，二是艺术和技术设计。文案设计主要是指根据策划者的要求，结合表演的主题、内容、宗旨，对舞台背景、道具、周围环境的装饰、3D制作、投影播放与舞台造型的设计、灯光的运用等撰写文字说明。文案设计完成后，须经过有关人员的审核、定稿。艺术和技术设计是以文案为依据，对武术表演的空间和平面的布局，舞台的装饰风格，表演过程中的色彩，灯光的布局，舞台背景，3D制作，投影播放等进行设计，以效果图或平面图的方式表达出来，并提出施工的具体技术要求。

舞美在武术表演中具有展现表演作品主题思想的意义和作用。随着高新技术在舞台美术方方面面的运用，科技含量的逐年增加，舞台变得更加绚烂多彩。它给舞台带来的旋风和冲击，正在动摇和改变着传统创作者固有的创作观念和方式，给武术创作带来了一个前所未有的广阔天地。它极大地拓展了武术的表现力与感染力，同时也给观众带来前所未有的视觉和听觉冲击。例如，在舞剧《风中少林》的表演中，剧情中出现了季节的变化，因此编导就使用了灯光颜色的变化来表现四季，绿色—蓝色—黄色—白色的变化，象征了一年四季春—夏—秋—冬的季节变化。道具和背景幕在武术表演中表现标志性建筑物或回忆中的事物，观众看到道具和背景幕，就能初步地理解和明白演出的内容和主题思想。例如，《云依武当》中的道具是雪松，背景幕以仙境中的白云和道教中使用的香炉为内容，与“武当”的文化背景一致，使观众一看到这些就能领会这场演出的主题思想，道具和背景幕在整个舞台演出中起到彰显表演主题的作用。服装和化妆则是对表演内容中的人物进行相对应的突出，服装应从颜色和样式上对人物的特点进行设计，化妆应从颜色和线条上进行设计。特效则是在特殊的场景中提升真实感和整体演出效果，《云依武当》中干冰的使用，使整个表演场中弥漫了白色烟雾，这无论是对表现剧情还是对展现演员的武术技术水平都起到了良好的作用。在天津第十三届全国运动会开幕式上的武术表演，利用 3D 制作、投影播放等高科技手段，以一种现代、高雅的方式演绎了传统文化，给人耳目一新的感觉。但是在竞技武术套路竞赛中根据竞赛规则的规定，这些舞美手法有的是可以用的，有的却是不能使用的，如背景幕、道具、灯光的变化等。

舞台美术设计结束后，根据演出时间和施工进度等情况，以效果图、平面图及技术要求为依据，策划者和设计者需确定整个环境的施工时间，以保证演出的顺利进行。

第三节　武术表演场地与场景的选择

一、武术表演场地的选择

表演舞台的总体构造取决于演出的类型和场地。小型的、非正式的表演不需要考虑任何特殊的实地场景，仅仅注意场地的大小和动作及器械选择就足够了；大型的武术表演则需要对舞台布置和背景效果进行充分考虑。不同的演出场所会设计出不同的舞台效果，其造型取决于演出场地的大小、容纳观众的人数以及演出的目的。

武术表演具有灵活多变的特点。因表演的目的、对象不同，表演场地、环境也会随之发生变化，这就决定了创编者不能采用固定不变的表演模式，而应该随着条件的变化而变化。其中，场地的变化是要优先考虑的一个重要因素，这是因为场地是武术表演的空间条件，它构成了表演者与观众的距离和接触关系。所以，选择好场地是武术表演成功的前提。

武术表演场地的选择范围较大，如剧院、会展中心、宾馆、电视台演播厅、商场、体育馆等。选择场地时要考虑三大要素。

一是空间。一些大型演出需要搭建大型舞台和配置大型灯光架，这就必须要有足够的空间，以满足搭建特殊台型和灯架的需要。

二是电源。大型演出需配置大量的灯具，以满足照明和制造特殊灯光效果的需要，有的电量需求达到成百甚至上千瓦。所以，选择场地时要考虑场地本身或附近是否能解决电源问题。

三是交通。交通也是确定场地必须考虑的一个因素。场地最好选在交通便利的地方，以便观众来去方便。已确定的场地选在交通不方便或路途较远的位置时，组织者一定要考虑如何为观众提供交通条件，以保证观众的数量。

武术表演的场地一般包括室内、室外。室内主要有剧院、礼堂、宾馆、电视台演播厅、展览馆、体育馆等。室外主要有体育场、商场（室外）、广场、度假村（度假山庄）、著名建筑物（历史文物）等演出场地，如图 11-3-1 所示。

图 11-3-1 室外武术表演场地

二、武术表演场景的选择

20 世纪以来，舞台美术不断发展，逐渐形成为一种新型的舞台造型艺术，并由此而创造了新的舞台艺术观和新的美学观，它以崭新的材料结构，与其他视觉艺术相结合，形成了舞台上绚丽多彩的壮丽图景，其艺术语言更具广泛性，也更具感染力。

（一）武术表演的场景

舞台美术是一门特殊的艺术。舞台场景则似不会说话的“艺术表演者”，它以虚拟和真实的运用形式为舞台造就特定环境，为演员表演提供服务，是武术表演艺术中不可缺少的部分。场景不是孤立的美术作品，它必须同其他各艺术门类一起，共同为整个舞台艺术服务，即营造舞台环境、制造舞台气氛、塑造舞台形象、渲染舞台情绪、展现舞台艺术风格、深化舞台艺术主题等。

武术场景是指在武术表演场内安装的固定或不固定的大表演台、景等。武术场景是舞台美术的重要组成部分，它与服装、道具、化妆、灯光、音响效果等一起，共同组成舞台的整体。场景是舞台美术中的核心与主导，从某种意义上讲，场景在整个舞台美术中具有中心地位。场景主要有升降舞台、喷泉、花坛、礁石、山景、大球、可变色的地板等。随着武术越来越多地运用文艺 表演中的舞美手段来增加自身的艺术感染力，武术的场景也越来越引起设计者们的重视。

场景对武术表演向立体化方向发展，对突出表演重点，突出表演内容，甚至对少数人出大效果的表演设计均有重要作用。

（二）场景的美学特征

舞台美术的独有美学特征，决定了场景同样具有自身的美学特征。具体来说，这些美学特征主要有三个方面。

1. 综合性

武术表演是武术、音乐、舞蹈、美术等的高度综合，武术表演的场景布置同戏曲、歌舞一样，也是高度综合的舞台美术中的一种。

美术可分为绘画、雕塑、工艺美术等种类。这些美术种类又有平面艺术、立体艺术之分。但不论是平面艺术还是立体艺术，都表现为静止状态，且以独立的状态供观者欣赏，亦即不用考虑该艺术品与其他艺术品的“综合效应”。

武术场景布置则不然，它虽然也以一般美术的状态出现，但这种状态是动态的而非静止的，是综合的而非孤立的。也就是说，武术表演场景同灯光、音响等其他艺术紧密配合，构成完整的舞台美术的整体。在这一点上，武术表演场景同戏曲、歌舞场景是一样的。

2. 简约性与实用性

武术表演场景受情境、主题、空间等制约，必须简约化、概括化、精练化。同时，武术表演场景虽不属于实用美术的范畴，但它却具有明显的实用性特征。它必须为表演服务，无论是主题、体裁还是立意、风格，都必须与表演相一致。

3. 凝练性

从某种意义上说，武术表演的场景有凝练的特征，这种凝练是一种高度的提炼，因此也就更加集中，更加概括。

每一种艺术都有自己的特点，有优点也有缺点。武术表演的场景布置也是如此。要搞好武术表演场景的设计，就必须扬长避短，充分发挥自身本体的美学特征。

（三）武术表演场景的布置原则

传统舞台中的场景以简洁、抽象的特点来为表演服务，没有个性。当它们孤立存在时，是共性的、无意义的审美形态；当它们与具体的人物、情节结合后，就成为具体的、有个性的、有意义的审美形态。新时代的舞台艺术工作者，对时代的进步、科技的发展不能视而不见。在新时期的舞台上，舞台美术得到了空前的发展，3D制作等高科技的运用，使舞台姹紫嫣红、绚烂多彩。升降机、转台、移动台、大平台、斜坡台、投影仪等，令人目不暇接、眼花缭乱。

不管怎样，场景在舞台中要服从表演，因为离开了表演，舞台上的一切物质都是无生命的，这就要求场景布置要坚持以下原则。

1. 舞台艺术的从属性原则

无论舞台艺术怎样发展，以演员为中心是固有规律。舞美、灯光、道具、布景都不可脱离表演独立存在。像目前一些所谓的大制作，在大舞台上堆积了如山似海般的木头片子，把演员挤在一个狭小的过道上，一伸胳膊都能碰到场景、道具，这种喧宾夺主的做法，阻碍了演员的发挥，是不可取的。场景的布置要以表演为中心，为表演服务，为演员营造出符合表演特征的舞台氛围，性质决定了它的从属性地位。

2. 写意性与虚实相接性原则

舞台的写意性决定场景的风格，贵在传神，意在笔外，但我们也不能忽视一个现实，那就是舞台上现实题材的大量涌现。表演艺术在程式化、虚拟化的基础上又创新了，拓宽了表现领域。在传统体系面前推陈出新，需要创编者十分谨慎又十分大胆。谨慎是必须继承中国传统舞台场景的表现原则，大胆是根据这一原则，可以尽情地发挥。武术场景的设计应在写意的基础上虚实相接，为武术表演服务。

3. 相互配合性原则

场景必须与舞台美术的其他各门类紧密结合，做到相得益彰、相映生辉。

首先，场景必须与动作紧密结合，也就是说，有什么样的场景，就要有什么样的动作；有什么样的动作，也必须有什么样的场景。

其次，场景必须与灯光紧密结合，“灯光是舞台的太阳”，才能获得亮度、颜色等艺术生命。

最后，场景与音响紧密结合，可以达到动静相生、音画同步的最佳效果。也就是说，有什么样的场景，就有什么样的道具；有什么样的道具，也就必须有什么样的场景。

第四节　武术表演的灯光

灯光设施既是照明的工具，又是武术表演中的一种艺术装饰。舞台灯光是舞台演出的效果手段之一，是为演出的照明效果服务的。有了舞台照明，演出才能被看见，而照明效果不佳会使演员和观众之间失去联系。舞台照明是不同位置上的灯具在舞台上形成一个照明场，提供特殊的艺术效果，表现出形体的立体感，产生舞蹈的情绪和气氛。不同的灯光色彩，给人以不同的情感和情绪提示，观者根据灯光和人物形象的展现进一步增强了对武术表演作品中的动作、人物以及内容的感受和理解。灯光色彩具有冷暖、明度、纯度等特征，且各自具有很强的表现性和情感内涵，相互之间能构成复杂的对比和谐关系。例如，整个舞台灯火通明，富丽堂皇，各种色彩非常丰富，就能给人以亲切、温暖的感受，这种灯光色彩适宜于表现一些欢快、振奋、向上的武术表演内容；昏暗的灯光，适宜于表现情绪低落的武术动作情景。武术表演艺术中的舞台灯光的运用十分丰富和多样，灯光是有情感内涵的，要尽可能多地发挥其作用，为武术的表现力服务。

在传统的舞台上，灯光的出现是为了照亮舞台，并在此基础上表现情节。为了真实生动地展示舞台剧情的内容，灯光被越来越多的从事舞台艺术创造的实践家们所重视和研究。它既是舞台环境组构的重要元素，也是保障舞台艺术形象塑造的重要手段，对整个武术表演活动往往起着画龙点睛的作用。舞台灯光是利用灯光手段为舞台照明并为人物、景物造型的艺术。

一、灯光在武术表演中的作用

舞台灯光是武术表演的一个组成部分。一般的武术表演都是在一定的灯光照明下进行的。如果整场武术表演是一幅画，那么“光”就是绘画的主要工具。无论是舞蹈、戏曲、魔术、杂技等文艺演出还是武术表演，在运用舞台灯光上，都需做出慎重的考虑以及缜密的设计。合理运用舞台灯光对渲染舞台艺术气氛、烘托音乐表达理念，可以起到事半功倍的效果。把舞美、灯光融为一体，不但可以增加节目的视觉效果，对提高节目的艺术效果也有着不可替代的作用。

在武术表演中舞台灯光的艺术效果应是随着演出的进展、舞台气氛的变化而不断变换着。在武术表演舞台上科学地使用灯光，可以产生以下作用。

第一，武术舞台表演中，运用灯光照明是为了使观众能更清晰地看清台上演员的技术演练、表情变化和场上场景的形象。[①]

第二，表现表演者容貌、技术动作的路线及造型。

第三，通过光的变化可以分割时间与空间。

第四，利用光的变化还可以控制观众的节奏和想象范围，让时间和空间流动起来，提高欣赏的艺术氛围。为渲染武术表演的艺术气氛，加强舞台表演节奏，使其表演内容具有丰富感染力。

第五，利用灯光还可以突出整个表演主题。通过灯光的变换增加武术舞台表演的层次感，利用灯光的色彩变换突出主题，围绕主题展开色彩的变幻，将作品中所要表达的意境表现出来。

第六，舞台灯光具有很强的表现力，它可以构造情调、形成格调、烘托气氛，起到装饰的作用。

第七，在演员出场之前或演出间隙时，利用装饰性色光来烘托整个演出环境，使人感受到另一个新的环境，从而收到很好的效果。

第八，灯光在武术表演过程中产生指向性，在单独使用追光灯、计算机摇头灯等光源时，可以产生像用手指指点的效果。灯光有方向感和聚焦作用，利

---

① 吴静. 武术舞台表演创编研究[D]. 开封：河南大学，2010：30.

用这一特性，在表演过程中可以起到引导、调动观众视线的作用，达到预期的目的。灯光的运用也可以更好地导引观众视线，使观众的精神集中到每节表演的内容中，对烘托舞台气氛和展现舞台幻觉，有着重要的意义。

第九，通过灯光色彩的变化、强度的变化和光线的位移，可以产生动的效果，如将这一效果与动作的动感结合起来，效果极佳。

在现代演出中，灯光的强度、色彩、照明区的分布以及灯光的运动，在很大程度上都是以电子控制为主，很少以人工控制，目的是更准确无误地把灯光运用到表演当中。舞台灯光设计者通过舞台上的光与色，发挥它的作用，完成“灯光语汇”的功能。在舞台灯光设计中选择光色，是从时间、空间角度来选择，从光源角度来选择，从布景、道具、服装、化装角度来选择，从表演的情节、人物心理变化来选择，就可以在舞台上以人物为中心的前提下，创造出新的形象、新的意境、新的天地。

二、武术表演中灯光的使用原则

由于武术表演的节目各具特色，因此灯光在处理上也不能雷同。处理手法要新颖，变化应该是少而精，要以让观众能留下深刻的印象为准。灯光在布局上更强调反逆光及侧流动光的运用，因为只有这样，才能使形体透明，当然在用色上要讲究对比反差。

（一）适合武术表演的基调

灯光是为武术演出服务的，武术演出是按照主题来表现、来展示的，因此设计武术表演的灯光要从熟悉武术表演主题开始，逐步了解武术表演的表现目的、结构等，以此来确定灯光设计的基调与风格。

灯光要适合武术表演的基调是非常重要的。灯光师要用文字把自己心中想象的情境描写出来，就像小说家描写环境一样，然后进一步列出武术表演中规定的情景的时间变化表，一定要合情合理地掌握光与色的变化过程。

（二）配合舞台设计图

灯光师要征询导演的意见，认真研究舞台设计图，理解导演的舞台调度和舞台设计图的空间，研究平面图的表演区与剧情的关系及环境的特点，然后进行光区的设计。在各个光区中，灯光师要说明各种光的强弱、比例。光区划分得妥当，光度和光色适宜，可以减少美工在绘制中的许多困难，甚至可以节省许多人力和物力，达到一定的艺术效果。

（三）布光和用色的创新

要体现一个演出的灯光构思和创意，只有通过布光和用色才能实现。在布光上灯光师不要受一般常规的限制，要能利用各部位以及不同种类的灯具，形成具有特色的光斑和光区；要能使用成像聚光灯造成具有形象的图影，如圆点、树影、各种几何图形等，丰富或辅助主要光区，形成具有特点的光区和光影；在使用色光时，不要受写实用色规律的影响，要掌握色光的功能，选定最能表现这个武术特点的色光，通过色光的起伏变化营造舞台灯光气氛，密切配合武术的演出。

三、灯光的布局

灯光的布局一般包括演区光和特殊效果光。演区是指舞台部分，应设有天幕光、面光、侧面光、逆光和侧逆光等。特殊效果光主要有追光、激光、紫外线光、频闪光、计算机摇头灯光等，在全场都可使用特殊效果光。

表演台灯具悬挂的位置虽然因场地的不同会有所变化，但一般都设置在表演台上方的灯架上或树立在伸展台的前两侧（竖立两排灯架），因为这样可以满足表演台用光。观众区的灯光与表演台的灯光完全不同，采用日常照明灯光即可。

四、灯光的分类及作用

（一）天幕光

天幕在舞台的最后，由于天幕的面积很大，所以灯光师要利用大面积色光，使观众随着灯光颜色的变化产生一些联想。例如，红色给人以喜庆、热烈的感觉，蓝色给人以清新、凉爽的感觉。

天幕光也是背景光，在某个系列或某个主题结束时能起到转换作用，即在某个系列或某个主题结束时，天幕光是舞台上最后一组变暗的灯光；在某个系列或某个主题开始时，天幕光是舞台上最先渐亮的一组灯光。

灯光师还可以根据武术表演的主题在天幕上进行投影，如城市建筑、绿色田野等，这些投影和武术动作相配合，可以强化直观的视觉效果。

（二）追光

追光是由舞台对面的追光灯射出并跟随演员移动的灯光，从而强调武术的特殊效果。追光的主要作用是特写。使用追光时，其他灯光应关掉。追光还具有指向性，它就像用手指指点一样，指挥并调动观众的注意视线。

（三）面光与逆光

根据光投射的角度和对着演员的方向，面光可分为高角面光、低角面光、正面光与侧面光。

正面光是从武术表演者正面平打过来的光；侧面光是从武术表演者侧面平投过来的光；高角面光、低角面光是指在武术表演者的正前方高于45°或低于45°投射过来的光。

逆光是从武术表演者背面投射过来的光。在武术表演台上，由于武术表演者的动作线路和站位变化的特点，逆光有时也是面光，面光有时也是逆光。

由于光投射的角度、方向不同，照在武术表演者身上会产生不同的效果。布光的最终目的是使武术表演者的动作不变形，容貌明朗美丽，服装的色彩清晰，光线应不干扰武术表演者走台。

（四）其他

激光是一种现代的先进灯具。它既可以制造虚幻的、变幻莫测的光流，也可以出现线条及各种图案，同时光流的速度还能调整。娱乐性的武术表演可以根据主题选择激光图案，以活跃舞台上的表演气氛。

频闪光的特点是利用强光的突亮、突暗的强烈对比，使人产生一种刺激的效果。它一般使用在艺术性或娱乐性表演中，以令人精神振奋，烘托表演气氛。灯光师在使用频闪光时要注意，时间不宜过长，次数不能过多，否则会使人眼花缭乱，影响观者心情。

紫外线光照射在服装上可以改变服装的色彩。白颜色的布料，在紫外线光的照射下变化尤为明显，这一独特效果，更增添了表演的神秘感。

五、灯光的应用

灯光在武术表演的过程中起着重要作用，它不仅是武术表演的基本条件，如果运用得好，还能给表演带来戏剧性效果。一场武术表演要选用什么样的灯光，应根据其表演目的来确定。

（一）实用性表演

实用性表演，如武术表演交流赛、武术表演赛等，以展示武术动作内涵为目的，表演的效果不能靠彩色灯光和灯光变化来展现。彩色灯光或灯光变化将会影响武术动作的真实效果，反映不出武术动作的本来面目。例如，在武术表演比赛中打上任何一种彩色光、频闪光，都会影响观众对动作的判断，所以此时的灯光应以白色光为主。灯光师在布光时应考虑运用全方位布光，要有面光、侧光、脚光，这样才能看出武术动作的真实效果。

（二）娱乐性表演

娱乐性表演不是要单纯地突出武术表演，而是要强调一种气氛。这时灯光师可以利用灯光变化，使表演达到戏剧性的效果。

灯光师可以利用灯光色彩的变化、强弱的控制来改变普通光下武术的平淡和单调，拉长或缩短、突出或减弱武术表演在观众视觉中的距离和形象，用灯光划分出层次、重点，在表现武术的特色与情感的同时，起到扬长避短的作用。例如，在一组表演开始时，灯光师可以只给紫外线灯光，其他灯光完全关掉，使观众仅看到暗色舞台上由武术服装上白色或鲜明颜色的位置反射出的特别颜色，当表演者伴随着音乐在舞台上摆好造型时，舞台上的灯光在几秒钟后亮起来，惊讶的观众一定会向这一迷人造型的表演者报以掌声。表演还可以利用彩色灯光的变化来吸引观众，但时间不宜过长，要有限度地使用，否则观众会有疲劳的感觉。

在武术表演开始时，灯光师应将全场的正常照明灯光关闭，使观众把注意力集中到明亮的表演台上、集中到表演者身上，通过演出灯光对武术的强调，使观众对表演的武术动作产生好的印象，更好地欣赏表演。

第五节　武术表演的服装

演员的服装在舞台整体气氛的营造中具有非常重要的作用。服装能够帮助武术表演表明人物的身份、民族的属性以及不同武术拳种，服装的色彩还能突出人物性格。演出服装要轻便合体，美观而有特色，夸张而不失真。服装是舞台整体色彩情感内涵的一部分，它也是有情感内涵的。

作为武术表演审美基本物质材料的延展，作为角色外部造型的重要组成部分，服装本身就具有很高的审美价值。多姿多彩、风格各异的服装令人赏心悦目、回味无穷。它是构成武术表演的重要因素，对表现表演的主题、丰富人物形象等具有重要的价值。恰当的武术表演服装不仅能从视觉上增强武术表演的艺术性，对武术表演起到锦上添花的作用，还能在外形和表现上烘托中国武术独特的艺术魅力和文化内涵。

一、服装在武术表演中的作用

武术表演服装是塑造表演者的外部形象、体现演出内容的重要手段之一，是舞台美术的组成部分。武术表演服装来源于生活又区别于生活，一是因为武术表演服装是根据具体的表演内容和形式来设计和定做的；二是在不同的时代和地区，武术表演服装不同。但总的来说，表演服装在武术表演中具有三个方面的作用：一是帮助表演者塑造演出内容中的特定角色；二是表演服装的设计和化妆的造型与演出环境相统一，能够提升整个演出效果；三是能够满足人们的审美和观赏需要。武术表演服装跟普通的生活服装的最大区别就在于它们造型的针对性，武术表演服装设计出来的样式和颜色更加夸张，是因为它们是为某一场表演的内容和形式服务的。武术表演的服装的面料、色泽、样式等都直接影响演员塑造外在形象，辅助演员提升表演效果。新颖、时尚和切合武术表演主题的表演服装，直接增加了表演内容的视觉色彩，为表演增添了魅力。例如，中央电视台 2007 年春节联欢晚会上的节目《行云流水》中的太极拳服装，一方面借鉴了太极拳的传统样式，另一方面又在传统太极拳服装样式的基础上进行了创新。为符合舞台表演形式的要求，将太极拳服装做得飘逸，服装师在衣服的外面加了一层纱，以增加太极拳演练时飘逸的整体视觉效果。后来，这样的表演服装被竞技武术套路竞赛表演中使用的太极拳服装借鉴。

二、武术表演服装的选择标准

武术表演在其艺术特征的呈现中对服装有某些要求，即我们所说的服装选择的标准。武术表演的需要不同，服装的选择也不同，但存在着一些相通的原则标准。

(一)体现武术的历史文化特色

武术表演服装在设计中，不仅要具有较高的实用价值和艺术价值，更重要的是还要体现出中华武术源远流长的文化精髓，并成为武术的一种符号。这就要求服装师根据不同门派武术、拳法的历史文化特征，用形象各异的服装充分展现各民族、地域、门派的文化习俗和风土人情，即观众看到服装就能读懂此门功夫的艺术魅力和文化渊源。电影《功夫熊猫》中各个角色服装款式和色彩的设计，在古色古香的中国古典色彩背景的衬托下，映现出中国武术的神秘和悠远。

白色、立领、对襟、宽松的太极服是最为传统的经久不变的服装，其魅力在于承载着太极拳法的文化内涵，突出了太极拳所强调的“刚柔相济、柔中有刚、刚中有柔、内外合一”的特色，强调“意、气、劲、形”的整体统一。

(二)符合武术竞技特点和实用功能

为符合武术竞技特点和实用功能，表演服装要能满足武术的竞技需求，包括服装的透气性、可延展性、防护性等。例如，南拳是注重进攻的外家拳种，以打、踢为主要动作，其服装通常以合体为宜，以适应出拳和踢腿的迅猛矫健及沉稳；装饰有众多突起钉子的一对皮束腕是南拳的标志物之一，起着保护和进攻的作用。在现代武术表演服装中，南拳服装的设计可借鉴传统服装的元素进行创新和拓展。

在影视作品中，观众通过角色的装扮便能一眼判断出其功夫的高低、所用的拳法或武器，这就是程式化的武术服装所产生的直接效果。随着竞技武术向高、难、美、新方向的发展，技术动作的难度和复杂程度得到了空前的提高，练武者在练习长拳，特别是枪刀棍剑类套路时，肥硕宽大的武术服装往往成为妨碍技术动作完成的不利因素。因此，现在大多数练武者都以短袖或半袖上衣取代了传统的长袖上衣，特别是在集体项目的竞技中，有的竞技队伍甚至穿上了紧身合体服。

（三）具有艺术性和观赏性

艺术性和观赏性是娱乐竞技节目满足观众文化消费心理需求的重要元素。由著名服装设计师、灯光设计师等精心包装的《少林雄风》，成功地将舞美、服装、灯光、音乐集于一体，在突出中华武术精神和少林武功精华的基础上，使历来停滞于以竞技为主要特色的武术表演，首次具有了舞台表演和艺术欣赏的价值。2008 年北京奥运会开幕式中的《盛世雄风》节目，表演者们身着金黄色秦俑服装进行功夫表演，在灯光的照射下光彩四射、耀眼夺目，给观众留下深刻的印象。①

三、武术表演服装的基本要素

武术表演服装有几个基本要素：色彩、年代、款式、搭配。

武术表演服装有各种颜色，如白、黑、红、橙、黄、绿、青、蓝、紫、金、银等纯色服装。服装颜色要相互搭配，纯色服装要加别色刺绣。

各个时期的武术表演服装与款式都不一样。如现代武术表演服装有唐装、中山装、校服、运动服等；20 世纪 70 年代、80 年代、90 年代的武术表演服装用统一规格的竞赛表演服；2000 年以后，在武术表演服上绣加了各种特色的图案如加龙、加凤等及在武术表演服装的款型上有了大胆的改进等。武术表演服装还有仿各类动物外形的表演服装，如老虎服装、鹰服装、蛇服装、螳螂服装、猴子服装等。古今武林各派的代表服装有少林武僧服、武当道服等。

四、服装选择应注意的事项

第一，时代性。服装的选择要根据武术表演的风格和特点、表演者的性别与年龄特征，并符合中心思想的要求，使其具有鲜明的代表性和时代感。

第二，民族性。服装式样要美观大方，既要突出民族风格、时代气息，又要注意突出武术特点。武术表演是传统的文化表演，因此服装要体现传统文化，应便于武术演练，适合运动，避免由于服装选择不当而影响动作的表演。

第三，大效果。由于武术一般都在不同的场地、舞台上表演，因此，服装

① 常丽霞. 娱乐竞技大潮下中国武术表演服装设计艺术[J]. 服装与面料，2001，38(1)：74-76.

师在选择服装时要根据不同的场地，注意效果，并力求色彩鲜明、制作简单。

第四，协调性。服装色调要与表演场地、道具、背景以及灯光色彩互相衬托，颜色要鲜艳、协调，对比性要强。

第五，多功能性。选择服装时要注意对其功能的开发利用。服装既是服饰，又可以巧妙地当作道具来使用。例如，表演者穿里外颜色不同的服装表演，可以充分展示服装，在场上组成美丽的图案。

第六，生态性。服装的选择要注意节约的原则。一部大型武术表演的表演者成千上万，小规模的武术表演的表演者也有几人或几十人，所以服装师在选择表演服装时，在考虑表演效果的前提下，还要充分注意节约，在大批量定购或制作服装之前，务必做好表演服装样品的审查工作。

第六节　武术表演的道具

道具是表演者在艺术表演中所用的饰物和器械，舞台上所用的道具是对生活中的饰物、器械和工具的美化和艺术加工。道具本身不会有较多的情感内涵，但不论是一个小小的鼓槌，还是一把小小的扇子，通过演员对它们的运用，也能对舞台整体环境起到一定的作用。一个小小的道具，在整体舞台空间中贯穿着表演者动作的色彩、情感内涵以及对情感内涵的延伸，会给人以不同的感受。

道具已成为舞台表演画面的构成元素之一。武术表演也离不开道具的运用，而且越来越讲究运用技巧。合理地将无生命的道具与武术表演者的动态表演结合在一起，不仅能增添演出的气氛和武术内涵，还能使观众产生联想，促进设计师、表演者和观众的感情交流。在表演中使用道具、借助道具可以把武术的总体感落实到特定的场景、氛围之中，点缀与烘托表演的气氛，往往会使武术表演产生戏剧性、艺术性的效果，增加可观赏性。

一、道具在武术表演中的作用

道具是武术表演作品的一个有机组成部分，是人与物的造型艺术。道具不可能单独作为艺术品摆在舞台上让观众欣赏，它自身不能独立存在，需要与武术表演者共同产生出其重要的存在价值，是武术表演创作中不可忽视的因素。

一切道具的运用都属于作品的范畴，道具以色彩、线条、造型等视觉形象，构成有节奏、有情绪、有生命的图像，它有时是静止的，有时又是流动的线条，随着武术表演情景的向前推移而不断地变化。

（一）表现武术表演的主题思想

恰当地使用道具，能更好地突出主题思想，展示武术的传统文化内涵。例如第十一届亚洲运动会开幕式上的中华武术表演，表演者身穿旗操表演服、儿童武术表演服、大刀表演服、武术对练表演服，进行的大旗、大刀、单刀、对练、太极拳等内容武术表演，不仅展现了中华武术的刚劲威武、机智灵活和多姿多彩，也向世界展示了中华民族生机勃勃的精神风貌和国家欣欣向荣的景象。在 2008 年北京奥运会开幕式上的武术表演《自然》也呈现了中国传统的武术文化元素。2008 名演员身穿白衣排成圆阵，表达“天圆地方”，在他们表演太极的同时，一群孩子出现在舞台中央，一幅古代人画的日月山川图卷轴，被孩子们染成了绿色，表达了环保的理念。这也表达了中国太极的核心观念“天人合一”。

（二）丰富武术表演的内容

道具的恰当使用，可以丰富武术表演的内容，加强表演的艺术效果。无论是小型的还是较大型的武术表演，如果没有道具，只是徒手或器械动作，就会显得比较单调。如能选用一些道具，根据儿童或成人的表演特点，组成绚丽多姿的队形、图案，这样一场武术表演的内容就会更加生动，形式也更加多样，表演的效果就会更佳。

例如，2008 年第三届世界传统武术节开幕式文艺晚会在湖北省十堰市举行，主题是“世界武林风，辉煌武当山”。晚会演出以武当武术为主题，全场表演以“金、木、水、火、土”组成五大篇章展示武当武术和道家文化，向世界讲述“道临天下”的视听故事，具有浓郁的传统文化气息和鲜明的地方特色。五大篇章的内容丰富多彩：金篇章，在歌曲《刀剑入梦》的音乐伴奏下，集体太极剑表演全面呈现武当剑术的风采；木篇章，竹木敲击地声、人声、脚底踢踏声，与竹舞、扇舞及斗笠舞完美结合；水篇章，老道在《明月几时有》的歌声中徐徐落至舞台，并带领其他演员打起集体太极拳和太极拂尘；火篇章，演员将“火”热情、奔放之性全情演绎；土篇章，集体八卦刀、八卦掌游走形成八卦阵型，将整场晚会推向高潮。

二、武术表演道具的种类

武术表演的道具多种多样，形式不一。它是根据武术表演的主题、表演内容的需要及其经费条件而选择、设计和制作的，没有统一的品种与规格的限制。

(一) 小型道具

最常见的小型道具是武术器械。武术器械可分为常见表演兵器和不常见表演兵器。

常见表演兵器又分为以下几种。短器械：刀(自选刀、南刀、太极刀、少林刀等)、剑(自选剑、长穗剑、太极剑、少林剑等)。长器械：棍(自选棍、少林棍、南棍、猴棍)、枪(自选枪、少林枪等)、朴刀、春秋大刀等。双器械：双刀、双剑、双钩、双鞭、双匕首、双斧、双锤、双枪等。软器械：三节棍、九节鞭、牧羊软鞭、绳镖、流星锤、刀加鞭等。其他器械：盾牌、峨嵋刺、太极扇、月牙铲、匕首等。

不常见表演兵器是指稀有和怪器械，如戟、矛、戈、弩、射箭、铁爪、冠心笔、钩镰枪、判官笔、拂尘、弓大梳、太极球、马牙刺、风火轮、三仙叉、狼牙棒、双锏、双拐等。

其他小型道具还有扇子、纱巾、彩绸、彩旗、花环、花束、花条、彩球、草帽、各种腰鼓、手鼓、各种实物模型等。这类道具种类多，形状各异，轻便易于携带，运用范围很广，使用的方式也不尽相同。有的表演是利用道具反映一定的内容、烘托主题，如用红绸表演，最后组成一面巨大的五星红旗。有的表演是取其色彩效果，用来装饰队形和动作，烘托表演气氛，如利用不同色彩的花束、花朵来组成各种图案、造型或各种波浪动作等，不仅能加大动作的表演幅度，而且可以丰富画面的色彩，提高表演效果。

(二) 中型道具

中型道具有梯子、造型架、大鼓、龙狮、各种中型实物模型等。

(三) 大型道具

大型道具有各种模型车、联合器械、滑降绳、固定的或可以转动的翻花台、大型实物模型等。

中型道具和大型道具一般用于大型武术表演，并服务于武术表演主题的需要。

（四）实景道具

实景道具主要用在特殊的武术表演中，如《禅宗少林·音乐大典》中的主要表演舞台为一片峡谷。山呈竖状排列，近、中、远景层次分明，峡内有溪水、树林、石桥等，构成实景表演的要素，如图 11-6-1 所示。此外，少林寺寺门、峡谷的山门、水塔、石壁、瀑布、木塔、阁楼等实景也可用作表演道具。

图 11-6-1 实景道具

三、道具的选择与运用的原则

“当道具和贯穿行动的重点一致的时候，道具才能像演员一样起表现作用。”①编导可以从在生活中感受到的任何道具中，进行自由选择以及采用任何表现手法。道具的选择和使用主要遵循以下几个原则。

（一）创造性和灵活性

很多道具是要受作品所规定内容的制约去设计运用的。运用道具在于升华武术表演主题、加大武术动作幅度、烘托武术表演气氛、刻画人物的内心世界、点缀舞台色彩、营造典型环境、转换时空、增强武术表演的节奏等。编导可以

① 但丽鹏，黄自新．道具在舞蹈创作中的运用［J］．民族艺术研究，2001（5）：62．

通过多项思维，发挥自己的独创性，使有形的道具变成无形的情绪；同时通过观察获取材料，将它们在头脑中融会升华，根据作品的需要，进行重新组合，使作品的内容更深刻，道具的运用形式更活泼。只有那些善于发现、富于创造的编导，才能使道具在作品中异于他人、优于他人。道具一旦投入到作品中，就需要编导用创造力塑造更丰满的人物及环境形象，即便是同一个道具，也会产生不同的运用形式。

道具的运用没有规定的模式，编导可以自由设计创造，绝不能像“样板戏”那样，树立所谓的道具“样板”。

道具的选用，应从表演作品的内容出发，从人物性格和武术动作出发，打破原有的概念，不要去图解道具与人物的视觉关系，应当从作品的具体内容出发，从创作者的需要出发，使道具在表演作品中变得有感染力和艺术生命，使道具成为一幅编织在时间和空间中的活的图画。

（二）服务性和协调性

道具是服务于武术表演的，道具的选用应根据表演内容的需要，并不是每一场武术表演都必须有道具，但一旦选用道具，就应充分发挥它的作用并努力表现其主题。

道具的颜色应与表演场地、表演者的服装的色彩协调配合，互相衬托。例如在草地上进行表演，道具的颜色就不宜采用绿色。又如，表演者手持单刀的刀彩，身穿白色服装，色彩对比明显，整体效果就很突出。

（三）艺术性与简洁性

道具应符合表演者的性别、年龄特征。道具的设计应形象化，并采用夸张手法，色彩要鲜明，以求表演的大效果、远效果。例如，少女持扇或剑表演，配以色彩鲜艳的服装，加之优美而自如的动作，定会收到令人满意的表演效果。

道具的设计与制作应以结构简单、轻便牢固、便于携带、使用方便、变化巧妙并且经济为原则。若选用大型道具，编导必须十分注意其承受力与结构是否合理，还应考虑在训练与表演过程中配备必要的安全保护措施，如安全带、安全环、扶手把柄等，以确保表演者安全地进行训练，并圆满完成表演任务。

武术表演人数多、训练时间较长，为了保证所选取的道具在正式表演中的效果，编导应考虑使用简易的代用道具进行训练。例如，大型运动会武术表演，从开始训练到正式表演需要几个月的时间，若每次都用正式道具进行训练，那么到正式表演时，一些器械就可能会损坏或变形。为保证表演效果，表演者在训练时可以用旧的器械，待预演、正式表演时再用正式器械，效果将大不一样。

第七节　武术表演的背景

一、天幕与布景

天幕位于舞台的最后部位，是为在演出中投射幻灯所布置的幕布，也可用于投射舞台美术所要表现的背景。在演出中，编导可根据剧情的发展更换不同的布景，使观众有一种身临其境的感觉。随着舞台美术的发展，背景部分已经很少使用具体画面，但人们仍习惯于把这个部位称为天幕。舞台布景是舞台演出视觉形象中构成景物环境实体的部分，它与灯光、化妆、服装等共同塑造演出外部形象，帮助演员表演并揭示武术表演作品内涵。

天幕与布景是舞美设计师通过 3D 制作，利用灯光、绘画、投影和造型设备或手段所营造出的特定的舞台效果，舞美设计师不仅可以设计出某个特定时期的特定历史环境，而且可以根据武术表演的动作结构、速度节奏、情绪情节的转换，使布景具有更宽泛的概括性和意向延展空间。例如，天幕和布景是一片绿色，花儿朵朵争相开放，象征着春天的到来，这个天幕和布景在整体色彩和效果上，就会给人以特定而具体的时空、地点的提示与说明。所以天幕和布景的设计，在舞台整体情感环境营造中也起到了一定的作用，会给人以具体的情感内涵。但是舞美设计师也不能一味地追求堂皇豪华。布景装置杂乱无章、堆砌无度，其用意使人捉摸不透，不但不能在舞台整体色彩情感内涵表达中起到积极作用，反而会造成负面影响。

二、舞台背景

舞台背景是武术表演的一个组成部分，也是武术表演不可缺少的一个道具。它将武术表演前后隔开，形成前台和后台。由于武术表演者要在背景处出场和返回，因此背景设计得如何，直接影响到演出效果。采用什么样的背景要根据表演的规模、表演场地的具体情况、经费条件、人力、物力、时间等条件酌情而定。在武术表演中有的不需要背景，如在舞台上或在演播厅中的武术表演中；有的需要背景，如在体育场上进行的大型的武术表演。

编导可以利用背景板做宣传广告，如在主板上可以标出演出的主题，在两边侧板上可以标示主办单位及赞助商名称等。但要注意，不能把背景板设计得太花哨，更不能喧宾夺主。对于要求热烈的场面，编导可将风光片、着装效果录像、字幕及与主题有关的一些影像，利用投影仪打在背景上，以活跃表演的现场气氛，增强艺术效果。这一手法适用于专场演出、文艺活动等类型的武术表演。

（一）舞台背景设计的原则

设计舞台背景时，既要讲究艺术性，又要注重实用性。第一，标题要醒目，要用醒目的标题来突出主题。第二，造型要简约，背景造型一般以简约为主（特殊演出可设计得复杂些）。第三，色彩要柔和，宜选择纯净的素色，即使为衬托武术表演服装而采用有强烈反差效果的色调，也要注意不能与武术表演“抢戏”。

（二）舞台背景设计的几种创意

第一，用没有任何装饰的背景来突出武术。第二，用戏剧性的道具强调武术表演的主题和独特类别。第三，采用背景来反映整个表演的主题。

（三）舞台背景的分类

舞台背景常见的形式为板式，也有不同的造型背景。舞台背景根据用料的不同，可分为以下几类。

1. 硬背景

硬背景是指用硬质材料制作的背景。常见的主要是直板式风格，也有的是利用较大的场地搞一些造型。硬背景常有以下几种形式。

（1）固定式：固定式指背景板位置确定后各部分都固定不动。包括单一颜色或加图案的平板式，以及实景的模型或实景抛面的立体式。

（2）可动式：可动式指背景板根据设计要求在表演过程中可以运动。根据背景板运动的形式，又可将可动式分为翻转式、旋转式、对开式、往复式等。背景板局部可以翻转为翻转式；背景板局部可以旋转为旋转式；背景板局部由两块可动板组成为对开式；背景板局部可以做往复运动为往复式。

目前，3D制作、LED大屏幕和高流量大投影用于背景上的也较多，使用这类背景往往可使场面显得宏大、壮观。

2. 软背景

软背景是指用软质材料制作的背景，一般由天幕（最后一道幕）和背景幕（侧幕条）构成。背景幕可根据需要设定层数，在表演中进行升降。软背景适合做投光、投影幕，多数在大剧院里表演时使用。

3. 综合式背景

为渲染演出的艺术气氛，在舞台空间允许的条件下，可设置综合式背景。综合式背景由硬背景和软背景组合而成。这种形式在搭建时较为复杂且成本较高，一般在大型演出时使用。

舞台背景和背景图案的内容取决于武术表演的类型和最初的预算。一场武术表演既可以只用一个背景，也可以在演出的每一个阶段分别采用精心制作的不同背景。装饰性物品作为舞台背景设计的一部分，可以突出主题和增强气氛。

（四）不同场地的背景设计

1. 室内的舞台背景

如果演出的场地在室内，那么舞台背景常采用固定的屏风式和可以转动的门板式。在舞台的后区，编导既可以采用左右各一片或者两片屏风对称的立体舞台背景，也可以采用左边一片、右边两片的不对称形式，与天幕配合显示出舞台的伸展效果。屏风的造型有直线形、圆弧形，还可以加入圆柱等造型。表演者的出台口可以根据屏风的装置和门板的开合，设在两边或后台中间。

2. 室外的舞台背景

如果在室外进行武术表演，那么舞台就可以借助富有动感的实景，如灯火辉煌的高楼大厦、植物、喷泉、山丘、湖泊等。少林寺门前的武术大会演舞台——寺门广场，就以寺门的景观为背景，效果别具特色。《禅宗少林·音乐大典》以风景如画的世界地质公园嵩山（少室山待仙谷口处）的峡谷、水塔、石壁、瀑布、木塔、阁楼为背景，生动地描述了山涧风景、雪夜古刹、溪山坐禅、少林拳棍、女童牧归等情景，整个演出宏伟壮观，震撼人心。

三、特效的运用

特效就是在舞台表演中使用特殊方法和手段产生特殊视觉效果的一种舞台表现手法。特效的表现手法是依赖着科学技术的进步而发展和完善的，在舞台武术表演艺术中使用，不但能烘托氛围，而且在表演风格和特点的形成上能起到一定的作用。舞台特效的使用，关键在于导演既能根据表演主题进行创意，又能根据演出空间的现场进行编排，进行不落俗套的舞台设计。例如，《云依武当》中所使用的干冰，提升了整个舞台的意境，同时还为演员的技术动作提升了缥缈、轻盈的表演效果。舞美的整体作用就是根据表演内容，以及表演形式所提出的要求，在统一的艺术构思下，进行创造该剧的环境和角色的外部形象，起到渲染舞台气氛的作用。[①]

① 李娅楠. 中国舞台武术套路表演发展现状的分析与研究[D]. 武汉：武汉体育学院，2009：21.

第十二章　武术表演的排演

第一节　舞台武术表演角色的体现

舞台武术表演角色的体现包括两个流程：一是在导演的指导下排练场上工作，一般分初排和细排两个阶段；二是正式在舞台上面对观众演出。因此，在体现过程中，表演者对角色的认识和构思还会进一步加深，在排练过程中要接受导演的启发和指导；在演出过程中，要根据观众的反应和反馈信息来检验和调整自己的表演。

一、初排阶段

在戏曲等表演中，有的人把初排称为“搭架子”，也有人称之为“走行动线”，还有人把初排看作“在行动中分析剧本和角色”的阶段。舞台武术表演特别是一些原创的武术舞台剧也要进行这样的初排。

初排对于整个剧组来说，首先要把一部武术表演作品完整的情节行动的轮廓建立起来，导演及其他人员便可以看到一部武术表演作品未来演出构思的总体轮廓。对于表演者来说，通过初排，可以在与其他表演者一起探索的基础上开始建立起形体动作的行动线。也就是说，表演者要把在分析作品里的每段动作时所找到的“动词”，在排演场里变为真正地行动，并且通过对整个作品里角色行动的挖掘，寻找到角色行动的贯穿性，为角色的塑造建立起一个雏形。

具体来讲，表演者在初排阶段应该特别关注两个方面。

（一）感受规定情境

任何一个行动都是在一定的规定情境中进行的，所以当表演者在排演中行动起来时，就不能不去研究与感受作品为角色的行动所提供的规定情境。因为只有表演者对规定情境有了认真的研究与感受，他(她)才可能在舞台上真正地行动起来。在武术舞台剧的表演中，总是围绕故事情节展开一定情境表演，武术表演的设计要根据一定情境下人物的内心活动，考虑角色打斗中的情感突变。这就要求武术表演者要感受规定的情境，例如：暴怒、悲伤、恐惧中动作表现的招招致命或死缠烂打 ；与凶狠的敌人的生死的决斗；感人肺腑的兄弟情和师徒情；两个惺惺相惜的武者比武中表现的喜悦与互相欣赏之情；等等，在开始初排时，表演者一定要非常具体地去展开想象，把规定情境丰富起来，并且真正地感受到这种规定的情境。

（二）真实地行动

在对规定情境有了具体的了解与感受的同时，表演者一定要把握住行动，真正地在排演中行动起来。

斯坦尼斯拉夫斯基对此曾经指出，在形体领域里最容易从极细小、极平常的形体任务和动作中找到或者激起真实和信念。形体任务和动作是稳定的、看得见的、能感触到的、能捉摸到的，是服从意识和命令的。它们也是比较容易确定的。因此，我们首先要去请教它们，借它们的帮助去接近所创造的角色。①

正因为武术动作易于捉摸和便于把握，并且是和心理的因素密切地联系在一起的，而且还能够激起演员的信念与真实感，所以，确定武术动作，并努力真实地去完成这些武术动作，实际上就已经开始创造着武术表演者身体武术动作行动，也就是开始在舞台上真正地行动起来了。而这种从身体武术动作开始的行动的发展，也就逐渐形成了表演者在表演中的行动线，也就开始展现出了表演角色的“人的身体生活”，并为进一步接近角色和创造出角色的“人的精神生活”奠定了基础。

在初排阶段，表演者就是这样一场戏一场戏地从确定形体任务和动作开始，创造出有声有色的形象角色，进而捕捉与感觉角色的心理生活和情感体验，探索角色的精神世界，最后把握住角色的心理——行动的线索和结构。

① 玛·阿·弗烈齐阿诺娃．斯坦尼斯拉夫斯基全集：第四卷[M]．郑雪来，译．北京：中国电影出版社，1963：214.

二、细排阶段

细排阶段对整个剧组来讲，是要进一步在各方面细致加工，尽可能多地挖掘出蕴藏在剧本深处的丰富内涵，检验、修正和完善导演的构思，进一步创造出更佳的演出样式。对于表演者来说，细排阶段是要更进一步地深入理解剧本，更准确地把握住角色的内外部性格，更细致、更具体地体会角色的内心生活，同时还要更积极地运用武术动作与语言的表现能力，创造出具有鲜明性格特征的人物形象。表演者在细排阶段应该关注两个方面。

（一）重视排演中的独立创造活动

武术表演是预先设计的艺术行为，这种设计的节奏是环环相扣的，只有导演和演员心知肚明整个故事的过程，观众总是依据一种已经确定或已经被设计好的主体位置来回应武术剧本的召唤。表演者在细排阶段，既要服从导演，兼顾全局，又要充分发挥自己的独立创造能力。

在细排时，武术演员在舞台上就不再是武术运动员以“战胜对手，夺取高分”的身份宣扬了，而是一种满足人人皆可体验真切性的观众心理需求。武术演员的身体已经不是呈现武术的身体，而是一种“艺术品”，正如福柯所倡导的那样，“我们必须把我们自己创造成艺术品”，才能把每个人的生活都“变成一件艺术品”。[①]“身体是艺术表现的最直接媒介，身体艺术是最具直接感染力的艺术。”[②]“主体对艺术的审美能够同时表现、再现、创造、体验和完善两大世界：自我身心与对象时空。”[③]武术的舞台表演以艺术表现形式为切入点，以意境构画为表象，以对行为主体的行为与思想规训为逻辑原点，扮演了以“人”为实践主体的“宾我”角色、以“舞台表演”为中心的“主我”角色。

在细排时，武术表演者通过对武术的舞台加工，在把握武术原点特征的前提下植入表演的情境中。武术表演表面虽通过具有一定技击含义的肢体动作表现出来，但它的“击打”之势、内在意蕴却可以引起欣赏者的广泛联想并使之得到审美享受。以2007年的中央电视台春晚节目太极拳表演“行云流水”为例，

---

① 路易斯·麦克尼. 福柯[M]. 贾湜，译. 哈尔滨：黑龙江人民出版社，1999：164-165.

② 马文友，曹立勇，马列. 美学视域下武术套路的生成与文化定位[J]. 沈阳体育学报，2014(1)：132.

③ 崔宁. 艺术美学新论[M]. 北京：中国社会科学出版社，2010：24.

武者将多个本来互不相关的元素融为一体进行同台展演，将拳的“刚”“劲力”与舞的“柔和”“优美”完美结合，既呈现了武术的刚劲也展示了舞蹈的优雅。在整个表演过程中，以局部组合的刚柔劲力、虚实相间和整体的合理布局、情节分化，解读了审美主体对事物整体与局部的形象推演。进而阐述“主我”与“宾我”的角色转换与角色承担，最后达到互动效果。

“角色承担者正是通过角色承担，使事物在自己身上重现，从而直接指导自己的交流过程。”[①]在细排时，武术表演者通过对武术进行艺术加工，遵循其含蓄、内敛、以形传意的本元特征，推进了武术舞台表演对自身情感的表达，提升了“武术”——蕴含显性技击与隐性教化的双重文化集合体的大众认知度，保持了主体情感丰富意象化的感性韵味。在排演的过程中，其最为突出的表演艺术特征主要体现在武术人物形象塑造层面，具体表现为塑造出具有很强立体感和形象感的角色，力求可以完美地统一人物的精气神。或者说，在武术人物表演的时候，除了重视利用武术技艺，还要注意表现出人物的精气神，力求可以将所表演的人物形象更加真实、形象地展现出来。比如，在塑造武松这个人物形象的时候，除了要设计出武松打虎这方面的一系列动作外，还要充分重视角色动作造型设计的美感。在武术表演中，会在对人物形象进行塑造期间有效地融合表演者的武打技艺和表演技艺，以求可以借此来塑造出兼有形象美和动感美的人物形象，构成独有的武术表演艺术特色。

（二）运用形体、武术动作来体现角色

表演者在细排时，不仅要从情绪体验方面来塑造角色，还必须考虑从形体、武术动作来体现角色。

形体、武术动作是表演者塑造角色时从外部来体现人物的最重要的手段。从形体、武术动作方面来说，任何一个人都会有自己特有的形体方面的特征。由于每个人的出身、年龄、职业、经历等的不同，所以每个人会形成自己特有的性格，这种性格特征自然而然地会在人的形体特征上反映出来。它反映在人的动作以及动作的节奏和频率等方面。例如，一个久经沙场的老将，经历过许多的战斗，当大敌来临时，他总是能沉着冷静，临危不惧，步伐稳健。一个姑

---

① 崔宁．艺术美学新论[M]．北京：中国社会科学出版社，2010：24.

娘在明媚的清晨习练武功，与一个充满仇恨的姑娘为父报仇习练武功，其武术动作的劲力和节奏是大不相同的。演员在体现角色时，自然应该塑造出具有角色的性格特点的人物来。

许多著名的演员都非常注意从各种武术动作以及走、坐、卧等形体活动中找到自己所要扮演的角色的特征。这种有意识的追求，实际上是表演者对自己创造能力的挑战。表演者要在舞台上利用自己的体态、站姿、步态、手势、眼神、习惯动作以及武术动作的节奏和频率等创造出鲜明的人物形象，就意味着表演者要按照角色的要求对自己的形体做出必要的调整，这种调整不仅要精心地设计，还要经过反复的艰苦的练习，最终才能使所创造的一切都能在表演时达到下意识的程度，绝不会流露出造作的痕迹。只有在形体以及武术动作上做到这一点，人物形象才会具有自己独特的魅力。

表演者在体现角色、掌握角色形体以及武术动作的主要特征的同时，还应该认真选择形体和武术动作。这种选择要求表演者通过这种形体动作，做到既能揭示角色的心理活动，又能突出角色的性格特征。

此外，武术动作是形体动作中不可忽视的一种重要手段。武术动作作为武术表演独立的形体行动时与角色的特点有关，如少年儿童、将军、恶人、强盗、地痞流氓等，这些形体武术动作在体现角色时当然是必不可少的。表演者在运用武术动作独立地完成形体动作时，同样也应该像前面所说的那样，在武术动作的选择上一定要注意揭示出人物的性格，展现出人物在某个特定情境中的思想感情。

除此之外，武术动作还可以用来作为情感的外部表现的一种手段。这对于表演者来说，既是重要的，又是十分困难的。例如，人们在愤怒时武术动作的节奏疯狂；在悠闲时，就可能用轻灵优美、节奏舒缓的动作等。事实上，在演员的表演中，应该说每个动作都有表达情感的成分。

表演者在表演时还不能忽视表情的作用，统领表情的是眼睛。眼睛是心灵的窗户，眼睛不仅在表情中起着重要的作用，而且更为重要的是眼睛总是与传达人的隐秘的内心世界联系在一起的。这里所说的眼睛，已经不是指生理意义上的人的眼睛了，它是指和人的性格与气质联系在一起的眼神。

表演者在进行角色的创造时，同样应该考虑运用眼神来刻画角色的性格，因为眼神往往可以展现出角色的神韵和风采，如面对仇人时想要刺杀的眼神、被凶手追杀时求生的眼神等。演员要寻找与感觉人物的这种精神状态。

在表演中，眼睛的运用是重要的，但不是孤立的，因此表演者不能直接地用眼神来表现人物的性格。表演者要在把握角色眼神基调的基础上，做到把眼神的运用与人物的行动紧密地结合起来。如果完全脱离了人物的行动，那么眼神就会成为人物形象的一种图解，很难起到真正深刻地揭示出人物内心世界的作用。当把眼神的运用与人物的行动结合在一起时，眼神不仅是在传达一种感觉，而且完全可能成为非常有力的语言。你可以用眼睛去请求、去责备、去诉苦、去申诉等。

（三）运用语言来体现角色

表演者塑造角色的另一重要手段是语言。在表演创作中，语言在体现人物形象的性格、思想、情感等方面起着重要的作用。表演者绝对不能忽视语言在体现角色时的重要性。

表演者对角色做了深入细致的研究之后，在创造角色的语言特征时，应该特别注意以下两个方面。

1. 考虑声音的特征

表演者在考虑角色的声音时，要从角色的性格特征出发，尽可能地利用声音的特点展现出角色的性格。这就需要表演者在音色、音质、音量、音域、声音的力度等方面细致地加以考虑。一般来说，表演者在考虑角色的声音特点时，应该注意从角色的外形特征、气质、年龄、职业、经历等方面考虑。例如，对于一个外形很魁梧、气质非常粗犷的大汉的角色，表演者在声音处理上最好运用浑厚的中音，或者低音；如果角色是一个形象比较英俊、比较洒脱的年轻人，那么运用高音可能会比低音更为合适一些；如果角色是一个老年人，那么声音往往会比较暗哑苍老；一个长期在野外工作的人，说话时的音量比起总是在室内或者在非常安静的环境中工作的人的音量要大一些；如果角色是一个长期担任军事指挥的将军，那么声音的力度一定会比较强；如果角色是一个一辈子闲散无为的人，那么他的声音往往缺乏力度。因此在体现一个角色时，表演者应该根据角色的方方面面来考虑究竟用什么样的音域，是高音、中音，还是低音；在音质上是明亮、清纯、浑厚、刚健、苍劲还是沙哑；在音量上是大还是小；在音域上是宽还是窄；在声音的力度上是强还是弱。如果演员在这些方面处理得当，就能够给观众一种声音与形象相一致的感觉。反之，表演往往会使观众觉得很不舒服。

2. 恰当运用停顿、语调和重音

斯坦尼斯拉夫斯基举过这样一个例子："你们是否知道，一个人的命运，甚至于他的生命，就是以这些逻辑顿歇的不同摆法为转移的？举个例子，'宽恕他不得把他流放到西伯利亚去'，在这句话还没有用逻辑的顿歇加以划分以前，该怎样来理解这样一个命令呢？只有把这些顿歇摆上去以后，这句话的真正含义才可以明白，是'宽恕他一不得把他流放到西伯利亚去'或者'宽恕他不得把他流放到西伯利亚去'。前一种场合是赦免，后一种场合是流放。"[①]从中可以看出，在台词的处理上，逻辑顿歇起着表达思想的重要作用。

语调就是语言的旋律，主要表现在说话时音调的高、低、升、降、扬、抑和声音色彩的明、暗、圆、扁上。

关于重音，斯坦尼斯拉夫斯基指出："重音就像是食指，指出一个句子或一个语节中最主要的字眼。被打上重音的那个字包含着潜台词的灵魂、内在实质和主要因素。"

表演者在说任何一句台词时，都要考虑到这句台词的重音在哪一个词或者哪一个词组上，因为重音总是和角色的行动与角色所要表达的思想联系在一起的。如果一句台词的重音处理错了，就会使角色的行动产生偏差，甚至错误，角色的思想也就不清楚了。

那么，表演者怎样决定一句话中哪个词或词组应该是重音呢？有一个简单的方法，就是根据剧情的要求，试着去找出在一句话中最不能缺少的词。

总之，表演者在细排阶段，应该对人物不断地有一个深入的感觉与把握。表演者在导演的指导下要不断调整与修正自己的表演，厘清角色的行动线、思想线和情感线，把握住角色的最高任务和贯穿行动，调整每场戏的速度和节奏。

---

① 张锦华，黄明珠．舞蹈与戏剧表演[M]．北京：人民教育出版社，2004：310-311.

这样，演员就把“心象”转化为“形象”了。

三、角色正式与观众见面

表演创作的最后一个流程是演员带着自己扮演的角色与观众会面，这就是武术舞台剧的正式演出。表演者在演出中会遇到如何适应观众的问题。这个问题的发生是由于舞台表演的行动性，每次演出演员都必须粉墨登场，身体力行。在演出中表演创作与观众欣赏过程同步进行。每次演出表演者都要重新创作，因为观众对象在不断变化，所以表演者要不断地适应不同的观众，表演的乐趣亦在其中。

表演者在排演阶段的创造活动是一种以主观认识和构思为主的实验性活动，到了正式当众演出时，才是一种主客观统一的服务性创造活动。表演的成功与否受观众的检验，一切要取决于能否征服观众，争取观众参加艺术创造，获得预期的效果。

要适应并征服观众，就要掌握观众的心理。一般来说，观众的审美心理大致有感受、判断、信任、迷恋四种状态。观众的审美感受与审美判断一般是同时发生的，通过视听，观众当场用流泪、叹息、微笑、大笑、惊呼，或者沉默地专注、无声地赞许等方式做出判断。表演者能当场收到观众从剧场中传来的反馈信息，使自己更有信心，表演得更加深入，情感更充沛，于是正确的舞台气氛引起观众情感的共鸣，产生正常的剧场气氛，“观众参与演出创造”的局面就形成了。当表演者的表演得到观众的信任时，就有可能使观众迷恋于舞台情境，迷恋于演员的表演创造，这是演员梦寐以求的理想境界。

表演者主要靠自己的舞台魅力使观众迷恋，这种魅力并非仅指表演者本人的颜值，还指表演者的修养、台风、演技、动作惊险刺激的深刻性和创造的完整性。这种魅力不会随着表演者年龄的增长而失去光泽和色彩；相反，它会使表演者越来越亮丽动人，直到舞台生命的终止。

表演者适应观众存在复杂的技术问题，首先是如何与观众进行交流的问题。在武术表演史上，由于地点、舞台的变化，社会风俗时尚的区别，表演技巧的演进和演出条件的不断发展，表演者与观众的关系也有着长期的演变过程。征服观众的心灵，抓住观众的注意力，让观众全神贯注地看武术表演并受到感动、产生思考，是任何演出的基本目的。哲理思想、美学观念、社会意义、道德教育和游戏娱乐，都必须通过舞台形象传到观众心中。如果观众没有审美兴趣，那么一切都会落空。表演者的表演创造，在连接演出者与观众的心灵活动上起着重大作用。不论是哪种交流形式，表演者都应保持艺术的真实性。在百花齐放的多元的当代中国武术表演舞台上，表演者应该给观众带来震撼人心的真实感，不论其演出倾向何种流派。

其次，表演者要当众表演，就必须千方百计地吸引观众的注意，使之能集中在自己身上。表演者除了利用导演所加的圈光、追光和某种可以配合的音响效果之外，还可以用某些表演技法吸引观众的注意。例如，学戏曲中的亮相，突然停顿或突然爆发，说话前先做出动作以吸引观众注意，用"欲扬先抑、欲左先右"等对比手法强调某个动作或某句话，动时突然静止、静时突然跃起，利用导演调度的有利位置安排较重的台词和动作，在靠近台口时多注意面部表情的作用，在舞台弱区放大动作、高声念词，等等。

再次，表演者还应根据剧场大小、技术条件等，对表演的力度、幅度和速度做出必要的适应调整，要积累舞台经验，遵从导演的及时提醒。处理舞台事故与适应观众也需要表演者有充分的估计和即兴排难能力。

最后，表演者必须注意保持"演出的青春"，认真严肃地对待每一场演出，精益求精，不断提高，不断再创造，寻找新的刺激和契机，以保持新鲜感并产生更细致的适应，使演出始终具有即兴的生动性。

第二节　大型场地武术表演排演

武术表演创编之后，随着动作设计、队形与图案设计、艺术装饰设计、背景设计、场地设计的完成，这一切都为武术表演的排演奠定了扎实的基础。武术表演的排演是武术表演工作的重要阶段，也是对前面所有工作的总结与检验。整个排演工作既是保证武术表演成功的关键阶段，又是武术表演效果的试金石。鉴于武术表演排演的重要地位，武术表演团队在具体排演中要把握以下四方面具体内容：武术表演排演的组织与计划、武术表演排演的内容与阶段、武术表演排演的特点与方法、武术表演的预演与正式表演。

一、大型场地武术表演排演的组织与计划

武术表演既是群众性的又是专业性的表演活动，特别是大型武术表演，它的场次多、人数多，表演者有男有女、有成年人、有青少年和儿童，有场内表演和背景表演，如果没有一定的组织工作，那么表演是不可设想的。因此，在武术表演方案制订后相关部门要马上着手排演的组织工作，在组织工作中要抓住确定表演单位、表演人员和成立领导机构这三个环节。

（一）确定表演单位

武术表演的表演人员主要是武术运动员、武术学校的学生、武术爱好者、一般的大中小学生、其他文艺专业的人士、军人、职工等。因此，在确定表演单位时，相关部门要根据武术表演的规模、场次和表演内容，与教育部门及其他有关部门密切协作，共同研究，统筹安排，通常要注意下述几个方面。

1. 了解各单位的基本情况

武术表演是一种艺术性活动，它对表演单位的要求是比较高的。因此，在进行武术表演排演之前，相关人员首先必须从各个方面了解可能参与表演的单位，为选定合适的单位做好准备，以保证武术表演排演的质量，从而使武术表演不仅达到供人欣赏的目的，而且达到潜移默化的育人目的。在确定具体的表演单位之前，相关人员要了解可能承担表演任务的单位、学校的情况，他们的领导、校风以及班级情况，要了解人数、教练、场地大小及有无影响武术表演排演和表演等情况，在此基础上确定参加表演的单位。

2. 对表演单位数量的要求

武术表演有小型与大型之分。小型的武术表演规模较小，表演人数较少，参与表演的单位自然也相对较少。大型的武术表演人数众多，可能多达上千人，但这并不等于要求参与武术表演的单位越多越好，不等于要求来自四面八方的群众都组成队伍参与其中，因为这会在一定程度上给武术表演排演带来不便，会降低武术表演排演的效率与武术表演的质量。大群体的排演工作最忌讳的是散、乱、拖，因此对参与武术表演的单位的数量也应该做出一些要求，确保参加的单位不要太多，而且要相对集中地在一个区域里，切勿太过分散。这样才便于群体活动的开展，有利于各区之间的评比竞赛，又可避免增加交通上

的困难。

3. 对排演场地的要求

武术表演场地的布置是一项细致、艰苦而又必须进行的工作。场地是全体表演者在场内进行各种动作表演及队形变化时定位的客观依据。场地布置得合理与否，直接关系到排演的质量与效果。随着时代的发展，武术表演的内容和形式不断丰富与更新，为适应新形势的需要，在条件允许的情况下，人们更注重表演场地的质量、实用性和表演的整体效果，帆布、化纤地毯等陆续地被用于表演场地。但是，无论采用何种质地的表演场地，都要根据排演和表演的需要予以布置，只是布置时采用的方法不同而已。其中，排演场地可以根据本单位所承担的表演任务及所用场地的面积进行布置；表演场地则应根据表演任务通盘规划，认真细致地进行测量，合理而准确地予以布置。

（二）确定表演人员

武术表演的人员要根据需要来确定，小型的武术表演可能是几个人、十几个人，表演的人员一般是单位或当地武术技术表演能力较强的人。这样有利于排演和表演的开展。大型武术表演是由数以百计的人员组成的，他们在规定的场地内徒手或持轻器械表演，并通过各种队形变化和移动以及器械的交换来完成各种动作。大型武术表演的编排有复杂性、组织的严密性、排练的耗时性及参加人数多等特点，对表演者及有关人员提出了更高的要求。因此，在确定表演单位的同时，相关人员还应提出选拔表演人员的条件，根据不同的内容提出不同的要求。

1. 人数、性别、年龄的要求

参与武术表演的人数不是越多越好，也不是越少越好，要根据表演内容的要求来确定人员数量，要求每个单位选定的人数能组成完整内容（如集体的太极拳、刀术、棍术或某一故事情节）的一部分。这样每个单位队形整齐，便于组织和排演。当然，相关人员在确定表演人数的同时，还应选留一定比例的候补人员，其中男性保持在3%，女性保持在5%左右即可，这样既能保证排演和演出的顺利进行，又不增加过重的负担。如果是学校开展武术表演，在选人时应注意避开毕业班的学生。

2. 身体条件的要求

在武术表演排演中，哪怕是最基本的技术排演，都要对参与者在力量、柔韧度、协调性、音乐节奏感等诸方面有要求，他们的每个动作不仅要能体现武术的美，而且能反映自身的素质、意志等。因此，武术表演排演不仅是队员身体素质方面的排演，同时也是意志作风的培养和磨炼。如果是学生，首先就需要有健康的体魄，能够承受艰苦的排演，磨炼的就是不怕苦、不怕累、不怕困难的意志品质。当然，武术表演需要队伍的整齐美观，因此还要考虑参与者的身高分配，分配合理才能增强武术的表演效果。因此，在确定武术表演人员之前，实施者要考虑表演人员的身高在什么限制内，身体是否健康、是否有慢性病或明显的生理缺陷等。

3. 技术方面的要求

身体健康与否是对排演者参与武术表演的最基本要求，这是保障武术表演顺利进行的基石。当然，仅有强健的体魄是远远不够的。武术表演是一项艺术性和技术性较高的运动，它以塑造武术美、人体美、运动美、精神美为主要内容，可以通过一系列武术动作把人的内在美与外在美和谐统一地表现出来。因此，武术表演排演对表演者的武术技术技巧、动作能力等方面提出了较高的要求。此外，在武术表演排演中，实施者不仅要对整体的技术要求做出规定，而且要对个别武术动作或一场中的某些部分做出特殊的技术要求，以便确保武术表演能获得完美的成功。

4. 道德品质方面的要求

武术表演的成功并不是一个人的事，而是团体力量的结晶，是参与者共同努力的结果，这就需要参与者在有了身体素质、技术方面的保障外，还必须具备良好的道德品质与修养，把武术表演排演作为自己的一项重要事业来做，要有集体荣誉感，以主人翁的态度去完成每一项任务。要成功地演练好一场武术表演，从各级各部门领导到编导、教练员、参演人员都必须对表演目标、集体荣誉有共识，体现出参与其中的积极性、主人翁意识以及集体荣誉感，保持集体形象的风范和作为，为武术表演的成功献上自己的一份力量。

5. 学习条件方面的要求

武术表演融武术与多种艺术于一体，是武术、音乐、舞蹈、美术、服饰等完美结合的艺术形式，它的排演都是比较严格与认真的，而且需要一段较长时间的艰苦训练，这对参与者尤其是学生产生的影响是较大的。因为学生还有其重要的学习任务要完成，如果不能处理好学习与武术表演排演的关系，那么可能会影响到表演者的学习及生活，打击表演者参与武术表演排演的积极性。所以，如果武术表演人员是学生，那么一般还要求表演者是学习认真、成绩中等以上水平的学生，以不影响学生的学习成绩和损害学生参与的积极性为前提。

（三）成立领导机构

在确定表演单位和人员之后，实施者需要成立临时的组织机构把有关单位和表演人员组织起来，并配备负责人加强领导工作。

每场动作由各单位负责人组成临时领导小组，选一名单位的领导为负责人，同时成立联合教练组，选出有经验的教练为总指挥，负责各单位和本单位的排演工作。如果一场动作被称为一个大队，那么每单位算是一个中队，每行是一个小队，每小队再分 2~3 个小组。大队、中队、小队、小组分别选出各级技术水平干部和政工干部，负责日常排演和思想教育工作等。另外，这些领导机构还要在队形的排列上有统一而明确的要求，如高个在前还是矮个在前，哪个单位在什么位置，骨干力量怎样安排在队伍里，等等，必须按规定执行。在这些排演的准备工作完成之后，实施者就要着手排演计划的制订工作。具体领导机构及任务如图 12-2-1 所示。

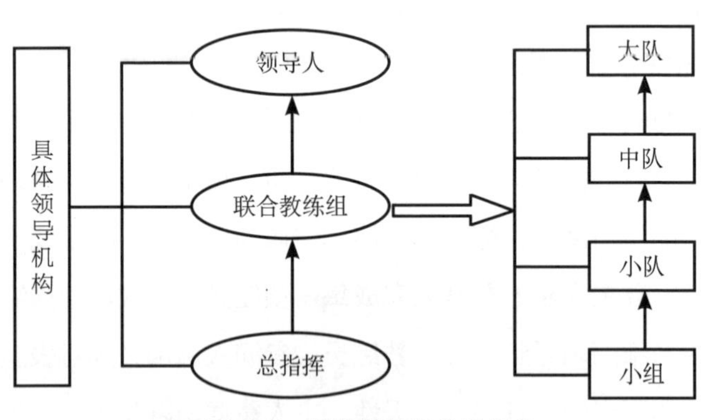

图 12-2-1　具体领导机构及任务

二、武术表演排演的阶段及内容

武术表演的排演工作是一项艰巨而又复杂的工作，实施者必须根据参加表演人数的多少、表演内容的难易程度、可供排演的时间的长短、表演人员的实际水平、排演场地的设施条件以及上级机关对排演提出的要求等，予以周密地计划。排演计划一般分为三个阶段，即准备阶段、排演阶段和表演阶段。

（一）准备阶段

准备阶段是排演的组织阶段和为排演打基础的阶段。这个阶段的时间长短要根据任务情况来定，其任务有以下几个方面。

1. 健全基层领导机构

基层领导机构是武术表演的运行核心，是完成活动任务的“躯干”。机构的设置要根据表演任务、规模而定，一般下设政宣、编训和后勤三个小组。

健全基层领导机构要注意明确分工，责任到人。其关键点是采用以点成线、以线牵面的网络体系，如因气候、场地等特殊原因临时取消排演或活动计划，表演团队的人员均可通畅地接收来自总编导组的指令。

2. 合理编队

在编队的过程中，编导要根据表演方案和编队的要求，把选定的表演人员和候补人员进行编队定位，并选派各级干部负责组织管理。注意在编排时最好不要打乱原来的班级或单位建制，这样有利于统一组织管理。编队时一般将高个放在前面，将条件好、动作掌握好的骨干放在前面或重要的行、排、点上。

3. 进行思想动员

思想决定行动。武术表演排演是一项繁重的任务，它需要各级各组织的协调与配合，需要组织内人员思想一致地努力与付出。对表演人员、参与人员进行思想工作可以在一定程度上保证武术表演排演的顺利进行，可以保证武术表演的质量与水平。在进行思想动员的过程中，领导要向全体表演人员及工作人员讲清表演的意义、形势和任务，介绍武术表演的方案和大致内容，提出对表演者的要求等。此时，最好能放映武术表演的电影或录像，使表演者对武术表演有一个初步的概念，有利于排演工作的进行。同时，领导应经常深入基层，了解各单位表演人员的思想动态、政治思想工作情况及排演的进展、效果和存在的问题等，以便有针对性地解决问题。

4. 培训技术骨干

在正式开展群体性排演之前，领导首先一定要认真选拔责任心强、有组织能力和一定技术水平的教练员和骨干。他们通过培训率先掌握表演的内容、风格、队形变换和保护帮助的方法，以便今后在排演中起示范和组织领导作用。

武术表演排演任务仅靠少数教练员来完成是很困难的，培养一定数量的技术骨干来协助教练工作非常必要。骨干最好是每 10 个表演者中选拔一名，骨干要在每次排演前优先掌握好排演的全部内容。教练员可以依靠他们进行示范动作、组织排演以及了解表演队员的情况等。在培养技术骨干的同时，教练员也要对全体表演人员和候补人员进行基本功的排演。候补队员的排演是保证大型活动顺利进行不可或缺的一项重要工作。在排演中，领导要着重解决候补队员的认识问题，在政治和生活待遇上，应将他们和正式队员一视同仁，以发挥他们的积极性。

5. 做好后勤工作

在成立了健全的领导机构、培训了一批技术骨干并进行思想动员后，武术表演团队还要在硬件服务或设施上做好准备，给武术表演的排演提供支持和保障。比如，在武术表演排演的过程中，后勤组应该及时做好物资保障工作，特别要注意管理好财物，避免给国家造成经济上的损失，影响表演效果。另外，后勤组还要根据表演方案制订经费预算和物资材料计划，做好预算工作，以保障经费的合理使用与安排。武术表演中的道具是很重要的，因此联系制作服装、道具并保管、分发也是后勤工作的一项重要任务。此外，后勤组还要负责场地布置、扩音设备、生活管理（医务、交通、住房、饮水）等。

（二）排演阶段

排演阶段是排演工作的核心阶段。在这个阶段，表演者能通过严格的排演准确熟练地掌握全部表演动作和队形并达到表演的水平，为武术表演的正式表演奠定基础。另外，排演过程也是检验表演方案的有效途径，编导要及时发现问题进行修改，使之更加完善。排演计划在时间的掌握上要留有余地，因为外场排演受气候影响较大，而排演的次数和时间应予以保证。每一次排演的任务都要明确，措施得力，强调效果和高效率，以保证排演质量和进度，从而保护表演者的积极性，更好地完成排演任务。

随着排演工作的进展，根据所要完成的不同任务，编导在排演中通常采用单位分练、分片合练、合练、联排、动作与背景的合练等不同组织形式进行武术表演的排演。

1. 单位分练

单位分练是指各单位的单独排演。它是排演工作中最基本的形式。在分练中，各单位要按照表演内容及排演计划的要求，学习并完成本单位所承担的全部表演动作及队形的排演任务（由于人数的关系，某些队形可能是不完整的）。排演工作应循序渐进，注重质量，要促进表演者对本单位表演动作和局部队形变化的学习与提高。分练是各种合练、表演的基础，因此必须抓扎实。

2. 分片合练

分片合练是指在单位分练的基础上，几个在设计方案中邻近的单位进行的联合排演，即同一场操的两个或两个以上邻近单位的联合排演。分片合练的主要任务是解决单位分练中所不能完成的动作和队形的配合与连接问题，它能起到统一动作、相互交流、相互促进的作用。

3. 合练

合练是指在单位分练和分片合练的基础上，一场动作中的所有单位联合起来进行排演。它的主要目的是解决进场、场内表演中各种队形的变化及动作的衔接、大图案的组成以及退场等排演问题；检查排演效果，并进一步改进与完善表演方案；促进表演者之间相互观摩、评比竞赛。

4. 联排

联排是大型武术表演中的一种排演形式。它是在各场动作合练的基础上组织的联合排练。其目的是解决各场表演之间的衔接以及最后集体表演的排演问题，检查总体表演效果，进一步改进与完善各部分的表演，同时也起到表演者之间相互促进的作用。

5. 动作与背景的合练

动作与背景的合练也是大型武术表演的一种形式。其目的是解决背景如何配合各场动作进行表演的问题，具体地解决每一场动作中出现哪几幅画面（包括活动画面或灯光设施的表演）以及这几幅画面应该在表演进行到什么队形（或动作）、音乐演奏到什么旋律时出现等问题；表演者通过相互观摩，了解各自的表演内容，编导要达到相互鼓励、相互促进、共同提高的目的。动作与背景合练的过程也是武术表演中的各级指挥人员协同合作的练习机会。

总之，各种形式的“合练”，必须根据排演的任务与需要而定，编导要在排演计划中做出合理的安排，要做到合练一次有一次的成效与收获，这对保护表演者的积极性是很重要的。

（三）表演阶段

表演阶段包括彩排、预演和正式表演。彩排、预演是武术表演排演工作的尾声，通过模拟正式演出，表演者能熟悉表演时的特定环境和气氛，沉着自如地完成表演。相关人员在彩排和预演时还要全面检查场地布置、服装、道具、音响设备的质量和效果；检查各动作之间的衔接、背景与动作内容的配合；检查组织指挥系统工作是否严密、通畅；检查交通、安全保卫等各方面的配套工作是否有效，为顺利完成表演任务做好充分准备。

1. 指挥系统的组织工作

表演阶段最重要的是总指挥组织严密有序、指挥有方，指挥系统畅通、各指挥人员之间紧密协调配合是影响全局工作和保障武术表演成功的关键。在现场彩排、预演或正式表演时，总指挥的位置一般设在主席台旁，便于总指挥对全场的观察以及与大会主持人的联系。指挥系统的主要成员及任务包括：音乐广播室，确保音乐及录音准时无误地播放；背景指挥，必须在表演前 10~15 分钟将背景表演人员按序与背景台对号入座，使背景表演人员安定情绪，准备表演；场外指挥站，由表演队伍的指挥、后勤人员与秘书处人员联合组成，负责表演队伍按指定区域和顺序集结、报到、调动及疏散，负责服装、道具的分发与保管，负责外场的急救站、饮水站、交通车辆的安置等事务；各出入口指挥员，负责组织引导表演队伍按顺序进入表演场地，表演结束后，引导表演队伍退场。

2. 表演阶段的会议安排

表演阶段是排演的完成阶段。它的主要任务是尽一切努力顺利地完成彩排、预演和最后正式表演。这一阶段有很多会议安排，其主要任务包括：深入动员，要求表演者高质量地完成表演任务，消除各种不正确的想法和自满情绪等；在预演和正式表演前召开会议，对各项工作进行细致的分工、落实和检查；明确表演的时间、集合地点、各级指挥位置、疏散路线、表演服装、道具的分发与保管，解决交通、急救站、安全问题等；每次预演与正式表演后要及时召开会议，进行工作小结，提出改进工作的措施。

总之，排演工作应注意其科学性，要切实可行、行之有效，在时间安排上要留有充分的余地，以利于应付各种未曾预料的情况的干扰，保证排演工作的顺利进行。

三、武术表演排演的特点与方法

（一）武术表演排演的特点

一般而言，武术表演的排演工作有三个特点。一是业余性。参加武术表演排演的人员绝大多数是一般群众或运动员，缺乏必要的基本功和武术表演知识。在排演中，指挥员要非常清醒地意识到这一点，对表演者要耐心细致、循循善诱。排演的时间一般是业余时间，指挥员要对思想动员、后勤保障等方面的工作予以足够的重视。二是计划性。武术表演工作是一个系统工程，牵一发而动全身，确定工作计划之后，编导就要严格按预定计划定人、定位、定时，保证高质量完成既定任务。另外，工作计划的制定也要留有余地，以确保局部的意外事件不影响整个武术表演的进程。三是整体性。武术表演工作牵涉面广，为了达到整齐划一的集体效果，排演工作还要考虑其系统性、整体性。整个排演工作是一环套一环的，排演中的各个部分相互影响，因而排演计划的安排要从整体出发，系统地安排各个部分的排演与休息。

整个排演工作是保证武术表演成功的关键阶段，大群体的排演工作最忌讳的是散、拖、乱。所以，富有凝聚力的组织动员工作和严密、科学的运筹工作比完成武术表演难度动作本身更为重要。排演指挥员应团结精干，充分领会策划者表演方案的意图，表演队伍应组织严密、令行禁止。排演工作应贯彻循序渐进的原则，动作从易到难、由简到繁、由局部到整体，做到准备充分、传达意图迅速、排演作风干练。大型武术集体表演以齐整为特征，在排演中应做到配乐节奏准，动作到位准，表演掌握时间准。

（二）武术表演排演的方法

武术表演排演工作一般分为准备、排演和表演三个阶段。武术表演的实际排演要紧紧抓住“人多、变化快”这一特点，在考虑和运用排演方法时要适应这一特点。例如，讲解和示范是最基本的教学排演方法，但在武术表演排演中，编导要根据不同的内容，灵活运用多种多样的方法，才能多、快、好、省地完成排演任务，排演的方法主要包括以下几个方面。

1. 技术排演

技术排演的质量是评价武术表演效果的最直观的根据。根据表演动作、队形变化、组图案、进退场各种配合排演等不同内容，采取不同的排演方法以提高排演效果。

（1）基本功排演。武术表演的基本功是指正式表演动作排演之前的必要的基础排演，它对缩短排演时间、提高动作质量、确定表演单位在表演中的位置起着重要的作用。武术表演基本功排演的内容大致有：动作的练习，舞蹈基本动作的练习，柔韧性与力量性的素质练习，武术基本动作的练习，难度动作的辅助练习（包括带器械和不带器械）。基本功排演的内容要根据不同表演内容的需要来选择安排。

基本功排演是一个长期反复、单调枯燥的过程，排演时既要讲清基本功排演的重要性与必要性，又要采取一些有效的措施与方法，以增加练习的乐趣。当表演者在进行基本功排演时，切记不要操之过急，以避免意外事故的发生。

（2）表演动作的排演。武术表演的动作很多，一般可分为一致性动作和非一致性动作。对于一致性动作，可以采用教练员讲解与示范的方法进行排演；对于非一致性动作，可以采用单人讲解、集体配合示范的方法进行排演。在讲解时，教练员要分别讲清楚每个人身体基本部位的运动方向、路线、动作的节拍及规格要求等。之后，队员在统一慢口令下，一拍一拍地完成，待掌握之后再按正常速度完成动作。此后，主要是动作的熟练与巩固排演。排演中出现的错误动作应及时进行纠正，事后纠正动作效果不好。队员初练套路时多采用集中排演的方式，提高动作质量时多采用分散排演的方式。编导对排演应定期进行检查评比，以利于促进排演，提高动作质量。

（3）表演队形的排演。武术表演中集体表演的队形较多，有的较简单，有的较复杂。为使队形变化达到迅速、准确、自然、流畅的要求，在排演前，教练员应配合示范或示意图讲解队形，使表演者了解不同队形的含义及变化的方法。在简单队形变化时，可采用基准人、基准行、基准排在全体蹲下的情况下站起或相反的方法，使其他人看清基准人后以此为目标变队进行排演；对于较为复杂的队形或图形排演，在对表演者讲清意图后，各部分教练员应非常明确各单位在图形中的位置、表演人员的分布情况以及变化过程中表演人员运动的方向、路线、方法及节拍要求，持图上岗，先部分排演，再合练。

为了便于复杂队形或图案的排演，编导可先在场内布置特殊标志或画出图案的轮廓，然后由教练员带领表演者分别走到自己的位置上，待各单位表演者熟练掌握了各自变化的方向、路线、方法及节拍之后，他们便可在统一指挥下由原来的队形直接变化到较为复杂的队形。掌握了每个队形之后，表演者可以配合动作做队形变化，也可以只走队形不做动作，以便熟悉队形之间的联系和各种变化的位置。

动作排演与队形排演的顺序，要根据动作和队形的设计特点，一般采用先练队形后练动作的排演顺序，但更多地采用动作与队形同时进行或交叉进行的方式，这样有利于较快成型。进场的队形及动作要与进场后的第一个队形及表演动作紧密地结合起来；退场的队形及动作则要在适当的时间与下一场表演的入场队形及动作结合起来，使表演内容衔接紧密，变化自然、流畅。

（4）图案的排演。图案的排演与队形的排演相似，所不同的是，图案组成较复杂，排演起来也比较困难，所以在排练复杂图案之前，编导应先召集各单位的教练员一起把图案构成与各单位在图案中的位置、人数明确清楚。之后，各单位教练员要将自己单位所构成的那部分图案绘制成图，注明所在位置、方向、路线、节拍等。教练员回到本单位后，要按规定完成所承担的那部分组图案的排演任务。

在集体排大图案时，为使表演者能准确地走到自己的位置上，编导可事先在场地上画出图案的轮廓或钉出若干个特殊标记，帮助队员寻找目标。排练时，在统一指挥下，各单位教练员分别带领表演者走到自己的位置上，经过反复练习后，表演者就能独立并熟练地组成图案。在这一过程中，编导要逐步取消教练员的引导与场地上画的轮廓，仅留下尽可能少的特殊标记作为必要的导引目标。

（5）进退场的排演。进退场的排演是武术表演排演中不可缺少的部分，根据表演主题及情节的变化，表演者进退场的衔接要紧密。特别是大型的集体武术表演进场的排演需要与进场后的第一个队形紧密配合起来，因为进场队形是在第一个表演队形的基础上变化组成的。退场的排演与进场相反，它需要与最后一个表演队形紧密配合起来。退场队形是在最后一个表演队形的基础上变化组成的，排演时表演者根据退场队形退场，退出场外后如需连续退场，再进入场内组成最后一个队形，快速地反复练习退场。

复杂的进退场练习的最初阶段，可由教练员引导或在场内插旗作为目标进行练习。教练员要掌握其方法，以便配合排演的顺利进展。

（6）音乐排演。武术表演从进场到退场都是在音乐的指挥下进行的，因此武术表演中的音乐是主要的指挥信号（背景指挥除外）。为了使表演整齐一致、富于感情，表演者要进行音乐排演。音乐排演通常有三个步骤：第一，印发武术表演乐谱，并要求表演者学会唱谱；第二，表演者边唱边做或在简单的录音伴奏下练习；第三，表演者用正式录音排演，完全用音乐把行动统一起来，有感情地高质量地完成表演。

在排演的最初阶段，表演者主要听口令指挥完成动作。指挥者在运用口令时要注意：由慢速逐步过渡到表演者所要求的速度；随着动作的熟练与作曲工作的完成，逐步用音乐取代口令（开始音乐轻些，口令重些，然后逐渐加重音乐，减轻口令，最后完全以音乐指挥）。

2. 骨干与候补队员的排演

武术表演的排演任务仅靠少数教练员来完成是很困难的，必须培养一定数量的技术骨干来协助教练员。骨干人数可根据武术表演的特点和需要而定。在每次排演前教练员可根据需要先排演骨干，然后再依靠他们的示范动作组织排演。在教练员严重缺乏的情况下，可以在骨干中培养一批小教练，从而形成教练—小教练—技术骨干—一般队员的排演管理层次。

候补队员的排演是保证大型活动顺利进行的不可缺少的一项工作。如果忽视了这项工作或安排不当，就可能出现无候补队员或候补队员替补上场之后不能准确、熟练地完成表演任务的情况，从而给表演带来损失。

对候补队员的排演首先要解决认识问题，使他们明确候补队员的作用与排演任务。在人员分派上，实施者要在各个表演部分预留候补队员，并且候补队员应与正式队员享受同样的待遇。有时，用小教练充当候补队员能起到事半功倍的效果。

3. 思想作风的培养与排演

思想作风的培养与排演是武术表演排演和表演工作的重要一环。在人数众多、时间较长的排演工作中，表演者会产生各种各样的思想情绪，如不及时发现和解决问题，就会使排演工作受到影响和造成损失。我们提倡“练动作又练人”，通过武术表演的排演和表演，有意识地培养某些正确思想和良好的作风。

首先，在准备阶段，表演者被批准参加武术表演，一开始绝大多数都很兴奋，但又不太了解武术表演是怎么回事，更不知任务有多重。在基本功排演开始后，经过严格排演，表演者的身体会出现酸痛反应，此时很容易产生怕痛、怕苦的畏难情绪；再经过一段时间的排演，身体适应了，需要坚持下去和提高要求时，又会产生单调、枯燥或要求过急的不耐烦的思想和急躁情绪。此时应注意要采取不同的方法应对这些问题。

表演者要提高对武术表演的认识，端正态度。领导要经过充分动员，详细讲明表演的意义和任务，并配合武术表演录像和电影，使表演者对武术表演有一个初步的认识，使他们进一步认识到自己所要表演的内容，提高认识，端正态度，提高自觉性。

对于在基本功排演中产生的情绪，一方面，表演者要从思想上了解基本功的重要性和坚持长时间刻苦练习的必要性；另一方面，领导要将基本功动作定出等级标准，定期评比并公布每人的进展情况，同时让表演者观摩基本功练习有显著成绩的单位所进行的基本功排演，启发他们有目标地踏踏实实地坚持刻苦排演。

其次，在排演阶段，经过严格的基本功排演转入正式表演动作的排演后，起初表演者表演的积极性很高，但在初步掌握了表演动作之后，很容易产生“差不多”的“盲目乐观”的思想和松劲情绪；在被要求提高动作质量或发现方案的问题要做必要修改时，会产生厌烦情绪，安于现状怕变动；在排演取得成绩受到表扬时，有些人又容易产生自满情绪；评比不如其他单位时又容易产生悲观、失望和埋怨情绪等。这些情绪不时地在影响着排演工作，需要做大量的思想工作，引导表演者积极自觉地投入排演。针对以上情况应采取以下方法：

第一，领导要经常做思想发动和宣传教育工作，通过板报、广播等及时表扬好人好事，做好现场宣传鼓动工作，使表演者刻苦排演；

第二，成立临时党、团、队组织，发挥组织作用和政治骨干的先锋模范作用；

第三，领导要深入排演现场，从政治上、排演上和生活上关心表演者；

第四，领导要经常组织一些与本动作内容有联系的电影晚会，通过这样的活动启发表演者在排演中的思想感情；

第五，组织动作评比，鼓励表演者向先进单位学习；

第六，表演者要定期交流思想政治工作经验，不断改进思想政治工作；

第七，表演者要边练动作边抓紧学习问题，真正从德、智、体各方面得到发展。

最后是表演阶段。在此阶段表演者的热情高涨，态度认真。表演者要发挥最好的水平，不要过于紧张，注意身体健康、饮食卫生，防止各种疾病和事故的发生。表演者每表演一次要总结一次经验教训，提高一次效果，保证排演和表演任务的顺利完成。

四、武术表演的预演与正式表演

表演是排演工作的归宿与目的。为了圆满地完成表演任务，通常在正式表演之前，编导要组织一定次数的预演，在此基础上再进行武术表演的正式表演。

（一）武术表演的预演

预演既是排演工作的结束部分，也是对与表演相关的各部门工作的检查与验收过程。通过预演，相关人员可以检查后勤的场地布置、交通运输及有关的物质保证工作的安排是否妥善；检查武术动作、音乐、服装、道具、背景以及灯光设施配合的现场效果是否达到了创编、设计的要求；检查安全保卫及票、证分发是否合理；检查表演的指挥系统是否严密、有效。表演者则可以通过预演培养在组织观众观看的特殊环境下，沉着、冷静、轻松自如并富有表情地完成表演任务的能力。此外，相关人员可以总结经验，发现问题并及时予以妥善解决，为确保正式表演的圆满成功做好各方面的准备工作。为此，在预演前必须制订周密的计划。

第一，召开与表演相关的各部门负责人的准备会议（或称协作会），商讨各项工作的具体安排，进行明确分工并提出具体要求，以便协同工作。

第二，召开各表演单位的领导与教练员会议，明确各单位表演人员集合的时间、地点与具体要求，检查有关表演的各项物资准备工作的落实情况，做好思想发动工作，进一步调动全体人员的积极性，以保证预演工作的顺利进行。

第三，做好预演的组织与指挥工作。预演前，表演人员首先应在各单位集合，领导检查人数及有关物资的装备情况，进行思想动员，提出纪律要求。表演人员按预定的时间到达表演队伍集结区，向有关指挥人员报到。表演队伍集结区的安排是根据表演场次的顺序和人员的多少以及各场次准备入场的方位确定的。若有背景的表演，则应合理安排场内表演人员及背景表演人员的集结区域，以保证场外队伍的集结井然有序并有利于预演工作的进行，如图 12-2-2 所示。

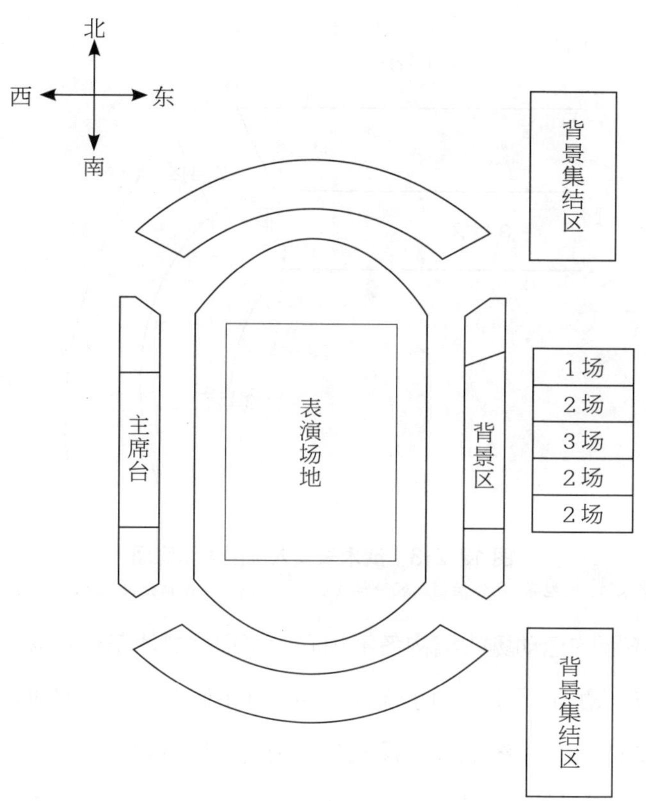

图 12-2-2　武术表演队伍集结区

资料来源：倪旭芬. 团体操创编理论与技术[M]. 北京：中国社会出版社，2007：261.

第四，背景表演人员应在表演前 15 分钟全部进入背景区，做好表演的准备工作。背景指挥人员要合理安排整个队伍的入场顺序，以便表演人员按时入场完毕。

第五，入场时，中间部分的表演者先进，由中间至外侧依次入场，靠最外边的人最后进入背景区。每一场表演的入场分三步进行，即经过三个区位，如图 12-2-3 所示。第一步是将表演队伍的顺序安排好，如同背景表演者入场，中间的人在前，旁边的人在后，排面的宽窄根据入口处的大小而定。第二步是将表演队伍带到进场的入口处，即 2 号区。第三步是将队伍带到场内准备入场表演的地方，即 3 号区。表演队伍至少在表演前 3 分钟到达 3 号区。进场时的步伐要整齐一致、保持肃静，直至表演开始。在第一场的队伍进入 3 号区时，第二场的队伍就要带入 2 号区；待第一场的队伍进入表演场地后，第二场的表演队伍就应进入 3 号区等候。其他各场均按此要求予以衔接。

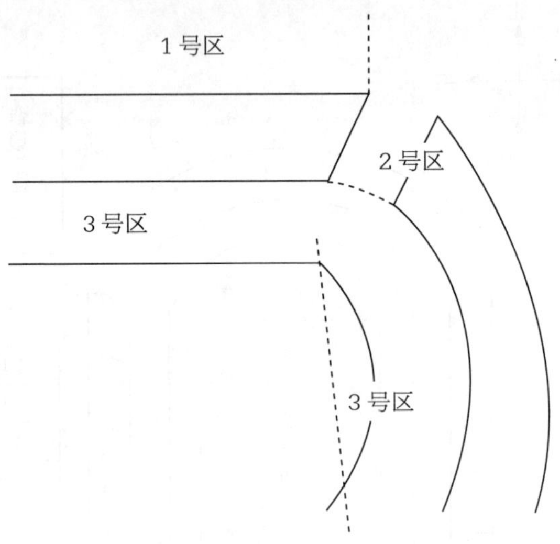

图 12-2-3　武术表演入场区号示意图

资料来源：倪旭芬. 团体操创编理论与技术[M]. 北京：中国社会出版社，2007：262.

第六，不同的运动场的结构各不相同，可根据具体条件及表演队伍入场的方位参照此方法酌情而定。为了保证预演工作的顺利进行，必须建立完善而有效的指挥系统。指挥系统的岗位设置及人员的组成应根据表演的需要而定，通常由图 12-2-4 所示的岗位人员组成。其中，总指挥负责与大会主持人取得联系，并向场外指挥、背景指挥、各出入口处指挥、音响效果指挥、灯光设施指挥传达上级指示和下达指挥命令，同时听取各岗位指挥的工作汇报，对存在的问题要及时予以解决。总指挥的位置一般设在主席台旁，以利于联络并观察全场；场外指挥由编训人员、后勤人员及办公室人员联合组成，分别指挥表演队伍的集结、报到、调动、交通、服装、道具、急救等一系列工作，并及时向总指挥报告情况和接受指挥命令；背景指挥在表演的准备工作就绪后，要及时向总指挥报告；各出入口处指挥负责按表演的场次顺序组织表演队伍及时进入 2 号区、3 号区，表演结束后，引导队伍退场；音响效果指挥负责调试音响和播放音乐；灯光设施指挥负责调试表演所需的灯光。

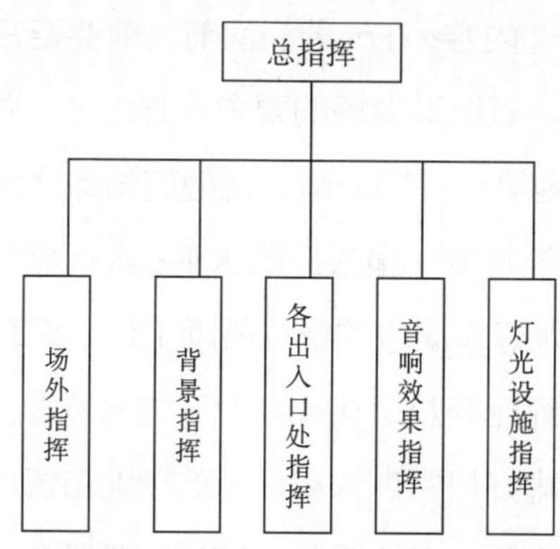

图 12-2-4　武术表演中指挥系统的岗位人员示意图

总之，预演要按照正式表演的工作程序及要求进行。预演结束后，相关人员要及时地总结经验与教训，不断改进工作，为正式表演做好充分的准备。

（二）武术表演的正式表演

在认真总结预演的经验教训的基础上，正式表演前仍需进一步做周密的计划，实施者要认真严格地加以组织，充分地做好表演前的一切准备工作，力求出色地完成武术表演的任务。在正式表演前，各级各部门领导以及工作人员、参与人员都要做好各方面的准备，以期获得武术表演的最终成功。

1. 思想工作

武术表演的成功是集体力量的结果，既需要参与人员高度的组织纪律性，也需要参与者以饱满的姿态迎接表演与比赛。在表演或比赛过程中，可能会有各种不可预测的事情发生，以致影响到参与者的情绪，此时就需要参与者有团结互助、宽以待人的文明行为习惯，要求他们有拼搏精神和不怕吃苦、不怕落后的精神，这样才能保证武术表演的顺利推进，有利于获得良好的表演效果。因此，在武术正式表演之前，各级各部门领导应该首先对参与者进行思想教育，向他们传递体育精神，激发他们的集体荣誉感，并鼓励参与者勇于创造美、表现美，为武术表演的最终完成奉献自己的力量。

2. 组织工作

武术表演是一项有计划、有目的的运动项目，它的成功与否跟各级各部门领导的组织部署工作是密不可分的。因此，在组织武术表演前，各级各部门领导首先要根据表演者在上一个阶段存在的问题，做进一步的思想发动工作，同时详细介绍所承担的全部内容；在大的表演节目前要召开会议，布置表演的目的任务、明确时间地点、表演进退场的要求与方法等，并进行详细分工，做好各项准备工作；有步骤地培训基层教练，使他们熟练地掌握全部表演动作和训练方法，以便在表演中能够发挥出最好的水平；认真组织好候补队员，以预防突发事件的干扰；认真做好表演中的宣传鼓励工作，采取各种有效措施如表扬先进、树立典型、竞赛评比等及口头或其他形式的鼓励，要切实加强思想教育工作。最后，后勤要安排好日常训练和合练的场地布置、扩音设备、交通、饮水、医务、便所、存放衣物、表演服装、道具、背景台、背景本的制作及保管以及音乐的录音工作等等一切保证工作。①

① 倪旭芬．团体操创编理论与技术[M]．北京：中国社会出版社，2007：265.

第十三章 大型武术表演的场地布置

大型武术表演的场地和训练场地一样，其布置是一项细致、艰苦而又必须进行的工作。它是全体表演者在场内进行各种动作表演及队形变化的主要客观依据，场地布置得合理与否，直接影响到武术训练与表演的质量和效果。20世纪90年代以前，我国的室外武术表演大部分是在土地或草皮上进行，室内武术表演一般是在木板场地上进行，也有在水泥地上进行。随着时代的发展，武术表演的内容及形式不断更新、丰富和发展，在条件允许的情况下，人们更加注重表演场地的布局、质量、实用性以及表演的整体效果，如帆布、化纤地毯等陆续被用于武术表演场地之中。不论采用哪种质地的表演场地，工作人员都要根据武术训练和表演的需要来布置，只是布置时所采用的方法有所不同。工作人员也可以根据本单位所承担的表演任务及所用场地的面积，通盘规划，认真、细致地进行测量，合理而准确地布置表演场地。

第一节 布置场地前的准备与规划

一般来说，武术训练的场地有草地、水泥地和土地三种，无论是何种场地，工作人员都需对表演场地或训练场地的布置做一些必要的准备工作。

一、认识场地布置

工作人员在明确表演任务之后，还需要了解表演场地的具体情况，如表演场地的大小和周围环境、场内出口和入口、正式表演区和准备区的大小、场外有无队伍集结的条件等，这样便于工作人员确定武术表演的规模和人数，有利于合理巧妙地安排进、退场。

较大型的武术表演大部分是在有看台的田径场上进行，中、小型武术表演可以在室内、室外的体育馆和体育场进行。若在广场上进行表演，工作人员应根据广场的大小来确定适当的表演区、队伍集结区及进场、退场的方向和位置，并合理地划定出观众所在的区域，这样既可保证表演的顺利进行，也可保证观众的位置比较恰当。工作人员也要给馆内表演划定出表演区，要了解出、入口的大小、多少和位置。表演场地布置得整齐、美观、别致，有利于提高武术表演的训练和表演质量。

布置场地的主要任务是标出“基本点”，这是武术表演所有动作、队形变化的场内依据。基本点即在表演场地上标出的间隔距离为 1.20 米的点。为了便于区分，单行基本点可设为红色，双行可设为白色。待全场基本点布置完毕后，从整体看，表演场看起来好似一张大的“坐标纸”。

为了使表演者能够准确、迅速地组成复杂而多变的队形图案，场内可适当设置一些特殊点，如五角星的角、圆形的圆心、多边形的边及大器械的位置等。特殊点的颜色要显著不同于基本点，以便辨识。不同场次的表演，其特殊点的颜色和形状也不应相同。要切记特殊点不宜过多，否则就失去其特殊的意义了。

二、绘制表演场地图

根据武术表演的需要，工作人员可以把所用场地的面积按比例缩小，将其绘制在较大的坐标图纸上，按照表演的要求分别在不同的位置用不同的颜色标出场地的方位、主席台的位置、中线、中心点、边线、端线以及基本点，并在表演场地的前、后、左、右的边线与端线上标明不同行与列的序号，以此作为场地布置时的基本依据，如图 13-1-1 所示。如果只是一场表演，表演中又出现综合队形，那么为保证表演效果，工作人员可在上述内容的基础上绘制所需的特殊标记，如组菱形，可在四个角的顶点绘制四个有别于基本点的特殊标记。如果表演的场次较多，工作人员可根据表演的实际情况安排各场表演的特殊标记点。随着科技的发展，这些设计和规划可以借助先进的软件技术。

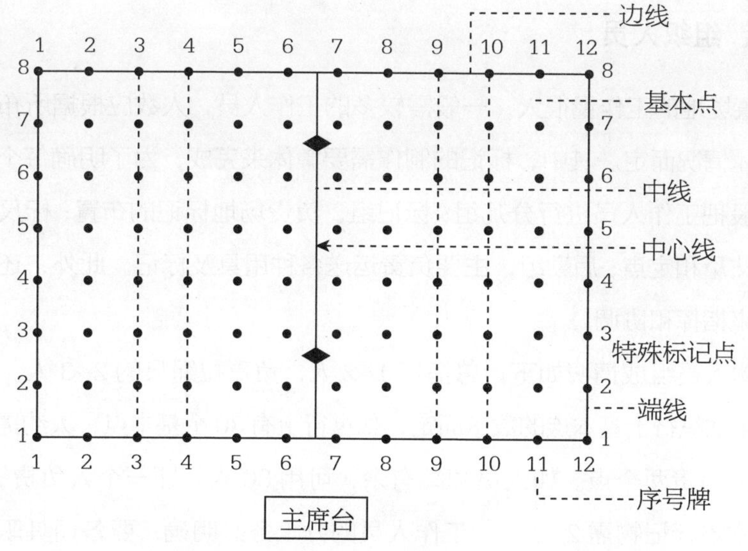

图 13-1-1　表演场地图

三、准备物品

布置场地所需要的物品有钢尺或皮尺一个、带有固定距离标记的测量绳两根、100 米左右的粗线一根、画线用的白灰或油漆若干、钉标记用的小锤每人一把、基本点标记物、特殊点标记物、序号牌、钉子、指挥信号物（口哨、手旗或喇叭均可）等，工作人员要按规定要求准备各种标记并留出一定数量备用。基本点标记物可用铁皮、碎布、塑料片等制成。用铁皮制成的基本点一般为直径约 10 厘米的圆形，用碎布或塑料片则可做成约 10 平方厘米的块形，中间留有一孔，如图 13-1-2 所示。

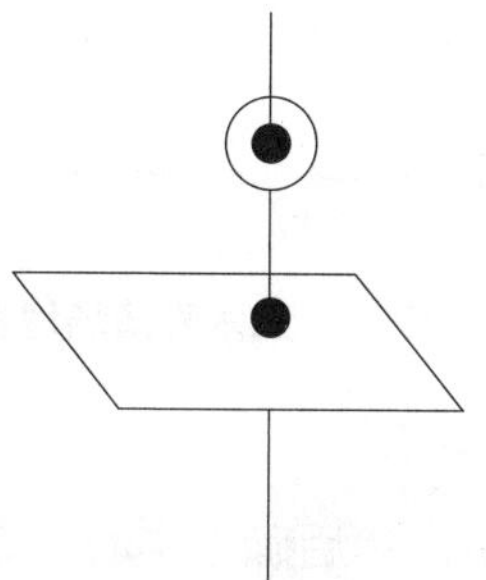

图 13-1-2　用碎布或塑料片做成的基本点

四、组织人员

布置场地的工作量很大，一般需较多的工作人员，人数应根据所布置的场地的具体情况而定。其中，标记的制作需要集体来完成，为了明确每个人的职责，一般把工作人员进行分几组：标记组，负责场地标记的布置；标尺组，负责场地丈量和定点；后勤组，主要负责运送各种用具及标记。此外，还需要有1~2人来指挥和协调。

具体人员组成情况如下。总指挥1~2人，负责拉绳尺的2~3人。钉点人员的数量依纵行上基本点的数量而定，如纵行上有30个基本点，大约需15人，即一个人负责两个点。如人员绰绰有余，可用30人，即一个人负责一个点。运送基本点标记物需2~3人。工作人员的分工务必明确，要各司其职，努力做好自己的本职工作。

第二节　布置场地的步骤与方法

一、布置场地的步骤

武术场地布置是一个连续的过程，分五个步骤进行，其布置图如图13-2-1所示。

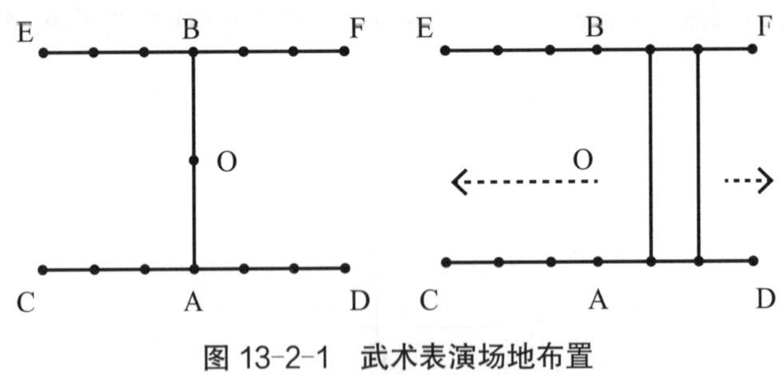

图13-2-1　武术表演场地布置

（一）确定表演场地的中心点

一般要先估计场地的大小，然后确定中心点O。

（二）确定表演场地的中线

工作人员根据中心点的位置O，确定表演场地的中线AB。然后，通过A、

B两点，分别拉出平行于跑道沿（主席台）又垂直于AB的两条边线CD、EF，使其成为“工”字形，并按照场地图纸上基本点的间隔距离的要求，将CD、EF上的基本点准确无误地钉出来。

（三）确定表演场地的基本点

工作人员要在统一指挥下，按要求从中间分别向两侧，对场地中的基本点要严格地、有条不紊地、逐行地进行布置，切忌混乱。

具体做法如下：指挥员站在左（或右）半场的中间，面向中线AB进行指挥，后边线CD上的拉绳人员以CD上的标记点为准，将绳尺的一端固定。前边线EF上的拉绳人员则要抖动绳尺，并对准相应的标记点将绳尺拉直，固定在相应的点上。中间需有一人检查绳尺是否准确并协助调整。钉点人员在绳尺的后边，面对指挥员，站于其所要标定的标记点的后方，等指挥员下令“放点”时，迅速将标记点对准绳尺上的标记（刻度）一侧，轻轻钉在地上；钉点时不得随便移动绳尺，以免影响他人工作的准确性及整个工作的进程；当大家都将标记点对准绳尺上的标记并轻轻钉在地上后（切勿压住绳尺），指挥员便下达“移绳”的命令，拉绳人员立即快速地将绳尺移至下一个标记点，此时钉点人员再将标记点完全钉下去，而后原地站立，等待命令再进行下一行的钉点工作。

当左（或右）半场布置完成后，再布置右（或左）半场的标记点，程序同上所述。在场地布置的过程中和全部布置任务结束后，负责人员应及时检查，若发现问题，立即纠正。

（四）插上序号标记牌

按照表演场地图的要求，组织人员在边线与端线上的基本点前（侧、后）方按顺序从左至右、从前向后插放行与排的序号牌。序号牌的形状可为圆形，也可为三角旗样，如图 13-2-2 所示。

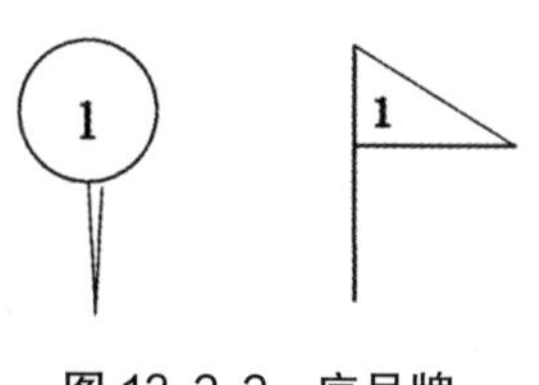

图 13-2-2　序号牌

（五）布置特殊标记点

全场的基本点以及行与排的序号牌的布置工作完毕之后，由各场负责人指定专人进行特殊标记点的布置工作。如果特殊标记点的位置与场上某基本点的位置相同时，则应将特殊标记钉于基本点的一侧为好。① 特殊标记点的制作与基本标记点的制作稍有差异，特殊标记点的色彩要鲜艳、要大些，一般采用10~15 厘米直径的圆形，或做成方形或多边形，以便区分。

二、布置场地的方法

武术表演场地布置的主要方法有工字法和非方形场地的标记方法等。

（一）工字法

工字法适用于方形场地，是指先确定中心点O和中线AB，由中心点沿中线向前、后钉基本点；再确定前边线EF，从边线与中线垂直交叉处，向左、右钉基本点；确定后边线CD与前边线相同，这样布置后就形成了“工”字形，然后布置全场基本点。由中线分别占据两侧，通过前后边线上的基本点丈量，在刻度处准确地钉点，即可布置出全场基本点，全场基本点布置完成后，四边插上横竖排纵队标号铁旗，根据需要再布置特殊点。

（二）非方形场地的标记方法

近年来，武术表演场地的布置大量地引入舞美艺术，在表演场地的设计上往往突破了传统的方形场地，更多地使用非方形表演场地或在表演场地内安放大型舞美造型。在这种情况下工字法就有一定的局限性，有人提出了针对非方形场地的标记方法。这种坐标标记方法对于提高武术表演的训练效率和表演的艺术效果有一定的积极作用，工作人员可以根据具体情况来应用。

简而言之，无论基本点还是特殊点都要少而准，因为点越多越不清晰，甚至出现重叠现象。一场大型武术表演的场次和基本点过多，会使表演者很难准确地找到自己的位置。此外，工作人员还需注意布置场地的测量绳、皮尺等的刻度要精确，质量相同；确保拉测量绳的力量一致，全部基本点钉在绳尺的同一侧，否则很容易出现误差。

---

① 夏环珍．团体操[M]．北京：知识出版社，1998：104.

第三节　武术表演场地坐标标记方法

针对传统的武术表演场地坐标标记方法的某些不足，考虑到现代武术表演对场地坐标标记方法的新要求，有人提出了新的坐标标记方法，并且通过大型武术表演的实际应用，证明了这种新的方法对于提高武术表演的艺术效果，特别是对于提高武术表演的训练效率具有良好的作用。

一、传统标记方法的缺陷

（一）标牌对演员进退场的不利影响

传统的武术表演场地基本点的标号是在场地四周竖立带有行号及列号的标牌，其缺陷是所立标牌若太小则在场内不易看清，太大则影响表演人员的进场和退场，特别是如果表演人员多或需要跑步进退场时演员容易被绊倒。此外，标牌对于一些大道具车辆的进场和退场的影响也很大，车辆一不小心就可能被标牌卡住，或者把标牌压倒而导致后续表演的混乱。

（二）场内演员不易看到坐标标牌

在武术表演过程中，演员只有明确地知道自己所处位置的坐标号，才能更好地确定自己的位置及运动的方向，按照表演方案预先的规定成功完成表演。若场地内的坐标点没有坐标号的搭配，其价值对于表演人员来说就仅仅是规范间隔和距离了。采用传统的坐标标记方法时，场内的演员由于视线被周围的演员阻挡，不易通过观看四周的立标清楚明确地了解自己所在的位置，只能根据与其他演员的相对位置来判断自己的位置是否正确无误，一旦前面的演员站位有误，后面就会有大批演员站错位置，类似情形经常发生。

（三）非方形表演场地的标牌不易安置

传统的坐标标记方法对方形表演场地比较适合，但对于非方形的表演场地，如圆形或椭圆形场地来说安放标牌则很困难，尤其是当场内有大型道具或大的舞蹈造型时，标牌更不能起到应有的作用。传统的表演场地，大多直接利用长方形的足球场，并在主席台对面的看台上安排背景表演，或在主席台对面的看台下设置演员专用舞台，这时舞台与场地缺少有效联系，各自相对独立。随着武术表演艺术的不断发展，近年来，场地设计往往突破了传统的场地布局习惯，较少直接使用长方形的足球场，而通常是在场地内设置舞台或安放大型道具等，这就给场地内的坐标点的标记带来了一定难度。对于这样的场地，以往的坐标标记方法显然是无能为力了。

（四）复杂队形、图案的变化过分依赖特殊标记

由于场地内有成百上千个相同的坐标点，所以诸多队形的变化不得不依赖特殊点的标示。各场动作的特殊点又不同，结果导致特殊点相互干扰，演员在场地内难以区分哪些特殊标记是本场动作的，哪些不是。当表演场次多且变化复杂时，场地内的特殊点花花绿绿，杂乱无章，严重影响了表演的艺术效果。

（五）不适合光线较暗的场景的表演

近年来，武术表演大量引进舞台灯光艺术，有时为了更有效地烘托表演气氛，取得更好的艺术效果，经常利用夜幕掩护大道具的进出，并要求演员在光线较暗的情况下进行队形变化。此时，若用传统的坐标标记方法，演员将无法通过观看坐标标记牌来确定自己的位置是否正确。

二、新坐标标记方法

通过对传统的场地坐标标记方法存在的缺陷进行分析，有人提出了新的场地坐标标记方法。这种新的坐标标记方法，对于进一步提高武术表演的编排水平、训练效率，增强表演效果都具有重要的意义。

（一）新坐标标记法的优点

这种新的坐标标记方法具有以下优点：第一，场地内的演员可以很方便地看到自己所在位置的坐标号，并据此推断出自己应移动的方向和距离；第二，不影响大型道具和演员进出场地；第三，新的标记方法可以取代一些特殊点和特殊行进路线，使表演场地更整洁美观；第四，新的标记方法适合各种形状的场地，不受场地面积大小、场内大道具或大型舞美造型的影响；第五，能很好地解决在光线较暗或者完全夜幕下演员进行队形变化的问题，演员可以根据标记数字的上下位置辨别横、纵坐标号。

（二）新坐标标记法的运用程序

坐标点要用 10 平方厘米的硬塑料或胶合板制成，在坐标点上用防水的红、蓝两种颜色分别标出该点的横、纵坐标号，再用两根 1 寸铁钉固定在地毯或草坪上。在标示号的涂料中加入荧光粉，以利于夜幕下演员能直接识别自己的位置。之后，在武术表演场地的基本坐标点上直接标记坐标号（基本点是场地纵横坐标号相交的点）。

第四篇

武术表演的开发与运作

第十四章　武术表演的开发与发展趋势

武术作为一种文化形式，其资源表现为物质文化内涵资源和建立在物质文化基础上的武术制度文化资源。武术资源是指那些在武术的演化和发展过程中创造和积累起来的精神财富和物质财富的总和。它蕴含在武术这一中国特有的运动形式之中。在体育表演产业快速发展的时代背景下，这些资源的开发和利用大大促进了武术产业的发展。武术既是民族传统体育项目，也是民族优秀文化遗产。武术表演是武术资源的重要组成部分，是武术向艺术化方向发展的一种表现形式。随着体育表演市场的快速发展，武术表演资源得到了快速开发，主要标志是开展了形式多样的武术表演活动。

第一节　武术表演开发的背景

武术作为中华民族传统体育的主要内容，一直以娱乐观赏的价值功能而成为广大人民群众丰富业余生活的主要手段，拥有广泛的群众基础，其内容、形式丰富多样，满足了不同群体娱乐休闲的需求。武术娱乐活动是现代武术的重要组成部分，在人们对武术需求目的的转换中，其表演娱乐功能在武术的发展中发挥着重要的作用。随着社会的现代化进程，人们逐步进入小康社会，社会文明程度不断提高，健康意识逐渐深入人心，奥运会等国际大型运动会在我国的成功举办极大地激发了人们参与体育的热情，城市化又为人们的休闲娱乐提供了保证，人们对武术的需求也逐渐从强身健体转变为娱乐休闲，武术娱乐消费朝着大众化、普及化、多样化发展，推动并加快了武术产业发展的步伐。

随着改革开放的深入，武术工作者和文艺工作者的思想得到了充分的解放，他们积极地进行着创新。通过武术工作者和文艺工作者的努力，武术表演在社会的舞台表演艺术中已经占据了重要的一部分。我们要对武术表演产生的社会背景进行分析与研究，以便引导武术表演得到更好地发展。

当然，武术作为中国的一种传统文化，它本来的博大精深和深厚的文化底蕴，是它获得新发展的主要基础。这种古老文化喜逢盛世，又为它的发展提供了不可或缺的历史条件。

首先，随着经济的发展，产业经济变得越来越重要，武术表演正是在这样一个文化多元化和经济繁荣的社会背景下发展起来的，它正是借着这个文化多元的时代特点，走进舞台表演艺术中，并且借助舞台表演中的各种艺术手法，创造了全新的发展机会和空间。将武术技术中的整套动作或部分动作拆散开，再根据舞台表演的需要进行重新创造，不仅提升了武术的艺术观赏价值，同时也正是因为武术的融入，使舞台表演的形式和内容变得新颖、别致。

武术表演的发展与创新，其表现形式与内容不一定都采用了新的技术，但其中一定有将多种存在技术进行打散再重新编排的形式和内容，表现出来的是新的形式和内容，当然其中多少含有一些新技术。在今天这个多元的时代，综合性的创造是常用的手段，如 2007 年中央电视台春节联欢晚会舞台上出现的武术表演，是武术表演者根据舞台表演剧情安排的，将规定套路的技术动作和自选套路的组合或分段进行重新组合，再与舞蹈演员相互配合完成的整场演出，为观众带来了新的听觉和视觉冲击。武术表演作为现代社会的新产物，不仅具有创造性的综合特点，还具有综合的创造特点。“武术表演”既是将原来的武术套路“打散”，也是将原来的舞台表现手法打散，重新组合而进行“综合创造”的产物。没有改革开放，就不会有人们在新的历史条件下的思想解放，武术表演的如此发展是不可想象的。

其次，随着社会经济的发展，舞台表演更加市场化、产业化。武术表演走进舞台表演艺术，其自身也就具有了更高的观赏价值，其主要原因：一是武术表演的内容和形式有别于其他类的表演艺术，在表现形式和内容上都颇有新意；二是武术具有浓厚的传统文化背景，它的表现形式和内容体现了从历史走来的格斗技术；三是武术的外在肢体动作具有一定的欣赏价值，能感染观众的情绪和带动表演氛围。也正是基于这三个原因，舞台表演艺术能将武术融入其中，作为舞台上的新视觉效果来发展，使得武术更容易走向市场。改革开放以来，市场经济的发展对武术提出了更高的要求，武术的发展不仅可以更好地满足市场的需要，也更有利于武术的市场化和产业化，同时还能更好地满足观众的需要。所以说中国市场经济的发展催生了武术表演，观众对这种新的武术品种的认可和追捧，使它在市场上占住了一定的位置。

最后，随着经济、科学的发展，在重视科学发展的社会背景下，武术表演为了更好地满足观众的观赏需要和提高其观赏价值，借鉴和使用了科技手段，促使表演内容与形式的表现更加完美和理想化，并成为推动其发展的重要手段之一。改革开放以后，舞台表演注重运用科技手段来提升其表演效果，学习和引进了世界上最先进的舞台技术，使舞台表演具有世界级水平。例如，中国的少林功夫剧《少林武魂》能在美国百老汇剧场演出，受到当地观众的热烈欢迎和喜爱，不仅证明了中国舞台所使用的科技具有一定的水平，还使中国武术以舞台表演的方式走向了世界级表演艺术场所。现代舞台科技水平的提高、科技手段的使用为武术表演锦上添花，提高了它的观赏价值。

舞台作为中国表演艺术中一个不可缺少的艺术展现场所，为表演类节目带来了最直观的表演效果。今天，观众对舞台表演艺术的需求是多元化的，既有寓教于乐的、审美的，也有娱乐的、刺激的。随着我国国力的持续增长，以及我国演出市场的不断繁荣，将武术引入舞台表演中为武术和舞台艺术创造了新局面和发展空间。武术表演的发展基于人们思想的解放，对现代科技手段与方法的使用，有利于新的文化品种的产生。

第二节　武术表演市场开发的必要性和目的

一、武术表演市场开发的必要性

（一）武术表演对城市发展的积极影响

体育是文化的一个重要组成部分，体育竞赛和表演对城市的建设和发展具有极其重要的意义和巨大的推动作用。一些国家通过体育竞赛和表演可以大大提升城市的国际地位和知名度，在“经营城市”方面起到了良好的示范作用。

比如，英国的曼彻斯特原来是一座已经废弃的煤城，正是因为后来有了足球联赛和"曼联"足球队，才逐渐为世界所瞩目；美国通过美国职业篮球联赛不仅向世界宣传了本国文化，也提高了许多城市的知名度；我国辽宁省的大连市也是从本市实际出发，把足球比赛与城市经营紧密结合，取得了令人瞩目的成就；上海作为国际大都市，始终没有忘记体育竞赛对城市发展的重要性，不仅把国内的职业体育比赛搞得红红火火，也兴建了具有国际水准的世界一级方程式赛车场地；还有北京国际马拉松赛以及环青海湖自行车赛等。上述城市的实践表明，体育竞赛已经成为城市经营的先锋。许多武术之乡、武术强省有着非常好的武术资源，如果能把武术作为城市的"名片"，将武术表演推广出去，不仅可以促进武术市场的发展，提升城市地位与知名度，更会促进城市经济的发展。河南、山东、山西等省是我国的武术大省，武术资源丰富，借武术之力，使得知名度不断提高。河南省旅游局将"少林拳"和"太极拳"作为重点资源开发项目，"武术搭台，经贸唱戏"，郑州连续举办了十一届国际少林武术节和焦作国际太极拳年会分别打响了郑州和焦作的城市名片，为河南省的经济发展注入新的活力。

（二）武术表演对武术的宣传作用

武术表演是展示武术的平台，是宣传武术的最佳办法，可以吸引更多的人关注武术，参与武术训练，形成很好的武术人才梯队。电影《少林寺》上映后，中国大地上迅即掀起学习武术的热潮，促进了武术市场的兴起，形成了单位、集体、个人投资兴办武校的局面，涌现了一大批武术经营单位，开始形成了国家和社会、武术行业管理部门和其他部门共同办武校的局面，使得武术服务的生产和经营逐渐社会化。武术社会化有了经济利益的基础，有力地打破了由体育行政管理机构包揽包办武术事业的旧格局。

（三）武术表演推动相关行业的发展

随着社会经济的快速发展，人们生活水平不断地提高，审美体验与精神愉悦已成为当下人们休闲娱乐活动中的高层次追求。为调适受众的"口味"，使其能品味到浓厚的传统文化，满足日渐增长的精神与情感需求，武术表演在继承传统的基础上融入了各种元素。由此也必然会扩大武术表演经济产业链的范围。从表演需要的器械到配备华丽的服饰，再到为突出表演意境而融入的舞台、灯光、音响和道具等，武术表演连带的经济链条不断延伸。随着《国务院关于加快发展体育产业促进体育消费的若干意见》的出台，武术表演作为服务型产业进入市场化运营已是不争的事实。这势必会带动周边更多产业的形成与发展。通过武术表演的观摩、交流、学习、推广、培训等活动可以广泛地开辟武术娱乐市场。同时大批武术高手进入影视行业，不仅提高了武打影视的质量和观赏性，宣传了武术，而且催生出更多的武术爱好者，扩大了武术市场的消费。此外，发展武术旅游，也可推动相关行业的经济增长。

（四）武术表演为武术的交流提供平台

武术表演的发展不仅促进了武术表演产业的发展，也为武术的交流与提高提供了平台。武术具有极强的观赏功能、娱乐功能，既可自娱、又可他娱。丰富多彩的武术表演，不但为武术运动员提供了表演锻炼的机会，也使他们通过表演检查自己的训练效果，发现自己的不足，进而修正训练方法，提高武术训练水平；还可以为门派之间的充分交流提供机会，方便他们取长补短。

另外，武术表演还是中外文化交流的重要内容。武术是中华民族对世界文化的贡献，是世界人民的共同财富。作为一项集医疗、健身、欣赏特色于一身的体育运动，武术必定会向着大众化的方向发展。武术表演为把武术推向世界、传播中国文化提供一个很好的交流平台。

（五）武术表演实现了武术自给自足

武术表演市场的兴起，增强了武术工作人员的市场意识和经营意识，使武术机构自身的武术业务面向市场。武术市场兴起后，向社会开放的公共武术场馆绝大部分都提高了经费自给率，减少了财政支出，用经营创收部分增添或更新武术设施，兴办武术事业，改善职工生活条件。总之，武术市场的兴起，促进了武术管理机构运行机制的转换，推动了武术的产业化，增强了武术管理机构自我补偿、自我发展的能力和活力。武术管理机构从经营单一武术产业逐渐延伸到多项武术业务，拓宽了有偿服务经营活动范围，兴办了一些营利性武术项目，进而兼营副业，或发挥技术和设施优势，开展多种经营，或开展武术服装、武术器材的经营，或在武术场馆周围开设餐饮、娱乐等服务设施。实现“以武为主，以武养武，多业助威，多种经营”，既扩大了向社会的服务范围，又增加了武术事业单位的收入，还可以为更多的人提供就业机会。

二、武术表演市场开发的目的

（一）展现武术的艺术性

20 世纪 90 年代以前，武术表演的形式大多局限在“先有武术动作及组合，再拿音乐与之配合”的同一模式中，表现在武术与音乐二者之间是相对独立的关系，且表演大多没有故事情节，即没有表现的主题。

20 世纪 90 年代以后，武术表演的形式有了巨大的改变和创新。从早期的央视春晚上的武术表演节目，到后来的舞台剧《风中少林》、少林武术音乐大典以及在第 29 届北京奥运会等大型活动上的武术表演，都把中华武术博大精深的内涵和起伏转折的动作特点以舞台表演的形式展现在人们面前。它在舞台上的艺术表现从意境、神采、气韵和对比衬托方面与其他文艺节目有所区别，它那气势磅礴的阵容、惟妙惟肖的动作造型、动迅静定的演练风格给了人们在思想上无限遐想的思维空间和视觉上无限享受的饕餮盛宴。这里的武术表演是中国文化和艺术表现的结合体，是一道丰富的文化大餐。这类武术表演集声音、灯光、高科技等为一体，以表现一定的主题（故事情节）为主线，以舞台表演的形式展现了武术的艺术性。这是一种“先有主题、音乐，再有武术动作及组合与之配合”的崭新模式，表现在武术与音乐二者之间是有机的联系。因此，现代武术表演是中国武术与艺术相结合，在一定的故事情节及音乐、灯光、高科技的相互衬托下，以舞台表演的形式展现武术的艺术性。

（二）促进武术产业发展

武术以表演的形式展现在世人面前的同时，也具备了体育产业的特性。武术表演在舞台上的别具一格为武术产业的发展打下了坚实的基础，同时也为武术经济的创收打开了窗口。武术表演以第三产业中的服务型产业出现，不仅是中国传统文化和艺术表现的结合体，契合了人们对精神文化需求的社会需要，也是国家收入的一股新力量，对国民经济发展起到一定的促进作用。

（三）承担文化使命

文化全球化的发展有赖于文化的认同。正如我们在探索古埃及、古希腊的文化时，在认识的过程中，总会经历从最初的陌生、神秘到熟悉，再到产生某种亲切感，这是因为人类文化在最核心、最基础的层面，具有本质的相似性，人类本身有其深刻的文化认同。同样，这种文化认同也是武术得以延续发展的基础，通过武术表演这种独特的方式，人们逐步实现与不同的人进行广泛的交流与合作，产生文化认同。从外部形态上看，武术无非是一项身体运动，然而本能的身体运动一旦赋予其文化意义，就使身体运动具有了一种符号功能，一个承载着某种文化意义的符号，从而使得人类的这种行为从一般的生物行为变成了一种文化现象。武术中反映的刚健有力、拼搏进取精神和“天人合一”的崇尚自然精神等都是武术文化中反映的民族基本精神。中国传统文化中的自强不息、顽强拼搏等精神，都具体地呈现了武术的文化意蕴。超越性是文化的本质特征，文化现象只有在其超越性中，才会获得对它自身的规定。中国的文化是和平内倾性文化。“和”为不同事物的和平相处、共同发展；“合”为两者合而为一，它通过崇尚自然、体悟人生、德性实践来追求或达到人、自然与社会的和谐统一。内倾文化注重研究人文领域内的问题，因而它有助于文学艺术的发展。中国文化发展中有一个很重要的问题就是关于“超越性和内在性”的问题。中国文化的“内在超越”在自我修养和人生境界的提高方面有着特殊的贡献。武术作为中国文化的载体，在中国传统文化的熏陶与浸染下，它的“内在超越性”表现得也非常突出。武术的内倾性表现了中华民族重内、重意、重合、重直觉的文化心态。武术技术、技法中的内涵，常常需要练习者“反求诸己体悟”，从实践中方能得其要领。“拳打千遍，其理自现”的武术谚语就说明了这个道理。武术内倾性特点的形成，主要是受中国传统的“天人合一”哲学思想和中医学理论的影响。武术运动以“天人合一”哲学思想为指导，发展出“天人合一的自然强身观”“物我合一的仿生健体观”和“内外合一的修炼康寿观”的武术整体观思想，成为武术练功的指导思想。中医理论认为，人之一身唯“精、气、神”三宝，是维持和延长寿命的决定性物质，故“善养生者，必宝其精，精盈则气盛，气盛则神全，神全则身健”。于是武术就依照这一规律通过各种方法来促进精、气、神的转化，并提出了“练精化气，练气化神，练神还虚”的理论，在武术运动中只有将精、气、神三者合一，才能使人内外合一，才能做到顺应自然，从而达到一种境界，实现心灵的超越。可见传统文化的影响，正是中华武术的民族特色之所在。

（四）武术表演的传播使命

借鉴体育传播途径的分类，现代武术表演的传播，介于体育组织传播和大众媒介传播两者之间。体育组织传播是指按照一定的目的、任务和结构形式编制的集体对体育信息和体育行为的传递与分享。大众媒介体育传播，即传播机构通过现代化机械及电子传播工具，向不特定多数人连续进行体育信息传送的行为或过程。承担传播现代社会各种信息的媒介就是大众媒介，指包括书籍、报纸、杂志、广播、电视、电影等在内的传统传媒以及网络、手机等新兴媒体。现代武术表演，集合演员、主题、音乐、灯光、高科技等众多元素为一体，其表演能够使人们感受表演者的拼搏进取，感受武术动作的形态美以及武术“意发神传”追求“天人合一”的意境美，最终达到传播武术文化和精神的效果，促进武术在国内、国际乃至全球的发展。[①]

第三节 武术表演的发展趋势

一、武术表演将呈现多元化发展

随着社会现代化和武术事业的蓬勃发展，武术表演已成为一种宝贵的人类文化财富。它以恢宏的气势、独特的民族精神、特殊的表演方式和表现手法，向世人展现着一个国家和地方的政治、经济、文化实力和体育、艺术、科技水平。为了将国家的实力、民族的文化全面地展示出来，武术表演的内容早已不再局限于单一的武术元素，曲艺、舞蹈、杂技、科技、军事等多种元素已经逐步渗透到武术表演中，武术表演正向着多元化、综合性的方向发展。在武术表演的多元化发展中，动作、队形等武术元素以及对历史发展和民族文化背景的展现所占比例较高，曲艺、舞蹈等元素虽有融入，但还不能取代武术元素在武术表演发展中的主导地位，要使武术表演的内容更加丰富、意境更加深远，其

① 马彦君.现代武术表演的哲学思考：由第29届奥运会开幕式武术表演想到的[J].怀化学院学报，2008，27(11)：83-84.

他表演元素也不可或缺。

随着社会文化的发展，人们审美要求的提高，对于文化艺术的表现形式要求也越来越高，单一、重复、平淡的表现形式正逐渐被厌倦和抛弃，新颖、灵活多变、对比鲜明的艺术表现形式才能获得人们的认同和欣赏。此外，艺术要反映生活的方方面面，更要升华为高于生活的更高层次的艺术文化。因此，武术表演只有进行多元化地选材和设计，采取多样化的表现形式，才能使内容更加丰富和鲜活，才能满足人们多元化的需求。

二、武术表演将充分展示民族传统文化、地方特色资源

越是民族的东西就越有生命力。武术表演的创编者将从不同角度和不同层次去挖掘、展示人类社会中一切美好的东西，使武术表演呈现出鲜明的民族、地域风格，因为民族传统文化、地方特色资源依然是武术表演突出展示的重点，依然是取之不尽、用之不竭的艺术源泉。时代在不断变化，但某些基本的东西是永恒的，它的艺术风格是其他民族不能替代的。从以往举办的武术表演来看，我们特别强调大同小异的武术表演，习惯了整套的拳术、对练或器械的演练，再加上锣鼓、舞狮，这些符号本身没有什么问题，而是我们诠释这些符号的思维过于僵化了。现代的武术表演必须是出人意料的，令人耳目一新的，但不能割弃我们本民族的历史特征和文化特征。这些年的大型武术表演，都向世人充分展示了本民族、本地区的优秀文化，让世人通过武术表演认识了中国的文化，认识了我们民族的性格、价值观念及审美倾向等。民族的才是世界的，没有民族特色的文化是没有生命力的。同时，大型武术表演参与者众多，正是一个国家、一个城市对外展示自己的良好契机，外界对武术表演的关注程度向来较高，这恰恰为展示民族文化提供了平台。

三、武术表演将充分融合现代高科技

随着现代科技的发展，先进的声、光、电技术给武术表演内容的充分展示和舞美设计提供了更加丰富的可能性。3D制作技术，电脑灯、激光灯、荧光灯等各种灯光，地面投影播放设备的运用使现代武术表演更加色彩斑斓；活动舞台、空中表演装置、音乐喷泉等设施的运用更丰富了广场的舞台层面；多变

体联合器械、多变舞蹈道具和服装的成功设计，使武术表演更加多样、绝妙；此外，干冰机、热气球等现代手段都可以为表演所用，将表演推向更高的意境。随着现代科技的运用和文艺表演的增加，武术表演在外部形态上更倾向于舞台艺术表演。武术动作更多地表现出用肢体语言或独特的动作语汇来表达一定的主题思想。武术表演的场景设置、表演过程以及整场表演的退场，都是在类似于舞台灯光的配合下逐步完成的。表演过程以及情节的展开方式，也更为抽象，耐人寻味。随着科技的不断进步，还会有越来越多的科技成果和文艺形式运用到武术表演的创编之中，使武术表演趋向于现代化、舞台化，不断达到新的艺术高峰。

四、主题将成为武术表演创编的灵魂

现代的武术表演越来越重视主题的中心地位，没有主题的武术表演犹如没有罗盘的航船；而有了主题的引导和贯穿，武术表演的魅力和艺术感染力才会得到进一步的集中和加强。北京奥运会开幕式武术表演的巨大成功告诉我们，只有以历史发展的主题贯穿整个篇章，在发展中体现自己的民族精神、文化，才能不断创造出震惊世界的艺术作品。目前武术表演的主题多以弘扬传统文化精神、展现社会进步、演绎人文历史、提倡民族团结、强调世界和平、突出人类友谊为主。然而，无论主题如何变动，民族内涵都会是武术表演永恒不变的表现主题，因为只有在武术表演中有表现民族内涵的成分存在，观众才能真正地感受到武术表演的艺术魅力。

五、武术表演将更具有创新性

创新是社会发展的动力，是艺术创造不竭的源泉。只有不断创新、大胆创新，艺术才会具有永远的生命力，艺术作品才会永具光芒，社会才会不断向前发展。在全球化的今天，创新是各国追逐的目标，不仅科学技术要创新，文化艺术也要创新。武术表演是一种独特的社会文化现象，不断涌现的新技术、新材料、新的训练方法，都说明了创新也是武术发展的生命力。武术表演是武术与艺术的完美结合，是人类优秀文化成果的集中体现，武术表演在设计和编排上都力求独特、新颖，有新的设计思路、新的表现形式、新的舞台形象。每一届央视春晚的武术表演都有新的内容、新的表现形式，无不包含创编者对创新思想的投入和对创新设计的追求，而每一届的发展又都是在前人的基础上谋求更新的形象。就此而言，追求独具匠心的设计与编排将是武术表演的发展趋势之一。

从雅典奥运会闭幕式、北京奥运会开幕式的武术表演及各原创大型武术表演中我们都可以看出，武术表演内容、形式的选择越来越广泛，表演服装、道具的类型也在不断充实完善。创编者在创作设计中将尽可能挖掘民族、民间服饰和武术服装的素材，在保留原有服装风格的基础上进行大胆创新，依据不同的表演内容及形式，体现出民族、武术特征。道具的研发也将侧重于展现民族特色，创编者根据表演的需要，研制出具有不同意义的表演道具，将会受到更大程度的认可。随着科技的进步，表演服装、道具的功能也已经发生了改变。

六、武术表演将拓宽表演的舞台、场地

原创大型武术表演给了我们很多启发，包括对舞台的重新设计和搭建。传统的地面、运动场表演已经显得有些呆板，利用钢丝、绳索等将演员悬空或者置于飞行状态在表演中频繁出现，效果甚佳。编导利用先进的3D技术，形成了令人叹为观止的3D效果，再加上大型 LED 显示屏、立体的“蓝色星球”以及不时升起的背景配合，甚至可以模拟出四维效果。此外，虚拟3D立体投影不是静态幻灯式，而是动态电影式等，都是对表演场地的拓宽。武术表演场地虽然是外界的环境因素，但是同样的动作、同样的表演，在不同的地方、不同的场景中会有令人意想不到的效果，广泛地开发新型的表演场景，将会是今后武术表演创编的新思路。

七、武术表演将更加注重经济效应

改革开放缩小了中国与世界其他国家的距离，缩小了地域之间的差距，市场经济体制的完善和武术本身所具有的健身性、文化性、表演性、艺术性、宣传教育性等特点以及功能的充分发挥，不仅给武术事业的发展注入了生机和活力，也促使武术的经济功能得到了充分的拓展，同时还给社会其他部门和企业提供了发展机会。武术表演特别是大型原创武术表演，具有极高的艺术性，一

般都需要提前一两年开始准备，文化传播公司或政府往往不惜重金以追求最佳的艺术效果，在创编设计上除了要照顾现场数以万计的观众外，还要考虑数以亿计的电视观众的收视效果和电视转播效果。从央视春晚的武术表演到大大小小运动会开幕式的武术表演，再到各种大型的原创武术表演，表演的规模越来越大，投入也相应增大，社会效应更是无法估计。因此，精明的企业家和广告商，都会不失时机地抓住这些可遇而不可求的“商机”，宣传品牌，展示形象，提高企业知名度。另外，武术表演中使用过的道具、服装等也是一笔不小的开支，在表演结束后有的可供今后表演使用，有的可作为具有纪念意义的纪念品拍卖。通过大型武术表演的举办来宣传城市、招商引资的现象已经屡见不鲜，这种以武术作为中介，给企业、城市甚至国家带来的经济上的收益和深厚的影响力是其他形式不可代替的，也是无法用金钱来衡量的。

八、武术表演将注入更多的时代流行元素

任何事物要想在历史的潮流中经久不衰，既要具备顽强的生命力，也要具有与时俱进的能力，否则只能在历史潮流中昙花一现。武术表演如果还是像它产生初期那样局限于“民间”，恐怕我们只能在历史书中找到它的踪迹了。我们之所以现在还能见到这种表演形式，就在于它的与时俱进，然而现在它又面临了新的挑战。我们越来越多地在不同的场合听到“大型武术表演”“武术现代艺术”，说明武术表演已经不能满足时代的要求，将会注入更多的时代流行元素，让武术表演这一形式去其糟粕、取其精华，让武术与文艺相互渗透、相互融合、互相促进、共同进步。①

① 赵发田，李蕾，王海鸥. 浅析新时期武术表演的开发与发展趋势［J］. 中华武术：研究，2012，Z1：99-103.

第十五章　武术表演的运作

一、武术表演的申请

一场正规的武术表演，特别是大型武术表演，一般先由主办方向上级主管部门以文字报告的形式提出申请，并提交表演的策划草案。主办方要与上级有关部门进行沟通，意见不一致的地方协商解决，达成共识后确定实施方案。大型武术表演特别是中外文化交流方面的大型武术表演，一般由省级、国家级文化主管部门；如果只是一般的武术表演，则只需要向上级部门申报，而无须省级、国家级文化主管部门的审批。

武术表演的申请一般包括武术表演的目的和预期的效果，表演的内容，表演的时间和地点，表演的经费预算，邀请的相关人士或单位等。

二、武术表演的经费预算

筹划一场武术表演，无论是经营性演出还是非经营性演出，经费都是首先要考虑的问题。筹划者要根据表演的层次、内容、场次、参演人员的数量等做好预算安排。对于武术表演的筹划组织者来说，经费预算是一项非常重要的工作。

预算就是对一场武术表演的收入和支出、结余等进行预测与估算。预算是预测和计划过程中的一个必要组成部分，并且必须留有余地。策划组织者通过经费预算监控目标的实施进度，控制好各项开支，从而保证演出的顺利进行。演出的目的不同，对经费的控制目标也不尽相同。武术文化经纪公司的经营性演出要考虑利润收入的最大化，非经营性演出应保证演出的效果和经费消费的最小化。

一场武术表演要有一定的先期投入。组织者要根据经费的多少，确定演出的场地档次及参演人员的数量等。

（一）演出经费预算的原则

1. 细致稳妥

筹划组织者做经费预算时，要全面掌握整个准备过程和演出环节可能发生的费用，同时还要了解演出市场行情及其他费用情况，对可能发生的费用做出较为精确的预算。预算指标既要科学合理，又要具有可操作性，特别是要根据市场可能出现的变化。预算要留有余地，以免因经费不足而影响演出计划的实施。

2. 实事求是

筹划组织者在编制经费预算时要本着实事求是的原则，武术文化经纪公司做的经费预算在保证利润的前提下，要注意项目的可行性，既要有利润又要完成合同要求。非经营性演出的策划者，应本着节约办事的原则，以少花钱多办事和对上级负责的态度做好经费预算，做到保证演出效果的同时尽量减少开支。

（二）可能发生的演出费用

筹划组织者首先要考虑可预见的费用，可预见的费用包括场地租赁费、音乐和灯光制作费、参演人员的出场费、编导费、宣传和广告费、交通费、道具租赁费、餐饮或备办食物费、工作人员劳务费、招待费、货物折旧费、保险费、税费等各种各样的支出。对于大项费用支出，如场地租赁费和广告媒体宣传费等，都应有一个详细的估算。此外，筹划组织者在制订演出预算时，也要考虑一定的不可预见的费用。

1. 场地租赁费

对于需租赁表演场地的演出，场地租赁费是所有费用中支出最大的一项。考虑场地租赁时，筹划组织者要注意场地出租方是否能提供灯光、音响和表演台，否则要将灯光、音响、舞台租赁或自制的费用纳入预算。场地租赁费是否包括现场卫生、保安人员费用等，这些也要纳入预算中。

计算场地租赁费时，筹划组织者要将在搭建设备的时间、演出的时间、供应茶点的时间和清洁卫生的时间内发生的费用都要纳入预算。如果需要前期排练，使用表演场地的费用也必须包含在开支中；如果不使用表演场地排练，就要安排另外的场地，这个费用也须纳入预算。

2. 音乐、灯光制作费

音乐制作是指将武术表演用的音乐进行编辑或请专人配曲，对于大型演出来说是不可缺少的部分。音乐制作费就是为满足演出的需要进行音乐编辑或请人为演出制作音乐发生的费用。灯光制作是指专门制作幻灯（投影）片、特殊计算机灯光等工作。

一般情况下，大型武术表演需要进行音乐、灯光制作，从而会产生费用，而其他演出一般不需考虑灯光制作的费用问题。

3. 特邀参演人员出场费与编导费

特邀参演人员任何一场表演的出场费都需要支付，并且出场费通常是根据特邀参演人员的类别来确定的。主要包括著名的影星、歌手、舞蹈人员等。

编导是一场演出的关键人物，编导工作是一项兼具技术性和艺术性的工作，其工作状态直接决定整场演出的效果。所以对编导的酬金一定要做得精确、合理，这也是不可低估的一项预算。

4. 工作人员劳务费

大型武术表演的工作人员很多，筹划组织者在做预算时应根据人员的位置进行分类，以免出现酬金遗漏或重复计算的状况。

台上工作人员有舞台监督员、催场员、解说员（或主持人）、道具管理员等。台下工作人员有摄影师、摄像师、音响师、灯光师、电工、保安、卫生清扫员、接待人员等。

5. 交通费

交通费应包括外地演员的往来交通费、市内排练及演出的往返交通费、服装和道具的运送费等。如果是在外地举办大型武术表演，参演人员的住宿费和往返交通费也要加以考虑。

6. 道具租赁费、购买费

道具租赁主要是指大型道具的租赁，如灯光设备、音响设备、椅子、桌子、背景设置等所发生的费用。道具购买费是指为增强演出效果而购买演出用的武术器械的费用。

7. 餐饮费

因演出的目的不同，发生的餐饮费也不同。餐饮服务费用预算需要考虑三方面因素：第一，排练、演出期间的就餐和饮料费用，就餐人员应包括全体演职人员；第二，演出期间提供给嘉宾的食物和饮料；第三，在排练、搭建设施和清理卫生期间向工作人员提供茶水的费用。

8. 宣传和广告费

宣传和广告费包括媒体广告费、宣传品及入场券制作费等，与宣传广告相联系的活动都应该包含在预算中，包括设计、制作到分发这些材料的所有内容。例如，邀请函、海报、节目单和门票都需要设计和印刷。邀请函必须邮寄或在报纸或杂志上印刷出来。如果使用门票，设计特殊的个性化门票也将是一笔花费。所有这些材料的费用必须包含在预算中。

广告费用还包括印刷材料的图案设计或编排，摄影、胶卷、录像、摄影棚租金、撰写新闻发布的图片、文字以及任何与广告宣传有关的费用都要包含在预算中。

如果广告计划中包括广播或电视节目的播出费用，那么广告的费用也会成为预算的一个部分。购买报纸或杂志版面的费用也必须纳入预算。新闻发布会、联络公关等活动发生的费用也应纳入宣传费的预算中。宣传费的开支收缩性较大，要根据实际科学地计算，不可过度浪费。

9. 招待费

招待费包括为嘉宾安排住宿和娱乐活动产生的费用，还包括馈赠礼品等的费用。

三、演出经费的筹措

一场武术表演需要的资金，可以从以下几个方面进行筹集：一是向政府有关部门申请给予必要的活动经费；二是找有关商家和企业赞助；三是争取广告赞助商赞助。

（一）申请经费

对于一些政府部门主办或参与的公益性或宣传性武术演出所需要的经费，承办单位可向有关部门申请所需的演出费用或一定的经费补助，不足部分采取自筹的方式，主要是由政府资助。

（二）引进资金

为解决演出经费的不足问题，筹划组织者可引进一些企业（商家）的赞助。对于赞助单位，可以给予赞助单位冠名权。双方各取所需，筹划组织者解决了部分资金问题，企业可以得到一定的广告效应。

（三）广告赞助

在演出现场为赞助单位做广告，在入场券、宣传册、节目单、宣传品上为赞助单位做广告，其效果是很直观的，可以直接展示企业（商家）的产品和形象。

四、演出经费的实施

经费筹集到位之后，各部门的工作人员就可以按部就班、各司其职地开展工作。虽然经过了周密的计划，但在实际运作过程中，开支仍可能会与预算中的数目不同。因此，管理人员应记录每一笔实际的开支并与预算做比较，从中发现预算是否现实、哪些开支是没有预见到的、是否有利润实现、票房收入和赞助款是否超过了支出费用等，通过总结找出预算存在的问题，以利于今后的工作。

五、推销演出

“酒香不怕巷子深”已成为历史，伴随着信息社会的到来，信息传播速度的加快所带来的效应越来越明显。对此，人们已经有了充分的认识，并在利用不同的手段为自己的产品、企业形象等进行大力宣传。一场武术表演好比是一件产品，也需要宣传、推销，使社会对表演的内容有所了解，从而扩大演出影响，达到演出目的。对于不同规模、不同性质的演出，可选择不同的推销方法。

（一）新闻发布

新闻发布可以通过两种形式进行：一是新闻发布会（需要到有关部门办理审批手续），二是记者招待会。两种形式都是请相关记者参加，通过新闻单位宣传演出。新闻发布介绍的主要内容有演出动机、演出阵容、演出时间和地点、演出的特点以及赞助商的有关情况等。根据举行发布会的时间可分为先期发布和近期发布。

1. 先期发布

筹划组织者在策划一场武术表演的启动阶段就进行新闻发布，这样有利于记者对整个演出的全程跟踪采访，做出及时报道，以便加大宣传力度。

2. 近期发布

筹划组织者在武术表演临近时组织新闻发布，这样能使新闻报道在一个相对集中的时间内与外界见面，也可达到强化宣传、推销的目的。

一般大型武术表演常采用新闻发布的形式。新闻发布前一定要组织好有关资料，以供记者选用。

（二）广告宣传

广告宣传是传播信息的一种有效方式。它可利用的工具有电视、网络、杂志、报纸、无线电广播、张贴广告、广告板、直接邮寄等。通过利用相应的工具可把武术表演的有关信息向社会传播，但利用这些工具做广告时要支付一定的费用。

武术表演的组织者还可利用印制宣传册、节目单以及在门票上使用与表演内容相关的宣传方式为武术表演及赞助商做广告。